中國 近代의 小說 翻譯과 中韓小說의 雙方向 翻譯 研究

오순방 지음

숭실대학교 출판부

작자서문

중국에서 외래문화가 수입 번역되어 사회 정치 문화 전반에 걸쳐 커다란 변화와 영향을 받은 것은 東漢 말기부터 宋代에 이르는 약 1,000여 년에 걸친 佛經 翻譯事業이다. 佛經은 초창기에는 인도와 중앙아시아의 승려들이 중국에 來華하여 번역을 시작하였고, 三國의 魏나라와 西晉 시기에 활동한 朱士行 이래로 唐代의 "三代求法高僧"이라 칭하는 玄奘, 法顯, 義淨 등의 중국인 승려가 인도에서 불경을 가져와서 대대적인 譯經事業을 진행하였다. 宋나라가 건국한 이후에는 趙匡胤이 대대적으로 불교를 장려하여 서역에서 불경을 가져오면 크게 포상하고 譯經事業에 경제적인 지원을 아끼지 않아 宋代에는 密宗의 불경이 상당수 번역되었다. 하지만 譯經事業은 송대 이후로 거의 진행되지 않았다. 불경의 번역은 중국문화와 사회 전반에 걸쳐 커다란 영향을 미쳤으니, 대량의 불교 어휘가 중국에 유입되어 사상 철학적인 면에서 변화되었고, 언어문자의 운용 측면에서 反切法의 사용방식과 四聲의 聲調 정립에 직접적인 영향을 미쳤으며 文言文의 句法과 虛詞의 사용, 變文의 유입은 중국 문장에 불교 문화의 흔적을 남겨 놓았다. 특히 불경 중의 譬喩, 寓言, 民間故事가 번역 유입되면서 漢魏六朝와 唐宋의 文言小說은 佛經故事와 밀접한 관계를 맺게 되었다.

불경의 역경사업 이래로 대대적인 번역작업은 明末淸初에 來華한 천주교 예수회 신부들에 의해서 진행되었다. 그들은 천주교를 효과적으로 전도하기 위해 과학 · 인문 · 사회서적과 천주교 전적을 번역하거나 찬술하여, 明末淸初의 통치계층과 사대부 문인계층에 지대한 영향을 미쳤다. 1582년 마카오에 도착하여 중국어를 배우기 시작한 이탈리아인 신부 마테오 리치는 儒家의 이론으로 《交

友論》과 《天主實義》 등의 교리서를 저술하여 문인들을 전도하였으며, 이어서 이탈리아의 롱거발디(龍華民, Nicolaus Longobardi)와 스페인의 판토자(龐迪我, D. d Pantoja), 스위스의 테렌스(Jean Terrenz), 독일의 톰 요한(湯若望) 등이 來華하여 천문학, 기계학, 수학, 물리학 등의 역저를 통해 서양문물과 천주교를 소개하였다. 하지만 이들의 역저는 당시 중국사회 전반에 영향을 미치지는 못하였으며 康熙황제가 천주교의 선교를 금지한 이후에는 중국과 동아시아에서 이들의 역저를 보는 것은 매우 어렵게 되었다.

19세기 전반기까지 서구에서는 중국의 廣州에 개설된 13行을 통해서만 무역과 거주가 가능하였는데, 1807년 영국 런던선교회의 개신교선교사 로버트 모리슨이 영국 동인도회사의 직원으로 廣州에 거주하기 시작하였지만, 두 번째 파견된 윌리엄 밀네는 마카오 총독의 불허로 중국에서 활동하지 못하고 말레이시아의 말래카로 이주하여 선교활동을 전개하였다. 모리슨과 밀네는 1825년 처음으로 《聖經》을 중국어로 번역 출간하였는데, 舊約聖經의 번역자인 윌리엄 밀네가 1819년 최초로 中文基督教小說인 《張遠兩友相論》을 말래카에서 출간하였다.

중국은 1870년대부터 서구에 유학생을 파견하기 시작하였는데, 이들 중국유학생이 귀국하여 고국에 한 첫 번째 공헌은 바로 중국어 번역서를 통해 서구의 자연과학과 인문 사회과학을 소개하고 수입함으로써 중국의 전통 봉건제도와 정치 문화제도에 대한 개혁을 촉진시켰다는 점이다. 1890년부터 1919년까지의 清末民初 시기는 바로 중국문화사에서 佛經 번역 이후 일어난 두 번째 번역의 흥성기이다.

이 시기의 번역문학에 대한 필자의 연구는 1995년부터 시작하였다. 清末의 四大諷刺小說을 연구대상으로 석사논문을 저술했던 필자는 1905년 전후에 완성된 이들 작품이 외국번역소설과 상당히 밀접한 관계를 맺고 있음을 알고 있었는데, 1996년 8월 홍콩 中文大學 翻譯中心에서 주최한 〈翻譯과 淸末小說〉 국제학술회의에 참가하여 淸末民初의 번역문학 大家들과 교류할 수 있는 기회를 갖게 되었다. 당시 회의에 참가했던 일본의 樽本照雄, 북경대의 陳平原, 劉樹森, 미국 하버드의 데이비드 왕(王德威), 山東大의 郭延禮 교수들은 여러 가지 새로운 견해와 관련된 자료를 제공해 주었다. 당시 이 분야의 1차 자료를 구하는 일은 至難한 일이었고 알려지지도 않았는데, 회의 이후에 樽本照雄교수와 劉樹森교수는 발표하지도 않은 자료와 귀중한 정보를 한국으로 직접 우송해 주었다.

1999년 8월에는 북경대와 홍콩 中文大學에서 공동 주최한 〈중국문화와 번역학〉 국제학술회의가 북경대에서 개최되어 논문을 발표하였다. 北京大 영문과의 劉樹森교수와 中文大의 孔慧怡교수가 공동으로 주관한 이 회의는 300여명의 학자들이 논문을 발표하였지만 중문과 교수는 필자 혼자뿐이었고, 사용언어는 영어와 중국어였다. 중국에 二重言語 구사자가 2,000만명이 넘는다는 사실과 영어를 비롯한 외국어를 능숙하게 구사하는 중국인 교수가 엄청나게 많은 외국전적을 거의 실시간에 가깝게 중국어로 번역한다는 사실, 특히 孔慧怡교수는 중국과 동양문화를 유창한 영어로 번역하여 季刊 영어잡지 "Randem(중국명《譯叢》)"을 간행한 사실에 충격을 받았다.

숭실대학교 창립 백주년인 1997년 12월에 숭실대 중문과에서 주관하는《中國語文論譯叢刊》의 創刊號가 출간되었다. 中國語文論譯學會에서는 학문연구의 특성화를 도모하기 위해 역량 있는 학술논문을 게재하는 이외에도 국내외에서 주목받고 있는 사계의 권위 있는 논문이나 저술의 번역을 게재하는 〈學術翻譯〉난을 두어

최근 국내외 학계의 연구동향과 연구성과를 中譯 또는 韓譯하여 널리 소개하고 있다. 한국의 중국어문학계에서는 처음으로 〈번역〉을 주요 연구테마로 설정한 이런 中國語文論譯學會의 간행 계획은 현재 국내의 학술활동에서 그다지 중시되지 못하는 '學術飜譯'과 그 성과에 대한 연구를 진작시키고 '飜譯作業'과 '飜譯硏究'를 활성화하는데 그 목적이 있으며, 이는 동시에 숭실대 대학원 중문과에서 정규 교과과정으로 채택하고 있는 中韓 雙方向 번역연구에 대한 성과를 학계에 보고하는 창구로서의 역할도 담당하기 위한 것이다.

본서의 제1부와 제2부의 전체 10장 중에서 2장(제1부의 제2장과 제5장)을 제외한 8장이 《中國語文論譯叢刊》에 게재되었다. 그중에서 제1부의 제1장과 제2부의 제9·10장은 숭실대 석사반 학우들과 함께 공역한 문장인데, 석사반의 구문규·박춘영 학우는 이미 박사학위를 받고 대학의 전임교수로 활동하고 있으며, 김봉연·조신원·윤지영 학우도 현재 박사반과 사회에서 활동하고 있다. 석사반 학우들과 함께 공역한 논문들은 모두 중국소설과 중국의 번역소설을 이해하기 위해 그 분야에서 가장 권위 있는 저술의 핵심부분을 번역한 것이며, 이런 학술번역에 직접 참가해 보아야만 비로소 번역이 얼마나 중요하고 또한 쉽지 않은 작업이란 것을 알 수 있다. 이들 문장은 당연히 중한소설의 쌍방향 번역연구의 환경과 기초를 다지는데 필요한 것이며, 중국소설과 한국소설을 이해한 바탕 위에서 비로소 중국소설의 韓譯作業과 한국소설의 中譯作業을 체계적으로 연구 분석할 수 있게 될 것이다.

제2부의 20세기 中韓小說의 雙方向 飜譯 연구는 그런 점에서 아직 미완성작이라 할 수 있다. 왜냐하면 주로 중국소설의 韓譯本을 중심으로 연구되었고, 번역한 3장의 共譯 문장역시 중국소설과 중

국의 외국소설 번역작업을 이해하는데 집중되어 있기 때문이다. 앞으로 한국소설을 이해하고 한국소설의 中譯사례를 조사 분석하여 〈20세기 中韓小說의 雙方向 翻譯〉의 다른 일면을 보완해야 할 것이며, 최근 몇 년간 출판 발표된 번역연구서와 번역사례도 역시 보충되어야 하겠다.

제1부 〈중국 근대의 소설 번역과 번역소설〉은 時順에 따른다면 제4장 서양선교사의 중문기독교소설 창작과 전파가 제일 처음에 위치되어야 하고, 그 다음에 존 프라이어의 번역사업, 그 뒤에 존 알렌의 中文譯書《文學興國策》이 배열되어야 하며, 그 다음에 제2장과 제3장이 위치되어야 하지만, 중국 근대의 소설 번역은 梁啓超의 번역론과 소설계혁명으로부터 촉발되고 흥성되었다고 판단하여, 梁啓超에게 직접적인 영향을 주고 淸末의 번역 흥성기에 이론적인 발판을 마련해 주었으며 중국 역사상 가장 많은 번역서를 출간한 존 프라이어에 대한 연구부터 시작하였다. 그의 '時新小說論'과 번역사업을 제2장과 제3장에서 순차적으로 논의하였는데, 존프라이어와 梁啓超에 대한 번역 연구를 위해 청말 사회풍자소설의 대가 吳趼人의 소설 창작과 번역작업을 통해 이들을 연결 분석해보았다. 吳趼人은 《電術奇談》이란 번역소설과 공상과학풍자소설《新石頭記》를 출간하여 20세기 벽두에 서구문물과 새로운 소재를 전통적인 章回體의 양식 속에 표현해 놓았다.

그런데 이러한 중국고전소설의 변화와 외국 번역소설의 유입은 19세기 초기부터 시작되었으니, 1810년대부터 중국에서 활동을 시작한 서양 개신교선교사들의 문서선교사업이 바로 그러한 문학활동이었다. 최초의 중문기독교소설은 런던선교회 소속 윌리엄 밀네가 말래카에서 창작한《張遠兩友相論》이며 그 이후 적지 않은 중문기독교소설을 서양선교사들이 거의 1세기가 넘도록 창작하고 번역하였다. 이들의 중문기독교소설은 기독교가 전파되기 시작한 일본과 한국 등지에 바로 전파되고 현지어로 번역되어 현재 한국과 일본에 그 번역본이 다수가 소장되어 있어 19세기 후반부터 일본과 한국의 초기 기독교 선교에 결정적인 역할을 담당하였다. 본서의 제4장은 중국 근대 소설 번역의 시발로써 在中 서양선교사의 중문기독교소설의 창작과 번역에 대해 국내에 처음으로 그 전모를 소개하고자 한다.

이러한 문학활동은 일반에게 잘 알려져 있는 영국작가 존 번연의 《天路歷程》이나 몇 권의 외국소설의 번역작업보다 훨씬 앞선 것이며 실제로 19세기 후반부터 시작된 중국의 소설 번역과 청말 소설의 흥성기를 유발한 선행작업이라 생각된다. 그리고 서양선교사의 문서선교사업에서 유난히도 소설이란 문학장르가 처음부터 그리고 지속적으로 주목을 받았고 많은 작품이 창작 번역되어 동아시아 전역에 유포되었다는 사실은 이전의 중문학계에서는 연구된 적이 없었다. 필자는 2004년부터 中文基督敎小說을 본격적으로 연구하기 시작하여 이미 10여 편의 논문을 발표하였는데, 제1부 제4장은 그 서막에 해당하는 것으로, 중국 근대 외국소설의 번역에 선행하는 작업으로 본서에 포함시켰다.

또한 郭延禮교수는 翻譯書의 譯者는 반드시 중국인이어야 한다는 전제를 가지고서 1870년대 이후를 중국 근대번역문학의 연구대상으로 간주하였지만, 이는 중국번역문학사에서 明末淸初부터 19세기 중반에 이르는 서양선교사의 번역작업을 배제시켜 놓았다. 하지만 중국의 번역사업은 초기의 불경 번역사업부터 19세기 서양개신교선교사에 이르기까지 “外國人의 口述과 中國人의 筆記”라는 독특한 번역방식으로 엄청난 역서를 中譯해 왔다. 필자는 이런 중국번역사의 독특한 전통에다 외국인이 중국어로 번역한 수

많은 中譯本을 고려해서 역자의 국적은 그다지 큰 문제가 되지 않으며, 다만 번역 언어가 중국어이며, 중국어로 출간된 전적이라면 당연히 중국의 번역문학 연구대상으로 간주되어야 한다고 판단하였다. 이러한 생각을 가지고서 19세기 초기부터 중국어로 번역 창작한 서양 개신교선교사의 소설작품을 연구범주 안에 포함시켰다. 이러한 시도로 1870년대 이전에 중국과 동아시아에서 간행된 적지 않은 中文譯書의 연구를 수면 위로 끌어올릴 수 있게 되었다. 필자는 영국, 프랑스, 미국, 한국, 일본 등지에 산재해 있는 관련 중문기독교소설을 2004년부터 수집 연구하여 7편의 논문을 발표했는데, 이 작업은 다음 출판을 기약해야 할 것이다.

서양선교사들은 19세기 후반 동아시아의 개혁과 근대화에 직접적인 영향력을 발휘하였는데, 존 알렌의《文學興國策》은 청일전쟁에 패배한 중국에게 국가를 강성하게 하기 위한 富國强兵策을 구체적으로 제시한 번역서이다. 주미 일본공사 모리 아리노리(森有禮)가 1872년 미국에 부임하여 국가 발전의 초석이 되는 교육제도와 정책에 대해 미국 朝野의 여러 명사들에게 서신을 보내 두루 의견을 구했고, 이에 회답한 답신을 편집하여 "Education in Japan"이란 書名으로 1873년 뉴욕 애플턴(D. Appletion Co.)서점에서 출판하였다. 이 책을 上海 廣學會의 주간인 미국 감리교선교사 존 알렌(林樂知)이 중국어로 번역하고 任旭廷이 潤文하여 1896년 5월에《文學興國策》이란 書名으로 출판하였다. 이 譯書는 일본이 근대화에 성공한 비결이 서구의 문물을 학습하고, 교육을 진작한데 있다고 설명하면서 중국은 개혁과 근대화에 성공하기 위해서는 일본을 발전의 모델로 삼아야 한다고 강조하였다. 이 책에서 주장하는 서구 문물의 학습을 위해 번역을 당면한 급선무로 삼아야 한다는 "翻譯重視論"과 국민을 계도하고 교육시킬 수 있는 텍스트가 필요하다는 "教科書論"은 직접 變法維新派에게 영향을 미쳤고 梁啓超는 이런 주장에 입각하여 중국에서의 번역 필요성과 소설계혁명을 주창하게 되었다. 때문에 梁啓超가 20세기 벽두에 주창한 소설개혁론은 시발을 중국에서 활동한 개신교 서양선교사들에게서 살펴 볼 수 있으니, 존 프라이어, 티모티 리차드, 존 알렌 등 19세기 후반부에 활동한 서양선교사들과 19세기 초기부터 중문기독교소설을 창작한 윌리엄 밀네, 카알 귀츠라프, 존 그리휘트의 소설 창작과 번역활동에 대해 연구하게 되었다. 《文學興國策》은 청일전쟁의 전후 사정을 기술하고 평가한 《中東戰記本末》과 합본되어 한국에도 바로 유입되어 일부가 한글로 번역되었다. 원본과 韓譯本이 모두 국립중앙도서관에 소장되어 있으며, 이 책에서 강조한 教科書論은 한국의 신소설 작가 李海潮의 작품에서도 찾아볼 수 있다.

본서는 1997년부터 약 8년간 발표한 논문에 기초하였으니 그 발표지면은 아래와 같다.

제1부 제1장은 〈중국 근대번역문학의 발전맥락과 주요 특징(상)〉(吳淳邦 · 金俸延 · 趙晨元 공역, 《中國語文論譯叢刊》 第7輯, 241~265쪽, 2001.6)과 〈중국 근대번역문학의 발전맥락과 주요 특징(하)〉(吳淳邦 · 金俸延 · 趙晨元 공역, 《中國語文論譯叢刊》 第8輯, 287~300쪽, 2001.12)의 중국 근대의 외국번역소설에 관련된 부분을 발췌 개편하였다.

제2장은 〈중국소설의 근대화에 영향을 미친 서구요인 탐구〉(《中國小說論叢》 第6輯, 231~243쪽, 1997.3)이란 제명으로 발표되었다.

제3장은 〈淸末의 翻譯事業과 小說作家 吳趼人〉(《中國語文論譯

叢刊》第14輯, 287~323쪽, 2005.1)을 중심으로 개편한 것이다.

제4장은 〈최초의 中國 基督敎小說과 韓國基督敎博物館 所藏 초기 기독교소설의 韓譯本 연구〉(《中國語文論譯叢刊》第16輯(特輯號), 287~323쪽, 2005.8)라는 제명으로 발표되었다.

제5장은 〈19世紀 末의 中文譯書《文學興國策研究》〉(《中國學研究》第26輯, 韓國中國學研究會, 297~328, 2003.12)라는 제명으로 발표되었다.

제2부의 제6장~제8장은 〈20세기 中韓小說의 雙方向 翻譯 試論〉(《中國語文論譯叢刊》第9輯, 275~332쪽, 2002.6)을 3장으로 나누어 부분 보완하였다.

제9장은 〈20世紀 中國小說 100選〉(吳淳邦 · 尹知渶 공역,《中國語文論譯叢刊》第6輯, 305~324쪽, 2000.12)을 전재한 것으로 홍콩의《亞洲週刊》에서 21세기를 시작하면서 20세기의 가장 걸출했던 중문소설을 세계적인 문학작가와 학자들을 초빙하여 선정 평가한 문장을 번역한 것이다.

제10장은 하버드대 王德威(데이비드 왕)교수의 논저 〈現代中國小說研究在西方〉을 〈西方의 中國現代小說 研究〉(吳淳邦 · 具文奎 · 朴春迎 공역,《中國語文論譯叢刊》第2輯, 219~235쪽, 1998.12)라는 제명으로 번역 발표한 것이다.

본서 편폭의 약 5분의 1은 석사반 학우들과 공역한 번역문이며, 이들은 숭실대 대학원의 수업시간에 번역연습을 한 것인데, 대부분 중국소설과 번역소설 연구의 기초를 다지기 위한 작업이었다. 본서 편폭의 5분의 4에 해당하는 문장은 앞에서 그 연유와 전말을 설명하였다. 본서의 출판은 지난 학기에 강의한 〈20세기 중국번역론〉과 이번 학기에 강의할 〈중한소설 번역 비교 연구〉에 교재로 사용하기 위해 기획된 것으로 여러 곳에 산재한 논문들을 주제에 맞게 구성하여 編述하게 된 것이다. 한국에서 이제 시작단계에 있는 中韓翻譯文學을 연구하고 학습하고자 하는 연구자들에게 부족하지만 연구 방향을 제시해 줄 수 있기를 기대하며, 또한 20세기 초기 중국 번역의 제2차 흥성기의 왕성한 번역활동과 번역연구가 21세기 한국 번역의 흥성기로 이어질 수 있기를 기원해 본다. 그리고 21세기에는 한국문화와 문학이 중국어로 번역되어 중한번역의 쌍방향 작업이 균형을 잡을 수 있기를 희망한다. 그리하여 본서의 속편으로 〈중한소설의 쌍방향 번역연구2〉는 21세기 한국소설의 中譯本을 중심으로 수많은 번역사례를 수집 분석할 수 있기를 갈망하는 바이다.

2008년 8월 梅花書屋에서
吳淳邦 쓰다

목 차

제2부 中韓小說의 雙方向 翻譯 研究

삽화목차

제1부
중국 근대의 소설 번역과 翻譯小說

生命之泉

〈韓國基督教博物館 所藏本《喩道要旨》중의〈生命之泉〉삽화〉

제1장 중국 근대의 외국번역소설[1]과 주요특징

제1절 초기 서양문학 작품의 번역

天主降生一千八百四十七年重刊
畸人十篇
司教熱羅尼莫馬 准

① 〈韓國基督教博物館 所藏本 1847年 刊 마테오 리치의 《畸人十篇》 표지〉

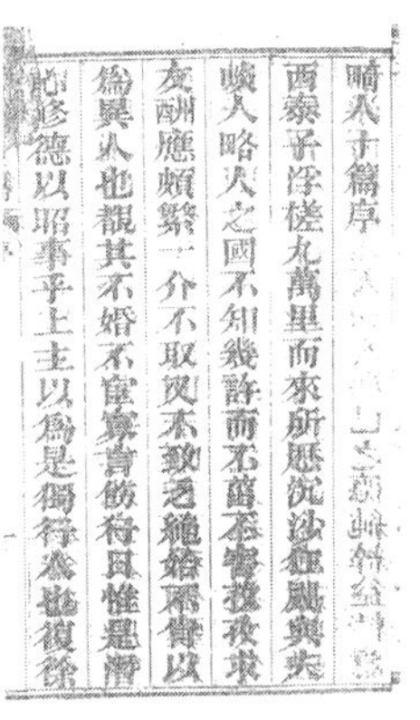
畸人十篇序
西泰子浮槎九萬里而來所歷沉沙狂飈與夫
啖人略人之國不知幾許而不菑不害孜孜求
友酬應頗繁一介不取又不致乏絕殆非肯以
爲異人也觀其不婚不宦寡言飭行日惟是潛
心修德以昭事乎上主以爲是獨行人也復徐

② 〈韓國基督教博物館 所藏本 1847年 刊 〈畸人十篇序〉〉

---

1) 제1부 제1장은 郭延禮 著, 《中國近代翻譯文學概論》序論(湖北教育出版社, 1998년 3월), 21~56쪽 중에서 관련된 부분을 첨삭 번역한 것이다. 《中國近代翻譯文學概論》의 저자 郭延禮교수는 1937年 山東省 汶上縣에서 출생하였으며 1959년 山東大學校 中文科를 졸업하고, 山東社會科學院 및 語言文學研究所 소장 등을 역임하였다. 현재 山東大學校 中文科 명예교수 및 中國近代文學學會 회장으로 재직하고 있다. 주요저서로는 《中國近代文學發展史》·《秋瑾文學論稿》·《龔自珍年譜》 등이 있다.

서양 문학 작품이 최초로 중국에 전래 된 시기는 대략 明代 萬歷天啓 年間, 즉 서기 17세기 초엽이다. 당시 서방 선교사들은 일찍이 그리스의 《이솝우화》를 중국에 소개하였다. 최초로 《이솝우화》를 소개한 사람은 이탈리아 예수회 선교사 마테오 리치(Matteo Ricci, 1552~1610년)와 스페인 예수회 선교사 디테우스 판토자(Didaeus de Pantoja, 1571~1618년)인데, 그들은 《畸人十篇》(1608년) 과 《七克》(1614년)에서 《이솝우화》의 寓言故事를 부분적으로 번역하여 소개하였다. 그들은 천주교를 선교하면서 《이솝우화》를 이용하여 자신들의 논점을 설명하거나 훈계하고 가르쳤다.

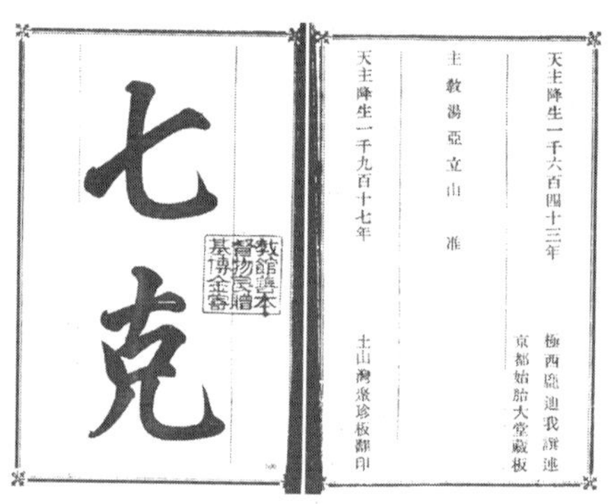

③ 〈韓國基督敎博物館 所藏本 1917年 刊 판도자 著 《七克》의 표지〉

10년 후, 프랑스 선교사 니콜라스 트위고(Nicholas Trigault, 1577~1628년)가 口述하고 중국인 張賡이 기록한 《況義》가 1625년에 西安에서 출판되었는데 이것이 중국에서 단행본 형식으로 출판된 첫 번째 《이솝우화》이다. 한 세기가 지난 18세기 40년대(淸代 乾隆初)에는, 어떤 사람이 《聖經》 속의 이야기와 서양 소설에 나오는 이야기에 의거하여 《이솝우화》를 다시 새롭게 고쳐 편찬하였는데, 이것은 마치 워싱톤 어빙(Washington Irving, 1783~1859년)의 《雜記》와 비슷한 것이다. 또 한 세기가 지난 19세기 40년대에는 영국인 로버트 · 톰(Robert Thom, 1807~ 1846년)과 중국인 蒙昧先生이 더욱 완정된 《이솝우화》를 共譯하여, 1840년 廣州에서 출판하였으니 근대 초기의 일이다. 그러나 유감스럽게도 19세기 40년대에서 70년대까지는 새로운 서양 문학작품의 번역이 거의 이루어지지 않았다.[2] 근대 번역문학에 대해 말하자면, 중국에서는 19세기 70년대에 시작되었다고 할 수 있다.

중국에서는 19세기 70년대부터 비로소 서양문학 작품의 번역이 진행되었다. 이 시기부터 근대의 마지막 시점인 "5 · 4"시기 까지는 단지 50여 년 밖에 되지 않는다. 중국 번역문학사에서 이 기간의 발전과정과 성취를 살펴본다면, 번역문학의 초기단계라고 할 수 있다. 그러나 중국 근대 번역문학 발전의 맥락을 고찰하는데 있어 편의를 위해서 우리는 이 시기를 아래의 세 단계로 나누어 서술하고자 한다.

(1) 근대 번역 문학의 맹아기(1870~1894년)
(2) 근대 번역 문학의 발전기(1895~1906년)
(3) 근대 번역 문학의 번성기(1907~1919년)

제2절 중국 근대 번역소설의 맹아기

1870년 이전의 30년(1840~ 1870년) 동안에 《이솝우화》(1840년), 영국 존 번연(J. Bunyan, 1628~1688년)의 《天路歷程》과 미국 롱펠로우(H. Longfel-low, 1807~1882년)의 譯詩 《삶의 찬가 人生頌》가 번역되었지만, 역자가 이들 작품을 문학작품으로 간주

2) 이 기간에 비록 몇 종류의 이솝寓言故事集이 출판되었지만, 모두 《이솝우화》의 번역본이었다.

④ 〈1895年 上海美華書館 印 中譯本 《天路歷程》 표지〉

⑤ 〈1895年 上海美華書館 印 中譯本 〈天路歷程序〉〉

하여 번역한 것은 아니며, 게다가 역자는 모두 외국인이었다. 《이솝우화》의 역자는 영국인 로버트 톰이고, 《천로역정》의 역자는 외국 선교사이며, 《삶의 찬가》의 역자 역시 토마스 웨이드(T. F. Wade, 1818~ 1895년)[3]라는 영국인이다. 비록 옮겨 적고 윤색한 사람이 모두 중국인이지만 엄격히 말하자면 모두 중국인의 번역작품이라고 할 수는 없다.

⑥ 〈韓國基督敎博物館 所藏 1895年 刊 韓譯本 《천로역정》 표지〉

중국 근대의 詩歌 번역은 1871년 王韜

3) 토마스 웨이드, 영국의 외교관. 漢學에 정통했으며 1870년 英國 駐中國代理公使와 1871~1882년 英國의 駐中國公使를 역임했다.

와 張芝軒이 共譯한 《보불전쟁기 普佛戰爭紀》 중의 프랑스 국가 《라 마르세에즈 馬賽曲 La Marseillaise》와 독일의 《조국의노래 祖國歌》가 대표적이다. 바로 이전인, 1869년 9월 23일에 張德彝가 영어와 불어 신문에서 번역한 "베트남 저명인사의 詩" 한 수는 雜言體 古詩로 쓰여졌다. 그러나 이 번역시는 張德彝의 여행일기인 《구미여행기 歐美環遊記》의 원고에 기재되어서 일반 사람들은 보지 못했다. 1985년에 鐘叙河가 편집한 《走向世界叢書》에 실려서 비로소 세상에 알려졌으나, 이 詩가 근대에 어떤 영향을 미쳤는가에 대해서는 알 수가 없어 이 시를 근대 초기 번역시의 대표작으로 볼 수 없다.

외국소설의 번역작품으로는 1873년 초 蠡勺居士가 번역한 영국의 장편소설 《昕夕閑談》을 대표작으로 꼽을 수 있다. 이 작품 이전에 《申報》에 게재되었던 《걸리버 여행기-소인국편 談瀛小錄》[4]과 《립 밴 윙클 一睡七十年》[5]이 있으나, 이 두 편의 외국 문학 작품은 첫째, 작품이 모두 불완전한 단편으로 작품의 편폭이 길지 않은데, 《걸리버여행기-소인국편》은 5,000字이며 《립 밴 윙클》은 1,000字에 불과하다. 둘째, 역자의 署名이 없으며, 국적이 불분명하다. 따라서 이 두 편의 단편소설은 모두 초기 번역소설의 대표작으로 간주하기가 어렵다.

현재 파악한 자료에 근거하면, 근대의 첫 번째 번역소설은 당연히 《昕夕閑談》이다. 이 영국소설은 근대 첫 번째 문예잡지인 《瀛

4) 스위프트의 《걸리버여행기》 중의 小人國 부분을 번역하여 《談瀛小錄》이란 제명으로 《申報》 1872년 4월 15일부터 4월18일자에 발표되었다.

5) 미국 워싱턴 어빙의 단편소설 《립 벤 윙클》을 번역하여 《一睡七十年》이란 제명으로 《申報》 1872년 4월 22일자에 게재되었다.

寰瑣記》에 3권에서 28권까지 게재되었는데, 원래 蠡勺居士[6]라고 서명한 것을 1904년 文寶書局에서 개정하여 단행본으로 간행할 때에 다시 藜床臥讀生[7]이라고 改名하였다. 이 蠡勺居士나 藜床臥讀生는 모두 別號이고 진짜 이름이 아니다. 이런 譯者의 호칭은 번역 초기에는 보편적으로 나타나는 현상인데, 林紓와 王壽昌이 공역한 《춘희 巴梨茶花女遺事》에서도 冷紅生이 筆述하고 曉齋主人이 口述하였다고 서명되었다. 이렇게 한 주요 원인은 譯者의 내심 깊숙한 곳에 잠재된 번역을 경시하는 생각 때문이다. 소위 "대개 남에게 성명을 알리고 싶지 않아 別號를 써서 사실을 숨기려는[8]" 것이다.

《昕夕閑談》은 모두 3권 55절로 되어있다. 소설은 귀족의 사생아 康吉의 생활과 프랑스 부르봉 왕조 후기 런던과 파리 사회생활의 방탕함과 부패상을 묘사하였다. 역자의 목적은 "양심을 일깨우고

6) 郭長海의 고증에 따르면, 첫 번째 역자 蠡勺居士는 蔣子讓이다. 그의 生平은 그다지 확실치 않고 단지 縣令을 지낸 적이 있으며 그가 저술한 문장《長崎島遊記》·《英國他呑氣船顚末記》를 통해 본다면, 그는 일본과 영국에 간 적이 있으며, 영어에 능통하여 외국소설을 번역한 것 같다. 그가 쓴 〈昕夕閑談·小序〉로부터 그의 문학 관념이 비교적 참신하다는 것을 알 수 있다. 19세기 70년대 초에 그는 상당한 식견이 있는 선비였다.

7) 藜床臥讀生에 관하여 阿英은《晚淸小說戲曲目》에 "《昕夕閑談》은 光緖 30년(1904) 藜床臥讀生의 重譯本으로 文寶書局에서 2책으로 간행하였다."고 기재되었다. 郭長海의 고증에 따르면, 그는 管斯駿인데, 이름은 秋初, 江蘇 吳江 사람으로, 이외에 平江藜床臥讀生·藜床舊主라고도 서명하였으며, 저명인사 王韜와 친구이며,《靑樓夢》의 저자인 俞達과도 교분이 있었다. 저서로는《繪圖上海雜記》·단편소설집《釵光劍影》등이 있다. 이상의 두 가지 고증은 모두 郭長海의 〈蠡勺居士와 臥讀生〉(《明淸小說硏究》, 1992년 제3·4기 合刊本)에 보인다.

8) 黃黻臣의 말인데, 曾憲輝의《林紓》, 福建人民出版社 1993년, 제64쪽에서 轉載하였다.

방종한 의지를 징계하려"는데 있는데, 소위 "가능한 한 부자로 하여금 명예를 탐내지 않게 하고 善者로 하여금 명예를 꾀하지 않게 하며, 진정한 군자로 하여금 안색에 생기가 있게 하고 거짓 군자로 하여금 본색을 드러나게 하도록 한다.[9]"는 것이다. 작자는 소설 속의 갖가지 인물 형상을 통하여 영국과 프랑스 상류사회의 기괴하고 다양하며 방탕한 생활과 추악한 상황을 투영하고 있다. 이 소설의 역자가 마음의 고통스러움을 이용하기는 하였으나 소설은 그 당시 크게 영향을 끼치지는 못했다.

그 후, 1882년 畵圖新報館에서 발행한 《즐거운 집 安樂家》와 1888년 張赤山이 編選한 《이솝우화 海國妙喩》, 1894년 티모티 리차드가 節譯한 《회고 2000년에서 1887년 百年一覺》[10]이 上海廣學會에서 출판되었다. 이러한 소설 출판은 資産階級 維新派 사상가인 康有爲, 譚嗣同, 梁啓超 등에게 모두 상당한 영향을 미쳤는데, 티모티 리차드의 《百年一覺》와 《즐거운 집 安樂家》는 모두 서양 개신교선교사가 文言으로 번역하여 중국에서 출간된 영향력 있는 서양번역소설이다.

이 시기의 번역작품 중에는 앞에 말한 《海國妙喩》가 당시 사람들의 주목을 끌었다. 이 책은 張赤山이 編選한 것으로 일부분은 로버트 톰의 《이솝우화》에서 발췌한 것이고, 일부분은 당시 신문지상에 게재된 《이솝우화》의 번역을 편집한 것이다. 따라서 이 번역작품의 내용은 모두 우언고사로, 의미심장하여 세심하게 음미할

9) 〈昕夕閑談 · 小序〉, 阿英 編, 《晩淸文學叢鈔 · 小說戱曲硏究卷》, 中華書局 1960년, 제195 · 196쪽.

10) 林天頭 · 張自謀가 번역한 《回顧 Looking Backward 2000-1887》의 또 다른 번역 명칭이다. 商務印書館, 1984년 출판.

가치가 있었지만 당시에 미쳤던 영향은 그리 크지 않았다.

위의 번역소설과 비교해 볼 때, 王韜와 張芝軒이 共譯한 프랑스 국가 《라 마르세에즈》와 독일국가 《조국의 노래》는 당시와 그 후에 비교적 큰 영향을 끼쳤다. 《라 마르세에즈》는 프랑스 공병대위 루제 드릴(Rouget de Lisle, 1760~1836)이 1792년 4월 26일 저녁에 작곡한 《라인강 주둔군을 위한 군가 Chant de guerre pour l'arm e du Rhin》에서 유래한 것으로 프랑스 국민이 봉건세력과의 전투에서 명예롭게 죽을 것과 민족독립을 쟁취하고 자유와 민주주의를 실현시키고자 하는 혁명정신을 잘 표현한 것이다. 가사는 다음과 같다.

> 프랑스의 영광은 국민에 의해 드러나고,
> 애국적 의거와 궐기는 멀리 일어났도다.
> 소리치는 어머니 울부짖는 아내 가정은 온전치 못하니
> 눈물이 마르고 말을 하고 싶지만 어느 곳에서 호소할꼬?
> 황제의 학정은 猛虎보다 무서워도,
> 오합지졸을 널리 모집하고 있네.
> 어찌 다시 태평세월을 볼 수 있겠나?
> 사방에서 죄수와 악당들을 찾아 모으니
> 피 끓는 용사, 군사를 일으켜 일세의 호걸이 되고
> 원수를 갚는 보검, 이미 칼집을 떠났구나.
> 진군하려면 마땅히 한 마음으로 맹세해야 하고
> 몸 바치는 것 마다 않으니 의지 또한 드높다.[11)]

매 말미마다 모두 마지막 4句로 후렴 되어지는데 프랑스 대혁명

---

11) 法國榮光自民著, 愛擧義旗宏建樹。母號妻啼家不完, 淚盡詞窮何處訴? 吁王虐政猛于虎, 爪合瓜牙廣招募。豈能復睹太平年, 四處搜羅囚奸蠹。奮勇興師一世豪, 報仇寶劍已離鞘。進兵須結同心誓, 不勝捐軀義并高!

시기에 국민들의 불타는 투지와 죽음을 두려워 하지 않는 불굴의 혁명정신을 잘 표현하고 있어 프랑스 혁명을 위해 전투에 참가한 사람들에게 대단히 큰 격려가 되었다. 王韜가 번역한《라 마르세예즈》는 매우 유창하고 리듬감이 잘 살아있게 번역되어졌는데 시 전체가 균일하게 七字句의 형식으로 되어있어 정연함과 리듬감이 돋보인다. 후에 梁啓超는 이것을《飮氷室詩話》에 실었고 오래지 않아 俠民이 다시 제1장을 번역하고 가사에 곡을 부쳐서《한역 프랑스혁명가 漢譯法蘭西革命歌》라 제목을 부치고,《新新小說》제1년 제2호(1904년 10월 26일)와 1907년《民報》제13호에《프랑스 혁명가》란 제목으로 간행하였는데, 근대에 이 부르조아 혁명의 노래는 매우 큰 영향을 끼쳤다. 이외에 일본의 저명한 정치소설《佳人奇遇》에도 王韜가 번역한 이 프랑스 국가의 전문이 인용되었다.

王韜와 張芝軒이 번역한《라 마르세예즈》는 정연한 七言體인 반면, 그들이 번역한 다른 한 수의 독일 무명씨의 작품《조국의노래》는 "騷體"의 형식이다. 格式이 하나로 통일되지 않아 형식에 있어 4字, 5字, 7字, 9字에서 11字까지 있어서 다양하며 음조의 변화가 풍부하며 문자의 흐름이 자연스러워 詩體상에 있어 자유화로 나가고 있었다. 시는 전체가 모두 6章으로 되어 있는데 여기서 제2장을 보면 다음과 같다.

> 누가 게르만의 祖國을 위해 일을 할 것인가?
> 스테이얼 랜드의 비옥한 땅인가?
> 아니면 바이어른랜드의 높은 언덕인가?
> 마르센의 牧羊을 유목시킬까?
> 아니면 마컬의 物産을 번창하게 할까?
> 나는 그런 것이 아니라는 것을 안다.
> 나의 위대한 조국을 반드시 더 넓혀 끝이 없게 하고

원방까지 확장하여 경계를 없게 해야 한다.[12)]

이 두 편의 시는 20세기 초에 대단한 환영을 받았다. 梁啓超는 "王韜가 번역한 《보불전쟁기》 중에 독일과 프랑스의 국가가 각각 한 편씩 실렸는데 모두 유명한 사람이 쓴 것이며, 두 나라의 건국 정신과 매우 큰 관계가 있는 것으로 王韜의 번역 또한 그 정신과 운율을 잘 전해준다."[13)]라고 평하였다. 이 두 편의 시는 이 시기에 대단히 큰 영향을 끼쳤다고 말할 수 있다. 비록 이 두 편의 시의 번역이 원래 의미를 살리지 못한 미진한 부분이 있으나 중국인이 외국 詩歌의 번역을 시도했다는 점은 근대 번역문학사에 있어 선구적인 역할을 했다는 의미를 지니고 있다. 그 후, 1890년(光緒16년) 回族학자 馬安禮가 아라비아의 저명한 시인 蒲綏里(1211-1296)의 《袞衣頌》(지금은 《頭蓬頌》이라 번역한다.)을 번역하였다. 馬安禮는 詩經體로 번역하였고, 《天方詩經》이라 제목을 붙였다. 그리고 같은 해 아라비아 원문을 成都에서 간행하였다.

위에서 소개한 내용에서 우리는 맹아기의 문학번역에 세 가지 특징이 있음을 알 수 있다. 하나는 번역된 작품의 대다수가 원작자를 밝히지 않았다는 것이다. 예를 들면 《昕夕閑談》이 영국 소설인 것은 알고 있으나 지금까지 그 작자가 누구인지는 밝혀지지 않고 있다. 둘째는 많은 소설이 節譯되었다. 티모티 리차드조차도 《회고: 2000년에서 1887년》을 번역하면서 16만자의 원문을 3분의 1

---

12) 誰爲日耳曼之祖國兮? 將士底利嬴(Steyer land)之腴壤兮?
抑巴華里亞(Bayernland)之崇崗? 將摩辰(Marsen)牛羊遊牧兮。
抑麥介(Maker)物産蕃康? 我知其非兮。
我崇邦必增廣而無極兮, 斥遠而靡疆。

13) 《飮冰室詩話》 第50, 人民文學出版社, 1980年 重印本, 37쪽.

정도로 節譯하였다. 세 번째는 詩歌 번역문이 다른 번역 작품 속에 산재되어 나타나는 것인데, 《天方詩經》 이외의 대다수 작품은 아직 독립된 단편의 형식으로 출간되지 않았다.

제3절 중국 근대 번역소설의 발전기와 주요 특징

중국 근대사에서 청일전쟁의 패배는 중국의 지식인들에게 지대한 영향을 끼쳤던 역사적 사건이다. 만약 아편전쟁의 패배로 지식인들이 제국주의 침략전쟁이 중화민족에게 가져다 준 치욕과 엄청난 재난을 느끼기 시작했다면, 청일전쟁의 패전은 중화민족의 생사존망을 중국인 모두의 눈앞에 펼쳐놓은 사건으로 민족의 위기와 급박함, 망국의 아픔이 눈앞에 자리 잡고 있었던 것이다. 예를 들어 譚嗣同은 자신의 스승에게 쓴 《上歐陽中鵠書》에서 말하길 "이런 크고 깊은 아픔을 겪고 나서, 이에 모든 것을 포기하기 시작하였고, 생각에 전념하였습니다. 밥 먹을 때가 되어서도 밥 먹을 것을 잊어버리고 잠을 자도 피곤하며 방안에서 이리저리 방황하는데 어찌 해야 할 바를 모르겠습니다."라고 하였다. 譚嗣同의 편지 중에 반영된 이러한 비통한 심정은 당시 애국정신이 투철했던 지식인들이 공통적으로 가지고 있던 마음의 상태였다. 梁啓超는 《戊戌政變記》에서 "우리나라가 4천년의 거대한 꿈에서 깨어난 것은 실로 甲午年부터이다."라고 말하였다. 바로 이 해 5월 2일 康有爲는 北京에서 18省 1,300명의 擧人과 連署하여 "公車上書"를 올렸다. 국가를 구하기 위한 중국자본주의 발전을 주요 내용으로 하는 維新變法운동의 새로운 고조가 시작되었다.

資産階級 維新變法運動의 발전에 따라 중국과 서구의 문화교류

에 대한 인식은 새로운 단계에 접어들었다. 유신변법운동을 추진하기 위해 자산계급 유신변법의 지도자들은 더욱 적극적으로 서방을 배우는 것에 주력하였다. 1897년 梁啓超는 〈論譯書〉에서 "지금 세상에서는 책을 번역하는 것이 바로 强國이 되는 최고의 방법이다"[14]라고 말하였다. 같은 해 康有爲는 《日本書目志》을 간행하고 소설 부분에 1,058편의 일본소설(筆記小說 포함)을 수록하면서 첨부한 "識語"에서 "서둘러 소설을 번역하고 그것을 읽어야 한다. 서구유럽은 소설학이 더욱 발전했다."라고 말을 하였다. 또한 같은 해 嚴復과 夏曾佑는 〈本館附印說部緣起〉에서 "또한 유럽, 미국, 일본은 개화기에 왕왕 소설의 도움을 받았다"라고 말했다. 서방 소설의 사회 작용을 강하게 환기시키면서 "감수하고 널리 자료를 모아 종이에 써서 나누어 주거나 혹은 여러 선진국의 것들을 번역하거나 세상에 하나밖에 없는 孤本의 세세한 것도 번역한다.[15]" 라고 하였다. 다음 해(1898년)에 梁啓超는 〈譯印政治小說序〉를 편찬하면서 "외국의 유명한 학자의 저술을 모으고 중국 실정이 관철되는 것을 제일 먼저 번역한다."[16]라고 명확히 제시하였다. 維新派를 이끄는 인물들의 이러한 이론적인 주장은 번역문학의 생산에 영향을 끼치지 않았을 리가 없었다. 사실 청일전쟁 이후, 특히 20세기에 막 진입한 후 번역문학 작품은 점차 많아졌고 수직적인 상승을 이루었다.

문학 번역이 발전기에 들어선 후에, 모든 종류의 문학 장르 중에

14) 梁啓超 著,《變法通議》,《飮冰室合集》第1冊, 中華書局, 1989년 影印本, 제66쪽.

15) 阿英 編,《晩淸文學叢鈔 · 小說戲曲研究卷》, 12쪽.

16) 阿英 編, 앞의 책, 14쪽.

서 소설 번역 활동이 가장 활발하였는데, 수량이 많을 뿐만 아니라 類型도 완비되어서, 모든 번역문학 중에서 절대적인 우세를 차지하였다. 일본학자 樽本照雄교수의 통계자료에 의하면, 1895년부터 1906년까지 516종의 번역소설이 출현하였는데 모든 유형의 외국소설이 모두 소개되었다. 이것은 다채롭고 화려하며, 엄청나게 많은 양의 번역소설들이 출현한 좋은 현상이었다. 1896년(光緒 22년) 《時務報》에 맨 먼저 張坤德이 번역한 영국의 코난 도일(Arthur Co-nan Doyle, 1859~1930년)의 정탐소설 4편이 《샬록 커얼우스 필기 歇洛克 · 呵爾唔斯筆記》라는 이름으로 게재되었는데, 커얼우스(呵爾唔斯)는 곧 샬록 홈즈(福爾摩斯)이다. 이 4편의 소설은 〈영국 정탐 칸토 밀약사건 英包探勘盜密約案 The Naval Treaty〉, 〈꼽추의 복수 記傴者復仇事 The Crooked Man〉, 〈계부와 狂女 續父誑女破案〉, 〈최후의 과제 呵爾唔斯緝案被戕 The Final Problem〉이다.[17] 1898년에는 曾廣銓이 영국의 해서드 (H. R. Haggard, 1856~1925년)의 《그녀 長生術 She》를 같은 해 上海 《昌言報》에 발표하였다. 9월에 戊戌變法이 발생하고, 梁啓超는 일본

⑦ 〈《時務報》第24册에 게재된 〈繼父와 狂女〉의 原文〉

17) 이 4 편의 정탐소설은 순서대로 《時務報》 第6~9책, 10~12책, 24~30 冊, 27~30冊에 수록되었는데, 시간은 光緒 22年(1896년) 8월 1일부터 23年(1897년) 5월 21일까지이다. 1899년 素隱書屋에서 위의 4 편 이외에 〈의사 커디에 살인사건 英國包探訪喀迭醫生奇案〉 한 편을 卷頭에다 더 수록한 뒤, 《新譯包探案》이란 이름으로 改名하여 단행본으로 출판하였다.

으로 망명하는 배 위에서 일본 柴四郎의《佳人奇遇》를 번역하기 시작하여, 후에 그가 창간한《淸議報》에 게재하였다. 1898년에는 林紓·王壽昌이 프랑스 알렉산더 듀마 作《춘희》의 번역을 시작하여 1899년에 素隱書屋에서 출판하였다. 여성 번역가인 薛紹徽가 번역한 프랑스의 통속소설가인 쥘 베른의《80일간의 세계일주 八十日環游記》는 1900년에 經世文社에서 출판되었다. 19세기 말에 이르러서 번역소설의 몇 가지 주요 유형, 즉 사회소설《昕夕閑談》, 정치소설《佳人奇遇》, 애정소설《춘희》, 과학소설《80일간의 세계일주》, 이상소설《그녀》, 정탐소설《新譯包探案》의 유형들이 이미 모두 번역되기 시작하였다.

이 시기의 번역가 중에서 가장 유명한 사람은 당연히 林紓이다. 그는 비록 외국어를 알지 못했지만 다른 사람의 구술(口述)과 서사 서정에 뛰어난 글재주를 발휘하여 처음으로 프랑스의 알렉산더 뒤마(Alexandre Dumas fils, 1824~1895년)의《춘희》를 번역하여 독자들의 뜨거운 환영을 받았고, 번역본이 출판되자마자 순식간에 책이 매진되는 등 크게 유행하였다. 주인공인 마르그리트의 비참한 운명은 중국 독자들의 심금을 깊이 감동시켜서 이른바 "가련한《춘희》한 권이 중국 탕자의 창자를 다 끊을 듯하다."고 하였으니, 바로 외국의《紅樓夢》이라는 명칭에서 보듯이 이 프랑스 소설이 많은 중국독자들의 열렬한 사랑을 받았다는 증거라고 할 수 있겠다.《춘희》가 불러일으킨 사회적 반향은 역자 林紓조차도 생각지 못한 것으로 이를 계기로 그는 번역문학과 끊을 수 없는 인연을 맺게 되었다. 처음 시도한 번역의 성공은 林紓에게 매우 큰 격려와 기쁨을 주었고, 그가 계속 문학 번역에 종사하는 계기가 되었다. 이 책이 출판된 후부터 1906년까지 林紓는 다른 사람과 공역으로 20종의 외국문학 작품을 번역하였는데, 주요 작품으로는 미국 스토우부인(H. B. Stowe, 1811~1896년)의 《톰 소여의 모험》(1901년), 이솝(Aesopos)의 《이솝우화》(1903년), 영국 램 남매의 《세익스피어 이야기 吟邊燕語 Tales From Shakespeare》(1904년), 해거드의 《迦茵小傳》, 《클레오파트라 埃及金塔剖尸記 Cleopatra》와 《알렌 쿼터메인 斐洲烟水愁城錄 Allan Quatermain》, 월터 스코트(W. Scott, 1771~1832년)의 《코사크 영웅전 撤克遜劫後英雄略》(이상 1905년), 조나단 스위프트(J. Swift, 1667~1745년)의 《걸리버여행기 海外軒渠錄》, 해거드의 《대령 크바르티 洪罕女郎傳 Colonal Quaritch, V.C》, 《베아트리체 紅礁畵槳 Beatrice》, 《안개 속의 사람 霧中人 People of the mist》(이상 1906년)이 있는데, 이러한 작품은 사회에 커다란 반향을 일으켰으며, 특히 당시의 청년(5 · 4시기의 신문학가)들에게 상당히 깊은 영향을 주었다.

이외에, 이 시기의 저명한 번역작품으로 沈祖芬(跛少年)이 번역한 영국 다니엘 데포(D. Defoe, 1660~1731년)의 《로빈슨 크루소》(1902년), 무명씨가 번역한 조나단 스위프트의 《汗漫游》, 戢翼翬가 번역한 러시아 푸시킨(1799~1837년)의 《대위의 딸 俄國情史》, 周桂笙이 번역한 《아라비안 나이트 一天零一夜》(이상 1903년), 무명씨가 번역한 영국 로버트 스티븐슨(R. L. Stevenson, 1850~1894년)의 《보물섬 金銀島》(1904년), 商務印書館이 編譯한 미국 에드워드 벨러미(E. Bellamy, 1850~1898년)의 《회고 2000년에서 1887년》, 吳檮가 번역한 독일 수데르만(1875~1928년)의 《매국노 賣國奴》, 包天笑가 번역한 프랑스 쥘 베른의 《이름없는 영웅 無名之英雄》(이상 1905년), 卓呆이 번역한 독일 쵸케(J. Zchokke)의 《대전야 大除夕 Das Abenteuer Der Naujahpesnacht》(1906년) 등의 번역작품은 중국인들의 생활과 예술 시야를 크게 넓혔으며, 성장 중에 있는 근대소설의 창작에 적극적인 영향을 주었다.

이 시기 번역소설의 대체적인 특징은 아래와 같다.

1) 번역소설의 유형이 비교적 완비되었다.

앞에서 말했듯이, 19세기 말에 번역소설의 여러 주요 유형은 비록 이미 모두 완비되었지만, 작품 총수가 10종을 넘지 않을 만큼 수량이 매우 적었다. 20세기 초에 이러한 몇 가지 유형의 번역소설은 수량이 점차 증가하였다. 비교적 저명한 작품으로 정치소설에는 일본 矢野文雄의 《經國美談》, 末廣鐵腸의 《雪中梅》, 柴四郎의 《佳人奇遇》, 廣陵佐佐木龍의 《政海波瀾》, 무명씨의 《游俠風雲錄》이 있고, 과학환상소설로는 프랑스 쥘 베른의 《해저여행 海底旅行》, 《달나라여행 月界旅行》, 《땅속여행 地底旅行》, 《달나라 일주 環游月球》, 일본 押川春浪의 《空中飛艇》, 井上圓了의 《별나라 여행기 星球旅行記》 등이 있다. 정탐소설의 수량은 더욱 많아서, 영국 아더 코난 도일의 《샬록홈즈 탐정소설 福爾摩斯偵探案》, 존 모리슨(John A. Morrison, 1863~ 1945년)의 《마틴 휴트 탐정사건 馬丁休脫偵探案》, 미국 니콜라스 카터(Nicholas Carter)의 《니콜라스 카터 탐정사건 聶格卡脫偵探案》, 영국 보스비(G. N. Boothby, 1867~1905년)의 《파리의 5大 미스터리 巴黎五大奇案》, 하워즈(W. Hawes)의 《하워즈 정탐기 海謨偵探記》, 프랑스 紀善의 《간호사 모 탐정사건 護婦謨偵探案》, 프랑스 포우의 《毒蛇圈》, 미국 로렌스 린치(Lawrence Lynch)의 《毒美人》, 《黃金血》, 애드거 알렌 포우(E. Allan Poe, 1809~1849년)의 《황금벌레 玉蟲緣》, 영국 葛威兼(W. T. Le Queux)의 《세 개의 유리 눈 三玻璃眼 The Three glass, a story of today》, 일본 黑巖淚香의 《離

魂病》과 《三縷發》 등 그 수량은 많아서 하나하나 셀 수 없을 정도이다.

이외에 교육소설(일본 山上上泉의 《고학생 苦學生》), 모험소설(미국 로하프 로커스의 《샌프란시스코 舊金山》), 법률소설 (프랑스 무명씨의 《宣春苑》), 애정소설(任墨緣이 번역한 《情海劫》), 역사소설(陸龍翔이 번역한 《스위스독립기 瑞西獨立警史》) 등 각종의 소설 유형이 없는 것이 거의 없을 정도로 번역되었다. 이것은 본 시기의 마지막 해인 1906년에 이르러 모든 유형의 번역소설이 대체로 완비되었고, 통계에 의하면 그 수량은 이미 500종을 초과하였으며, 소설 번역이 장르적인 번역문학작품 중에 우위를 차지하고 있었음을 설명하는 것이다.

2) 서구 문명을 수입하거나 그 사상을 살펴보는데 번역의 목적을 두었으며, 문학의식이 미약했던 점이 이 시기 번역문학의 눈에 띄는 특징이다.

근대 번역문학의 두 번째 단계에서 세계 명저들이 번역되었는데, 프랑스 알렉산더 뒤마의 《춘희》, 미국 스토브 부인의 《톰 아저씨의 오두막(1901년)》, 러시아 푸시킨의 《대위의 딸》, 영국 데포의 《로빈슨 그루소》, 스코트의 《코사크 영웅전》, 스위프트의 《걸리버 여행기》, 독일 수데르만의 《매국노》,《이솝우화》, 《아라비안 나이트》(이상 장편)와 프랑스 빅토르 위고(1802~1885년)의 《레미제라블》, 모파상(1850~1893년)의 《의용군 義勇軍》, 폴란드 싱크 웨이즈(1846~1916년)의 《등대지기 Laternik》, 미국 마크 트웨인(Mark Twain, 1835~1910년)의 《러시아 황제의 독백 俄皇獨語》과 《山家奇遇 The Californian's Tale》 등이다.

그러나 총체적으로 보면, 명작에 해당하는 번역소설은 전체의

10%를 넘지 못하였고, 번역된 작품의 90% 이상은 2, 3류 작가들의 것이었다. 이 시기에 中譯된 일본소설을 예로 든다면 이러한 경향을 뚜렷이 볼 수 있다. 1906년 이전에 중국에서 번역된 일본 문학작품이나 日譯本을 轉譯한 외국소설 작품은 대략 70여 종이지만, 일본의 저명한 문학가들, 예를 들면 二葉亭四迷(1864~1909년), 幸田露伴(1867~1947년), 樋口一葉(1872~1896년), 夏目漱石(1887~1916년)의 작품은 번역된 것이 거의 없었다. 비록 吳檮가 일본의 저명한 작가인 尾崎紅葉(1867~1903년)의 《俠黑奴》, 《寒牧丹》, 《美人煙草》(모두 1906년) 등의 작품을 번역하긴 했으나, 이것들은 尾崎紅葉의 대표작이 아닌 2, 3류의 작품들이다. 더욱이 그 중의 《美人煙草》는 그의 작품이 아니다(廣津柳浪의 《美人莨》을 誤譯한 것이다). 그러나 일본의 2, 3류 작가인 押川春浪, 黑巖淚香, 菊池幽芳, 鹿島櫻巷, 櫻井彦一郎의 통속소설은 매우 많이 번역되었는데, 이 중 押川春浪 한 사람의 소설이 7편이나 번역되기도 하였다.

당시 번역서의 목적은 주로 외국문명을 수입하는 것이었지 그 문학의 가치를 고려한 것은 아니었으며, 주로 사상적인 측면에서 학습하기를 희망하였기 때문에 陸龍翔이 번역한 《스위스독립기》(1903년), 江東老鈍이 번역한 영국 勃來姆의 《一柬緣》(1904년), 大陸少年이 번역한 프랑스 무명씨의 《雲中燕》(1905년) 같은 작품들은 모두 깊은 잠에 빠져 있는 국민들을 각성시키고 감동을 더하여서 분연히 일어나 서양의 소년 호걸과 여걸들을 본받아 국력을 진작시키고 중국을 다시 발전시키기 위함이었다. 이런 까닭에 역자는 작품의 선택에 있어서 작가나 작품의 문학사적 지위를 크게 고려하지 않았다. 또 다른 측면에서 볼 때, 당시의 번역가는 외국작가와 작품에 대해 그다지 익숙하지 않았고, 비평 감상 능력이 부족해서 번역서를 선택할 때에 종종 소문에 의존했기 때문에 2, 3류의 작가와 작품이 대량으로 번역되었다.

3) 意譯과 譯述을 주요 번역방법으로 택한 것은 이 시기의 문학번역에 있어 또 하나의 특징이다.

이 시기의 번역작가들은 외국어를 할 수 있었던 周桂笙·陳鴻壁·戢璧竄나 외국어를 할 줄 모르거나 능숙하지 못했던 林紓·梁啓超·包天笑 등과 같은 번역작가들이 취했던 번역방식은 기본적으로 모두 譯述이나 意譯(전혀 엄격한 의미의 譯述이 아니다)으로 誤譯, 刪節, 改譯, 增添를 한 것이 자주 보이는데 주로 다음 네 가지로 말할 수 있다.

(1) "豪傑譯"

사상의 계몽과 정치 선전의 필요에 따라 번역 작가가 작품 중의 주제, 구성, 인물을 모두 바꾸었는데, 이러한 번역작품은 작품의 전부가 달라졌다고 할 수는 없으나 많은 부분이 달라진 것은 사실이었다. 예를 들어 프랑스의 통속 소설가 쥘 베른의 소설 《15소년 표류기 十五小豪杰》(원명 《二年의 휴일》)를 영국인이 프랑스어 원본을 영어로 번역했을 때, 英譯本의 서문에 "영국인의 문체를 사용했고 의역을 했으나 원문과 조금도 다름이 없음을 자신한다."고 하였다. 그리고 다시 일본인 森田思軒이 영어 번역본을 보고 일본어로 번역을 할 때도 "일본의 풍격으로 바꾸었지만 원문의 뜻을 조금도 잃어버리지 않았다"라고 하였다.

梁啓超는 森田思軒의 日譯本을 다시 중국어로 번역하면서 말하기를 "이번에 나의 이 번역은 완전히 중국소설의 체제로 바꾼 것이지만, 그러나 森田의 譯文에 충실하였다고 자신할 수 있다. 만약 이 책을 쥘 베른이 다시 읽는다 하더라도 당돌하다고 하지는 않을 것이다."[18]라고 하였다. 사실 쥘 베른의 이 소설은 여러 차례 "豪傑譯"의 소설로 번역되었고 작품 속의 "小豪杰"들 또한 번역작가 각자의 생각 속에서 "小英雄"이 되어 버렸다. 유사한 예로써 蘇曼殊가 번역한 위고의 《레미제라블》 또한 거의 다시 창작된 것이었다.

(2) 任意의 삭제와 改譯

역자가 중국인의 감상과 습관, 정취에 맞게 건성으로 작품 중의 자연환경 묘사와 인물들의 심리묘사를 삭제하거나 고쳐서 단지 작품의 줄거리만을 번역하였는데, 이러한 현상은 이 시기 번역작품 가운데 상당히 보편화 되어 있다. 《繡像小說》을 예로 들어 말하면, 이 잡지에 연재된 11편의 장편소설 중에 하나의 예외도 없이 대부분이 첫 부분의 배경과 자연환경 묘사를 삭제하고서, "話說" "却說"이란 話頭語를 써서 곧바로 줄거리를 서술하였다. 설령 환경묘사를 기술한다 하더라도 제대로 번역을 한 것이 아니라 中國化된 진부하고 케케묵은 상투적인 묘사를 사용하였다. 세계적으로 저명한 작가인 푸시킨의 《대위의 딸》을 최초로 번역한 戢壁軍의 《俄國情史》(1903년)의 예를 들어보자. 소설의 제13장에 화원을 묘사한 부분을 보면

> 아침에 하늘은 맑고 화창하며 공기는 상쾌하였다. 궁전의 꽃과 나무들은 아침 볕에 반사되어 사랑스럽고 새들과 구름은 더불어 하늘을 날아가고 나비는 바람을 따라 경주하며 춤을 추고 있었다. 산과 강에 둘러싸여 있고 버드나무 그늘 아래

---

18) 梁啓超 譯, 《十五小豪傑》 第1回에 덧붙인 말로써, 《飮冰室合集 · 專集》 第94, 中華書局, 1989年 影印本.

꽃들이 활짝 펴있고 꽃향기가 사람을 감싼다. 하늘빛이 정겹게 내리는 곳에서 물고기들은 물풀 사이로 헤엄을 치고 백로는 거품을 일으키며 떠다니니 그 풍경이 지극히 아름다워 말로써 형용하기가 어려웠다.

만약 위의 번역문과 다른 번역문을 대조해서 보면 이 번역문이 얼마나 원문의 흥을 깨고 이국적인 정취를 없앴는지 알 수 있을 것이다.

다음날 아침이 되자 마리아 이바노프나는 일어나 옷을 챙겨 입고 아무도 몰래 화원으로 나갔다. 이른 아침의 풍경은 매우 아름다웠다. 햇살이 상쾌한 가을바람을 받아 노랗게 물든 보리수나무 꼭대기를 비추고 있었다. 넓은 호수의 수면은 햇빛에 반사되어 잔잔히 빛나고 있었고 방금 잠에서 깬 백조는 호숫가를 덮고 있는 울창한 덤불로부터 우아하게 헤엄치며 나왔다. 마리아 이바노프나는 얼마 전에 준공된 표트르 알렉산드로비치 루만체프 백작의 승전 기념비가 서있는 아름다운 잔디밭을 걸어갔다.[19]

두 문장을 서로 대조해 보면, 거의 완전히 다른 세계인 것 같다. 작품 속의 이 부분은 가을날 피터성 교외에 있는 작은 마을의 화원을 묘사한 것이다. 그러나 戢譯簟의 붓 아래서 이것은 마치 중국의 2, 3류의 才子佳人小說 속의 화원이 되어 버렸는데, 이러한 성의 없고 진부한 번역은 한번 훑어보아도 단번에 알아 볼 수 있을 정도이다. 또 한 예로 제13장의 시작 부분에서 무슈(소설주인공 표트르 안드레이치 그리뇨프)가 감옥에 감금되어 심문당하기 직전의 심리묘사 또한 완전히 생략되어 있었다. 다시 소설의 제3장 바실리사 사령관 저택의 가구 배치 모습을 묘사한 장면을 보자.

19) 馮春 譯,《푸시킨소설집 普希金小說集》, 安徽人民出版社, 1982년, 477~478쪽.

나는 옛날식으로 꾸며진 제법 깨끗한 방으로 들어갔다 한쪽 구석에는 식기 찬장이 놓여 있었다. 벽에는 장교 임명장이 끼워진 유리 액자가 걸려 있었고 그 옆에는 키스트린요새와 오차코프요새의 점령, 신부감을 고르는 장면, 고양이의 매장 등을 묘사한 싸구려 그림들이 걸려 있었다.[20]

소설의 동일한 부분을 戢璧覃가 번역한 《대위의 딸 俄國情史》에서는 아래와 같은 추상적이고 평범한 묘사가 있을 뿐이다.

그 방을 보니 기둥이 반듯이 쭉 뻗어있고 고아하게 치장되어 있어 한번 보아도 비범한 사람이 사는 곳임을 알 수 있고 극히 풍치가 있었다.

戢璧覃가 번역한 《대위의 딸》 중에서 고른 두 세 개의 예문만으로도 우리들은 어렵지 않게 당시의 이러한 많은 양의 생략과 농축된 "意譯"이 한 편의 문학작품의 풍격과 감정에 대해 얼마나 큰 손상을 주었는지 알 수 있다.

더욱이 어떤 이들은 소설에 있어 대략의 세밀한 심리묘사와 자연환경 묘사는 쓸데없는 문장으로 정련되지 않았다고 여기거나, 혹은 번역문이 단아하고 고결해야 한다는 요구에 부합하지 않는다고 말하며 대량의 생략을 가하기도 하였다. 예를 들면 어떤 평론가들은 코난 도일의 《네 개의 서명 唯一偵探譚四名案 The sign of four)》(원명 《四簽名》)의 번역에서 "번역하면서 쓸데없는 것이 많아 3분의 1정도는 생략해도 되겠다."[21]고 하였다. 원문에 의거한 소설번역에서 3분의 1을 생략하였으니, 이러한 번역은 어쩌면 더욱 정련되고 문장이 더욱 단아해 졌는지도 모르지만, 외국소설의

20) 馮春 譯, 《푸시킨소설집》, 374쪽.

21) 顧燮光의 《小說經眼錄》, 《晩淸文學叢鈔 · 小說戱曲硏究卷》, 536쪽.

精髓와 風格는 도리어 이로 인해 거의 상실되고 말았다.

(3) 譯者가 작품에 대해 자신이 이해한 것에 의거하여 마음대로 원문에 없는 글을 더하였다.

"鐵"이란 필명의 평론가는 "나는 어리석게도 譯者는 마땅히 자기의 생각을 덧붙여, 써야 될 것은 쓰고 생략할 것은 생략해야 된다고 잘못 생각했다."[22]고 말하였다. 또한 錢鍾書는 林紓의 번역을 가리켜 "'기름치고 양념하기'를 좋아하고 또 어떤 이들은 '응당 그러할 것이야'라고 생각하여 마음대로 더하였다"라고 지적하였다. 예를 들어 周桂笙이 번역한 프랑스작가 포우의 《毒蛇圈》의 제 9장에서 鐵福瑞가 연회에 가서 깊은 밤이 되도 돌아오지 않자 딸이 아버지를 걱정하는 장면을 묘사했는데 이것은 원작에 없는 것이지만, 吳趼人은 부친이 밖에 나가 늦게까지 돌아오지 않는 것을 딸이 염려해야 한다는 것까지 생각하여 "이처럼 그것은 당연한 것이며 그 외에도 만약 딸이 부친을 걱정하는 장면을 생략하고 쓰지 않는다면 慈와 孝의 두 글자와 충돌하여 결점이 되지 않을 수 없다.……특별히 역자(周桂笙)가 이러한 것을 고려하여 이 대목을 넣었던 것이다. 비록 원작에는 이 대목이 빠져 있지만 내가 생각하기에 밤이 되어 딸이 절대로 그러한 염려를 안 했을 리가 없다. 그러므로 부속한 것을 써넣었으니 蛇足이 아니다"(吳趼人의 평론)라고 하였다. 이러한 '당연히 그랬을 것이다'라는 식의 첨가는 원본에 불충실한 것이며 또한 그렇게 해서도 안 되는 것인데 吳趼人은 오히려 "그러므로 부족한 것을 써넣었으니 蛇足이 아니다"라고 주장

22) 鐵甕燼餘,《晚淸文學叢鈔 · 小說戲曲硏究卷》, 428쪽.

하고 있다. 이것으로 보아 당시의 번역가들과 평론가들이 번역에 대하여 잘못된 인식을 가지고 있었음을 알 수 있다.

이외에도 번역가들이 어떤 경우에는 中國 話本小說의 "說話人"의 영향을 받아 빈번하게 번역작품 중에 자신의 평론을 넣기도 하였다. 또한 周桂笙이 번역한 《毒蛇圈》에서 주인공 鐵福瑞는 연회에서 매우 예의 바르고 총명하며 후덕한 후배 白路義를 만났는데, 역자가 소설 가운데 의론을 넣어 아래와 같이 평하였다.

> 그 푸루이는 프랑스 사람으로 일찍이 중국책을 읽은 적이 없다. 만약 그가 중국 책을 읽었다면 반드시 孔子가 말한 '後生可畏, 焉知來者之不如今也(젊은 후배들은 두려워 할만하다. 장래에 그들이 지금의 우리를 따르지 못하리라는 것을 어찌 알겠는가?)'를 인용하여 말했을 것이다.

이러한 불필요한 첨가는 사실 중국의 전통적인 전지전능의 서술 시점을 가진 "說話人"의 영향이 매우 컸기 때문이다.

(4) 작품 중의 인명 · 지명 · 호칭을 典故에 따라 중국식으로 바꾸어 번역하였다.

徐卓呆가 독일작가 쵸케의 《대전야》를 번역할 때 〈譯者小引〉에서 말하길 "고유명사를 기억하기 힘들 것 같아 우리나라 풍으로 바꾸었으니 부녀자와 어린아이들도 쉽게 알 수 있을 것이다."라고 하였다 이러한 잘못된 인식 아래에서 소설 《대전야》의 남녀 주인공 필립(Philipp)과 로젠(Roschen)은 각각 吉爾과 花姐로 바뀌었고 두 사람은 龍泉寺에서 서로 만나자고 약속을 하기도 하였다. 그 외의 인물로 戶部大臣 袁松, 禮部大臣 鄧薇가 등장하는데 人名이 모두 중국화 되었음을 알 수 있다. 또 어떤 번역본에서는 여자 주인공의 이름을 羅敷로, 남자 주인공은 梅郎으로 이것도 저것도 아닌 것이 되기도 하였다. 그리고 원문에 따라 인명을 音譯한 정탐소설 《네 개의 서명》(嵇長康 · 吳夢鬯 共譯)에 대해 어떤 평론가들은 도리어 "인명은 최대 대 여섯 자를 넘지 않아야 독자들이 어려워하거나 싫어하지 않게 된다. 만약 중국식으로 바꾼다면 더욱 여러 가지 다양한 맛을 느낄 수 있을 것이다."[23]라고 잘못 인식하였다. 이러한 견해는 寅半生이나 徐卓呆와 같은 일부 作家 뿐만 아니라 당시 적지 않은 번역작가들의 공통된 인식이었다. 吳趼人은 일본소설을 번역하면서 일찍이 "原書의 인명과 지명이 모두 서양음으로 되어있어 역자들이 모두 이를 바꾸었다. 모든 인명은 중국인들에게 익숙한 글자로 바꾸어야 하고 모든 지명 또한 중국의 지명을 빌려 독자들이 힘들이지 않고 기억할 수 있게 해야 한다."[24]라고 하였다.

또한 작중의 호칭 역시 분명하게 중국화 하였다. 陳景韓이 번역한 모파상의 《의용군》에서도 여자 주인공이 프로이센 병사와 나누는 대화에서 자신을 妾이라고 칭하였다. "여자는 큰 탁자 옆의 의자를 가리키며 프로이센병사에게 말하기를 '앉으시죠, 妾이 당신을 위해 고기 스프를 준비해 당신의 허기를 좀 덜어드리겠습니다.'"라고 했고 그의 다른 소설 《성인과 도적 聖人歟盜賊歟》에서는 두 명의 여인 蘭姐와 伊姐가 서로 妾이라 칭하는 장면이 나온다.

"阿姊! 여기서 우리 집까지는 2마일 정도 떨어져 있으니, 만약 저 곳에서 마차를 보내오면 해는 이미 저물 거예요. 우리 놀이를 하면서 기다리는게 어떨까요?" 蘭姐는 伊姐의 손을 잡으며 한숨을 쉬면서 말했다. "첩이 비록 다리를 다쳤지만 심한 통증은 느끼지 않아요. 첩 때문에 동생이 어두운 산촌에서 있어야 한다는

23) 寅半生의 《小說閑評》, 《晚淸文學叢鈔 · 小說戲曲硏究卷》, 476~477쪽.
24) 《電術奇談》卷末附記, 《新小說》 第18號.

것 때문에 정말 미안해요." 伊姐는 蘭姐의 어깨를 살며시 잡고 웃으며 이야기했다 "阿姊! 阿姊! 그런 말씀 마세요. 첩이 이 隱者의 집에 와서 이 서가에서 책을 보고 있으려니 즐겁기 그지없는 걸요."

"妾"이란 단어는 여인이 자신을 낮추어 말하는 호칭으로 歐美에서는 존재하지 않는다. 이러한 번역이 어찌 원작의 풍격과 정신적인 풍모를 유지할 수 있겠는가? 이것은 바로 陳蝶仙이 "사람들은 다만 소설이 번역되어진 것만을 알지 구미 작가의 저작이 그 책 중에 어디에 있는지는 모른다. 줄거리를 제외하고 거의 다 중국소설가의 글이 있을 뿐이다."라고 말한 것과 같다.

4) 중국 전통 소설의 형식과 고투를 답습한 것은 이 시기 번역문학에 있어 또 하나의 특징이었다.

이 시기의 譯者들은 중국인의 감상습관과 심미적 정취를 고려하여 일부러 외국문학을 전통의 章回體로 번역하였으며 그 심미적인 취향 또한 여전히 梁啓超가 詩界革命에서 주장한 "舊風格으로 새로운 의경을 담는다(以舊風格含新意境)"는 식이였다. 이 시기에 소설을 번역해 소개했던 대표적인 간행물로는 《新小說》·《新新小說》·《繡像小說》이 있는데, 이 세 잡지에 실렸던 장편소설은 모두 22종이고, 그 중 章回體로 번역된 것은 13종으로 전체 장편 번역소설 가운데 60%를 차지한다. 이러한 번역소설은 모두 章을 나눠 구분하였고, 對句의 回目이 있으며(물론 對句가 아닌 것도 있다), "말을 하자면(話說)", "차설하고(且說)", "다음 회를 들어보시라(下回分解)"라는 전통적인 說話人의 어투가 나온다. 이렇게 章回體를 모방한 번역은 독자들의 감상 습관에 부합하는 것이지만, 원작의 구조나 체제와는 완전히 동떨어진 것이 되어버렸다. 예를 들어 盧

籍東이 번역한 과학소설 《해저여행》은 모두 15회로 나뉘어져 있으며, 제1회의 回目은 "요괴들은 끊임없이 외로이 움직이는 배를 괴롭히고, 용사들은 신비롭고도 푸른 바다를 열어 나간다"이며, 서두에서는 "말을 하자면 세상에는 6개의 큰 땅과 5개의 큰 바다가 있는데, 그 가운데 한 나라는 오스트레일리아라고 불리운다."라 하였으며, 제1회의 마지막은 "바로 이러하다. 운사를 보시게. 어찌 은하수 속의 사람과 같겠는가. 뒷일이 어떠한지 모르니, 다음 회를 들어보시라"라고 하였다. 周桂笙이 번역한 탐정소설 《毒蛇圈》 제20회에서는 "이 이상한 여자 손님이 도리어 너무 일찍 왔으니, 내가 생각하건데 독자들은 매우 눈치가 있는 이들이라 도대체 무슨 이유였는지 이미 조금은 알아차렸을 것이다. 책을 쓴 사람도 이렇게 생각하였을 것이고, 번역하는 나 또한 지금까지 작자를 대신하여 전부를 말하지는 못했다."라 하였다. 商務印書館에서 번역한 미국 에드워드 벨러미의 정치소설 《回頭看》[25](1905년) 제1회에서 말하기를 "다들 내 말을 들어보시라. 황망하지 않은 관계로 이제부터 천천히 말하기 시작함을 용서하시게나"라 하여 전통 章回小說의 진부한 어투를 그대로 답습하였다. 이러한 번역소설은 소위 "新意境"(새로운 내용)을 제외하고는 형식에 있어서 실제로 중국 고전소설과 어떤 다른 점을 발견해낼 수 없다. 이것은 당시 많은 번역가들이 소설의 구조나 형식에 있어서 기본적으로 새 술을 헌 부대에 담는 방법을 채용하고 있었음을 설명해준다. 주의할 것은 번역된 일련의 탐정소설들, 예를 들어 周作人이 번역한 《황금벌

25) 《Looking Backward, 2000-1887》의 다른 中國題名. 이 책은 네 가지의 번역 명칭이 있다. 1891년《萬國公報》에 실린 《回頭看紀略》, 1894년 티모티 리차드가 번역한 《百年一覺》, 1905년 《繡像小說》에 실린 《回頭看》, 1984년 林天鬪 · 張自謨가 번역한 《回顧》가 있다.

레》(미국의 에드거 엘런 포우 作), 무명씨가 번역한 《毒藥樽》(프랑스의 에밀 가브리오 Emile Gaboriau 作), 羅季芳이 번역한 《세 개의 유리 눈 三玻璃眼》(영국의 W. T. Le Queux)은 모두 章回體를 사용하지 않았고, 또한 "說話人"의 흔적(이러한 변화는 1907년 이후의 번역소설 가운데 더욱 두드러진다)도 없다는 것이다. 이를 통해 외국소설의 구조와 형식이 점차 중국번역가들에 의해 이해되고 수용되었음을 알 수 있다.

제4절 중국 근대 번역소설의 흥성기와 주요 특징

1907년은 중서문화 교류사에 있어서 유의해야 할 해로써 중국에서 연극이 정식으로 탄생한 해이다. 1907년 2월, 일본 유학생이 조직한 연극단체인 春柳社가 東京에서 프랑스 알렉산더 뒤마의 연극 《춘희》 제3막을 상연하였다. 당시의 관점에서 이 연극은 중국의 첫 번째 번역극이라 해야 할 것이다. 같은 해 6월에는 春柳社가 다시 東京에서 《톰 아저씨의 오두막》을 상연하여 큰 성공을 거두었다. 일본 春柳社의 영향 속에서 1907년 上海에서는 동명의 春柳社가 결성되었고 許嘯天이 林紓의 소설에 근거하여 개편한 《톰 아저씨의 오두막》을 상연하였으므로, 연극계에서는 1907년을 중국의 현대 연극이 시작된 해로 간주하고 있다.

1907년, 중국근대문학 四大雜誌 중의 하나인 《小說林》(1907년 2월~1908년 9월)이 창간되었다. 이보다 조금 먼저, 1906년 11월에는 《小說林》과 병칭되었던 《月月小說》이 창간되었다. 이 양대 문학잡지는 上海에서 동시에 출판되어 번역문학을 위해 폭넓은 지면을 제공하였다. 《月月小說》은 〈發刊辭〉에서 말하길 "본 잡지에 게재된 소설은 두 가지이다. 그 하나는 번역소설이고 하나는 창작소설이다. 他山의 玉도 갈고 다듬을 수 있는 것이긴 하지만 번역은 늦출 수 있는 것이 아니다." 라고 하였다. 《月月小說》은 창간할 때부터 명확히 번역을 첫 번째 위치에 놓았는데 이것은 전대미문의 일이었다. 이것은 비록 순서상의 배열이라고는 해도 《月月小說》이 번역소설을 중시했음을 의심할 여지없이 보여주고 있다. 때문에 延陵公子는 〈月月小說 · 出版祝辭〉에서 민권, 자유, 헌법, 선거에 대한 중국 대중의 무지함을 분석하고서는 그 원인이 "보지 못하고 듣지 못했기 때문"이라고 하였다. 그는 이어서 말하길 "보지 못한 자에게는 보게 해주는 것이 가장 좋고, 듣지 못한 자에게는 듣게 해주는 것이 가장 좋다. 보게 하는 것은 여행하는 것만 못하고 듣게 하는 것은 책을 번역하는 것만 못하다. ……文言으로 번역한 책은 독자가 백 명이지만, 저속(통속을 의미함)한 소설 한 권을 번역하면 독자는 천 명이다."라고 하였다.[26)]

《小說林》의 목적은 "구미문학의 정신을 수입하여 문학상에 있어 소설의 지위를 높이는 것"이었으니, 이 잡지가 번역문학을 중시했음을 어렵지 않게 알 수 있다. 《小說林》은 창간호에서 프랑스 낭만주의 운동의 대표 작가 위고의 사진을 실었으며, 또한 프랑스 작가 알렉산더 뒤마, 영국 작가 디킨스, 스코트 등 세계 저명 문학가의 사진과 간단한 생평을 기재하였다. 《小說林》은 외국작가의 선택에 있어서 이미 그들의 세계문학사상의 지위에 주목하였으며, 잡지의 수준도 비교적 높았다. 《小說林》은 세계적으로 유명한 작가의 널

---

26) "未見者亟宜使之見, 未聞者亟宜使之文。使之見莫如出游, 使之聞莫如譯書。…… 譯文言之書讀者百人, 譯一粗俗(意爲通俗)小說讀者千人矣。"《月月小說》創刊號.

리 알려진 작품의 번역 및 소개를 제창하였으며, 비록 완전히 실행에 옮기지는 못했지만 이미 이러한 개괄적인 생각을 가지고 있었음을 말해 주고 있다.

《小說林》과 《月月小說》은 모두 대량의 번역소설을 발간하였다. 《月月小說》은 모두 24期의 출판을 하는 동안 연이어 30여종의 번역소설을 게재하였는데 이것은 간행된 소설의 60% 이상을 차지하였다. 《小說林》에 실렸던 번역소설은 더욱 많았는데, 특히 장편이 많았다. 예를 들면 曾樸이 번역한 프랑스 알렉산더 뒤마의 《마고왕후일사 王后逸史》, 陳鴻璧이 번역한 영국 지아한의 《電冠》, 프랑스의 무명씨 작 《스코트랜드 독립기 芳格蘭獨立記》, 張瑛이 번역한 미국 웨이든의 《黑蛇奇談》, 徐念慈가 번역한 일본 押川春浪의 《신무대 新舞臺》, 任墨緣이 번역한 무명의 《魔海》, 黃翠凝 · 陳信芳이 일본 雨迺舍主人의 번역본을 다시 轉譯한 《地獄村》 등, 《小說林》이 간행한 소설의 60% 이상을 차지하였다. 게다가 두 잡지에 게재된 번역작품 가운데 절대 다수가 원저자를 정확히 밝히고 있는데, 이것은 이전 시기의 《繡像小說》에 게재되었던 작품들 중 거의 대부분이 원저자를 밝히지 않았다는 점과 비교해 볼 때 확실히 진보되었음을 알 수 있다. 또한 이것은 1907년 후에 번역문학이 수량이나 질적인 면에서 이전 시기와 비교했을 때 다른 점이 있음을 설명해 주고 있다.

위에서 우리는 《小說林》과 《月月小說》을 표본으로 분석해 보았다. 다시 문학 발전의 측면에서 본다면, 1907년은 또한 번역소설이 가장 많이 출간된 해이다. 徐今慈의 《丁未年 小說界 發行書目調査表》의 商務印書局, 小說林社, 新世界小說社, 廣智書局 등 15개의 출판사에 대한 불완전한 통계에 따르면, 1907년에 출판된 소설은 모두 122종인데 그 중 번역소설이 79종, 창작소설이 43종으로 번역소설이 전체의 약 70%를 차지하고 있다. 이 외에 일본학자 樽本照雄의 통계에 의하면, 1907년 한 해 동안 출판된 번역소설은 단행본(약 172종)이거나 출판되지 않은 단편작품(약 244종)까지를 포함해서 최고점에 달했는데, 이러한 사실은 모두 1907년에 번역소설이 새로운 단계로 진입했음을 나타내는 것이다.

1907년은 또한 문예간행물 창간이 가장 많았던 해로, 《小說林》 이외에 《競立社小說月報》, 《中外小說林》, 廣東의《新小說叢》, 《廣東禁烟新小說》, 홍콩의 《小說世界》 등의 간행물은 모두 번역소설을 실었으며, 그 중에서 《中外小說林》, 《新小說叢》은 모두 번역소설이 다수를 점유하였는데, 이것 또한 번역문학이 흥성기로 진입할 수 있는 하나의 조건을 만들어 준 것이다. 이 시기에 번역 수량이 가장 많았던 장르는 그래도 소설이었다. 일본학자 樽本照雄의 통계에 의하면 1907년에서 "五四"(1919년은 1/3로 계산함) 이전까지의 번역소설은 모두 2,030종인데, 이 숫자는 대략 앞의 두 시기 번역소설 총량(527종)의 4배에 달하는 수량이다.

이 시기 번역문학의 또 다른 변화는 단편소설이 증가하기 시작했다는 것이다. 1907년 이전 《繡像小說》에서 발행한 1906년의 몇 기에서도 吳檮가 日譯本에 근거하여 轉譯한 폴란드 셍기에비치(H. Sien-kiewicz, 1846~1916년)의 단편소설 《등대지기》, 미국 마크 트웨인의 〈山家奇遇〉(嚴通은 그의 《러시아황제의 독백 俄皇獨語》도 번역하였다), 코난 도일의 《斥候美談》 등의 단편소설이 게재되었지만 그 수는 매우 적었다. 1907년 이후에는 "猿述, 虫筆" 譯의 영국 스코트의 《피의 꽃》(1906~1907년), 吳檮 譯의 《흑의의 사제》(1907년)와 包天笑가 번역한 체호프의 《六號室》(1910년) 등과 같은 단편소설이 번역되었을 뿐만 아니라, 단행본 형식의 단편소설전집도 출판되었다. 비교적 유명한 것으로 林紓와 陳家麟

이 번역한 톨스토이(1828~ 1910년)의 두 권의 단편소설집 《羅殺因果錄》(1915년)[27], 《社會聲影錄》(1917년)[28]으로 두 책은 모두 10편의 단편소설을 수록하였다. 또한 陳家麟 · 陳大鐙이 번역한 체호프의 단편소설집 《風俗閑評》은 전체가 상 · 하 두 권으로 단편소설 23편이 수록되었는데 1916년 中華書局에서 출판되었다.

단편소설집 분야에서는 또한 魯迅 형제가 번역한 《域外小說集》 第1集과 第2集이 1909년 일본 동경에서 출판되었는데 비록 21권만이 팔렸고 당시에는 영향도 결코 크지 않았지만 그 의의는 매우 깊다고 하겠다. 이 책에는 러시아의 V. 미하일로비치 가르신(1885~1888년), 체호프, 슈로코프, 레오니드 안드레예프(1871~1919년), 폴란드의 싱크 웨이즈, 영국의 오스카 와일드, 프랑스의 모파상 및 보헤미아 핀란드 등의 단편소설 16편과 몇 편의 동화, 우언 등이 수록되어 있는데, 핍박을 받았던 슬라브계 민족(주로 북구와 동구)의 작품이 집중적으로 소개되었으니 이는 외세의 침략을 받고 있는 중국 독자들의 공감을 얻으려는 목적을 가지고 있는 것으로 소위 "뛰어난 작가가 있어 세속에 얽매이지 않고 반드시 마음에 합당한 바를 저술하였는데, 그들이 무엇을 심사숙고하였는지를 알아보기 위해, 국가와 시기에 따라 그 心聲을 읽어보고자 한다"고 하였다.[29]

조금 후에 周瘦鵑이 《歐美名家短篇小說叢刻》을 편역하였는데,

---

27) 이 단편소설집에는 8편의 종교소설이 수록되어 있는데, 《中國近代翻譯文學概論》의 387쪽에 상세히 수록되어 있다.

28) 여기에는 《니리도프 親王重務農》(《어떤 지주의 아침》이라고 지칭)과 《디아핑 백작》(《두 명의 기마병》이라고 지칭) 이라는 두 편의 단편소설이 실려 있다.

29) "使有士卓特, 不爲常俗所煸, 必將犁然有堂于心, 按邦國時期, 莿讀其心聲, 以相度神思之所在。"

이것은《域外小說集》의 뒤를 이은 또 하나의 외국 단편소설선집으로 상, 중, 하 세 권으로 나누어 1917년 上海 中華書局에서 출판되었다. 이 책은 歐美 유명작가의 단편소설을 소개하는 것 외에 북유럽과 약소민족국가의 문학을 소개하는데 그 의의를 두고 있으니 중국근대 번역문학계에서 홀시하고 있는 부분이기도 하다. 이에 대해 魯迅은 일찍이 교육부의 심사의견[30]에서 "대단히 진지하게 공력을 들여, 世人의 눈과 귀를 즐겁게 하는데 뜻을 두었을 뿐만 아니라 근래의 번역사업에 빛과 같은 존재가 되었다"[31]고 하였다. 또 말하길 "이렇게 음탕하고 화려한 文字가 세간에 가득 차 있는 이 때에 이런 책이 나와서, 독자로 하여금 소위 哀情과 慘情類 이외에 더욱 순결한 작품이 있음을 알게 하였으니, 정녕 어두운 밤의 微光이요, 群鷄 중에서 우는 鶴[32]"과 같은 존재라고 이 책에 대해 매우 높은 평가를 하였다.

흥성기에 진입한 근대 번역소설은 수량에서 큰 폭으로 증가했을 뿐만 아니라 그 자체의 발전에 있어서도 새로운 면모와 새로운 특색을 형성하였는데, 아래의 몇 가지 특징을 가지고 있다.

1) 더욱 완비된 문학 장르

前期의 근대 번역문학에서는 詩歌와 小說이 주된 형식이었다. 그러나 소설은 주로 장편이었고, 단편이 매우 적었는데, 이 시기에

30) 이 문장의 原題는《通俗教育研究會小說審査報告書 : 〈歐美名家短篇小說叢刻〉》으로《教育公報》第4年 第15期 '報告' 란에 게재되었으며 1917년 11월 30일에 출판되었다.

31) "用心頗爲懇摯, 不僅志在娛悅俗人之耳目, 足爲近來譯事之光。"

32) "然當此淫侈文字充塞坊肆時, 得此一書, 俾讀者知所謂哀情、慘情之外, 尙有更純潔之作, 則固亦昏夜之微光, 鷄群之鳴鶴矣。"

는 단편소설의 번역이 이미 매우 성행하여 5 · 4 신문학의 현대소설 형성에 대해 적극적인 영향을 미쳤다. 다른 또 하나의 새로운 장르는 번역희곡인데, 이들의 완전히 새로운 내용과 형식은 근현대희곡의 발전에 있어 표준의 역할과 발전을 촉진시켰다는 의의를 가지고 있다. 이외에 산문시와 동화의 번역이 있었다. 산문시는 투르게네프의 6편의 산문시(1915, 1918년)와 타고르(1861~1941년)의 산문시가 있으며, 외국동화로는 독일 그림(Grimm)형제[33]의 《時諧》와 덴마크 안데르센(1805~1875년)의 《열의 아홉 十之九》(陳家麟 · 陳大鐙 譯)이 있었다. 거기에다 산문과 기행문으로는 林紓가 번역한 미국작가 워싱톤 어빙의 《大食故宮餘載》(1907년), 蘇曼殊가 번역한 인도작가 고차(Ghocha)의 《샤로우해변 답사기》(1908년)와 周瘦鵑이 번역한 영국 산문가 차알스 램(Charles lamb, 1775~1834년)의 《고향》(1917년) 등의 산문과 기행문이 있었다. 이러한 번역문학의 주요 장르가 이 시기에 이르러 이미 구비되었는데 완비된 번역작품의 장르는 이 시기 번역문학의 특징 중의 하나이다.

2) 향상된 번역작가의 직업의식

前期의 번역가들 중에는 비록 周桂笙, 曾廣銓, 奚若 등과 같은 외국어에 정통한 사람이 적지 않았지만, 외국어에 정통하고 문학창작에도 뛰어난 작가는 실제로 매우 드물었다. 서방문명의 수입과 사회를 개량해야 한다는 인식에서 시작하였기 때문에 대다수의

33) 독일의 언어학자이자 民間文學硏究家인 자콥 그림(Jacob Grimm, 1785~1863년)과 빌헬름 그림(Wilhelm Grimm, 1786~1859년) 형제를 지칭한다.

사람들은 번역을 결코 어려운 일로 여기지 않았으며, 詩歌의 경우에 단지 뜻만 통하고 소설의 경우에는 줄거리를 서술하기만 하면 된다고 인식했기 때문에, 설령 외국어를 못하는 사람이라도 口述者를 한 명 찾아 억지로 몇 편을 번역하곤 하였다. 그래서 譯述과 編譯 作品이 당시의 번역문학에 있어 대단히 큰 비중을 차지하였다. 그 원인은 당시 번역가들이 번역문학의 기본요구 및 그것의 어려움과 막중함, 창조성과 같은 것에 대하여 아직 명확한 인식을 갖지 못했기 때문이다.

이 시기의 대표적인 번역가들은 실제의 번역작업을 통해서 先人의 경험과 교훈을 망라한 기초 위에서 점차 번역문학에 대한 인식의 수준을 높여나갔다. 이전 시기의 번역작가인 梁啓超와 周桂笙 역시 나중에는 번역작업을 하면서 번역의 어려움을 깨닫게 되었는데, 이런 현상은 실제로 매우 큰 발전이었다. 蘇曼殊는 詩歌 翻譯의 어려움을 토로하면서, 외국문학을 번역하려면 우선 번역하려는 국가의 언어에 정통해야만 한다고 분명히 지적하였다. 그는 1910년 6월 8일자 인도네시아에서 발간된 《高天梅》에서 다음과 같이 말하였다. "무릇 한 나라의 문학을 고치려면 반드시 그 나라 문자에 정통해야 한다. 옛날 괴테는 사람들에게 반드시 영어를 배우기를 권하였는데 이 말은 완전히 바이런의 시를 위해서 한 것이다. 괴테의 재능이 어찌 바이런의 시를 번역할 수 없었겠는가? (譯文이) 본래 면모가 아니기 때문이다." 그는 이미 언어의 차이가 문학을 번역함에 있어서 "원전의 원래 면모"에 도달하기 어려운 주요 장애라고 인식하였다. 그래서 그는 번역이란 "문장에 따르고 이치에 맞아야 하며, 말을 增飾해서는 안 된다." 고 주장하면서 반드시 "마음으로 고민하여 뜻을 표현해야 사실과 문장이 부합된다." 고 하였다. 프랑스 문학을 번역 소개하는데 큰 공헌을 한 曾樸은 胡適

에게 보낸 서신에서, 번역문학의 중요성은 원작의 문학 풍격을 번역해 내는데 있으며, "原著者의 작풍을 보존하여 사람들로 하여금 외국문학의 진면목과 본래 정신을 인식할 수 있게 해야 한다"고 말하였다. 후기의 林紓는 장기간의 번역작업을 통해 번역의 고통과 즐거움을 맛본 가운데 번역자는 반드시 작중인물의 정신세계에 들어가야만 한다는 사실을 깨달았다. 그는 자신이 번역 작업 중에 이미 자아의 존재를 잊어버렸다고 말하면서 "혹은 기뻐하고 혹은 놀라며, 한 순간도 안색이 고정되지 않는데, 마치 작중의 인물이 나의 친밀한 친척 같아 곤경에 처하면 슬퍼하고, 득의하면 기뻐하게 된다. 즉 내 자신은 꼭두각시 인형이 되고 작자는 나를 끈으로 조정하는 것이다."라고 말했다. 이러한 생각들은 모두 번역의 수준을 높이는데 도움이 되었다. 魯迅이 제기한 "외국문학이란 新種이 이로부터 중국에 들어오기 시작했다"는 언급은 중국문학의 창작에 대한 번역문학의 영향을 더욱 심도 있게 긍정한 것이다.

3) 文學意識의 强化로 인해 重視되기 시작한 名家·名作의 翻譯

위에서 말했듯이 앞의 두 시기의 문학번역에서 이미 적지 않은 저명한 작가들이 번역 소개되었다. 그러나 전체적인 경향으로 볼 때 번역본을 선택함에 있어 그것이 갖고 있는 사상 교육의 의의나 이야기의 감동성을 먼저 고려하였지, 그 원작의 예술적 수준이나 문학의 지위 여하에 대하여서는 그다지 중시하지 않았다.

소설분야에서는 러시아 문학의 명작을 번역한 것이 그 특징이다. 1907년 전까지만 하더라도, 사람들은 러시아 문학에 대해 거의 주의를 기울이지 않았지만, 이 시기에는 이미 적지 않은 러시아의 저명한 작가와 작품들이 번역 소개되었다. 예를 들면 레몽투오프(1814~1841년)의 소설 《銀鈕碑》(《當代英雄》의 제1부 《貝拉》, 吳

檮 번역, 1907년), 체호프의 《흑의의 사제》(吳檮 번역, 1907년)과 《6호실》(包天笑 번역, 1910년), 톨스토이의 《心獄》(《부활》, 馬君武 번역, 1914년)과 《사람에게 땅은 얼마나 필요한가 六尺地》(包天笑 번역, 1914년), 《안나 카레리나 婀娜小史》(陳家麟·陳大鐙 번역, 1917년), 세르게비치 투르게네프(Turgenev, Ivan Sergeevich)의 중편소설 《봄의 파도 春潮》(陳嘏 번역, 1915년)와 《첫사랑》(陳嘏 번역, 1906년), 막심 고르키의 《憂患의 여생》(吳檮 번역, 1907년)과 《大義》(周瘦鵑 번역, 1917년) 및 약간의 단편소설전집과 명편이 있었다.

이외에 영국 문학으로 디킨스의 《골동품 상점 孝女耐兒傳》(林紓·魏易 共譯, 1907년)과 《데이빗 카퍼필드 塊肉余生述》(林紓·魏易 공역, 1907년)이 있고, 프랑스 문학으로는 알렉산더 뒤마 시니어의 《삼총사 俠隱記》(伍光建 번역, 1907년)와 《몽테 크리스토 백작 法宮秘史》(伍光建 번역, 1908년), 빅톨 위고의 《레미제라블》(包天笑 번역, 1910년)과 《九十三年》(曾樸 번역, 1913년)이 있었고 또한 일본작가 德富蘆花의 《不如歸》(林紓·魏易 공역, 1908년)가 있었다. 희곡으로는 영국의 셰익스피어, 오스카 와일드, 독일의 쉴러, 프랑스의 몰리에르, 위고, 샤르트르, 노르웨이의 입센, 폴란드의 랴오캉프와 같은 저명한 작가들의 작품이 번역되었는데 그들의 작품은 이미 앞에서 언급하였기에 여기서는 생략한다. 번역문학에 있어서 저명한 작가들의 명작에 대한 번역이 많아진 것은 이 시기의 두드러진 특징이고 기뻐할 만한 수확이라 할 수 있다.

4) 확연하게 향상된 번역의 수준과 수량

중국 근대 번역소설의 역사는 길지 않고, 전체적인 변화 또한 그다지 분명치 않지만, 우리는 그러한 변화의 흐름 속에서 譯述과 意

譯으로부터 直譯에 이르는 발전 과정이 있었음을 알 수 있다. 1907년을 경계로 이전의 문학번역은 口述에 의거한 번역과 意譯, 刪節, 改譯과 誤譯을 한 부분이 매우 많았다. 심지어 어떤 번역작가들은 외국어를 전혀 못하거나 잘 모르는 경우도 있어 외국어를 할 줄 아는 외국인이나 중국인에게 口述토록 하여 번역하였다. 이런 번역방식의 가장 전형적인 인물로 林紓를 들 수 있다. 林紓 이외에도 《佳人奇遇》와 《15소년 표류기》를 번역한 梁啓超와 《電術奇談》을 번역 演義한 吳趼人 및 이전 시기의 包天笑 또한 비슷한 경우이다.

1907년 이후 이러한 현상은 점차적으로 변하였다. 우선 유학생의 수적인 확대로 인하여 이 시기에는 외국어에 능숙한 번역작가들이 더욱 많이 등단하였다. 시가 번역으로 이름을 떨친 蘇曼殊, 馬君武, 辜鴻銘, 應時, 러시아 문학 번역으로 이름을 떨친 吳檮, 陳家麟, 프랑스문학 번역으로 이름을 떨친 曾樸, 伍光建 및 청년학자 魯迅 형제와 胡適, 劉半農, 周瘦鵑, 李石曾, 陳蝦 등이 있었다. 이들은 모두 외국어에 능통하였고, 몇몇은 외국문학의 기초가 비교적 견실하였다. 그 중에서 伍光建, 馬君武, 蘇曼殊, 辜鴻銘, 李石曾, 吳檮, 陳蝦 등과 같은 작가들은 한 가지 또는 여러 가지 언어에 정통하였을 뿐만 아니라(馬君武는 일어 · 영어 · 독어 · 불어를, 蘇曼殊는 일어 · 영어 · 불어 · 범어를, 辜鴻銘는 영어 · 불어 · 독어 · 라틴어 등 여러 언어에 정통하였다.) 비교적 높은 문학적 소양과 감상능력을 겸비하기도 하였다. 그들 중에 많은 이들이 일찍이 외국에서 몇 년씩 유학을 하였고 자연과학과 인문과학을 포괄한 서양문화를 광범위하게 섭렵했거나 연구했었다. 근대 후기에 번역인재가 많았던 것은 번역문학의 수준이 높아진 주요한 원인이다.

그 다음은 원작의 문학적 가치를 중시한 것이다. 前期의 번역작가들이 원작을 선택함에 있어 대부분이 사상교육의 의의(이점은 매우 뚜렷하게 드러나는 것으로 또한 근대번역문학의 주요한 성취 중 하나이기도 하다.)와 스토리만 중시하고 작품의 예술적 가치와 세계 문학의 지위를 그다지 고려하지 않아 결국 적지 않은 번역작가들은 모두 구미와 일본의 2 · 3류에서 3 · 4류에 속하는 작품만을 번역하였다. 그 주요한 원인은 전기의 대다수 번역작가들이 외국에 가본 적이 없었고 외국문학의 상황을 잘 알지 못하여 그들이 번역하는 작품과 작가의 문학사적 지위에 대한 평가를 내릴 수 없었기 때문이다. 비록 이 시기에도 전체적으로 보면 정탐소설 · 애정소설과 같은 통속소설이 주류를 이루었고 매우 많은 작품들이 결코 명작이 아니었지만, 이 시기의 번역작가들은 작품선택을 하는데 있어서 비교적 명확한 문학적 안목을 가지고 있었다.

예를 들면 청년 번역작가 陳嘏는 비록 번역문학에 약간 늦게 첫발을 디뎠지만 문단에 등단하자마자, 사람들이 거의 관심을 갖고 있지 않았던 걸출한 소설가 투르게네프에게 주목하여 먼저 애정을 주제로 한 투르게네프의 중편소설 《봄의 파도》(1915년)와 《첫사랑》(1916년)을 번역하였다. 얼마 후, 그는 프랑스 콩쿠르형제의 《제르미니 라세르퇴 基爾米里》(1917년)와 두 편의 희곡을 번역했는데, 한 편은 영국 작가 오스카 와일드의 《플로렌스》(1916년)이고 다른 한 편은 노르웨이 극작가 입센의 《인형의 집》이었다. 비록 5 · 4이전에 陳嘏가 번역한 작품은 많지 않으나 모두 세계 문학 중에서 명작으로 손꼽히는 것이었고 이것은 번역자의 명철한 문학적인 안목과 넓은 예술 시야를 말해주는 것이기도 하다. 이렇게 명작을 번역 소개하려는 의식은 吳檮, 伍光建, 蘇曼殊, 馬君武, 周瘦鵑 및 근대 번역문단의 “5 · 4”작가들에게 비교적 분명하게 나타났다.

5) 直譯의 출현과 번역문체(주로 언어를 지칭)의 통속화 경향

앞에서 이미 말한 적이 있지만 중국의 문학번역은 譯述과 意譯에서 直譯으로의 발전 과정을 거쳐 왔다. 이 시기의 번역문학은 "譯述"에 속하거나 意譯에 의거한 작품이 대다수였지만, 직역에 의거한 작품 또한 출현하였다. 伍光建이 번역한 소설은 비록 완전히 직역은 아니었으나 인물의 성격묘사와 같은 것은 직역을 하였다. 曾樸이 번역한 프랑스 희곡과 吳檮가 번역한 소설 역시 기본적으로 직역에 속하지만, 吳檮는 애석하게도 일본어 밖에 하지 못했다. (그가 번역한 레몽토프, 체호프, 고골리, 싱그레리의 소설은 모두 日語本에 의거한 譯本이었다.) 특히 魯迅 형제는 《域外小說集》에서 더욱 의식적으로 직역을 제창하였으니 "번역은 원문의 정감을 잃어 버려서는 안 된다"고 하면서 "인명과 지명은 모두 原音과 같아야 하고 增飾하거나 생략하지 않으며 외국말을 대신하고 그 소리를 남겨두어 소리에 따라 원전을 번역해야 하며, 마음대로 생략하고 바꾸는 것은 번역에 충실치 않은 것이니 어찌 사람들을 어긋나게 하는 것이 아니겠는가?" 라고 하였고 아울러 原典의 의미를 살려내야만 한다고 주장하였다. 이러한 인식의 변화는 이전의 "인명은 많아야 대여섯 글자이어야 독자들이 싫어하지 않는다" 라는 寅半生의 주장이나 이에 상응하여 "중국의 체례로 바꾸자" 라는 주장, 그리고 徐卓呆의 "고유 명사는 기억하기 힘드니 모두 중국식으로 고쳐야 한다"는 주장과 비교해 볼 때 엄청난 차이가 있는 것이다. 이러한 인식의 변화는 이 시기와 이후의 번역에 매우 큰 영향을 주었다.

翻譯文體에 있어서도 변화가 있었다. 이전까지 번역언어는 거의 文言體였다. 저명한 번역가인 林舒, 嚴復의 번역문체는 모두 문언이었는데, 특히 嚴復의 언어는 문필이 高雅하여 "호쾌함이 東周의

諸子百家들과 견줄 만하다"고 하였기 때문에 梁啓超는 그의 번역 문장에 대하여 평하기를 "문필의 고아함에 힘썼으며 先秦의 문체를 모방하는데 힘썼다. 古書를 많이 읽지 않은 이들이 한번 보아서는 그 뜻을 거의 알아낼 수 없다"고 하였다. 그 외의 다른 번역작가들의 문체 또한 대부분이 文言이었다. 1907년 이후 번역작품은 번역문체에 있어 전반적으로 통속화 되어갔다.

소설 번역을 예로 들어 보면 이 시기의 번역문체는 대략 세 가지로 집약된다. 첫 번째는 文言文으로 林舒의 번역을 대표로 할 수 있고, 두 번째는 쉬운 문언체로서 包天笑, 周瘦鵑, 陳蝦의 번역작품을 대표로 한다. 그리고 세 번째는 백화체인데 伍光建, 吳檮, 陳鴻璧을 대표로 한다. 물론 이 세 가지의 구분이 절대적인 것은 아니다. 어떤 경우에는 동일한 번역가가 사용한 문체 또한 일치하지 않을 때도 있다. 예를 들어 徐念慈는 《검은별 黑行星》을 백화체로 번역하였지만, 《신무대》는 쉬운 문언체로 번역하였다. 투르게네프의 소설 《봄의 파도》와 《첫사랑》을 번역한 陳蝦는 쉬운 문언체를 사용하였는데, 후자의 번역문체가 전자의 번역문체에 비하여 더욱 명쾌하고 매끄러웠다. 그러나 이 두 편의 번역소설은 모두 《新青年》에 거의 같은 시기에 실린 것들이다. 또한 周瘦鵑의 경우, 《歐美名家短篇小說叢刻》라는 동일한 작품 속에서조차 문체가 일치하지 않았다. 그는 영국 작가 디킨스의 《별》과 존 브라운(John Brown, 1810~1882년)의 《충견 랩 義狗拉勃傳》을 모두 쉬운 문언체로 번역하였으나 독일 작가 수후커의 《破題兒第一遭》와 러시아 작가 안드레예프의 《붉은 웃음 紅笑》은 기본적으로 백화체를 사용하였다. 이것은 근대의 번역가들이 번역언어를 운용함에 있어서 여전히 변화하는 과정 중에 있었고 아직 고정된 번역문체가 형성되지 않았음을 설명하는 것이다. 번역가들도 그러하였고 이 시기의 번역소설 또한 문체의 사용이 확립되지 않았으나, 그래도 총체적으로는 通俗化의 길을 걷고 있었다. 근대 번역소설 문체의 이러한 다원화된 양상은 근대 번역소설이 여전히 성숙기로 접어들지 않았음을 설명해준다. 중국의 번역소설이 성숙해지고 문체가 白話文의 형식으로 고정된 것은 "5 · 4" 이후의 일이다.

맹아기와 발전기로부터 흥성기에 이르는 세 시기를 급하게 완주함에 있어서 매 시기마다 모두 각각 자신의 특징을 가지고 있다. 이러한 특징은 번역문학이 얻어낸 성과를 나타내기도 하고 또한 동시에 그 발전과정 중에 미숙함과 한계를 인식시켜 주기도 한다. 성취이든 약점이든 모두 우리들이 直視하여 과학적인 총결을 지을 가치가 있다. 이것은 중국 근대의 번역소설을 연구하는데 반드시 선결되어야 할 문제이다.

제2장 中國小說의 近代化와 존 프라이어의 時新小說論 · 번역

阿英은 中國小說史上 소설이 가장 유행하고 주목을 받았던 시기가 淸末이라고 주장한다. 그는 1897년 《天津國聞報》에 발표된 嚴復과 夏曾佑의 〈本館附印說部緣起〉를 近代小說理論의 기점으로 간주하였고, 梁啓超가 간행한 소설전문지 《新小說》의 간행시기인 1902년을 淸末小說 流行의 시발점으로 보고 있다.[1] 阿英은 《晚淸小說史》에서 당시에 출판된 소설이 적어도 一千種 이상이 된다고 주장하면서 그가 編한 《晚淸小說目》에는 1,107종을 수록하였는데, 그 중에서 發行日時가 분명치 않은 작품과 1912년 이후에 발표한 작품을 제외하면 《晚淸小說目》에는 모두 1,007종의 소설이 수록되어 있다. 이 중에는 창작품이 420종, 번역작품이 587종이 있다.[2] 하지만 日本 樽本照雄의 《淸末民初小說目錄》의 淸末小說을 조사해 보면 1911년 이전에 발표한 작품은 창작이 1,288종, 번

---

1) 阿英著, 《晚淸小說史》, 北京: 人民文學出版社, 1980년, 1~2쪽.

2) 1930년대에 阿英은 "실제로 當時의 小說은 著者가 아는 것만 해도 최소한 一千五百種 이상이다.(實則當時小說, 就著者所知, 至少在一千五百種上。)"(阿英著, 《晚淸小說史》, 上海: 商務印書館 1937. 5., 2쪽)라고 주장하였지만, 1950년대에는 수량을 아래와 같이 고쳐서 말하였다. "실제로 당시에 책으로 나온 소설은 저자가 아는 것이 적어도 일천 종 이상이었다.(實則當時成冊的小說, 就著者所知, 至少在一千種上。)"(阿英著, 《晚淸小說史》, 北京: 作家出版社, 1955. 8., 1쪽) 阿英의 晚淸小說에 관련된 著錄統計는 《晚淸戱曲小說目》 增補版(阿英 編, 上海: 古典文學出版社, 1957. 9.)을 참고하였다.

역이 1,016종으로 모두 2,304종에 달해, 《淸末民初小說目錄》의 淸末小說 著錄은 阿英의 目錄보다 1,297종이 더 많이 수록되어 있다.[3] 이러한 著錄統計는 비록 수치가 일치하지는 않지만 阿英이 언급한데로 淸末時期가 중국소설사에 있어 소설이 전무후무하게 크게 유행하였다는 사실을 구체적으로 입증하는 자료라고 할 수 있다.

하지만 阿英은 宣統 3년(1911년)을 청말소설의 하한선으로 명확하게 제시하면서, 그 상한선은 언제인지를 분명히 언급하지 않았는데, 과연 그가 언급한 〈本館附印說部緣起〉가 청말소설을 흥성케 한 소설이론의 시발점이 되는 것이며, 梁啓超가 《新小說》을 창간하고부터 청말소설이 봇물처럼 출간되기 시작하였는지의 여부에 대해서는 고찰해 볼 필요가 있겠다. 〈本館附印說部緣起〉가 발표된 1897년부터 신소설이 창간된 1902년까지 단지 5년이란 기간 동안 과연 어떻게 중국인들이 秦漢 이래 수천 년 동안 小說을 輕視하는 전통적인 小說觀에서 탈피하여 사회개혁의 수단으로 소설을 重視하게 되었는지를 살펴 볼 필요가 있을 것이다.

제1절 初期의 近代小說理論과 〈求著時新小說啓〉의 近代的 理論 特性

만일 近代小說理論의 發端에 대해 논한다면 우리는 대부분 19세기 말에 발표된 두 편의 문장을 거론하게 되는데, 바로 蠡勺居士의 〈昕夕閑談小敍〉와 嚴復 · 夏曾佑가 《天津國聞報》를 위해 共著한 〈

3) 淸末小說硏究會 編, 《淸末民初小說目錄》, 1988. 3. 1.

本館附印說部緣起〉를 들 수 있겠다. 〈昕夕閑談小敍〉는 1873년 출간된 《瀛寰瑣記》에 발표된 문장으로 英國의 장편소설 《昕夕閑談》의 번역본을 위해 쓰여진 서문이다. 이 문장에서는 서양소설을 번역하는 목적이 "中國의 見聞을 넓히고 구라파의 風俗을 기록하는데(廣中土之見聞, 記歐洲之風俗)" 있다고 하였다. 작자는 소설의 사회작용에 대해 언급하면서 소설이란 "양심을 밝히고(啓發良心)", "좋은 뜻을 갖게 하여(勸創逸志)", 독자들로 하여금 "사물에 해박하고 人倫을 살필(明于庶物, 察于人倫)" 수 있게 하니, "누가 小說을 小道라 하겠는가(誰謂小說爲小道)?"라고 소설의 가치를 인정하고 있다.[4] 하지만 〈昕夕閑談小敍〉은 여전히 전통적인 小說觀을 답습하고 있는 곳이 많았으니, 소설은 "주로 마음을 즐겁게 해주며, 세상살이에 바쁜 사람으로 하여금 번뇌와 노심초사에서 벗어나 잠시 그 마음을 편안한 상태에 머물게 하도록 한다.(以怡神悅魄爲主, 使人之碌碌此世者, 咸棄其焦思繁慮, 而暫遷其心于怡適之境者也。)"고 서술하고 있다. 이러한 소설의 娛樂作用에 대한 강조는 바로 唐代로부터 明代에 이르는 文章遊戲論의 餘波로써, 〈昕夕閑談小敍〉가 여전히 고답적이며 근대적 특성이 부족하다고 여기

4) 〈昕夕閑談小敍〉은 《中國歷代小說論著選》(黃霖 · 韓同文 選注, 江西人民出版社, 1990. 8.)에서 인용하였으며, 이후에 인용되는 청말의 小說論著도 이 책에서 인용하였다.

5) 武禧 著, 〈1871年~1880年小說略說〉(《淸末小說から》 第41號, 日本 淸末小說硏究會 刊, 1996.4.1.), 〈1881年-1889年小說略說〉(《淸末小說から》 第42號, 日本 淸末小說硏究會 刊, 1996.7.1.), 〈1890年~1894年小說略說〉(《淸末小說から》 第43號, 日本 淸末小說硏究會 刊, 1996. 10. 1.), 〈1895年~1896年小說略說〉(《淸末小說から》 第44號, 日本 淸末小說硏究會 刊, 1997.1.1.). 武禧는 1871년부터 1895년까지 중국에서는 모두 58권 내외의 소설이 간행되었지만 대부분 人情이나 俠義 · 公案 · 歷史演義小說 등 전통소설의 연장이며 소설의 내용과 형식에 있어 특별한 변화를 발견하지 못하였다고 서술하고 있다.

게 만든다.

〈昕夕閑談小敍〉가 발표된 뒤에 20여년 동안 소설이론은 여전히 침묵을 지키고 있었고 소설 창작 역시 명확한 변화가 없었다.[5] 그 원인을 살펴보면, 1890년대 초반까지는 維新派의 社會改良思想이 아직 유행되지 않았고 정치적으로 이렇다 할 영향력을 미치지 못했던 것도 한 가지 원인이었다. 때문에 蠡勺居士가 비록 소설의 社會敎化作用을 강조하고는 있었지만 소설을 社會改革을 추진하는 수단으로까지 끌어 올리지는 못하였고, 단지 "누가 小說을 小道라고 하는가?"라고 반문하는 수준에 머물고 말았다.

청일전쟁이 끝난 뒤, 전쟁의 패배를 통해 국가의 위기를 절감한 지식인들이 국력의 회복과 위기를 만회하기 위해 變法自强運動을 강력히 전개하면서 정치 · 경제의 개혁수단을 찾게 되었다. 이러한 역사적 · 사회적 배경 속에서 영국인 선교사 傅蘭雅(John Fryer)[6]의 〈求著時新小說啓〉가 光緖 21년(1895년) 5월 《萬國公報》[7] 第77冊에 게재되었는데, 이 글이 발표되자마자 문인들의 뜨거운 반응

6) 英國人 傅蘭雅(1839~1928년)는 咸豊 11년(1861년) 홍콩에 와서 英華書院의 院長으로 재직하다가 후에 江南制造局의 초빙을 받아 중국인과 함께 서양서적을 전문적으로 번역하였다. 그는 중국에 오랫동안 거주하였으며, 中國文化에 심취되어 "傅親中"이라는 별명으로 불릴 정도였다. 1876년에는 번역과 교육의 공로를 인정받아 淸나라 조정에서 三品벼슬을 제수받았고, 1896년에는 미국 캘리포니아대학 버클리분교에 新設된 東方語文學科의 교수로 초빙되어 미국으로 이주하였다.

7) 《萬國公報》는 외국인이 중국에서 발간한 中國語 月刊誌로서 上海에서 간행되었다. 《萬國公報》는 1866년에 창간된 《敎會新報》가 발전한 것으로, 《敎會新報》는 1872년 《敎會新聞》으로 改名되었다가 다시 1874년에 《萬國公報》로 改名하면서 아울러 週刊에서 月刊으로 바뀌었고 林樂知가 주관하였다. 《萬國公報》는 9년동안 발행되다가 한 차례 停刊되었고, 1889년 2월에 다시 復刊되어 廣學會의 機關誌가 되었다. 《萬國公報》는 基督敎 敎理와 선교활동 이외에, 중국의 개혁을 대대적으로 주창하여 王韜 · 鄭觀應 · 康有爲 · 梁啓超 · 譚嗣同 등 淸末의 維新派 인사에게 대단히 큰 영향을 미쳤다.

을 불러 일으켜 3개월의 응모기간에 모두 162종의 작품이 접수되었으니, 수십 년 동안 침체되어 있던 소설계는 완전히 활력을 얻게 되었다. 〈求著時新小說啓〉의 원문은 아래와 같다.

竊以感動人心, 變易風俗, 莫如小說. 推行廣遠, 傳之不久, 輒能家喻戶曉, 氣習不難爲之一變。今中華積弊最重大者, 計有三端: 一鴉片, 一時文, 一纏足。若不設法更改, 終非富强之兆。兹欲請中華人士願本國典盛者, 撰著新趣小說, 合顯此三事之大害, 并祛各弊之妙法, 立案演說, 結構成篇, 貫穿爲部。使人閱之心爲感動, 力爲革除。辭句以淺明爲要, 語意以趣雅爲宗。雖婦人幼子, 皆能得而明之。述事務取近今易有, 切莫抄襲舊套。立意毋尚希奇古怪, 免使駭目驚心。限七月底滿期收齊, 細心評取。首名酬洋五十元, 次名三十元, 三名二十元, 四名十六元, 五名十四元, 六名十二元, 七名八元。果有佳作, 足動人心, 亦當印行問世。并擬請其常撰同類之書, 以爲恒業。凡撰成者, 包好彌封, 外塡名姓, 送至上海三馬路格致書室收入, 發給收條。出案發洋, 亦在斯處。英國儒士傅蘭雅勤啓[8)]

투고된 응모원고는 傅蘭雅와 잡지사의 관련인사가 심사하여 본래 일곱 편을 선발하려던 계획보다 거의 두 배가 넘는 20편을 뽑아 시상하였다. 傅蘭雅가 發起하고 《萬國公報》에서 추진한 작품공모활동의 목적은 惡弊를 타파하고 民心을 교화하기 위해서 "時新小說"의 창작을 고취시키려는 것이다. 소설의 제재는 현실사회를 배경으로 하여 작금의 아편과 時文(팔고문), 纏足의 三代 害惡을 제재로 삼아야 하며, 생동적인 스토리와 완정된 구성을 요구하였다. 사건의 서술은 정리에 맞아야 하고 묘사는 성실을 다하여야 하며, 문장은 분명해야 하고 언어는 운치가 있어야 한다고 주장하였다. 구태의연한 형식의 답습과 기괴한 것의 숭상을 반대하고 있는

8) 1895년 5월, 《萬國公報》 第77冊. 本論 중에 원문에 대한 번역이 있기 때문에 전편을 번역하지는 않았고, 번역문에는 원문을 다시 부기하지 않았다.

데, 이러한 "新趣小說"은 반드시 人心을 감화시키고 사회를 改革시킬 수 있어야 한다고 강조하고 있다.

근대소설이론의 가장 두드러진 특징은 먼저 소설을 稗官野史의 위치에서 사회를 개혁하는 수단으로 승격시켜 소설의 社會敎化作用을 강조하면서, 작가에게 소설을 民知를 계몽하고 새로운 기풍을 일으키는 武器로 삼을 것을 요구하는 것이다. 〈求著時新小說啓〉는 분명하게 소설이 "人心을 감동시키고 風俗을 변혁시킬" 수 있다고 주장하였다. 또한 소설은 민중이 가장 쉽게 받아들일 수 있는 문학형식으로서 사회적으로 엄청난 전파력을 가지고 있으니, "멀리까지 전파되고 전해진지 얼마되지 않아 가가호호에 다 알려지기 때문에 기질과 습관이 어렵지 않게 일변하게 된다."고 하였으니, 이러한 소설의 通俗性과 傳播力은 이전의 소설이론가들이 제기한 적이 없는 것이다. 아울러 나라가 흥성하기를 원하는 사람은 소설을 무기로 삼아 시정의 폐해를 폭로하고 제거하여 민중을 각성시키고 국가를 부강케 해야 한다고 주장하였는데, 이러한 논지는 이미 소설을 단순한 감정표현의 작품에서 해방시켜 소설과 정치를 밀접하게 연결시킨 근대 색채를 띠게 하였다.

〈求著時新小說啓〉의 또 다른 특징은 소설의 제재에 있어 反帝國主義的이고 反封建性을 표방한 것이다. 傅蘭雅는 소설작가에게 중국근대사회의 時代的 特性과 社會矛盾을 직접 반영하라고 주장하였다. 소설작품은 마땅히 제국주의의 침략과 관청의 부패를 폭로해야 하고 혹은 과거제도와 팔고문의 해독을 공격하거나 혹은 미신과 전족 등 봉건 악습을 반대해야 하니, 반제국주의와 반봉건적인 愛國主義가 바로 소설의 주요 주제가 되어야 한다는 것이다. 아편전쟁으로부터 〈求著時新小說啓〉가 발표되기까지 반세기가 지나는 동안, 서구열강들은 아편을 팔아 중국의 재산을 수탈하고 국민을 도탄에 빠뜨렸지만 시종 아편이 금지되지 않았고, 문인들의 사상을 노예화시키는 팔고문은 여전히 성행하였으며, 부녀를 괴롭히는 전족악습은 그대로 성행하였다. 〈求著時新小說啓〉는 당시 이러한 사회의 폐해를 작품의 소재로 삼아야 한다고 주장하였으니 "中華의 弊害 중에서 가장 극심한 것은 모두 세 가지가 있는데, 하나는 아편이요, 하나는 時文(八股文)이요, 하나는 纏足이다."라고 지적하였다. 傅蘭雅는 작가들이 소설을 통해 이 세 가지 大害를 폭로하고 제거하는 방법을 제기하여 국민을 각성시켜야 한다고 강조하였다.

〈求著時新小說啓〉는 소설의 창작방법에 대한 인식에 있어서도 크게 발전하였으니 언어의 通俗性을 중시한 것 이외에 또한 소설 제재는 현실 사회생활을 반영할 수 있어야 한다고 주장하였다. 〈求著時新小說啓〉에서 말하는 "사건을 서술하는데 요즘의 일들을 손쉽게 취하고 구태를 베끼고 답습하지 말며 주제는 기괴한 것을 좋아하지 말고 사람들의 이목을 깜짝 놀라게 하지 말아라."라는 것은 바로 소설작가가 사회현실의 일상적인 사건을 제재로 취하고, 기괴하고 희귀한 것을 소재로 삼지 말며 다만 대중이 쉽게 이해할 수 있는 사건을 서술하라고 요구하는 것이나.

제2절 〈求著時新小說啓〉가 維新派의 소설이론에 미친 영향

《萬國公報》의 소설공모활동은 傅蘭雅가 주관하였고 沈毓桂와 蔡爾康, 王韜 등의 국내저명인사들이 심사에 참여하였으며 게다가 《萬國公報》는 지식층에서 많은 독자를 가지고 있었는데, 특히 維

新志士와 洋務에 傾倒된 지식인들이 이 잡지에 관심을 가지고 애독하고 있었다. 때문에 이 소설공모에는 상당한 수량의 소설이 응모됐을 뿐만 아니라 이후의 소설개혁과 소설 창작활동에 직접적인 영향을 미치게 되었다. 특히 〈求著時新小說啓〉의 발표 이후 戊戌變法 시기까지의 소설과 관련된 문장을 비교해 보면 〈求著時新小說啓〉의 영향을 쉽게 알아 볼 수 있을 것이다.

1897년 초, 梁啓超는 《時務報》에서 처음으로 소설을 革新해야 한다는 주장을 제기하였다. 그는 〈變法通議 · 論幼學第五說部書〉에서 소설은 통속적이고 쉽게 전파되는 특성을 가지고 있어 六經보다 더 많은 독자를 가지고 있으므로 소설의 社會敎育作用을 간과해서는 안되며 이 때문에 소설 내용을 혁신해야 한다고 주장하였고, "新編小說"로 도적질과 음란함을 가르치는 舊小說을 대체해야 한다고 주장하였다. 이러한 "新編小說"은 반드시 현실에 기초해야 하며 주로 "관부의 추태와 과거시험장의 악폐, 아편의 흡용, 전족의 虐刑(官途醜態, 試場惡趣, 鴉片頑癖, 纏足虐刑)"을 폭로하여 악습을 타파하고 사회를 개량해야 한다고 주장하였다. 그는 또한 "新編小說"을 어린이들의 교과서로 사용하여 교과과정에서 교사들이 학생들에게 해설해 줄 것을 주장하였다.

1897년 康有爲는 〈日本書目志 · 識語〉에서 "겨우 글자를 해독하는 사람은 經書를 읽을 줄은 몰라도 소설을 읽지 못하는 사람은 없기 때문에 六經은 가르칠 수 없으나 小說로는 분명히 가르칠 수 있고, 正史로는 들어갈 수 없으나 小說로는 당연히 들어갈 수 있으며, 語錄은 깨우쳐 줄 수 없으나 소설로는 당연히 알려 줄 수 있으며, 律例로는 다스릴 수 없으나 소설로는 당연히 다스릴 수 있다(僅識字之人, 有不讀經, 無有不讀小說者, 故六經不能教, 當以小說教之; 正史不能入, 當以小說入之; 語錄不能諭, 當以小說諭之; 律

例不能治, 當以小說治之。)."고 주장하였는데, 이미 소설의 통속성과 사회교화작용을 주목하고 있음을 알 수 있다. 이 부분은 후에 梁啓超가 〈譯印政治小說序〉에 인용하여 소설의 革新을 주장하는 그의 主要 論旨로 삼았다.

1897년 11월 5일 梁啓超는《時務報》에 〈蒙學報演義報合序〉를 발표하였는데, 그는 여기서 "서양에는 교과서가 대단히 많은데, 그 중에서 遊戲小說로 나오는 것이 특히 많다. 때문에 日本의 變法은 俗謠와 小說의 힘을 빌렸던 것이다. 대개 어린이를 즐겁게 하고 어리석은 백성을 교도하는데 이것보다 좋은 것은 없다(西國教科之書最盛, 而出以遊戲小說者尤夥; 故日本之變法, 賴俚歌與小說之力。蓋以悅童子以導愚氓, 未有善于是者也。)."고 말하면서 "오늘날 중국을 구하는 첫번째 방법(今日救中國第一義)"은 "어린이를 가르치고 愚民을 가르치는(教小學, 教愚民)" 것으로 소설이 가장 효과적인 수단이라고 주장하였다. 그는 이 때 이미 소설의 통속성과 전파력을 중시하여 변법유신의 추진를 위해 소설의 혁신을 기도하였던 것이다.

1897년 11월 10일부터 12월 11일까지 天津의《國聞報》에 嚴復과 夏曾佑의 〈本館附印說部緣起〉가 연재되있다. 이 문장은 변법유신파의 첫 번째 小說專論으로써 全文이 9,000字에 달한다. 이 문장은 내용과 형식에 있어 소설의 특성과 손쉬운 진파력의 원인을 집중적으로 분석하여 소설이 經史에 비해 비교할 수 없는 장점을 가지고 있다고 주장하였다. 이 문장은 "구미와 일본은 개화할 때에 왕왕 소설의 힘을 빌렸는데(歐美東瀛, 其開化之時, 往往得小說之助)", 그들이 소설을 간행하는 목적 또한 백성을 개화시키기 위한 것이라고 주장하면서, 소설의 사회교화작용을 분명히 강조하여 소설의 지위를 크게 향상시켰기 때문에 당시의 문단에 큰 영향을 미쳤다.

이상의 문장을 고찰하면서 우리는 분명히 傅蘭雅가 발기한《萬國公報》의 소설공모활동은 확실히 침체되어 있던 소설계에 활력을 불어 넣어 梁啓超와 維新派의 문인들로 하여금 소설을 혁신시키려는 열정을 갖게 하였고, 1895년 이후에 쓰여진 詹熙의《醒世新編》과 飮霞居士編次의《新輯熙朝快史》등 청말의 첫 번째 "時新小說"들[9]은 著述目的과 題材의 選題에 있어 거의 예외 없이 傅蘭雅의〈求著時新小說啓〉의 영향을 받아 저술되었던 것이다. 그중에서도 양계초의〈變法通議 · 論幼學第五說部書〉중의 주장은〈求著時新小說啓〉의 견해와 상당히 많은 공통점을 가지고 있어 梁氏가 영향을 받았음을 분명히 알 수 있다. 傅蘭雅는 서양인의 관점에서 소설이 사회를 변혁시키는 중요한 敎化作用을 가지고 있다고 인식하여 "時新小說"을 창작하여 민중을 계몽해야 한다고 주창하였으니 그의 논지는 청말사회개혁의 새로운 방향을 제시하여 소설혁신이론을 선도하였고 가시적인 작품활동을 이끌어 내었다. 비록 중국근대소설의 개혁운동이 일어난 것은 여러 방면에 걸친 요인으로 말미암아 촉진된 것이고 시대환경과 청말 변법유신운동의 수용에 부응하기 위한 것이긴 하지만, 傅蘭雅의 소설이론은 근대소설 개혁의 효시가 되었으니 중국소설의 근대화에 이바지한 그의 선구적인 공로는 결코 매몰될 수 없을 것이다.

9) 王立興은〈一部首倡改革開放的小說〉에서 詹熙의《醒世新編》을 포함한 네 편의 소설을 傅蘭雅의〈求著時新小說啓〉의 영향을 받아 저술된 청말의 첫번째 "時新小說"이라고 주장하였다. (《明淸小說硏究》第31期, 江蘇省 社會科學院 文學硏究所 刊, 1994.1., 76~78쪽)

제3절 《時務報》에 게재된 서양 정탐번역소설

그렇다면 傅蘭雅의 소설개혁 주창 이후에 청말의 소설유행을 촉발한 또 다른 영향요소는 없었는가? 소설계혁명이 일어나기 전까지 梁啓超 등은 단지 傅蘭雅의 소설혁신이론에서만 영향을 받았던 것인가? 유신파는 청일전쟁의 패배후 국력의 신장과 사회를 개혁하려는 취지로 대대적인 변법자강운동을 전개하였다. 그들은 중국의 취약한 정치사회를 개선하기 위하여 서양의 과학기술과 제조술을 배워야 한다고 주장하면서 정치제도를 개혁하기 위해서는 우선 국민을 계몽해야 한다고 생각하였다. 그리하여 19세기 중엽 이래 "西學爲用"이란 구호 아래 서구문물을 소개하는 번역활동은 과학 · 법률 · 역사 · 경제에 집중되었으며, 19세기 말엽이 되어서 문인지사들은 구국을 위해서는 먼저 국민을 강하게 해야 한다는 견해를 제기하고 군중을 교육하기 위하여 근본적인 개혁을 단행해야 하는데 그들이 제시한 교육수단이 바로 小說인 것이다. 소설로써 사회를 개량해야 한다는 이 주장이 일단 공론화되자 진일보하여 실행방안을 모색하게 되었는데, 이미 사회교육운동의 취지가 국민에게 신지식을, 특별히 서양의 지식을 전달하는데 있었지만 짧은 시간 안에 필요한 만큼 작품을 저술할 수가 없었기 때문에 翻譯은 바로 유일한 답안이 되었다. 수량으로 말하자면 1890년부터 1919년까지의 清末民初 20년 동안은 외국소설의 中譯作業이 전무후무하게 絕頂을 이룬 시기라 할 수 있다.[10] 하지만 번역소설은 19세기

---

10) 施蟄存 著, 〈中國近代文學大系導論〉(《中國近代文學大系》 제26권, 《翻譯文學集》1, 施蟄存 主編, 上海書店, 1990. 10.), 4쪽.

말부터 갑자기 유행하기 시작한 것으로 林紓의 《巴黎茶花女遺事》가 번역되기 이전까지 번역소설은 사회의 이렇다할 반응을 얻지 못하였다. 林紓는 1899년 "冷紅生"이란 필명으로 프랑스 작가 듀마의 《椿姬》를 《巴黎茶花女遺事》란 제명으로 번역 출판하였는데, 이 작품의 소개는 중국의 작가와 독자들을 놀라게 하여 수많은 독자들이 적지 않은 詩歌와 評論을 발표하여 이 서구식 애정소설에 뜨거운 찬사를 보냈다. 《巴黎茶花女遺事》 후에 林紓는 미국 작가 스토우부인의 《톰아저씨의 오두막집》을 《黑奴吁天錄》이란 제명으로 번역하였다. 이 작품은 백인들에게 노예로 부림을 당하는 흑인들의 고통을 호소하는 名著인데, 미국에서 출판된 뒤, 백인들의 인도주의적 양심을 자극하여 대단한 여론을 조성하였고 정치가들에게 흑인노예를 해방시키지 않을 수 없게끔 압력을 가하였다. 林紓의 번역본이 출간된 뒤에 중국독자들은 아프리카대륙이 백인의 식민지로 전락하고 아프리카인이 백인의 노예가 된 것을 개탄하면서 당시 중국의 국운이 쇠퇴하고 백성들이 신대륙으로 팔려가 고된 노동을 하는 상황과 연관지어 국가가 부강해지고 민족이 독립해야 한다는 애국주의 사상이 대중 가운데에서 일어나 제국주의에 반대하고 자유평등을 쟁취해야 한다는 사상이 싹트기 시작하였다.[11)]

하지만 林紓의 번역본이 나오기 이전에 번역소설은 수량과 질적인 면에서 거의 세인의 주목을 받지 못했다. 비록 그 이전에 몇 권의 소설이 번역되었지만 작품의 가치를 판단하여 체계적인 소개를 하지 않았으며 개인의 단편적인 번역이 대부분이었다. 이러한 상황에서 1896년 8월 9일 梁啓超는 上海에서 《時務報》를 창간하였는데 每册은 대략 20쪽으로 《論說》과 《論摺》·《京外近事》·《域外

11) 施蟄存의 前揭書, 4~5쪽.

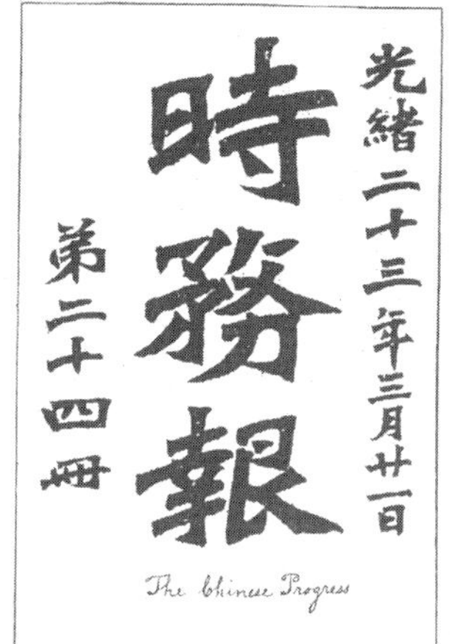

時務報第二十四冊目錄
論中國變法必自官制始 續第二十二冊 順德麥孟華撰
康太守[illegible]查勘龍州鐵路事宜禀
照錄美國改定船隻免碰新例
英文報譯 桐鄉張坤德譯
論英國在中國所有之利益 中國度支 續第二十二冊 論法因西江通商復有要求 論中國做茶
新法之可圖 中俄茶業 二則 英國貧窶幼童在廠做工之苦狀 [illegible]女破案
路透電音 桐鄉張坤德譯
東文報譯 日本古城貞吉譯
論邦國交際公法學 列國息爭條約 中國聘英海軍將校 英擬築西藏鐵路 西藏立英后生辰記 論中國葡萄酒 俄皇將游歷中國 俄國將吞噬亞洲 俄增軍餉 俄新任外務大臣傳 俄外務大臣諳法緣由 論英在亞洲殖民地 德派探察商務員來華 德奥相善 美國電氣事業 日本擬興感化學校 論日本大隈伯提倡新說 埃及近世史要 日本陸軍大佐游歷記
時務報館文編 續第二十三冊 [illegible]
揚子江籌防芻議 續第二十二冊 [illegible]

⑧ 〈光緒23年(1897)3月21日字 《時務報》第24册 표지와 目次〉

報譯》 등의 專欄으로 나누었다. 《時務報》는 “變法圖存”을 발간취지로 삼았는데, 양계초는 〈變法通議〉를 연속해서 발표하여 변법의 주대상으로 科擧制度의 變革과 工藝의 專門化를 주장하였다. 그는 〈論中國積弱由於防弊〉·〈論君政民政相嬗之理〉 등의 논문을 발표하여 民權을 고취시키고 專制體制를 공격하면서 정치제도의 개혁을 주창하였다. 그는 통치계층의 혼용과 부패를 폭로하고 제국주의 열강의 침략 속에서 자강을 도모하여 변법으로 자구책을 삼아야 한다고 역설하였는데, 그의 의론은 참신하고 문자가 유창하여 당시 국력의 쇠퇴로 위기감을 갖고 있는 지식인들에게 양계초의 《時務報》는 대단한 선풍을 일으켜 “通邑大都에서 누메산골까지 전국에 新會 梁氏를 모르는 사람이 없었다”. 양계초의 명성이 자자해 지면서 《時務報》의 영향도 나날이 확대되어 몇 개월만에 만여 부가 판매되어 중국에 신문이 등장한 이래 전례 없던 대중적인 호응을 얻었다. 《時務報》는 旬刊으로 간행되었는데, 第2册부터는 《域外報譯(해외신문 번역)》欄을 다시 《西文報譯(서양신문 번역)》

과 《路透電音(루터통신)》 등으로 나누었으며 번역이 전체의 절반 이상을 차지하였으니, 《時務報》에서 차지하는 번역의 비중을 실감할 수 있겠다.[12)]

이렇게 사회에 영향력을 가지고 있던 《時務報》는 1896년 6월 8일 創刊되어 1898년 8월 8일 停刊될 때까지 모두 69册을 발간하였지만, 문예작품으로는 유일하게 《英國包探訪喀迭醫生奇案》(第1册), 《英包探勘盜密約案》(第6册~第9册), 《記傴者復讐事》(第10册~第12册), 《審斷喀律致死事》(第16册~第23册), 《繼父誑女破案》(第24册~第26册), 《呵爾唔斯緝案被戕》(第27册~第30册) 등 여섯 편의 西洋翻譯小說을 게재하였다[13)]. 이들은 모두 英國의 偵探小說로서 두 편을 제외한 네 편의 작품은 영국의 탐정소설 대가 코난도일(Arthur Conan Doyle 1859~1930년)이 지은 것이다. 당시 서양소설이 거의 번역되지 않은 상황에서 《時務報》에 게재된 6편이라는 숫자는 분명 특별한 의미를 부여할 수도 있을 것이다. 특히 수많은 서양소설 중에서 왜 하필이면 정탐소설만을 번역하게 되었을까? 《時務報》 제1책에 게재된 첫번째 소설의 첫머리는 아래와 같이 시작된다.

英國包探訪喀迭醫生奇案　　譯倫敦俄們報

前數年時, 英倫敦包探公所, 忽來一人, 其容若病, 其語若疑, 其意似不樂, 其衣服似富人。良久乃自言曰: "我, 嗃子生也。以商致富, 今老矣。將罷商以家貲大半售錢而居此。我壯猶鰥, 近年行境外, 遇法國女子, 始娶爲妻。雖年不及我之半, 然同處甚懽。我之罷商而歸, 以妻勸也已。而日我近日身常不快, 顧不知病所從來, 幸前在境

12) 中華書局編輯部 述, 〈時務報影印說明〉, 《强學報 · 時務報》(北京: 中華書局, 1991. 9.), 3~4쪽.

13) 《强學報 · 時務報》, 北京 中華書局, 1991.9.

外遇一醫, 名喀迭者, 爲我治之。此醫術深然, 美男子。年時來倫敦自創醫院, 顧與我妻亦素識者, 而待我妻甚周。我妻從前蹤跡, 我未能悉知之。此豈有故耶。雖然亦何至是, 且無可徵驗詢之能鑑別之。醫亦謂湯藥無誤, 然我病不久輒深且極速, 恐遂不救。幸勿揚！爲我遣精細之探, 察之。" 探長某君諾之俟。其去後而與探夥言, 觀客所言或有可疑者。然安知非由身弱故多狐疑耶。俄頃又有一婦人偕醫生來。此婦人若甚憂急者, 告探長曰: "不幸我夫得病, 心易疑惑, 常恐人欲毒死之, 乃至疑及吾輩。" 語未能, 竟以手掩面而泣。醫生爲伸言之曰: "彼之夫, 嗃子生也。幸彼夫雖近瘋, 尚無滋擾之狀, 且旁有侍者護視, 幸勿依瘋人例禁止, 若彼至汝處, 以此意相告, 宜允其探察, 庶彼心寬廣, 醫治亦易。" 探長允許, 二人始欣悅而去。二人來時, 包探細察此婦, 韶秀若西班牙美人, 而眉頰間微露狠惡之狀, 且似意識不定, 易爲人指使者。醫生貌溫雅, 語言有選擇, 而察其言語動作, 知其明而狡狠, 而能斷且多慾。……[14)]

신문잡지의 출현은 이미 청말소설의 유행을 위해 새로운 지면을 제공하기 시작하였다. 《海上花列傳》은 소설작품으로는 처음으로 1894년 《海上奇書》라는 문학잡지에 연재되었다. 1872년 《瀛寰瑣記》에 번역소설이 게재된 이후 1894년까지 소설이 조금씩 신문잡지에 등장하기 시작하였는데, 《察世俗每月統記傳》에는 외국선교사가 지은 중국소설이 연재된 적이 있으며 英字雜誌 《中國叢報》와 《中國雜誌》에는 《紅樓夢》 前8回의 번역문과 평론이 게재되기도 하였다.[15)] 1872년 이후 출현한 신문잡지는 소설이 점차 많은 독자를 접하여 자생할 수 있는 토양을 제공해 주었다. 이 시기의 소설

14) 《時務報》 第1冊(《强學報 · 時務報》, 北京: 中華書局, 1991. 9.), 46~51쪽. 《時務報》에 연재된 정탐소설은 현재까지 연구 · 발표된 적이 없어 原文을 접할 기회가 없기 때문에 본문에 원문의 일단을 게재하였다. 본래 《時務報》에는 문장부호가 표시되지 않은 상태인데, 필자가 문장부호를 첨가하였다. 문언체로 쓰여진 이들 작품은 문체가 간결하면서도 평이하여 문학소양이 뛰어나지 않은 일반 독자들도 읽을 수 있는 수준인데, 작품의 전체 스토리를 뒤에 서술하였기 때문에 인용문에는 번역을 부기하지 않았다.

15) 武禧 著, 〈1890年~1894年小說略說〉, 《清末小說から》 第43號, 16쪽.

은 신문잡지에서 독자적인 지면을 확보하지 못한 채, 雜錄과 함께 신문잡지의 말미에 위치하였다. 이러한 상황에서 《海上奇書》에 《海上花列傳》이 연재된 것은 중국소설의 발행방식에 있어 커다란 의미를 갖고 있다고 하겠다. 바로 22년의 점진적인 변화를 거쳐 원래 단행본의 형식으로 발행되던 소설작품이 또 다른 발표무대를 개척한 것이다. 비록 《海上花列傳》이 형식과 내용에 있어 여전히 舊小說의 범주에 머물고 있으나 출판형식은 이미 근대화하였다. 《時務報》는 《海上奇書》의 뒤를 이어 정기간행물의 게재방식으로 서양소설을 계속적으로 연재한 첫번째 간행물로써 그 의의를 가지고 있다. 특히 연재된 6편이 모두 정탐소설이란 동일한 유형이어서 이후 중국에 서양번역소설과 탐정소설을 유행시키는 도화선의 역할을 하게 된다.

위에 인용한 작품은 의사 커디에의 교묘한 살인사건을 해결하는 탐정소설로서 1880년대 이후 중국에서 유행하고 있던 公案小說과 비록 같은 유형이지만 사건의 독특한 전개방식과 서구의 과학지식과 추리를 응용한 스토리의 특성 때문에 독자들을 매료시키고 있다. 작품은 全知型의 서술자인 어떤 탐정이 런던의 정탐소를 찾아온 嗃子生이라는 巨富 老人의 말을 들으면서 시작된다. 이 노인은 그의 후처와 자신을 치료하는 커디에라는 의사의 관계를 의심하고 그들이 재산을 노리고 자신을 독살할지도 모르니 뛰어난 탐정을 파견하여 조사해 달라고 요청한다. 그가 간 뒤 얼마 후, 嗃子生의 아내와 커디에가 정탐소에 찾아와 탐정대장에게 嗃子生이 병이 난 뒤, 자신들을 의심하는데, 혹시 그가 이곳에 찾아와 수사를 요청하면 그의 의견대로 응락하여 그를 안심시켜 달라고 부탁한다. 두 사람을 관찰한 탐정들은 두 사람의 인상이 석연치 않았기 때문에 탐정과 식모를 그 집에 들여보내 조사를 하지만 별다른 단서를 찾지 못하였다. 그 후 계속 嗃子生의 병이 심해졌고 嗃子生은 의사를 다른 사람으로 자주 바꾸었으므로 정탐소는 더 이상 아내와 커디에를 의심하지 않고서 탐정을 철수시켰다.

어느 날 嗃子生이 하인을 시켜 구원을 요청하는 편지를 보냈으나 탐정대장이 출타 중이라 다음날 편지를 보고 찾아가 보니, 嗃子生은 이미 죽어 있었다. 의심을 품은 탐정들은 검시를 해보았으나 두 의사가 모두 病死로 판정하였다. 탐정은 문상객이 전혀 없음을 이상히 여겨 관을 열어보니 시체가 없었다. 嗃子生의 재산은 대부분 그의 아내가 차지하였고 그 후 그녀는 외국으로 여행을 떠났고 커디에는 여전히 병원에서 진료를 하였다. 일년 뒤 嗃子生의 아내가 돌아와 커디에와 결혼한다고 발표하였다. 그 때에 런던에서 한 부인과 두 아이가 外傷이 없이 사망한 사건이 발생하였다. 이웃들은 이들이 이사를 온 지 얼마 되지 않아 전혀 모르고 있었고 주위에 친척도 없었다. 탐정은 집안에서 약봉지를 발견한 뒤, 약국을 찾아가 조사하였으며 이삿짐을 나른 인부를 찾아가 탐문하려 하였으나 그 인부도 약을 먹고 죽었다는 사실을 알게 되었다. 약봉지의 표시를 보고 약국을 찾아가 독약을 사간 사람의 명단을 조사해 보니 커디에의 이름이 있었다. 탐정은 커디에의 집에 가서 그의 서재에 있는 의학서직을 뒤져서 그가 공기를 몸에 주입시켜 교묘하게 자신의 아내와 두 아이를 살해하고 효자생을 인도의 약초로 독살하여 시체를 훔쳐내 바다에 수장시킨 사건의 선모를 파헤쳐 내었다.

이 작품은 탐정의 시각에서 사건을 서술하면서 의학지식과 세밀한 조사에 의존하여 사건을 전개시키고 있다. 완전범죄를 노리는 범인의 치밀한 범죄행위는 독자들에게 스릴과 흥미를 자아내게 하며 작가는 작중인물을 통해 사건의 의혹을 증폭시키며 사건을 미궁으로 몰고 가지만 결국은 탐정의 뛰어난 추리와 명석한 판단에 따라 완전범죄를 꾀하는 의사와 후처의 죄상을 파헤친다.

《時務報》에는 이외에도 5편의 정탐소설이 연재되었는데 제10책부터 연재된 코난도일의 정탐소설은 모두 주인공 살록홈즈의 친구인 滑震의 시각에서 서술된 일인칭의 서술방식을 취하고 있다.[16) 정탐소설의 전개방식은 또한 순차적인 時順에 의한 서술방식보다는 사건의 時順이 顚倒된 倒置式 서술방식을 많이 사용하는데 이러한 서술방식은 몇 년 뒤에 20세기 초기의 신소설에 직접적인 영향을 주었다.

제4절 《時務報》의 정탐번역소설과 淸末小說의 영향관계

《時務報》의 정탐소설이 1900년대 청말소설에 미친 영향은 크게 두 가지를 들 수 있는데, 바로 청말소설의 서술방식과 작품내용에 변화를 가져왔다는 것이다.

첫째, 《二十年目睹之怪現狀》과 《老殘遊記》에서 보는 바와 같이 청말소설에 있어 대표적인 서술방식의 변화는 一人稱의 視覺이나 주인공의 관점에서 서술된 방식을 들 수 있겠다. 이 두 작품은 主人公의 旅行이 작품전개의 근간을 이루면서 주인공의 시각으로 사건을 서술하고 풍자하는데, 이러한 서술방식은 전통적인 중국고전소설에서는 거의 발견하기 어려운 현상이다. 《西遊記》계열의 작품과

16) 《英包探勘盜密約案》과 《記傴者復讐事》는 "譯歇洛克呵爾唔斯筆記"라고 表記되었고, 《繼父誑女破案》과 《呵爾唔斯緝案被戕》은 "滑震筆記"라고 明記되었다. 하지만 네 편은 모두 살록홈즈의 친구인 滑震이 敍述人으로 등장하여 사건을 서술하고 있다.

《斬鬼傳》 등 鍾馗神話系列의 소설이 모두 遊記體의 형식을 취하였지만 다수의 동행자의 시각을 활용하고 대부분 全知型 서술형태를 취하고 있다. 《鏡花緣》과 같은 작품 역시 唐敖와 林之洋, 多九公과 같은 多數의 同行者가 함께 여행하면서 그들의 시각으로 異國의 紀行을 관찰하고 풍자하는 敍述方式을 채택하고 있으며, 한 인물의 관점에서 서술하는 一人稱 敍述方式을 취하지는 않고 있다. 《걸리버여행기》와 거의 비슷한 시기에 중국어로 번역된 소설로는 프랑스의 空想科學小說 《팔십일간의 세계일주》가 있는데, 이 작품 역시 《걸리버여행기》와 마찬가지로 주인공의 관점에서 사건을 서술하는 서술방식과 여행을 중심으로 한 작품구도는 청말작가들로 하여금 작중인물의 관찰력과 비판의식을 더욱 뛰어나게 해주었고, 작중인물을 통해 보다 효과적으로 작자의 사회비판의식과 풍자주제를 독자들에게 전달할 수 있게 하였다. 이러한 일인칭 서술방식은 작가를 대신한 주인공이 직접 사회문제를 신랄하게 비판하고 공격함으로써 작가들의 사회에 대한 강력한 "譴責慾望"을 충족시킬 수 있었으니 《二十年目睹之怪現狀》의 "九死一生"이나 《老殘遊記》의 "老殘"은 주인공의 시각에서 작품을 서술하는 전형적인 실례로서 청말소설 서술양식의 변화를 손쉽게 볼 수 있는 작품이다.

그리고 倒置式 서술방식은 吳趼人의 《九命奇冤》에서 좋은 실례를 찾을 수 있다. 《九命奇冤》은 살인사건의 현상을 묘시하는 것으로 작품이 시작되며, 이어서 살인사건이 일어나게 된 발단부터 서술하여 사건의 전모를 파헤치고 여러 차례의 송사를 거쳐 범인을 처벌하는 순서로 서술되었는데, 이는 서양정탐소설에서 상용하는 서술방식이다. 양계초에게서 직접적인 영향을 받았다고 고백한 吳趼人[17]은 《時務報》에 연재된 서양정탐소설의 도치식 서술방식을 응용하여 鍾鐵橋의 구소설 《警富新書》를 改作하여 1904년부터

《九命奇冤》을 《新小說》에 연재하였다.

둘째, 《二十年目睹之怪現狀》과 《老殘遊記》는 모두 작중인물의 정탐활동에 관한 스토리가 나온다. 그러나 주인공 "九死一生"과 "老殘"이 探偵으로 출현하여 사건을 파헤치고 해결하는 것은 중국의 전통적인 俠義小說이나 公案小說 속에 등장하는 俠客이나 判官과는 아주 판이하며, 서양정탐소설의 주인공 혹상이나 샬록홈즈가 사건을 해결하는 방식과 매우 흡사하다. 청말소설 가운데 나타난 과학지식의 활용과 논리적인 추리를 통한 사건의 해결방식은 "전통도덕관에 입각한 義理있는 행동과 뛰어난 武勇"에 의한 義俠小說과 같은 전통적인 사건해결방식과는 다른 것이며, 더욱 중요한 것은 등장인물의 정탐활동은 억울한 訟事의 해결이나 勸善懲惡의 선양을 목적으로 하지 않는다는 것이다. 청말의 풍자소설에 나오는 偵探活動은 풍자대상의 약점이나 범죄행위를 들추어 내거나 사회의 부조리나 악습을 폭로하는 일종의 수단이 되고 있는데, 작자가 작중인물의 정탐활동을 서술하는 목적은 바로 사회에 대한 견

17) 청말의 소설작가 중에는 적지 않은 사람이 梁啓超에게서 영향을 받았는데, 청말의 小說大家 吳趼人은 자신이 梁啓超의 영향을 받아 신문잡지사에 근무하다가 전문적으로 소설을 저술하게 되었다고 〈月月小說序〉에서 직접 밝히고 있다. "내가 붓을 들어 소설을 저술하는데, 소설로서 소설을 지으면 되지, 어째서 사회의 이와 같은 갖가지 추악한 사건을 들어 먼저 알리고 폭로하게 되었는가? 나는 일찌기 감동을 받은 적이 있다. 나는 飮冰子(梁啓超)의 〈小說與群治之關係〉의 문장이 발표되어 소설의 改良을 제창하는 것에 감동을 받았으니, 몇 년도 되지 않아 우리나라의 새로운 저술과 새로운 번역이 마치 매일 해가 다시 떠도 끝이 없는 것과 같이 쉬지 않고 엄청나게 쏟아져 나오고 있다.(吾執吾筆, 將編爲小說, 即就小說以言小說焉, 可也, 奈之何擧社會如是種種之醜惡而先表暴之? 吾蓋有所感焉。吾感夫飮冰子〈小說與群治之關係〉之說出, 提倡改良小說, 不數年而吾國之新著新譯之小說, 幾於汗萬牛充萬棟, 猶復日出不已而未有窮期也。)" 이 글은 원래 1906년 11월에 간행된 《月月小說》 창간호에 게재되었으나, 《中國歷代小說論著選》下編 , 230쪽에서 인용하였다.

책과 비판 · 폭로을 끌어내기 위한 것이었다. 이 때문에 정탐활동을 통한 作品構成과 人物設定은 종래의 고전소설과는 전혀 다른 의도로 사용되고 있는데, 바로 인간과 사회에 대한 문제를 폭로하고 대안을 제시하기 위한 방편인 "借用技巧"로서 사용한 것이다. 이러한 서사방식은 중국소설에서는 1900년 이후에 처음 등장했던 것으로 서양의 探偵小說로부터 영향을 받아 청말소설에 출현하기 시작하였다고 할 수 있으니, 1890년대 후반 가장 영향력을 가졌던 《時務報》에 연재된 영국의 탐정소설은 1900년 이후에 유행했던 청말소설에 직접적인 영향을 미쳤다는 직접적인 증거라고 할 수 있겠다. 게다가 1900년 초기부터 유행했던 당시의 견책소설은 1906년부터 시작된 외국소설의 대대적인 번역작업의 도화선이 되었으며 특히 1906년부터 서양 사회풍자소설의 번역소개를 촉발시켰으니[18], 청말의 소설문단에 있어 정탐소설의 번역소개는 소설문

18) 四大譴責小說로 대표되는 中國近代諷刺小說은 1906년 이전에 이미 출간되어 당시 문단에 영향을 미치기 시작했다. (拙著, 《晩淸諷刺小說的諷刺藝術》, 上海 復旦大學出版社, 1994. 7, 32~34쪽 참고.) 하지만 外國社會小說의 대대적인 번역작업은 1906년 이후에 진행되었다. 예를 들면 林紓는 찰스 · 디킨슨(Charles Dickens)의 《滑稽外史(Nicholas Nickleby)》(1907. 8.15.) · 《孝女耐兒傳(The Old Curiosity Shop)》(1908.1.6.) · 《塊肉餘生述》(David Copperfield) (1908.3.4.) · 《賊史(Oliver Twist)》(1908.6.17.) · 《冰雪因緣(Dombey and Son)》(1909.3.5.) 등의 社會小說을 1907년에서 1909년 사이에 집중적으로 번역하였는데(찰스 디킨스의 번역작품의 刊行年代와 著錄은 《晩淸戲曲小說目》(阿英 編, 中華書局, 1959. 5.)과 《淸末民初小說目錄》(日本 淸末小說硏究會 編, 中國文藝硏究會刊, 1988. 3. 1.)에 의거하였다.), 林紓는 이러한 번역작업을 통해 당시 英國의 資本主義社會에서 벌어지는 上層階級의 부패상과 下層階級의 빈곤상을 독자들에게 이해시킴으로써 半植民地 狀態의 부패한 봉건사회에서 살고 있는 중국인들로 하여금 外勢의 侵略과 부패한 통치계급에 대항하여 民族存亡의 危機를 타개하도록 각성 · 계몽시키고자 하였던 것이다. 우리는 이러한 出刊時順의 考察을 통하여 淸末 諷刺小說의 유행이 중국인들로 하여금 정치사회적인 현실에 관심을 갖도록 하여 西洋의 社會小說에 대한 번역열기를 유발시키는 직접적인 도화선이 되었다는 사실을 발견하게 된다.

학의 활성화를 촉발시켰고 중국소설 서사양식의 변화에 결정적인 영향을 미쳤다고 할 수 있겠다.

그렇다면 《時務報》에서는 왜 정탐소설만을 연재하게 되었는가? 우리는 《時務報》의 정탐소설이 모두 〈域外報刊〉이란 專欄에 게재되었던 사실을 가지고 그 이유를 고찰해 보아야 할 것이다. 6편의 작품 중에서 두 편은 英字新聞 《런던俄們報(확인불명, 誤記일 것이다)》와 《上海書字林日報(North China Daily News)》에서 轉載하였다고 명기하였으며 다른 네 편은 모두 당시 구미신문에서 각광받으며 연재되고 있었던 코난도일의 정탐소설이다[19]. 《時務報》는 서양의 문물을 집중적으로 번역 소개했던 간행물로서 당시 구미의 영자신문에서 각광을 받으며 연재되던 정탐소설을 그대로 번역하여 소개했던 것이다. 비록 자각적인 선택이었는지 아니면 서구간행물의 영향에 따른 무의식적인 소개였는지는 판단하기 어렵지만 《時務報》의 정탐소설은 20세기 초 중국문단에 지대한 영향을 미쳤던 것만은 사실이다. 현존하는 자료에 근거하면 코난도일은 외국작가 중에서 생존 중에 주요 작품이 모두 중국어로 번역된 유일한 작가이며 동시에 가장 최초로 중국문예잡지에 전편에 걸쳐 그의 생평이 소개된 외국작가이기도 하다.[20] 게다가 20세기 초 정탐소설이 대단히 유행하였고 결국은 그 결실로 1916년에 中華書局에서 《샬록 홈즈전집 福爾摩斯全集》이 출간되어 청말의 정탐소

---

19) 中村忠行은 〈淸末偵探小說史稿(一)〉에서 《時務報》에 연재된 코난도일의 정탐소설의 원문을 추적하여 《時務報》의 中譯本과 대조하였고 이들이 영국의 《스탠더드 매거진(Standard Magazine)》과 미국의 《하펄스 위클리(Hapers Weekly)》에 1891년 9월부터 1893년 12월까지 연재되었다고 밝히고 있다. 《淸末小說研究》 第2號, 日本 淸末小說研究會, 1978. 10, 124~125쪽.

20) 阿英 著, 《晚淸文學期刊述略》, 上海: 中華書局, 1959년, 36~37쪽.

설이 누렸던 인기를 확인시켜 주었다. 《時務報》의 정탐소설들은 모두 文言體로 번역되었는데, 문언체는 그후 정탐소설의 번역과 창작에 그대로 습용되었다. 이러한 문체와 흥미위주의 통속적인 특성은 정탐소설을 5 · 4 新文化運動의 배척대상으로 전락시켜 버렸고 이러한 통속소설의 번역 소개는 청말 번역작가들의 서방문학에 대한 무지의 증거라는 비판을 받게 된다.

梁啓超는 1902년 10월 15일 일본의 요코하마에서 《新小說》의 창간호에 〈論小說與群治之關係〉란 發刊辭를 써서 小說界革命을 주창하였는데, 그의 소설혁신에 관한 주장은 1895년 傅蘭雅의 〈求著時新小說啓〉에서 계시를 받은 바가 크다 하겠다. 傅蘭雅는 당시 침체되어 있던 중국소설계에 소설공모활동을 통해 활력을 불어 넣었고, 근대적인 소설이론을 제시하여 梁啓超를 위시한 維新派의 小說革新運動에 導火線이 되었다. 그의 주장에 호응하여 詹熙의 《醒世新編》을 비롯한 최초의 "時新小說"들이 창작되었고, 현실을 반영하는 제재선택과 반제국주의 · 반봉건적 애국주의 사상고취 및 사회의 악폐 제거를 주창한 "時新小說"論은 사회적으로 지위와 영향력을 확보한 梁啓招를 필두로 하는 유신파 지식인의 사회개혁수단으로 활용되어 소설계혁명으로 이어졌으니 傅蘭雅의 소설주장은 중국소설의 근대화와 창작의 활성화에 있어 커다란 영향을 미쳤다고 할 수 있겠다. 傅蘭雅의 뒤를 이어 梁啓超는 대대적으로 소설의 혁신을 주창하였는데, 그가 主筆로 있던 《時務報》는 1896년부터 서양의 偵探小說을 연재하였으니, 이는 중국에서 처음으로 번역소설을 정기간행물에 연속적으로 게재했다는 문학상의 의미를 갖는 것으로 번역소설의 중요성을 대중에게 환기시키는 작용을 하였다. 비록 정치적인 의도에서 시작된 小說界革命이었지만 梁啓超가 주도한 西洋小說의 번역소개는 20세기 초 중국에 번역소설의 흥성기를 가져와 결국 중국소설에 서구적 형식과 내용을 결합시킴으로써 전통소설을 변화시켜 "新小說"이란 小說類型을 창출하게 되었고 중국소설의 현대화에 선도적인 역할을 담당하게 되었다.

제3장 淸末의 翻譯事業과 翻譯小說

제1절 개혁수단으로써의 소설과 林紓의 翻譯小說

외국소설의 본격적인 中譯作業은 淸日戰爭 이후부터 시작되었는데, 이런 소설의 번역작업은 문학 내적인 수요가 아닌 정치사회적인 목적에서 출발하였다. 서구식 정치개혁에 의한 日本 明治維新의 성공을 목도한 지식인들이 일본을 모델로 삼아 중국을 개혁하기 위해 변법자강운동을 전개하였고 국민의 의식구조를 바꾸어 보려는 啓蒙運動에 小說이 개혁의 수단으로 필요하다고 판단하여 정치소설의 번역을 주창하면서 외국소설의 번역이 본격적으로 진행되었다. 梁啓超가 이런 주장의 전면에 있었으며 서구문물에 압도된 중국지식인들은 서구의 과학기술 뿐만 아니라 정치 · 사회 · 철학 · 도덕 등의 정신문명까지도 그 우수성을 인정하게 되었다. 다윈의 進化論과 루소의 民權論, 아담 스미스의 國富論 등 서구사상이 번역 · 소개되자 중국인들은 서구문화의 우월성과 정치개혁의 필요성을 인식하게 되었다.

그때까지 중국문학에 대해 자부심을 가지고 있던 중국문인들은 서구문학에 대해 눈을 돌리게 되었으니, 1897년 桐城派 文人 林紓는 1897년 처음으로 서양의 순수문학작품을 文言文으로 번역하여 중국에 소개하였는데[1], 그의 번역작품은 서구소설이 중국소설과는 다르며 중국인이 西歐小說의 우수성을 인식하게 하는 계기를 만들어 주었다. 중국소설의 변화에 있어 각별한 의미를 가지고 있는 林紓의 첫 번째 번역소설《巴黎茶花女遺事》에 대해서 살펴보도록 하자.

曉齋主人이 파리에서 돌아와 冷紅生에게 파리의 소설들은 모두 名人의 손에 의해 쓰여졌다고 말하였다. 冷紅生이 口述해 줄 것을 요청하였다. 曉齋主人은 듀마 부자의 문장이 파리에서 가장 유명하고, 동백아가씨 마크 커니얼의 이야기《巴黎茶花女遺事》는 특히 알렉산더 듀마의 대표작이라고 하였다. 시간을 내어 冷紅生에게 들려 주었다. 冷紅生은 붓을 들어 기술하였다.[2)]

유명한 희곡작가인 알렉산더 듀마가 지은《춘희》는 처음에 소설로 쓰여졌다가 후에 5막의 희곡으로 개작되어 공연된 뒤, 파리에서 크게 호평을 받고 유행하기 시작했다. 王壽昌이 프랑스에서 귀국하여 이 책을 林紓에게 口述해 주었고 林紓가 이를 筆述하여 "冷紅生과 曉齋主人 合譯"이라 서명하여 1899년 1월에《巴黎茶花女遺事》란 제목으로 간행하였다. 이 작품은 林紓가 번역한 첫 번

1)《巴黎茶花女遺事》의 번역시기는 모두 세 가지 견해가 있는데, 阿英은〈《巴黎茶花女遺事》에 관하여〉라는 문장에서 林紓의〈譯林紓〉를 인용하여 1898년이라 하였다. 또한〈《迦茵小傳》題詞敍〉를 인용하여 1898년 여름이라고 하였다. 楊蔭深은《中國文學家列傳》에서 林紓가 아내를 잃고 나서 번역하였으니 그 시기는 1897년이라고 단정하였다. 錢鍾書는〈林紓의 飜譯〉중의 註釋에서 黃濬의〈花隨人聖盦摭憶〉의 말을 인용하여 光緒 丙申 · 丁酉年(1896~1897년) 사이라고 하였다. 張俊才는〈林紓年譜簡編〉에서 이상의 각종 문헌자료를 근거로 번역시기를 1897년 여름이라고 단정하였다. (이상의 견해는 張俊才,〈林紓年譜簡編〉,《林紓研究資料》, 22쪽 참고.) 하지만《巴黎茶花女遺事》는 1899년 1월 福州에서 비로소 간행되었다.

2) 林紓 譯,〈巴黎茶花女遺事前言〉: "曉齋主人歸自巴黎, 與冷紅生談巴黎小說家均出自名手。生請述之。主人因道仲馬父子文字, 于巴黎最知名,《茶花女馬克格尼爾遺事》尤爲小仲馬極筆。暇輒述以授冷紅生。冷紅生涉筆記之。"《20世紀中國小說理論資料》第1卷(1897~ 1916년) (陳平原 · 夏曉虹 編, 北京大學出版社, 1989년 3월) 24쪽에서 인용.

째 외국소설이며 또한 중국에 소개된 최초의 유럽 순수문학 작품이기도 하다. 이 작품이 발표된 후, 중국문학계는 크게 충격을 받아 전통의 才子佳人式 愛情小說이 급속히 도태되었다. 위에서는 譯者 林紓가 《巴黎茶花女遺事》를 번역하게 된 출간경위에 대해 설명하고 있는데, 曉齋主人 王壽昌이 구술하고 冷紅生 林紓가 필술한 이런 번역방식은 외국문장을 해독할 줄 모르는 문장가와 외국어를 구사하는 구술자가 공동으로 번역에 참가하는 共譯方式인데, 중국에서 상당히 오랫동안 유행했던 번역방법이다. 외국어를 구사할 줄 모르는 林紓는 口述者가 들려주는 원작의 내용을 듣고서 영국 · 미국 · 프랑스 · 러시아 · 독일 · 일본 · 벨기에 · 스위스 · 그리스 · 스페인 · 노르웨이 등 11개 국가 98명의 작가의 작품 163종을 중국어로 번역하였는데, 이들 작품은 대부분 소설이며, 소수의 희극대본도 소설의 형식으로 번역되었다.[3)]

林紓(1852~1924년)의 자는 琴南, 호는 畏廬 또는 冷紅生이며 만년에는 자칭 蠡翁 · 踐卓翁이라 하였다. 시와 그림에 능하였으며, 고문 창작으로 일세에 文名을 떨쳤으며 산문이론에도 조예가 깊었다. 그의 최대 업적은 단연 외국소설의 번역과 문언소설의 창작 등 소설분야를 꼽을 수 있겠다. 그는 福建 閩縣(지금의 福州) 사람으로 본래 가정형편이 곤궁하였으나 학업에 매진하여 31세에 과거에 급제하여 擧人이 되었다. 하지만 일생동안 관직에 나가지 않았고 교직과 賣文으로 생활하였다. 그는 46세에 福州 蒼霞精舍의 漢文總教習이 되었고 48세에는 杭州 東城講舍, 50세부터는 北京의 金臺書院, 五城學堂, 京師大學堂, 閩學堂, 孔教大學 등에서 經義 · 古文 · 倫理學 등을 가르쳤다. 그는 11세부터 사숙의 스승인

3) 俞久洪 著, 〈林紓 · 譯作品考索〉, 《林紓研究資料》(薛綏之 · 張俊才 主編, 福建人民出版社, 1983년 6월), 403~404쪽.

薛則柯로부터 歐陽修 散文을 배워 일생동안 古文 學習에 진력하였는데,《史記》·《漢書》· 韓愈의 문장에 정통하였으며《中國國文讀本》·《左孟莊騷精華錄》·《古文辭類纂選本》 등 여러 종의 古文選本을 選編하여 各篇마다 상세하게 論評·分析하여 호평을 받았다.[4] 光緖 27년 北京에서 桐城派의 마지막 宗師 吳汝綸이 그와 회견하면서 林紓의 문장을 "억누르고 가리고 덮어서 자신의 광채를 숨길 수 있는 문장"이라고 격찬하였는데[5], 그의 古文은 당시 많은 유명 문인들이 인정하고 칭찬하였으며, 林紓 자신도 고문 창작을 자기 일생에서 가장 뛰어난 업적이라고 생각하였다. 그는 당대의 가장 뛰어난 문장력으로 서양소설의 번역에 매진하여 "林譯小說"이란 종전의 고전소설과는 다른 藝術技法과 風格을 가진 새로운 번역소설을 중국인에게 보여 주었는데, 그의 "林譯小說"은 중국근대문학사에서 널리 통용되는 專用語가 되었다. 그러면 먼저《巴黎茶花女遺事》의 번역문을 통해 이 작품의 특징을 살펴보도록 하자.

알렉산더 듀마가 이르기를 무릇 책을 한 권 쓰려면 반드시 인물의 성정을 상세히 살펴야 묘사가 생동적일 수 있는데, 어떤 나라의 책을 쓰고 싶으면 반드시 그 나라의 언어를 먼저 배워야 하는 것과 같다. 지금 내가 쓰려는 작중 인물의 사건은 시간이 얼마 지나지 않아 특별히 먼저 붓으로 그려내면 사람들마다 모두 이 사건이 사실임을 알게 될 것이다. 비록 작중의 가장 관계가 밀접한 사람이 불행히도 요절하였지만 나머지 다른 사람들은 모두 건재하니 증인이 될 수 있을 것이다. 이 일은 파리에서 시작되었는데, 이 책을 읽은 사람은 파리사람들에게 물어보아도 아무도 모를 것이다. 그러나 내가 아니면 이 일의 세세한 것을 모두 설명해 낼 수 없으니, 바로 내가 관계되었기 때문에 그러한 것이다.[6]

나는 1840년 3월 13일 라피드에서 경매 날짜가 쓰여진 노란 포스터를 보았다. 그 포스터에는 집주인이 죽었는데, 가족이 아무도 없어 집기를 판다고 하였다. 포

4) 王先霈 · 周偉民 著,《明清小說理論批評史》, 花城出版社, 1988년 10월, 775~778쪽에서 요약하여 인용.

5) 林紓 著,〈贈馬通伯先生序〉: "是抑惱掩蔽, 能伏光氣者。"《林紓硏究資料》, 78쪽.

스터에는 집주인이 누구인지 쓰여있지 않았고 16일 12시에서 15시까지 앙땡街 9번지 집에서 경매를 한다고 써 있었다. 또 13 · 14 양일 먼저 그 집에서 현물을 볼 수 있다는 말도 있었다. 나는 본래 일을 좋아해서 특별히 물건을 사는데 생각이 있는 것은 아니고 단지 한 번 꼭 보고 싶을 뿐이었다.[7)]

2월 5일. 나는 부르짖었다. "아르망이 왔으면! 아르망이 왔으면! 고통스러워 죽을 지경이야!" 하늘이여, 하늘이여! 나는 어제 저녁 고통스러워 그가 오기를 바랬다. 집에 하루 있는 것이 마치 이틀은 되는 듯 싶다. 오늘 아침 公爵이 다시 나를 보러 왔다. 나는 공작을 보고 아마 더 빨리 죽을 것 같다고 했다. 나는 이 때 열이 심하게 나서 몸은 불덩어리 같았지만 보드빌극장에 가보고 싶었다. 다른 사람이 나를 시체처럼 보지 않도록 하려고 쥴리가 내게 화장을 해주었다. 내가 극장에 도착해서 제일 먼저 아르망이 앉았던 그 자리를 찾아보았고 눈길은 줄곧 아르망이 예전에 앉았던 자리를 응시하였다. 얼마 후 더 있을 수가 없어 돌아왔다. 밤새도록 기침하고 각혈을 해서 여기까지 밖에 더 이상 쓸 수가 없다. 하늘이여, 하늘이여! 이제 죽을 것이다. 죽는다는 것은 본래 각오는 하고 있었지만 이렇게 심한 고통은 전혀 생각지 못했다.[8)]

---

6) "小仲馬曰: 凡成一書, 必詳審本人性情, 描畵始肖, 猶之欲成一國之書, 必先習其國語也。今余所記書中人之事, 爲時未久, 特先以筆墨渲染, 使人人均悉事系紀實。雖書中最關係之人, 不幸夭死, 而余人咸在, 可資以證。此事始在巴黎, 觀書者試問巴黎之人, 匪無不知; 然非余亦不能盡擧其纖悉之事, 蓋余有所受而然也。"《巴黎茶花女遺事》, 冷紅生 · 曉齋主人 合譯, 《中國近代文學大系 翻譯文學集》 제1권, 1990년 10월, 140쪽.

7) "余當一千八百四十年三月十三日, 在拉非德, 見黃榜署拍賣日期, 爲屋主人身故, 身後無人, 故貨其器物。榜中亦不署主人爲誰, 准以十六日十二點至十五點止, 在恩談街第九號屋中拍賣。又預計十三 · 十四兩日, 可以先往第九號屋中, 省識其當意者。余素好事, 意殊不在購物, 惟必欲一觀之。"《巴黎茶花女遺事》, 140쪽.

8) "二月五日。余呼曰:"亞猛來, 亞猛來! 我苦極死矣!" 天乎, 天乎! 我昨夜痛苦, 思欲他徙。蓋在家一日, 而一日長逾一日矣。本日早, 公爵復來視余。余視公爵, 而死若更速者。余此時雖極熱, 仍欲往烏兀圖屛戲園中。于舒里以脂抹余頰, 勿使他人視爲行屍。余至園, 卽至第一次見亞猛廂中坐, 眼光仍注亞猛往日座次。已而不支, 舁歸。徹夜嗽且咯血, 至此不能書矣。天乎, 天乎! 行卽死矣。此死本在余意中, 而所吃苦, 則爲余所不及料也。"《巴黎茶花女遺事》, 210쪽.

내가 아르망의 집에 가서 그의 부친을 뵈니 그의 얼굴과 풍채는 아르망과 많이 닮았다. 처음 아르망을 보고는 너무나 좋아서 눈물이 흘러 내렸고 그는 내 손을 잡아 주었다. 나는 물론 다른 사람과는 비교할 수 없는 이 깊은 사랑의 마음을 알고 있다. 아르망의 누이 블랑슈는 두 눈이 또랑또랑하고 대단히 총명했으며 말하는데 차분하고 절도가 있어 전혀 속되지 않았다. 오빠가 돌아온 것을 보고 대단히 기뻐하였고, 한 창기가 그녀의 오빠를 위해 조용히 죽어갔다는 사실을 전혀 모르고 있었다. 나는 그의 집에 며칠을 머물며 그 집 식구들이 아르망을 간호하는 것을 보면서 점점 비통한 마음을 잊어버리고 집으로 돌아왔다. 이 이야기의 전말을 기록한 것은 이상과 같고 모두 사실이다.[9]

위에서 인용한 네 단락은 각각 알렉산더 듀마의 작품창작에 관한 설명이 나오는 작품의 시작부분과 여주인공이 자신의 죽음을 예견하며 쓴 일기의 마지막 부분 그리고 이 작품의 서술자가 쓴 작품의 마지막 장면으로, 번역본《巴黎茶花女遺事》의 작품 성격을 파악하는데 빼놓을 수 없는 부분이라 하겠다. 먼저 시작부분에서 바로 알 수 있듯이 이 작품은 章回體 小說의 固定格式을 따르지 않고 기존 장편소설의 양식과는 완전히 다르게 작품의 첫 머리에 回目을 붙이지 않았고 또한 작품을 章이나 回의 단위로 나누지 않는, 서양소설의 형식상의 체제를 그대로 들여와 中國小說界에 신선한 충격을 주었다.《巴黎茶花女遺事》의 다음 해(1900년)에 번역된 프랑스 작가 쥘 베른의《팔십일간의 세계일주》는 본래 原作에 없었던 回目을 정연하게 붙이고 37回로 나누어 완전히 중국의 전통적

9) “余至亞猛家, 見其父面龐身段, 與亞猛相若也。始見亞猛, 喜極而涕。與余執手。余固知此老慈愛之情, 倍于他人。亞猛妹名博浪, 二目明澈, 聰穎絕倫, 而出言婉淑無俗狀。見其兄歸, 乃大喜, 竟不知有一勾欄人將爲其兄保家聲, 竟掩抑以死也。余住其家數日, 觀其家人調護亞猛, 已漸忘其悲哽之心, 乃歸。因書其顚末如右, 均紀實也。《巴黎茶花女遺事》, 213쪽.

인 章回體 양식으로 바꾼 것[10]과 對比를 해본다면 林紓의 번역방식은 중국인의 소설에 대한 고정관념을 바꾸는데 파격적인 시도라고 할 수 있겠다.

이 작품은 시작부분부터 "나(余)"라는 인물을 등장시켜 창녀 마크와 귀족청년 아르망의 비극적인 애정스토리를 객관적으로 서술하는 서술자의 역할을 담당하게 하였다. 바꾸어 말하면 전편을 "나(余)"의 서술관점에서 스토리를 서술하는 제일인칭 서술 작품인데, 두 남녀 주인공의 애정스토리는 마크의 시각에서 기술한 마크의 일기에 기록되었고 서술자 "나(余)"는 마크의 일기를 보면서 사건을 서술하는 格子式 二重構圖의 서술 작품이다. 이런 서술방식은(비록 번역소설이지만) 장편소설에 있어서는 분명 第一人稱과 格子式 敍述方式을 본격적으로 사용한 작품으로 기억되어야 할 것이다.

또한 작품을 전개하는 서술방식에 있어서, 사건이 발생된 時順에 따라 서술되는 전통 중국고전소설의 서술방식과는 다르게 이 작품은 여주인공이 죽고 난 뒤에 일기를 보면서 그녀를 회고하는 방식으로 敍述時順을 倒置시킨 倒置敍述方式을 사용하고 있어 敍述時順에 있어서도 일반 중국고전소설과는 크게 구별된다. 이는 고전소설에서 明末의 《癡婆子傳》과 같은 아주 극소수의 작품을 제외하고는 사용된 적이 없으며, 敍述時順의 倒置法과 格子構造를 함께 사용한 서사기법은 중국소설에서는 새로운 시도로 인식되었을 것이다.

---

10) 樽本照雄 編, 《清末民初小說目錄》(일본 清末小說研究會 刊, 1997년 10월) 16쪽에는 "八十日環遊記 37回 (法) 房朱力士著 薛紹微女士譯 經世文社 庚子(1900)"이라 著錄되어 있다. 《八十日環遊記》는 原作의 형식과는 달리 37回의 章回體 樣式으로 개작되었음을 알 수 있다.

이 작품은 기존의 고전 장편소설에서는 거의 사용하지 않은 散文 문체로 작품의 주요 스토리를 서술하고 있는데, 바로 전편에 걸친 日記體의 사용이 그것이다. 여주인공 마크는 아르망과의 만남에서부터 자신의 죽음에 이르는 애정스토리의 전말을 日記 속에 세밀하게 묘사하고 있는데, 서술자는 마크의 일기를 보면서 이 사건을 서술하고 있어, 日記體가 이 작품 전개의 중심역할을 맡고 있다. 《巴黎茶花女遺事》에서 사용된 일기체는 그 후 《玉梨魂》과 《玉梨魂》의 文言改作本 《雪鴻淚事》에서 본격적으로 사용되어 독자들의 뜨거운 호응을 불러 일으켰다. 이런 일기체 양식은 1919년 魯迅이 발표한 《狂人日記》에서도 그대로 連用되었으며, 《狂人日記》의 서두에서 작자설명과 작품창작배경을 文言으로 서술한 것은 바로 《巴黎茶花女遺事》의 서술방식과는 일맥상통하는 것이다.[11)]

마지막으로 이 작품은 사랑하는 남자를 위해 애정과 생명을 바치지만 愛人은 이를 모르고 도리어 여주인공을 誤解하는 가운데 여주인공은 고통 속에 죽어 가는 애절한 殉愛譜를 그리고 있다. 이 작품은 중국에서는 줄곧 천시를 받아왔던 창녀의 애정스토리를 창녀라는 신분의 변화 없이 누구나 공감할 수 있는 비극으로 승화시켰다는 점에서 人物設定과 題材面에서 중국소설에서는 찾아볼 수 없는 내용상의 변화라고 할 수 있겠다. 게다가 古文體로 서정적인 長篇愛情小說을 번역해 내어, 그때까지 文言은 短篇小說의 창작

11) 魯迅의 《狂人日記》는 몇 가지 서술특징과 내용의 근대성 때문에 현대문학의 첫 작품으로 평가된다. 첫째, 봉건예교의 속박을 비판하는 내용면에서의 근대성. 둘째, 狂人인 "나"의 관점에서 서술한 1인칭 서술기법의 사용. 셋째, 일기체의 형식으로 서술한 일기체소설. 이러한 특징 이외에 文言으로 쓰여진 序文 형식의 작품배경과 작자설명도 林紓의 《巴黎茶花女遺事》와 대단히 유사하다고 하겠다.

에, 白話文은 장편소설의 창작에 적합하다는 小說敍述上 文體 使用의 固定觀念을 극복하고, 文言으로 장편애정소설을 번역하여 고문의 서술영역을 확장시키는 계기를 마련하였다. 胡適는 비록 白話文運動을 전개하면서 林紓와는 완전히 다른 입장을 취하였지만, 《五十年來中國之文學》에서 그의 소설번역활동에 대해 다음과 같이 논하고 있다.

공평하게 논한다면, 古文으로 소설을 번역한 林紓의 시도는 성적이 대단히 뛰어나다고 할 수 있다. 古文으로는 장편소설을 저술한 적이 없는데, 林紓는 마침내 고문으로 100여 종의 장편소설을 번역하였고, 게다가 그를 모방하려는 수많은 사람들도 허다한 장편소설을 번역하게 하였다. 古文에는 골계의 정취가 매우 적은데, 林紓는 마침내 古文으로 오우웬과 디킨스의 작품을 번역하였다. 고문은 감정묘사에 적합하지 않은데, 林紓는 결국 《茶花女》와 《迦茵小傳》 등의 작품을 번역해 내었다. 古文 創作은 司馬遷 이래로 이렇게 큰 업적을 거둔 적이 없었다.[12)]

胡適는 五四時期 白話文運動을 주도하면서 종래에 言文이 일치하지 않는 文言文 사용을 고수하는 文言專用論者들을 공개적으로 비판하였다. 하지만 그는 자신의 저서에서 비록 문학운동 노선이 다르지만 林紓가 거둔 古文體 翻譯小說의 업적을 극찬하고 있다. 일반적으로 古文은 감정 묘사에 부적합하고 非諧謔的인 文體로 간주되어 왔는데, 林紓는 이런 古文體를 사용해서 서구소설을 성공

12) 胡適, 《五十年來中國之文學》: "平心而論, 林紓用古文做翻譯小說的試驗, 總算是很有成績的了。古文不曾做過長篇的小說, 林紓居然用古文譯了一百多種長篇小說, 還使許多學他的人也用古文譯了許多長篇小說。古文裏很少滑稽的風味, 林紓居然用古文譯了歐文與迭更司的作品。古文不長於寫情, 林紓居然用古文譯了《茶花女》與《迦茵小傳》等書。古文的應用, 自司馬遷以來, 從沒有這種大的成績。" 《胡適文存二集》 卷二, 上海 亞東書局, 1924年, 121~122쪽.

적으로 번역해 냄으로써 수많은 독자의 애호를 받았다. 胡適는 이렇게 탁월한 업적을 거둔 林紓를 중국 최대의 문장가인 司馬遷 이후 최고의 작가라고 극찬하였다. 林紓는 소설을 번역하면서 종래의 文言體가 가지고 있었던 서술상의 제약을 뛰어넘어 다양한 유형의 소설을 古文으로 번역함으로써 古文의 서술영역을 대대적으로 확장하는 성과를 거두었다. 이는 비단 외국소설을 중국에 처음으로 소개했을 뿐만 아니라 고문의 서술기능을 극대화하여 서정적이고 세밀한 애정스토리까지도 古文으로 묘사하는 고문 서술영역의 일대 확장사건인 것이다.

林紓의 이 譯書는 후세의 중국 문단에 대단히 큰 영향을 미쳤는데, 우선 중국 독자들로 하여금 서양문학에도 《紅樓夢》과 같은 감동적인 걸작이 있다는 사실을 인식시켜서 외국문학에 대한 전통적인 문학편견을 버리게 하였고, 다른 한편으로는 근대의 소설창작에 직접적인 영향을 미쳤으니 鍾心靑의 《新茶花》와 같은 모방작은 말할 것도 없고, 蘇曼殊의 自傳體 애정소설 《碎簪記》와 《焚劍記》, 徐枕亞의 《玉梨魂》, 何諏의 《碎琴樓》 등 대표적인 애정소설의 주제와 창작기법에 결정적인 영향을 주었다.[13)]

특히 작자가 직접 서술자로 등장하고, 두 남녀 주인공의 시각에서 서술하는 제일인칭 서술기법과 사건의 시간을 도치하여 서술하는 도치서술법 등의 서사방식 운용은 종래의 중국소설에서 볼 수 없는 새로운 표현기법인데, 이런 서사방식은 이후 중국의 애정소설에서 낯설지 않은 서술양식이 되었으니, 1903년에 발표된 吳趼

13) 《椿姬》의 작품개요와 중국 애정소설에의 영향관계는 郭延禮 著, 《中國近代翻譯文學槪論》(湖北敎育出版社, 1998년 3월), 267~271쪽에서 관련 부분을 요약하여 인용하였다.

人의 《恨海》에서도 유사한 서술방식을 발견할 수 있다. 《恨海》는 1900년의 의화단 사건을 시대배경으로 하여, 약혼한 남녀가 난리 통에 헤어졌다 다시 재회하지만 변해버린 남자의 방탕한 생활로 결국 사별하고 마는 비극적인 애정스토리를 서술하고 있다. 작자는 남녀 주인공의 이별을 전후로 주인공들의 세세한 심리변화에 대한 심리서술, 庚子事變의 戰亂 상황과 피난행렬의 참상을 묘사한 배경묘사, 그리고 각각 다른 장소에서 전개되는 주인공들의 이별 후의 활동을 오버랩하면서 번갈아 가며 서술하는 교차 서술방식 등이 이미 고전소설의 상투적인 서술방식과는 다른 양상을 보여주었다. 물론 《恨海》의 서술인은 전통적인 설화인의 어투에다 全知的인 관점에서 작품을 서술하고 있는데, 吳趼人은 인물의 내면적인 심리변화를 사실적인 장면 속에 세밀하게 서술해 냄으로써 일편단심 약혼자에게 순정을 바치는 전통적인 烈婦型의 張棣華를 형상화시키는데 성공하였다.

이러한 배경묘사와 심리묘사의 발전된 서사방식은 徐枕亞의 《玉梨魂》에서 전통소설의 舊態를 벗어 버린 현대적인 형태로 표현된다. 《玉梨魂》은 서사방식과 문체사용에 있어 《茶花女遺事》와 매우 흡사한 특징을 가지고 있다. 우선 이 작품은 日記體 形式을 취하고 있으며 騈儷文이라는 章回小說에서 거의 사용하지 않는 문체로 쓰여졌는데, 중국의 전통 유가사회에서 문학작품의 묘사내싱으로 금기시하는 청상과부라는 독특한 신분의 여인을 주인공으로 등장시켰다. 《玉梨魂》은 남편과 사별한 젊은 여인이 아들의 가정교사로 들어온 남자와 사랑에 빠지고, 시누이도 가정교사에게 연정을 느끼며 전개되는 삼각연애를 주요 구조로 다루고 있는데 이런 내용은 전통사회에서 禁忌視 되는 과부연애의 불륜관계를 다루고 있어 주제표현의 측면에서 볼 때, 전통적인 윤리관보다는 애정의 자유와 인간적인 존엄을 더 중시한다는 작자의 주제의식을 엿볼 수 있으니, 이는 전통적으로 창녀를 천민으로 간주하여 진실된 인간으로 형상화시키지 않았던 중국과는 달리 娼女의 純情을 테마로 삼았던 듀마의 작품 주제의식과 일맥상통한다고 보겠다.

물론 신문학운동가들은 白話가 아닌 서술문체와 전통윤리에 부합되지 않는 과부연애의 비윤리적인 남녀관계를 들어서 《玉梨魂》과 같은 작품들을 鴛鴦蝴蝶派라고 일괄 매도하였지만 《玉梨魂》에 나타난 주인공의 심리묘사나 일기체 형식 그리고 일인칭의 서술시각 등은 그 뒤에 발표된 《狂人日記》에서 魯迅이 사용한 서사수법으로 이어진다고 할 수 있겠다. 《狂人日記》도 첫 부분인 序文에서 사용된 文言體 때문에 5·4시기에 있었던 백화문운동의 전형적인 작품으로 간주하기는 어렵지만 작품 주제가 反封建的이고 人本主義思想을 고취한다는 점이 《玉梨魂》과는 크게 다르다고 하겠다. 그렇지만 주제의 反傳統性이 반드시 현대문학의 필수조건이라고 말할 수 있겠는가? 《玉梨魂》은 이미 봉건사회를 시대배경으로 삼고 있지 않으며 전통소설에서 묘사대상으로 터부시되던 청상과부를 애정소설의 주인공으로 설정함으로써 중국소설에서는 처음으로 과부연애의 삼각관계를 전편에 걸쳐 서술하고 있으니 고전소설과 비교해 본다면 당연히 反傳統的이며 反禮教的인 작품이다. 《茶花女遺事》가 번역된 이후로 吳趼人의 《恨海》는 남녀의 비극적인 애정을 묘사하면서 혼인을 서약한 약혼자에게 일편단심 순정을 바치는 봉건예교의 전형적인 烈婦를 주인공으로 형상화시켰다. 이 작품은 인물의 심리묘사와 교차서술의 도입 등 새로운 서술기교를 전통적인 장회체 양식에 담아내어 이런 백화소설 양식에 익숙한 독자들의 기호에 부합하면서도 은연중에 서술기법의 변화를 꾀하고 있다. 비극적인 애정소설로써 《茶花女遺事》와 《恨海》, 《玉梨

魂》은 모두 주제의 공통점을 가지고 있지만, 《恨海》는 여전히 章回體라는 전통적인 서술양식 속에 변화된 서술기법을 사용하여 점진적인 서술상의 변화를 시도하였고, 1910년대 최대의 베스트셀러였던 《玉梨魂》에서는 동일한 비극적 스토리에서 색다른 인물설정과 서사방식의 변화를 동시에 추구함으로써 훨씬 현대적인 소설로 변모되었다. 하지만 駢儷文이라는 비소설적인 문체 사용과 전통적인 윤리관에 배치되는 주제 표현은 신문학운동가들에게 비판의 표적이 되어서 퇴폐적이고 반사회적인 소설로 오랫동안 매도되었다.

제2절 외국소설의 대량 번역과 새로운 소설유형의 출현

물론 애정소설은 가장 보편적인 유형이며 중국소설에서도 각 朝代마다 유행했던 대표적인 소설유형인데, 20세기의 벽두부터 중국문단에는 정치소설 · 정탐소설 · 공상과학소설 · 교육소설 등 이전에는 볼 수 없었던 새로운 유형의 소설들이 창작되었다. 이러한 다양한 소설유형의 출현은 외국으로부터 유입된 번역소설로부터 직접적인 영향을 받았는데, 특히 당시 중국의 국내 정세와 밀접한 관계를 갖고 있다. 梁啓超는 정치적인 동기에서 소설의 번역과 창작을 독려하며 小說界革命을 주창하면서 國家 政體의 改革과 變法의 必要性을 국민에게 계도하기 위하여 政治小說이란 특정유형의 소설을 번역하고 창작할 것을 역설하였다. 당시 중국은 청일전쟁의 패배로 국가의 쇠망이 목전에 닥쳤다는 위기의식이 지식인들 사이에 팽배하여 救國自强을 위한 염원이 서구에 대한 학습열기로 이어져서 서구전적에 관한 대대적인 번역작업이 진행되었고, 특히 외국소설의 번역이 가장 활발하게 이루어졌다. 阿英은《晚淸小說史》에서 20세기의 淸末小說은 "'번역이 창작보다 많았다.' 라고 평가하였다. 여러 측면의 통계에 따르면, 번역서의 수량은 전체 수량의 2/3가 되며 비록 그 중에 정말 우수한 작품이 그다지 많지는 않지만 중국의 창작은 이렇게 물밀 듯이 쏟아져 들어오는 번역소설의 유입 상황 속에서 매우 커다란 영향을 받았다."[14]라고 지적한 것과 같이 이 시기의 소설창작은 외국소설의 譯書로부터 상당한 영향을 받았다는 것이 일반적인 평가이다. 당시의 소설가들은 구국계몽이란 창작목적을 위해서 통속소설을 교화의 수단으로 삼았는데 비록 오락과 흥미를 중시하는 통속소설일지라도 작자들은 대부분 작품의 취지가 민중의 敎化에 있다고 주장하였다. 비록 통속성과 전파성에 의거한 소설의 정치사회적 기능이 주목을 받았지만 짧은 시간 동안에 이런 목적에 부응하는 작품을 대량으로 창작하기가 어렵기 때문에 이미 발표된 외국소설을 번역하는 작업은 중국의 긴박한 수요에 바로 부응할 수 있었고, 그래서 20세기 초부터 외국소설의 번역작업은 대단한 기세로 진행되었다. 번역소설 중에서 특히 서양의 탐정소설은 이 시기 번역소설 중에서도 가장 유행하는 소설 갈래로 각광을 받아 엄청난 수량이 번역 · 출간되어서[15], 이 시기 소설의 창작과 통속소설의 유행에 큰 영향을 미쳤는데 范烟橋는 그 이유를 다음과 같이 분석하고 있다.

---

14) 阿英 著,《晚淸小說史》(北京 人民文學出版社, 1980년 8월), 제14장 翻譯小說, 180쪽.

15) 吳趼人은 〈中國偵探案弁言〉에서 "근래에 서양의 정탐소설이 엄청나게 많이 번역되어 항간에 유통되고 있다(乃近日所譯偵探案, 不知凡幾, 充塞坊間。)"고 기술하였다.《我佛山人文集》(盧叔度 主編, 花城出版社, 1989년 5월). 第7卷, 90쪽.

번역소설 중에서 외국탐정소설의 번역은 대단히 중요한 위치를 차지한다. 첫째로 외국탐정소설은 곡절이 많고 긴장하게 하는 작품구조와 작중인물의 기지와 모험에 찬 행위가 중국의 무협소설과 동공이곡이라 할 수 있는데, 게다가 교묘한 구조배치는 독자를 깊이 매료시켰기 때문에, 이로 인해 번역된 종수는 처음에 비록 그다지 많지 않았지만 발행 수량은 도리어 놀라운 것이다. 둘째로, 외국소설의 번역작업은 신문예가 일어난 이후로 점차 舊派로부터 新派 譯者의 손으로 옮기워졌지만, 탐정소설이란 유형은 문언으로 번역된 《샬록홈즈탐정사건》으로부터 이후의 허다한 장단편 탐정소설의 번역과 게재 · 간행에 이르기까지 여전히 구파의 소설 역저자와 그들이 주관하는 간행물에 의해 장악되었다. 서방자본주의 국가의 폭력과 살인 사상을 유포시키는 도색탐정소설의 범람에 따라서 번역 수량은 갈수록 증가하였으며 이를 위주로 한 정탐소설 전문잡지가 간행되기 시작하였는데(항일전쟁 이후 上海의 《大偵探》과 《藍皮書》 等의 잡지가 이에 속함.), 그 불량한 경향이 나날이 더해져갔다.[16]

외국정탐소설은 전통적으로 민간에 유행했던 武俠小說과 같이 형사사건과 폭력살인을 내용으로 하지만 전통소설에서 볼 수 없는 새로운 작품구조와 사건의 해결방식으로 상당한 독자층을 확보하여 淸末에 가장 각광을 받는 소설유형이 되었으며 문예잡지를 주관하는 舊派文人들의 지속적인 번역과 창작으로 정탐소설만을 게

16) 范烟橋 著, 《民國舊派小說史略》六. 飜譯小說: "飜譯小說之中, 外國偵探小說之飜譯占有相當重要的位置。一則因爲雰的曲折緊張的情節與書中主要人物的機智與冒險行爲, 可謂與中國的武俠小說異曲同工, 加以結構布局之巧妙, 深爲讀者所迷戀, 因之飜譯種數起初雖不是太多, 但發行數量却是驚人。二則外國小說之飜譯工作, 自新文藝興起以後, 逐漸由舊派移轉到新派譯者的手上, 但偵探小說一門, 則自從以文言飜譯《福爾摩斯探案》開始, 直至以後的許多長短篇偵探小說的飜譯及刊載, 都仍屬舊派小說著譯者及他們所辦的刊物所掌握。隨着西方資本主義國家散布强暴和凶殺思想的黃色偵探小說的泛濫, 飜譯的數量日漸增多, 且以此爲主體辦起了偵探小說的專門刊物(在抗戰以後上海有《大偵探》·《藍皮書》等屬于此類。), 其不良傾向日益增長, 不可聞問了。"《鴛鴦蝴蝶派研究資料》(魏紹昌 編, 홍콩 三聯書店, 1980년), 234쪽에서 인용.

재하는 전문잡지가 간행되었으니, 이런 정황으로 미루어 淸末民初에 정탐소설이 얼마나 유행했는지를 짐작할 수 있겠다.

정탐소설은 서양에서도 비교적 늦게 시작되었는데, 대략 18세기 중엽에 소설의 한 양식이 되었으며 19세기에 이르러 영향력 있는 작가와 작품이 배출되면서 크게 발전하였는데, 가장 유명한 작품으로는 미국 아이룬 포의 단편 탐정소설과 영국 아서 코난도일의 《샬록홈즈탐정집》, 프랑스 마리슬 러프랑의 《俠盜 알센도르프》가 있다. 《샬록홈즈탐정집》의 경이적인 판매량과 뛰어난 창작기교는 각국 출판계의 비상한 관심을 끌었고, 경제적인 이익과 명예 때문에 정탐소설의 창작에 종사하는 작가들이 대거 등장하였다. 이들이 창작한 장편정탐소설들은 대부분 사설탐정이나 의적을 주인공으로 등장시켜 미궁에 빠진 매우 복잡한 사건을 맡아 해결하게 하였으니, 대부분 정탐소설의 대가 코난도일과 러프랑의 창작 범주를 벗어나지 못했다. 정탐소설은 자본주의 사회를 배경으로 생겨났기 때문에 비록 객관적으로 자본주의 사회의 혼란과 부패한 측면을 폭로하고는 있지만, 경제적인 보수를 받고 사건을 해결하는 탐정을 작품의 주인공으로 삼고 있으며 사건 해결의 결과가 결국은 귀족이나 자본가의 이익과 자본주의 사회의 질서를 유지하는데 기여하는 자본주의 사회의 산물이다. 때문에 5 · 4시기 이후의 신문학운동가들은 사상적인 측면에서 부정적인 평가를 하였으며 나중에 출현한 도색정탐소설에서는 강탈과 살인 · 간음 등 갖가지 흉악무도한 범죄행위를 다반사로 취급하여 사회에 미치는 부작용과 해독이 매우 극심하다는 비판을 받았다.[17)]

范烟橋는 《民國舊派小說史略》에서 정탐소설의 번역유입사를 설

17) 范烟橋 著, 前揭書, 235쪽.

명하였는데, 정탐소설로는 처음으로 코난도일의 단편소설이 1902년《新小說》제1기에 게재되었으며, 그 후 문언으로 번역된 많은 작품이 신문잡지에 연재되면서 독자들의 뜨거운 사랑을 받아 청말에 정탐소설이 대단히 유행하였다고 한다. 유명 문인 劉半儂 등 10인이 共譯한 文言譯本《샬록홈즈 탐정전집》12책이 1916년 5월 中華書局에서 간행되어 抗日戰爭 이전까지 무려 20판이 중판될 정도로 각광을 받았으며, 1925년 大東書局에서는《샬록홈즈 新偵探全集》4책을 周瘦鵑·張舍我·張蕨蘋 3인이 白話文으로 번역 출간하였다. 그후 1927년에는 샬록홈록 시리즈를 程小靑 등이 전부 백화문으로 번역하여《샬록홈즈探偵 大全集》이란 제명으로 世界書局에서 출판되었다.[18]

하지만 范烟橋가 위에서 언급한 코난도일의 첫 번째 번역작품은 이보다 훨씬 이른 시기에 중국에 소개되었다. 바로 그보다 6년 앞선 1896년, 무려 6편이나 되는 단편작품이 梁啓超가 주필로 있던《時務報》에 연재되었는데, 그 중에서 4편은 코난도일의 작품이고, 6편은 전부 당시 서구 신문에 절찬리에 연재되었던 작품을 中譯하여 轉載한 것이다. 1902년《新小說》을 창간한 梁啓超가 소설이 거의 번역되지 않았던 1896년 서구문물의 번역소개와 변법자강의 필요성을 주장하기 위해 창간한《時務報》에 문예작품으로는 유일하게 그것도 탐정소설만을 연재한 것은 번역문화사나 중국소설사에 상당한 의미가 있는 사건이다.

吳趼人은 중국인으로서는 처음으로 탐정소설을 통해 자신의 소설관과 외국소설의 번역문제에 대해 구체적인 의견을 피력하였다.

18) 范烟橋 著, 前揭書, 235~238쪽의 중요 내용을 요약하여 기술하였다.

소설의 종류는 愛情 · 科學 · 冒險 · 遊記 등 여러 가지가 있다. ……그런데 이런 유형 이외에 정탐소설이라고 하는 다른 유형이 있다. 나는 매번 이를 읽고서 의문을 품게 되는데, 정탐소설이 나의 감정을 움직이지 못했기 때문이다. 근래에 번역된 정탐소설은 얼마나 되는지도 모르게 항간에 넘쳐나지만 구매해서 읽는 독자의 마음에 부응하지 못하는 것 같다. ……나는 번역본 정탐소설을 읽고서 정탐소설을 번역한 譯者에게 물어보아 정탐소설이란 것이 완전한 사실이 아니고 실제로 상상이 더 많다는 사실을 알았다. 나는 간간이 작품을 저술하는 고초를 경험한 적이 있는데 사실을 쓰는 것이 쉽고 상상은 어려우며, 사실은 깊이가 얕고 상상은 깊다. 사실은 서술하기 쉽지만 상상은 반드시 實事를 초월해서 사람들의 의도를 뛰어넘어야만이 감동시킬 수 있게 된다. 지금의 번역본 정탐소설은 그렇고 그렇지만 여러분들이 이를 떠받들고 있으니, 이에 내가 이 《中國偵探案》을 급히 輯錄하지 않을 수가 없었다.[19]

이 문장에서 오견인은 번역소설과 관련해서 적어도 두 가지 사실을 언급하고 있다. 첫째, 외국소설이 대량으로 번역되어, 전에 없던 많은 소설유형들이 유행하였다. 두 번째, 그 중에서도 특히 정탐소설이 대대적으로 번역되어 항간에서 크게 유행하였는데, 작품을 읽어보니 그다지 감동적이지 않았다는 것이다. 그는 번역소설의 장단점과 번역방법을 심도 있게 파악하고 있었으며, 중국인들이 번역소설의 문제점을 제대로 이해하지 못한 채, 외국에 경도되어 있는 서구사대주의 풍조를 비판하면서 중국 고유의 문화를

19) 吳趼人著, 〈中國偵探案 · 弁言〉: "小說之種類曰: 寫情也, 科學也, 冒險也, 遊記也, 其種類不一。……而諸種類之外, 別有一種曰: 偵探小說。吾每讀之, 而每致疑焉, 以其不能動吾之感情也。乃近日所譯偵探案, 不知凡幾, 充塞坊間, 而猶有不足以應購求者之慮。……吾讀譯本偵探案, 吾叩之譯偵探案者, 知彼之所謂偵探案, 非盡紀實也, 理想實居多數焉。吾又間嘗尋味著書者之苦境, 則紀實易而理想難, 紀實淺而理想深。紀實敍事耳, 理想則必有超軼于實事之上, 出于人人意想之外者, 乃足以動人。今所譯之偵探案, 乃如是, 乃如是, 公等且崇拜之, 此吾不得不急輯此中國偵探案也。"《我佛山人文集》第7卷, 90~91쪽.

중시해야 한다고 강조하고 있다. 그는 자신의 견해를 입증하기 위해 서양뿐만 아니라 중국에도 본래 탐정소설이 있다고 주장하면서 筆記小說 중에서 관련 있는 이야기를 뽑아서 《中國偵探案》이란 文言小說集을 출간하였다는 편집 취지를 설명하고 있다. 그의 외국 번역소설에 대한 분석과 식견은 그의 소설작품 속에서 어렵지 않게 찾을 수 있는데, 그의 민족주의적인 주체적 사고와 비판에 기초한 응용능력을 그의 소설창작 활동과 관련자료의 분석을 통해 고찰해 보도록 하자.

吳趼人의 中·長篇小說作品 18種[20] 중에서 외국소설이나 외국 문물로부터 받은 영향을 아주 손쉽게 발견할 수 있는데, 예를 들면 《二十年目睹之怪現狀》의 第一人稱 敍述方式이나 《九命奇寃》의 時間 倒置敍述法, 《電術奇談》의 과학환상 스토리, 《新石頭記》 후반부에 나오는 "文明境界"의 선진과학기술로 건설된 科學幻想世界 等 그 外來的 要素는 일일이 열거하기도 쉽지 않다. 本章에서는 자기 스스로 결코 외국의 영향을 받았다고 밝힌 적이 없는 민족의식

20) 吳趼人의 소설작품은 발표된 연대순으로 魏紹昌 編, 《吳趼人研究資料》(上海古籍出版社, 1980년 4월) 下卷에 상세하게 소개되었다. 장편소설은 《二十年目睹之怪現狀》, 《痛史》, 《電術奇談》, 《九命奇寃》, 《瞎騙奇聞》, 《活地獄》, 《糊塗世界》, 《恨海》, 《兩晉演義》, 《上海遊驂錄》, 《剖心記》, 《劫餘灰》, 《發財秘訣》, 《雲南野乘》, 《最近社會齷齪史》, 《情變》, 《白話西廂記》, 《海上名妓四大金剛奇書》의 18종이고, 단편소설은 〈黑籍寃魂〉, 〈立憲萬歲〉, 〈人鏡學社鬼哭傳〉 3편이며, 筆記小說集으로는 《中國偵探案》, 《胡寶玉》, 《趼廛剩墨》, 《趼廛筆記》, 《我佛山人札記小說》, 《我佛山人筆記四種》의 6종을 열거하였다. 《吳趼人研究資料》下卷 〈作品〉 38~265쪽 참조. 筆記小說集 중에서 《我佛山人筆記四種》의 卷一 《趼廛隨筆》과 卷二 《趼廛續筆》은 각각 《趼廛筆記》와 《我佛山人札記小說》에서 選錄하였고, 卷三 《中國偵探三十四案》은 바로 《中國偵探案》이며, 卷四 《上海三十年艶迹》은 《胡寶玉》인데 단지 일부 문장을 약간 고쳤을 뿐이어서, 필기소설집은 5종이다. 魏紹昌 編, 上揭書, 256쪽.

이 매우 투철한 清末의 대표작가 吳趼人이 실제로는 적지 않은 작품 속에서 외국소설의 표현기법과 외래 요소를 참고하거나 차용하였음을 고찰해 보고자 한다. 그러나 본장의 서술 목적은 결코 吳趼人이 외국으로부터 대단히 많은 영향을 받았다는 사실을 밝히는데 있는 것이 아니라 그가 중국과 외국소설의 장점을 받아들여 이를 새롭게 그의 작품에 활용하여 자신의 독창성을 구축하였으며, 이 때문에 그는 20세기 초 중국문단의 가장 걸출한 소설작가로 인정받았음을 규명하고자 한다.

비록 그는 자신과 서양선교사와의 관계를 직접 언급한 적이 없지만 그러나 그가 살았던 생활환경은 서양선교사와 어느 정도 관계가 있을 것이라는 추측을 하게 되는데, 만일 이런 문제를 해결하려면 아마도 吳趼人의 江南製造局과 言論界에 종사했던, 작가로 활동하기 이전의 생활환경을 고찰해보아야 할 것이다. 그는 1890년대 말부터 신문잡지의 편집과 소설 창작이란 두 가지 사업에 종사하였는데 이 두 사업은 바로 1870년대부터 중국의 근대화를 위해 활동했던 영국인 선교사 존 프라이어(John Fryer 중국명 傅蘭雅, 1839~1928년)가 중국에서 주력하고 고취시켰던 사업으로, 필자는 吳趼人이 존 프라이어로부터 영향을 받았을 가능성이 매우 크다고 단정하고 싶으며 本章에서는 이 문제를 오견인의 소설작품과 관련된 자료를 통해 고찰 · 설명하고자 한다.

제3절 《電術奇談》과 吳趼人의 小說 翻譯

魯迅은 《中國小說史略》 第28篇에서 吳趼人의 作品에 대해 아래와 같이 논평한 적이 있다.

光緖 28年 新會 梁啓超가 《新小說》을 日本의 요코하마에서 매월 一册씩 간행하였고, 다음 해(1903)에 吳沃堯는 비로소 장편소설을 쓰기 시작하여 《新小說》에 기고하였는데, 전후로 여러 권을 발표하였으니, 《電術奇談》·《九命奇冤》·《二十年目睹之怪現狀》이며 그리하여 이름이 갈수록 유명해졌는데, 특히 마지막 작품이 세간에서 호평을 받았다.[21]

⑨ 〈1903년 《新小說》에 게재된 《電術奇談》의 원문〉 상단에는 吳趼人의 批文이 있고 본문에는 傍點이 표시되어 있다

吳趼人은 1903年부터 小說作品을 발표하기 시작하여, 4권의 작품을 《新小說》잡지에 동시에 발표하였는데, 이들 작품 중에서 《電術奇談》은 번역과 창작이 섞여있는 譯述作品이며, 《九命奇冤》은 《梁天來驚富新書》를 改作한 작품이며, 《二十年目睹之怪現狀》과 《痛史》는 그의 創作小說이라 할 수 있다.[22] 그의 첫 번째 발표소설들은 모두 호평을 받았기 때문에 그의 명성은 이때부터 갈수록 높아져서 淸末의 小說大家가 되었다고 魯迅은 평가하면서, 《二十年目睹之怪現狀》을 그의 대표작으로 들고 있다.

《二十年目睹之怪現狀》은 九死一生을 주인공으로 삼아 第一人稱

---

21) 魯迅 著, 《中國小說史略》, 《魯迅全集》 第9卷, 人民文學出版社, 1981년 6월, 353쪽.

22) 《二十年目睹之怪現狀》과 《痛史》, 《電術奇談》의 세 作品은 《新小說》의 第1卷 第8期(1903年 8月)부터 연재되기 시작하였으며, 《九命奇冤》은 第1卷 第12期부터 連載되었다. 대체적인 時間은 같다고 하겠지만, 그러나 《九命奇冤》은 첫 번째 세 作品보다는 네 달이 늦게 나왔다.

敍述觀點과 敍述方式을 사용한 작품으로, 官場과 社會의 各種 怪現象을 폭로하여 신랄하게 비판하였는데, 예리한 풍자 필치는 淸末의 많은 독자들을 매료시켜 중국소설 중에서 사회풍자소설의 걸작으로 손꼽힌다. 그중에서도 작품 전체에 일관되게 사용된 第一人稱 敍述觀點은 서방소설에서 빌려온 것이라고 체코의 밀레나 웨링게로바가 일찍이 상세하게 분석하여 주장한 적이 있는데, 그녀는 〈淸末小說의 서사방식〉이란 문장에서 다음과 같이 지적하였다.

> 1903年에서 1910年까지는 또한 吳沃堯가 《二十年目睹之怪現狀》을 창작하고 발표한 시기(중간에 잠깐 끊어진 적이 있다)이기도 한데, 외국문학이 처음으로 중국문단에 엄청난 영향과 충격을 주었다. 비록 信과 達의 수준에 이르지는 못했지만, 수 천 수백 권의 서양과 일본의 문학작품이 중국에 번역 · 소개되었다. 吳沃堯 자신은 1903년에서 1904년 사이에 발표된 文章 중에서 외국의 장편과 단편소설을 읽은 것이 이미 수 백 권에 달한다고 밝힌 적이 있는데, 자신의 말속에는 자부심이 담겨 있는 것 같다. 나는 혹시나 그가 서양의 제1인칭 서술 작품을 우연히 읽어보고 흔연히 서양문학의 기교를 사용하지는 않았는지 가정해 보고 싶다. 같은 문장 속에서 그는 서방소설에 대해 상당히 흥미를 갖고 있음을 드러내고 있으며, 그는 작가들이 외국문학에 대해 학습해야한다고 큰 소리로 호소하고 있다.[23)]

그녀는《二十年目睹之怪現狀》이 아마도 西方小說의 第一人稱

23) "1903年到1910年之際, 也就是吳沃堯創作並發表(中間曾經間斷)《二十年目睹之怪現狀》的數年間, 外國文學首次對中國文壇產生具有重大意義的影響和衝擊。成千上百的西洋及日本文學作品被翻譯介紹到中國來, 雖然未臻信、達的境界。吳沃堯自身在1903年至1904年的文章中聲稱: 外國長篇小說和短篇小說, 他所覽閱之數, 已有數百之多, 言下頗爲自豪。我們或許可以假定, 他可能碰到過西洋第一人稱敍事模式的小說, 他欣然樂意採納西方文學的技巧。同一文中, 他對西方小說亦顯露出極大的興趣, 他大聲疾呼、敦促作家向外國文學學習。" 밀레나 웨링게로바 著, 〈晚淸小說中的敍事模式〉,《臺灣 · 香港 · 海外學者論近代小說》, 王繼權 · 周榕芳 編選, 百花洲文藝出版社, 1991년 10월, 118쪽.

敍述方式을 직접 借用해서 창작되었을 것이라고 강조하고 있는데, 그녀가 언급한 문장은 아마도 《新小說》에 게재된 〈小說叢話〉 속의 문장일 것이다. 밀레나 웽링게로바는 吳趼人이 스스로 일천 종이 넘는 中外小說을 읽었다고 밝힌 적이 있다고 하면서, 그가 적지 않은 서방작품을 접촉했기 때문에 중국에 없는 서양의 제1인칭 서술 기교를 사용하게 되었다고 주장하였다.[24)]

이어서 그녀는 1890年부터 일본에서는 自傳體小說이 유행하기 시작하였다고 설명하였다. 1890年 日本作家 森鷗外는 短篇小說 《舞姬》를 발표하여 日本文學史上 처음으로 自傳體小說을 창작했다는 평가를 받았다. 그 후에 作者 自身을 투영하였으며 특히 실제 생활을 묘사한 사실주의 작품, 예를 들면 島崎의 《破戒》와 花袋의 《蒲團》이 연이어 발표되어 일본문단에서 自傳體小說이 크게 유행하였다. 그녀는 또한 吳趼人이 "여러 차례 일본을 방문하여 일본에 대해 어느 정도 이해를 하였기 때문에 그가 일찍이 菊池幽芳의 《電術奇談》을 日語에서 중국어로 譯述하였다"고 주장하였다. 이 때문에 그녀는 吳趼人이 "日本文學의 새로운 思潮에 대해 결코 완전히 낯설거나 혹은 단절되지"않았다는 점을 강조하고 있다.[25)]

그러나 우리는 그녀가 인용한 예문 중에서 두 군데나 착오가 있음을 주의해야만 한다. 첫 번째로 吳趼人은 《新小說》의 〈小說叢話〉에 의견을 발표한 적이 있긴 하지만 그러나 그녀가 인용한 문

24) 밀레나 웽링게로바는 《二十年目睹之怪現狀》을 중국 최초의 제일인칭 서술방식으로 창작된 소설이라고 하지만, 중국에는 이미 明末에 제일인칭으로 서술된 《癡婆子傳》이 창작되었다. 이 작품은 여주인공 阿娜가 자신의 일생을 회고하면서 서술하는 전형적인 제일인칭 倒置敍述方式의 文言小說이다. 拙著, 〈韓國基督敎博物館 所藏 中國禁書小說《新刻癡婆子傳硏究〉, 《中國語文論譯叢刊》 第4輯, 1999년 12월, 331~343쪽 참조.

25) 밀레나 D. 웽링게로바 著, 앞의 논문, 120쪽.

장은 吳趼人의 것이 아니고 바로 그의 친구이자 함께 신문 편집에 종사했던 동료 知新主人 周桂笙의 문장이며, 吳趼人은 결코 명확하게 자신이 소설을 얼마나 탐독하였는지 그 범위와 수량을 밝힌 적이 없었다.[26]

두 번째로 吳趼人이 日本을 訪問했는지 여부는 이미 누군가가 언급한 적이 있으며, 1903年 잠시 방문하였다고 한다.[27] 그러나 어떤 문장에서도 그가 日文에 능통했다는 기록은 찾을 수가 없다. 그렇다면 우리는 吳趼人의 翻譯小說이라고 일컬어지는《電術奇談》의 번역과정을 통해 이 문제를 살펴보도록 하자.

《電術奇談》의 原作은 英國 小說雜誌社가 300파운드의 현상공모금을 걸고 모집한 원고 중에서 선발된 無名作家의 작품인데, 日本 小說家 菊池幽芳이 日語로 번역하여《오오사카 마이니치 신문 大阪每日新聞》에 明治 30年(光緒23年, 서기 1897年) 1月 1日부터 3月 25日까지 작품 전체를 연재한 뒤에, 明治 33年(서기 1900年)

---

26) 이 문장은〈小說叢話〉의 知新主人 條에 보이는데, 원래는《新小說》第20號(1905年)에 게재되었다. 吳趼人은〈小說叢話〉에서 "趼"이란 筆名으로 자신의 견해를 발표하였다. 이 문장은 확실히 그의 친구인 知新主人 周桂笙의 文章이다. 陳平原 · 夏曉虹 編,《二十世紀中國小說理論資料》第1卷, 84~86쪽 참고. "趼"條는 84쪽에 보이고, "知新主人"條는 85~86쪽에 수록되었다.

27) 周桂笙은《新庵筆記》에서 이르기를 "趼人先生과 나는 모두 일찍이 요코하마의《新小說》社에서 譯 · 著作의 일을 맡은 적이 있었는데, 上海에서 우편으로 원고를 붙였다. 비록 나중에 일본에 갔었지만 그러나 달리 해야 할 일이 있어서이지, 책을 저술하는 일 때문은 아니었다.(趼人先生及余皆嘗任橫濱新小說社譯著事, 自滬郵稿。雖後先東渡日本, 然別有所營, 非事著書也。)" 吳趼人이 일본을 여행한 시간은 짧았으며 일본에 가서 무슨 일을 했는지는 기재되지 않았다. 그의 사촌동생 吳植三도 1962年에 그가 일찍이 일본에 가서 일을 했다고 말한 적이 있지만 그 나머지는 불확실하다. 魏紹昌 注,〈魯迅之吳沃堯傳略箋注〉第9注,《吳趼人研究資料》, 5~6쪽.

오오사카 駸駸堂에서 전후 두 편으로 나누어 단행본으로 간행하였다. 日本에서는 《신문팔이 新聞賣子》라고 불리웠는데 戀愛幻想偵探小說로써, 복잡하게 얽혀진 스토리에 변화무쌍한 구조와 표현기교를 사용하여 독자를 매료시켰다.

菊池幽芳(1870~1947年)은 日本 近代에 활동한 家庭小說의 대표적인 作家로 일본에서는 상당수의 부녀자를 독자층으로 확보하고 있는 작가이다. 菊池幽芳은 이 작품을 번역할 때에, 作品 속의 地名과 人名을 英國 · 印度 · 런던 · 파리를 제외하고는 모두 일본에서 익히 아는 용어로 바꾸었고, 게다가 日本 明治 時期의 風習을 삽입시켰다.[28] 方慶周는 廣東 東莞사람으로, 光緖 23年(1897年)에 日本高等師範學校에 自費로 유학하였으며, 淸末의 外國文學 翻譯作家 중의 한 사람이다. 王立言教授는 《電術奇談》에 대해 상세하게 검토한 뒤에, 다음과 같이 비평하였다.

> (方慶周의) 原譯本은 文言으로 쓰여 졌는데, 吳趼人은 또한 이것에 근거하여 24回本으로 풀어썼다……. 菊池幽芳의 번역본과 대조해서 보면 주요 골격은 변화가 없지만, 그러나 吳趼人은 구소와 인물묘사 측면에서 적지 않은 노력을 기울였다. 《電術奇談》은 결코 단순한 번역작품이 아니며 吳趼人이 再創作한 작품이라는 것을 알 수 있다.[29]

王立言의 이런 見解는 대부분의 근대소설 전문가들이 가지고 있

28) 樽本照雄 著, 〈吳趼人電術奇談の方法〉, 《淸末小說》 第8號, 16쪽. 이 논문은 樽本照雄 著, 《淸末小說論集》(日本 法律文化社, 1992년 2월)에도 수록되었다. 같은 책, 209쪽.

29) 盧叔度 著, 〈我佛山人文集 · 前言〉, 24~25쪽에서 인용. 盧氏는 이 문장을 王立言의 〈電術奇談前言〉에서 인용하였다고 밝혔다.

는 생각으로, 이외에도 孫楷第·盧叔度·歐陽健·蕭相愷 등의 학자들이 모두 이런 견해를 引用하거나 주장한 적이 있지만[30], 구체적인 증거를 제시하여 논술한 적은 없었다. 왜냐하면 方慶周의 번역본과 菊池幽芳의 原文을 대조하고 교감하지 않았기 때문에, 吳趼人의 翻譯程度가 衍義한 것인지 아니면 번역한 것인지? 吳趼人의 창작 부분이 얼마나 되는지? 하는 문제를 판별하고 이해하기가 어려웠다. 그러나 王立言은 方慶周의 譯文과 《신문팔이》의 번역문에 대해 설명하지도 않았고 또 이 양자를 대조·교감한 경위에 대해서 언급하지도 않고서, 《電術奇談》은 吳趼人이 方慶周의 文言譯本을 24回의 백화문으로 풀어 쓴 것이라고 근거 없이 판정해 버렸다. 樽本照雄教授는 1985년 처음으로 《電術奇談》의 原本은 日本 菊池幽芳의 《신문팔이》라는 見解를 제기하였는데, 그는 《신문팔이》와 《電術奇談》의 문장을 비교 검토한 뒤, 일일이 증거를 들어 중국학자들의 기존 견해를 반박하면서, 《電術奇談》은 吳趼人이 方慶周의 譯本과 菊池幽芳의 譯本에 근거하여 改作한 것임을 주장하였다. 게다가 對照 分析한 결과에 근거하여 《電術奇談》 중에는 吳趼人이 확실하게 加筆한 부분이 있지만, 그러나 대체적으로는 菊池幽芳의 日譯本 스토리 골격에 충실했다는 새로운 견해를 제시하였다. 만일 《電術奇談》과 菊池幽芳의 譯本을 직접 대조해 본다면, 《電術奇談》이 吳趼人의 再創作 作品이라고 단정할 수는 없다고 樽本照雄교수는 분명하게 자신의 견해를 밝혔다. 《電術奇談》의 〈附記〉 作者는 일찍이 이 작품의 譯述過程을 설명한 적이 있다.

30) 주49)의 논문, 2~3쪽.

이 작품의 原譯本은 단지 6회뿐이고 게다가 文言이다. 이를 나누어 24회로 만들고 白話로 고쳤으며, 번역문의 흔적이 남지 않게 하였다. 原書의 人名과 地名은 모두 西洋音에 맞는 日語로 표기되었는데, 譯者가 일률적으로 고쳐서, 무릇 인명은 모두 중국에서 익숙한 이름으로 고쳤고, 지명은 모두 中國 地名을 차용하여 기억하기 어려운 고초를 면케 하여 독자로 하여금 머리를 썩히지 않게 하였다. 다행히 소설은 관계를 중시하지 명사를 중시하지는 않는다. 작품 중간에 나오는 議論과 諧謔 부분은 모두 衍義者가 삽입한 것이고, 原譯本에는 없는 것이다. 衍義者는 이를 빌려 독자의 흥미를 돕고자 한 것이니, 蛇足이라 비웃지 마시오.[31]

樽本照雄은 菊池幽芳의 日譯本《신문팔이》와 吳趼人의 中譯本《電術奇談》에 대한 對照 比較作業을 통해 吳趼人이 譯述할 때에 다음과 같이 네 가지 방법을 사용하였다고 주장하였다.

1. 原作(여기서는 日譯本《신문팔이》를 가리킨다)에 忠實한 大綱.
2. 原作의 大綱을 바꾸고 加筆을 더하였다.
3. 세밀하게 加筆하였기 때문에 아래와 같은 效果를 거두었다.

---

31) "此書原譯僅得六回, 且是文言。玆剖爲24回, 改用俗話, 冀免翻譯痕迹。原書人名地名, 皆系以和文諧西音, 經譯者一律改過, 凡人名皆改爲中國習見之人名字眼, 地名皆借用中國地名, 俾讀者可省腦力, 以免艱于記憶之苦。好在小說重關目, 不重名詞也。書中間有議論諧謔等。均爲衍義者插入, 爲原譯所無。衍義者擬借此以助閱者之興味。勿譏爲蛇足也。"盧叔度 著, 〈佛山人作品考略--長篇小說部分〉, 《中山大學學報》, 1980年 第3期. 魏紹昌 著, 《吳趼人研究資料》, 91쪽. 中島利郎 著, 〈我佛山人著作目錄〉, 大谷大學《文藝論叢》第24號, 1985년 3월, 67쪽. 이 세 학자는 위의 논저에서 〈附記〉의 作者가 吳趼人이라고 생각하였다. 그러나 〈附記〉의 前後에는 이 문징이 吳趼人이 지은 것이라고 명기되어 있지 않다. 《電術奇談》의 "評者"는 周桂笙이다. 작자 吳趼人이 作中에 나올 때는 자신을 "번역 연의하는 나라는 사람 我譯書衍義的人"(第3回)이나 "나 연의자 我演義的"(第7回)라고 지칭하였다. 그러나 〈附記〉 안에서는 단지 "衍義者"라고 지칭하였다. 지칭하는 방식이 분명히 다르다. 이 때문에 樽本照雄교수는 〈附記〉의 作者는 결코 吳趼人이 아니고, 아마도 周桂笙일 것이라고 주장하였다. 이 견해는 樽本照雄 著, 〈吳趼人電術奇談の方法〉, 《清末小說論集》, 225쪽에서 인용하였다.

a. 伏線을 더 많이 두었기 때문에 서스펜스가 강화되었다.
b. 주인공의 心理狀態를 세밀하게 묘사하였기 때문에 人物의 性格이 더 立體化되었다.
c. 計算이 지나치게 상세하여 도리어 작품에 遜色을 주었다.
d. 長篇의 激鬪場面은 작품으로 하여금 생동감을 더하여 주었다.
e. 앞에서 나왔던 사건을 의도적으로 삽입시켜 독자로 하여금 전후의 맥락을 쉽게 이해하게 만들었다.

4. 스토리와 구조가 복잡하고 감동적인데, 이는 독자의 흥미를 증가시키고 유발시키는 기교이다.[32)]

위의 분석에 의거하면, 《電術奇談》은 吳趼人이 菊池幽芳이 日語로 번역한 《신문팔이》의 작품 구도를 따라, 한 편으로는 《신문팔이》의 원문에 충실하게 백화문으로 풀어 썼고, 한 편으로는 潤筆을 가하여 伏線을 덧붙이고 주인공의 심리상태 묘사를 삽입하여 세밀한 구상을 전개시켰으며, 집중적으로 묘사된 무예 격투와 의식적으로 중복해서 삽입시킨 사건 배치는 작품을 생동적이고 손쉽게 이해하도록 만들어 독자의 관심과 흥미를 끌게 하였다.

方慶周의 文言 6回本과 吳趼人의 24回本은 편폭이 아주 다른데, 그 원인을 살펴보면 아마도 文言과 白話文의 長短 關係 이외에, 吳趼人의 加筆도 주요 원인이 되었다. 하지만 菊池幽芳의 번역본은 모두 75回이고 每 3回의 副題는 모두 동일하다. 第1回에서 第3回까지는 序頭라 할 수 있고, 그 외의 72回를 만일 每 3回를 1組로 본다면, 72회는 中譯本의 24回와 그 구성이 같다고 하겠다. 方慶周의 6回는 공교롭게도 《電術奇談》 24回의 4분의 1에 해당한다.

32) 樽本照雄 著, 〈吳趼人電術奇談の方法〉, 223쪽.

만일 文言과 白話의 문장 길이와 吳趼人의 加筆을 고려한다면, 아마도 菊池幽芳과 方慶周의 文言譯本, 그리고 《電術奇談》의 回數 사이의 相關問題는 해결될 수 있을 것이다.

필자가 여기에서 《電術奇談》의 翻譯 經過를 검토한 것은 결코 《電術奇談》의 번역상의 問題를 고증하려는 것이 아니라 吳趼人의 日語 翻譯能力에 대한 것을 살펴보려는 것이다. 만일 樽本照雄의 주장에 따른다면, 吳趼人은 確實히 菊池幽芳의 日譯本에 근거하여 《電術奇談》을 改作 · 翻譯한 것이다. 만일 실제로 이렇게 진행되었다면 우리는 웨링게로바의 가설에 동의할 수도 있을 것이고, 또한 吳趼人이 日語 作品을 읽을 수 있다고 단정할 수도 있다. 그는 일찍이 일본을 방문한 적이 있으며, 아마도 일어로 대화를 나눌 수 있었는지도 모른다. 樽本照雄의 論證에 따르면, 확실히 吳趼人은 일본 문장을 해독할 수 있었다고 하는데, 吳趼人은 결코 일어에 능통한 口述人이나 혹은 口述人이 槪述한 譯本에 의존하지 않았고, 직접 일본 문학작품을 읽고서 번역했을 가능성이 높다. 이 때문에 비록 그녀가 앞에서 부정확하게 거론한 것을 제외하면, 吳趼人이 일본문학으로부터 영향을 받았다는 웨링게로바의 추론은 타당성이 있다고 하겠다.

제4절 江南製造局의 翻譯事業과 吳趼人의 《新石頭記》

동일한 입장에서 우리는 吳趼人의 江南製造局 生活을 통해 그의 작중에 나타난 외래영향 관계를 고찰해보도록 하자. 江南製造局은 1865年 李鴻章이 "自强"을 目的으로 上海에 설립한 淸代의 新式 軍事工業基地인데, 주로 국방을 위해 총포 · 탄약과 소형 군함을 생산하였으며, 여기에 종사하는 인원이 2,000여명에 달하였다. 江南製造局의 경영자인 과학자 徐壽와 徐建寅 父子는 曾國藩에게 건의하여 조선과 총포 생산을 하는 동시에 반드시 기초이론을 연구하고 발전시켜야 만이 “근원을 탐색하여 서양인보다 뒤떨어지지 않게” 발전할 수 있다고 역설하였다. 曾國藩은 이 건의를 흔쾌히 받아들여 江南製造局에 飜譯館을 부설하였고, 나중에 다른 기관과 합작하여 格致書院을 건립하였다. 그리고 華蘅芳·李鳳苞·王德鈞·趙元益 等의 과학자를 초빙하였고, 아울러 존 프라이어(John Fryer)와 존 알렌(Young John Allen), 칼 크리얼(Carl T. Kreyer) 等의 서양인을 초빙하여 飜譯作業을 진행시킴으로써, 中國의 近代 科學技術을 發展시키는데 매우 결정적인 기초를 다져놓았다.[33]

당시에 서구문물의 주요 수입창구 역할을 감당한 江南製造局에 근무했다는 사실은 吳趼人에게는 매우 좋은 학습 기회가 되었다고 할 수 있다. 그는 일찍이 小說《新石頭記》에서 주인공 賈寶玉이 江南製造局을 참관하면서 받은 충격과 느낌을 상세히 서술한 적이 있는데, 이는 그 자신이 직접적으로 체험한 것이라고 말할 수 있겠다. 재주가 많은 吳趼人은 심지어 “혼자 고안해서 2척이나 되는 배를 만들어 가지고는 몇 리 밖까지 혼자 운전하여 왕복할 수 있었다”[34]고 하는데, 이는 그가 과학기술에 관심이 많고 학습한 적이 있음을 보여주는 확실한 증거라고 하겠다.

---

33) 王揚宗 著,《傅蘭雅與近代中國的科學啓蒙》, 北京 科學出版社, 2000년 9월, 24~36쪽.

34) “自動機心, 構二尺許輪船, 駛行數里外, 能自往復” 李葭榮 著,〈我佛山人傳〉,《吳趼人硏究資料》, 14쪽.

吳趼人은 《新石頭記》에서 기발한 구상을 가지고 중국인이면 누구나 잘 아는 賈寶玉이란 《紅樓夢》의 인물을 주인공으로 삼아 갑자기 그를 20세기 초의 중국사회에 출현시켜서 완전히 사회의 낙오자로 만들어 버렸다. 주인공 賈寶玉은 영특하면서도 멍청해서 "이전의 인과를 깊이 깨달았으며", 게다가 세상을 구제해야 한다는 "補天의 念願"을 가지고 있었다. 그는 중국의 전통문화와 성현의 가르침을 잘 알고 있으면서도 언제나 호기심이 가득하고 새로운 것을 추구하고자 하였다.(《新石頭記》 제6~7회)

전통적으로 중국은 줄곧 天朝上國이라 자부하였고, 역사적으로 비록 여러 차례나 외족에게 정복당했지만, 문화적으로는 시종 우위에 있다고 생각하였다. 그런데 19세기 중엽에 이르러 서방의 열강들이 무력으로 중국의 문호를 개방한 뒤에 중국인들은 비로소 서방의 군함과 총포, 그리고 정치제도가 중국보다 훨씬 앞서 있다는 사실을 깨닫게 되었다. 《新石頭記》에 묘사된 賈寶玉의 形象은 바로 여러 가지 측면에서 象徵的인 의미를 가지고 있는데, 賈寶玉의 눈을 통해 바라본 갖가지 새로운 문물들은 중국인이 서방세계보다 낙후되었기 때문에 보편적으로 갖게 된 당혹스러운 심정을 반영하고 있다.

賈寶玉이 세상에 와서 발견한 첫 번째 새로운 사물은 바로 "新聞"이었다. 신문의 첫째 줄에 "大淸 光緖 26年 □月 □日, 서기 1901年 □月 □日, 일요일"[35]이라 쓰여 있었다. 영리한 賈寶玉은 이것이 京報와 같은 것임을 알았지만, 그러나 "이 일시를 보니 갑자기 내가 집을 떠난 뒤에 國號마저 바뀌어 버렸구나. 내가 거기서

35) "大淸光緖二十六年□月□日, 卽西曆一千九百零一年□月□日, 禮拜日。"(《新石頭記》 第1回)

수련을 할 때에 대충대충 지내며 날짜를 써놓은 적이 없었음을 한탄할 뿐이다. 그 연월 아래에 무슨 '1901년' 이란 것은 더욱 이해가 되지 않았다."[36] 時間上의 차이는 賈寶玉으로 하여금 세상의 모든 사물에 대해 신기함을 느끼게 만들었다. 부시보다 훨씬 더 편리한 "성냥(洋火)"의 그 "작고 작은 작은 머리에 불이 붙으면 그렇게 커져 버리는" 것을 보고서 그는 깜짝 놀라고 말았다.(《新石頭記》 제2회) 가축이 끄는 마차를 대신해서 天津과 北京으로 직통하는 기선과 기차 그리고 이런 신식 문물과 관련이 있는 매판과 보이, 서양인 등은 賈寶玉을 망연자실하게 만들었다.(《新石頭記》 제3회) 갖가지 복잡한 모순과 마주치면서 賈寶玉은 시간의 격차가 만들어 놓은 거리감을 줄이고 시대를 따라가야겠다고 결심하게 되었다.

이 때문에 賈寶玉은 책더미 속에서 당시에 널리 유행하던 《時務報》와 《知新報》를 찾아내어 읽기 시작했다. 그가 "책을 펴서 읽어보니 대단히 마음에 들었고 게다가 한층 기이한 곳이 눈에 띄면 거기에 써놓은 의론을 읽어보았는데 이런 말들은 나도 이렇게 말하고 싶었지만 단지 표현해내지 않았을 뿐인데 어떻게 여기서 말해 놓았는지 모르겠다."[37]고 생각하였다. 나중에 또 한 꾸러미의 책을 찾아내었는데, 위에 "이것은 禁書"라는 글자가 쓰여 있어 꺼내 읽어보니 바로 《淸議報》였다. 그것을 "바로 가져다 읽어보니 《時務報》보다 훨씬 나은 것 같아 마음속으로 더욱 신이 나서 자신도 모

36) "看它這年月, 竟然是我離家之後, 國號也改了。只恨我在那裏混修之時, 糊裏糊塗, 不曾記着日子。看它那年月底下, 還有甚麽 '一千九百零一年', 這更不可解了。"《新石頭記》 第2回.

37) "翻開來看, 覺得十分合意, 並有一層奇處, 看了他的議論, 就像這些話我也想這麽說的, 只是不曾說得出來, 不知怎樣却叫他說了去。"《新石頭記》 第7回.

르게 세 권을 모두 읽어버렸고 제4책 이후로 없는 것이 원망스러웠으며, ……여전히 이리저리 뒤적거리며 그 세 번째 신문을 읽었다."[38)]

《新石頭記》 제7회에서 賈寶玉은 《時務報》와 《知新報》, 《淸議報》 등 淸末의 대표적인 신문잡지를 읽고서 時事에 관심을 갖게 된다. 《時務報》는 1896년에 창간된 梁啓超가 總撰述을 맡은 신문으로 대중의 계몽을 통해 여론을 환기시키면서 維新變法을 주창했던 종합 신문이며, 《知新報》는 1897년 康有爲의 동생 康廣仁과 何廷光이 總理를 맡고 梁啓超가 편집인으로 참가하여 마카오에서 창간한 維新思想을 고취시킨 신문이다.[39)] 그리고 《淸議報》는 1898년 戊戌變法運動이 실패한 뒤 梁啓超가 일본으로 망명하여 요코하마에서 창간한, 淸末 政局을 비판하며 民權을 고취시킨 신문이다. 吳趼人은 전체적으로 소설이론에 있어서나 정치견해에 있어서 梁啓超의 지지자였는데, 賈寶玉이 《新石頭記》에서 이들 신문잡지를 읽고서 대단히 기뻐하는 모습은 바로 작자가 자신의 형상을 투영시킨 것으로 賈寶玉은 작중에서 維新變法과 계몽운동을 적극적으로 지지하는 時務論者로 묘사되어 있다.

이들 신문잡지를 읽고 나서 寶玉은 또 薛蟠과 吳伯惠에게 부탁하여 江南製造局을 견학하고 그곳에서 번역·출간한 西學書籍 전체를 사가지고 왔다. 그리고는 吳伯惠에게 영어를 가르쳐 달라고

---

38) "上面題着四個字是"此是禁書", 包的甚是嚴緊, 連忙打開要看, 誰知開了一層, 又是一層。……原來裏面只有三本書, 却是第一、第二、第三的三冊《淸議報》。便拿過來看, 覺得精華又較《時務報》勝些, 心中愈加歡喜, 不知不覺把三冊都看過了, 還恨沒有第四冊以後的……仍是翻來覆去的看那三種報。"《新石頭記》 第7回.

39) 徐松榮 著, 《維新派與近代報刊》, 山西古籍出版社, 1998년 2월, 제3장 제2절과 제5절, 제6장 제2절 참조.

청하여 열심히 西學과 英語를 공부하기 시작한다. 새로운 신문잡지를 읽어 時事를 아는 것 이외에, 賈寶玉은 산업공장에 가서 실제로 시찰을 하였다. 《新石頭記》의 제29회 "공예를 시찰하기 위해 江南製造局 공장을 견학하다 考工藝遍遊局廠"에서 吳趼人은 그가 江南製造局에서 생활하여 얻은 경험을 충분히 운용하여 賈寶玉이 炮彈제조공장 · 보일러廠 · 水雷廠 · 機器廠 · 양총제조廠 · 제철제련廠 · 木工廠을 참관하는 과정을 상세히 묘사하였는데, 賈寶玉은 서양공예에 대해서 대단히 탄복하였다.

제5절 존 프라이어의 翻譯作業과 吳趼人

그렇다면 서양으로부터 수입된 이런 科學 新知識을 그는 어디서 얻게 되었는가 하는 질문을 갖게 될 것이다. 그는 《趼囈外編》 下卷의 〈格致〉라는 문장에서 번역의 측면에서 "格致"라는 단어는 단지 翻譯者들이 西方의 聲 ·

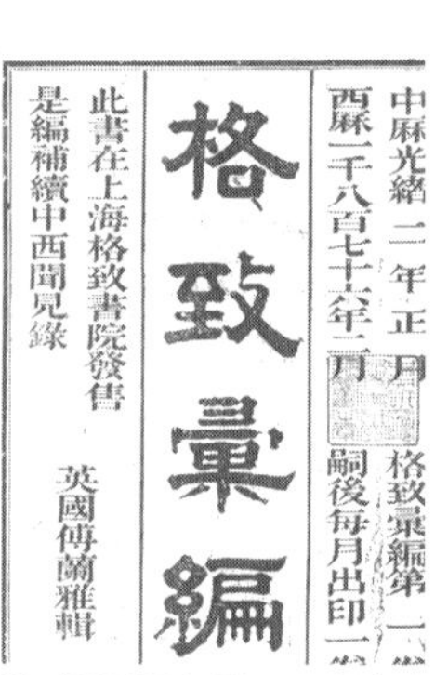

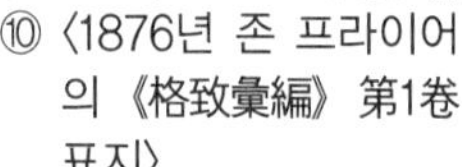
⑩ 〈1876년 존 프라이어의 《格致彙編》 第1卷 표지〉

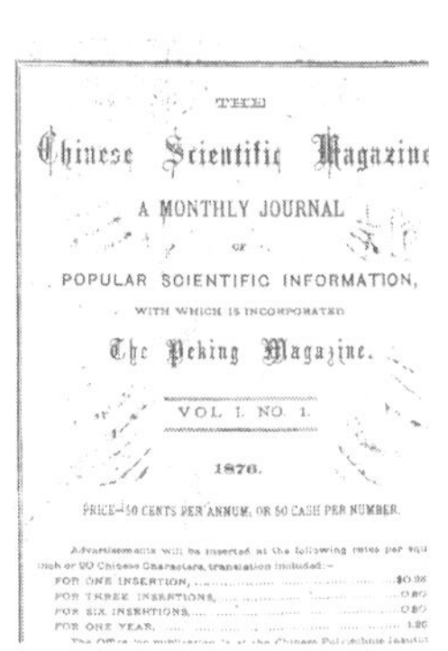

⑪ 〈《格致彙編》 第1卷의 영문 표지〉

光 · 化 · 電 等 自然科學 名詞를 "對譯"하기 위해 사용한 것으로 "考究"나 "體察"이란 본래 의미와는 어느 정도 차별이 있는 것은 아니지만, 고루한 사람들은 이런 "物性을 고찰하여 實用하는" 과학을 中國의 傳統的인 "正心誠意"의 格致와 혼동하게 되었고, 심지어는 억지로 끌어다가 서방의 格致學을 논증하였으니 얼마나 황

당하고 가소로운지 모르겠다고 지적하였다.[40] 이런 언급을 통해, 우리는 科學知識을 탐구하고자 하는 吳趼人의 확고한 자세를 읽어낼 수 있으며, 그가 자연과학과 과학기술의 중요성에 대해 이미 분명하게 인식하고 있음을 알 수 있다. 그가 해석한 "格致"란 용어는 當時 江南製造局과 上海 格致書院을 상징하는 語彙로써 西方의 科學技術을 지칭하는 것이다. 존 프라이어는 1876年 2月부터 月刊 科學雜誌《格致彙編》을 창간하여 專門的으로 西方의 科學知識과 製造技術을 중국에 소개하였는데,《格致彙編》은 아시아 최초의 순수 과학기술 전문잡지였다. 淸末의 최고 과학자 徐壽는 이 잡지의 창간호인 제1년 제1권의〈格致彙編序〉에서 다음과 같이 논평하였다.

格致彙編序

⑫〈《格致彙編》 第1卷에 수록된 徐壽의〈格致彙編序〉〉

존 프라이어선생은 영국의 通儒이신데, 중국에 온 지 10여 년 만에 중국의 언어문자에 통달하여 특히 과학에 관련된 서양의 여러 서적 중에서 유익한 것을 골라 중국어로 번역하여 매달 1권씩 출간하였다. 대개 우리 중국인이 상세한 내용을 알아보고 이치의 연유를 깨달아 여러 가지 실용적인 방면에 쓰도록 하였다. 우리 중국인은 물론 얕은 데에서 깊은 것으로 들어가 그 가리키는 바를 얻게 되니 그 유익한 바를 어찌 측량할 수 있겠는가! 소위 사람에게 유익하여 실용할 수 있는 과학으로는 天文·地理·算術·幾何·力藝·製器·化學·地學·金鑛·武備 등이 大宗을 이룬다.[41]

---

40) 盧叔度 主編,《我佛山人文集》第8卷, 花城出版社, 1988년 8월, 128쪽.

41) "傅蘭雅先生, 英國之通儒也。來遊中國十餘年, 通曉中國語言文字, 特將西文格致諸書擇其有益于人者飜譯華文, 月出一卷問世。蓋欲使吾華人探索底蘊, 盡知理之所以然, 而施諸實用。吾華人固能由淺入深, 得其指歸, 則受益定能量哉！所謂格致之有益于人而可施諸實用者, 如天文、地理、算術、幾何、力藝、製器、化學、地學、金鑛、武備等, 此大宗也。"《格致彙編》第1卷 第1冊, 崇實大學校 基督敎博物館 所藏, 1876년 2월.

《格致彙編》은 존 프라이어가 1878년에서 1880년 사이에 병든 아내를 데리고 英國으로 돌아간 2년 동안 잠시 정간한 것을 제외하고는, 1892年 2月 정간할 때까지 모두 7卷 60期를 간행하였다. 여기에 게재된 西方의 科技知識은 內容이 대단히 광범위한데, 科學知識에 있어서는 科學理論과 科學方法, 科學機器, 天文, 自然現象, 物理, 化學, 數學, 計算機, 動物學, 植物學, 昆蟲學, 地質學, 地理學, 地形學, 水力學, 潮汐, 醫學, 藥物學, 生理學, 電氣學, 機械學 等을 포함하였다. 工藝技術에 있어서는 蒸汽엔진, 炮船, 採礦技術, 굴착機, 紡織機械, 製糖, 미곡 수확, 陶瓷器 제조, 벽돌 제조, 유리 제조, 棉花뽑는 기계, 가죽 제조, 製氷機, 맥주 제조, 사이다 제조기, 단추제조기, 바늘제조기, 기차, 철도, 農業機器, 打字機, 印刷機, 製紙, 제철 제련, 시멘트 제조, 橋梁 건설, 窄油機, 성냥 제조, 사진기, 幻燈機, 潛水技術, 電燈, 電報, 電話, 漁撈 養殖, 製圖 等이 포함되었는데, 이러한 내용은 西方의 各種 과학기술을 번역 · 소개하는데 획기적인 공헌을 하였다.[42] 《格致彙編》 第1年 第1卷(1876년 2월, 光緖 2년 正月 간행)의 목차는 아래와 같다.

格致彙編序　　　　　　　　雪村 徐壽
格致略論(附圖)(英國幼學格致 中에서 번역)(未完)
算圖器說(附圖)(造算器家書 中에서 번역)
日本效學西國工藝(英國貿易編에서 번역)
汽錘略論(附圖)(英國格物類編에서 摘出)
韌性玻璃(美國格致月報에서 摘出)
有益之樹易地遷栽　　　　　[美]瑪高溫醫士

42) 韓國 崇實大學校 基督敎博物館 所藏《格致彙編》第1卷~第4卷 참조.

輪鋸圖說(附圖)
西國造糖法(英國工藝書에서 摘出)
算學奇題(未完)
互相問答(未完)
格物雜說(各國格物書에서 摘要)
　無火之燈
　向日葵之用[43)]
　猴鳥記數說(光緖十九年補稿)

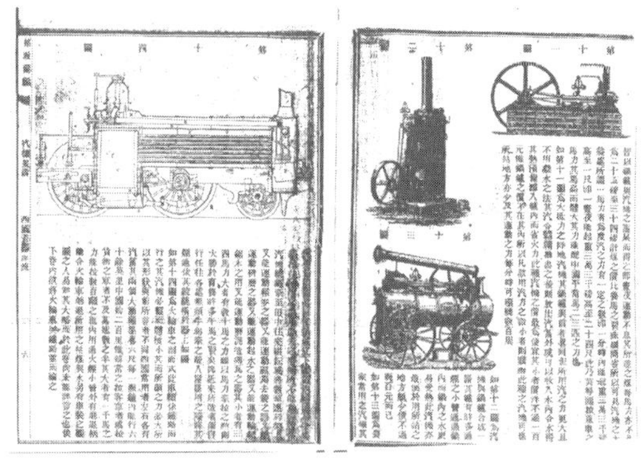
⑬ 〈《格致彙編》 第2卷의 증기엔진에 관한 기사〉

이 잡지는 몇 편의 문장을 제외하고는 대부분 구미의 서적이나 잡지에서 문장을 摘出하여 번역한 것임을 알 수 있다. 문장은 대부분 존 프라이어에 의해서 번역되었고 문장에 著者가 있는 경우에는 題名 아래에 서자의 성명을 明記하였고, 번역문인 경우에는 원문의 출처를 표기하여 譯文임을 알려 주었다. 때문에 목차를 보면 문장이 저술인지 아니면 번역문인지를 쉽게

43) 우리말 해석은 "해바라기의 용도"이다. 제1년 제1권 목차의 괄호안은 원문을 우리 말로 해석한 것이고, 그 외의 항목은 원문을 그대로 수록하였다. "韌性玻璃"는 "韌性유리"로, "有益之樹易地遷栽"은 "유익한 樹木의 遷地栽培"로 번역하는 것이 좋겠다.

구별할 수 있다.

하지만 제1년 제2권에는 한 편도 저자가 명기되거나 원문의 출처가 著錄되어있지 않아 譯文인지 著述인지를 구별할 수가 없었다. 이런 편집방식은 후에 梁啓超가 《時務報》와 《淸議報》 등을 편집할 때에도 그대로 답습하여 번역문인 경우, 譯者를 명확하게 알 수 없는 상황을 초래하였다. 왜냐하면 《時務報》의 경우에는 편집자가 1인이 아니기 때문에 존 프라이어가 主編한 《格致彙編》에서처럼 간단하게 단정하기가 어려웠다. 또한 문장이 번역문인지 아니면 저술인지를 구별하기 어려운 경우도 적지 않은데, 原典의 출처를 밝혀주지도 않고, 게다가 저자를 明記도 하지 않아 문장의 성격과 저자가 불분명한데 이런 경우는 대부분 불명확한 편집태도에서 야기된 것이라 볼 수 있다.

어쨌든 《格致彙編》은 초기에 단지 3,000부가 인쇄되었으나, 후에 판매량이 매년 증가되어 1876년에는 24곳이던 판매 대리점이 1880년 4월에는 38곳으로 늘어났으며, 이 해의 연말에는 갑자기 70곳으로 급증하여 통상 항구 18곳과 기타 대소 도시 21곳 등 중국의 전역과 해외에서도 판매되었다. 《格致彙編》은 관련된 과학기술지식 이외에 "相互問答"란을 개설하여 서신으로 의문사항을 질의케 하여 독자를 지면에 참여시킴으로 뜨거운 반응을 불러일으켰고 학자들의 흥미를 증진시키는데 크게 공헌하였다.

吳趼人이 江南製造局에서 書記로 근무할 때는 바로 존프라이어 등의 서양선교사들이 잡지의 형식으로 西方의 科學知識을 중국에 수입하고 소개하던 소위 洋務運動 時期였다. 《新石頭記》에서 우리는 賈寶玉이 《時務報》와 《淸議報》 等 變法維新派의 신문잡지에 경도된 모습을 볼 수 있는데, 이런 新文明과 新思想에 관심이 많은 吳趼人은 아마도 이미 《格致彙編》과 서양인이 번역한 譯書를 읽은 적이 있었을 것이다.

번역의 갖가지 중에는 때때로 번역된 책이 있다. 上海의 江南製造局을 보더라도 이미 수십 종이 넘는다. 사서 읽은 적이 있는데 책을 펴서 읽어도 모르는 것이 열에 여덟, 아홉은 된다. 그 연유를 살펴보니 대개 세 가지가 있는데, 하나는 조리가 일관되지 않기 때문이다. 서양의 문자는 중국과 본래 다르고, 그 문법 또한 왕왕 같지 않다. …… 하나는 命名 方法이 일정하지 않다. 서양의 사물명은 여러 가지가 중국에는 예전부터 없었기 때문에 이를 이름 지을 수가 없었다. 이에 서양음의 첫 글자를 중국어로 바꾸고, 그 부류를 따라서 편방을 더하였는데, 그런 방법은 대단히 좋지만 반드시 이를 따르지는 않았다. 같은 물건에 대해서도 두 책에서 각각 하나의 이름을 사용하였다. 예를 들면, 《化學鑒原》의 "碘"을 《指南》에서는 "紫"라 하였고, 《化學鑒原》의 "鈉"을 《初階》에서는 "鏀"이라 불렀다. 결국 초학자들은 눈이 현란하여 무엇을 따를지 알지 못했다. 하나는 의미가 분명치 않은 것이다. …….

무릇 이 세 가지는 번역자가 서양문장에 대해 깊이 있게 생각하지 않아서 일어났다고 할 수 있겠는가? 아니다. 고의로 숨기고, 알면서도 나타내지 않았는가? 역시 아니다. 대개 서양의 학문은 각각 그 부류를 따르기 때문에 문자 역시 각각 그 부류를 따라서 바뀐다. 본래 전문적으로 배우지 않았다면 비록 서양학자가 보더라도 이해하지 못하는 것이 있을 수 있다. 하물며 지금의 번역은 서양인이 서양서적을 가지고 입으로 口述하면, 중국인이 붓을 들어 이를 기록한다. 서양 책을 구술하는 사람은 이미 자신의 전문적인 학문분야를 번역하는 것이 아니며, 그 번역 역시 책을 가지고 번역하고 사안을 가지고 논하는 것일 뿐이다. 筆述者는 더욱이 그가 본래 익힌 분야가 아니고, 단지 口述者의 말에 근거하여 써냈을 뿐이다. 이렇게 하여 조리가 관통되고 의미가 분명해지기를 바라지만 대개는 힘을 얻기가 어렵다.[44)]

---

44) "翻譯之什, 時有其書。卽上海製造局而論, 已不下數十種。曾購讀之, 蓋開卷茫然者, 十常八九。嘗考其故, 厥有三端: 條理不貫也。西國文字, 與中華固別, 卽其文法, 亦往往不同 ……。一曰命名無定也。西國物名, 每多中國亘古所未有, 致無以名之。乃卽以西音之首字, 譯作漢文, 各從其類, 加以偏旁, 法原甚善, 而又遵行不一。有同是一物, 而兩書各具一名者。如《化學鑒原》之"碘", 在《指南》爲"紫"; 《鑒原》之"鈉", 在《初階》爲"鏀"。遂致初學者目迷五色, 不知所從矣。一曰義理不明也。……。凡此三者, 謂譯人之于西文未加深考歟? 非也; 謂其故欲隱藏, 含而不露歟? 亦非也。大抵西國之學, 各從其類, 故文字亦各從其類而變化。使素非其專門之學, 雖西儒視之, 亦不解者, 蓋有之矣。況今之譯書者, 西人執西書口譯之, 華人提筆而記之。口譯西書之人, 已非譯其專門之學, 則其譯也。亦惟就書言書, 就事論事而已。而筆述者, 尤非其所素習, 惟據口譯者之言以書之耳。如是而欲其條理貫通, 義理明晰, 蓋難乎爲力矣。" 吳趼人 著 · 裘效維等 編, 《趼囈外編》, 《吳趼人全集》 第8卷, 하얼빈 北方文藝出版社, 1998년, 86~87쪽.

吳趼人은 江南製造局에서 출간한 譯書를 이미 수십 종이나 구독하였고, 존 프라이어의 번역활동에 대해서도 매우 상세하게 알고 있었다. 吳趼人이 거론한 江南製造局의 번역서는 바로 翻譯館에서 출간된 서적으로, 존 프라이어는 江南製造局 翻譯館에서 번역서를 가장 많이 발간한 譯者였으며, 가장 오랜 기간 강남제조국에서 번역작업에 종사한 서양인이기도 하다.[45] 위의 문장에 나오는 吳趼人이 구독하고서 분석한《化學鑒原》과《化學指南》,《化學初階》는 바로 존 프라이어가 번역한 과학서적으로 화학에 관한 개론서이자 교과서로써 초보자를 교육시키기 위한 번역서이다.[46] 이런 譯書를 吳趼人은 모두 탐독하였고, 이들 번역서를 읽고서 이해하지 못하는 세 가지 폐단을 그 원인부터 체계적으로 분석하여 淸末 서양인의 口述과 중국인의 筆錄에 의한 번역 방식과 이런 번역방식의 근본적인 문제점을 예리하게 지적하였으며, 江南製造局 翻譯館의 譯

---

45) 존 프라이어가 江南製造局에서 번역한 譯著는 116종에 달하는데, 출판역저가 93종이며 이미 번역했으나 未刊된 譯著가 23종이다. 그 다음으로 역서를 많이 발간한 서양인은 크레이어(C.T. Kreyer)로 출판역저 19종에 未刊譯著 13종으로 총 31종이다. 존 프라이어는 강남제조국 번역관에서 번역작업에 가장 많이 참여한 口譯者이다.

46)《江南製造局 譯書彙刻目錄》에는 江南製造局에서 출간한 서적의 목록이 수록되었는데, 여기에는 "《化學分原》 8卷(英國 蒲陸山 撰, 英國 傅蘭雅 口譯, 無錫 徐建寅 筆述),《化學鑑原》 6卷(英國 韋而司 撰)《續編》24卷(英國 蒲陸山 撰)《補編》 6卷 附 1卷(佚名) 이상 모두 英國 傅蘭雅 口譯 無錫 徐建寅 筆述"이라 저록되었고, 이외에도《化學攷質》 8卷 表 1卷《材料中西名目表》 1卷과《化學求數》 15卷 表 1卷이 著錄되었는데 이 譯書들도 모두 존 프라이어의 口譯과 徐建寅의 筆述로 번역되었는데, 江南製造局 翻譯館에서 출간된 화학 관련 번역서는 모두 존 프라이어의 口述에 의한 것이다.《江南製造局 譯書彙刻目錄》, 江南製造局 刊, 宣統 2년(1911년) 涉園 記. 日本 京都大學 人文科學硏究所 所藏本, 10쪽 참고.《化學初階》는 존 프라이어가《化學鑑原》보다 몇 개월 전에 번역 출간한 서적이지만《化學鑑原》이 더 큰 호평을 받았다. 王揚宗 著, 前揭書, 56쪽.

書에 대한 장단점을 세세하게 설명해주었다. 《新石頭記》에서 吳趼人은 작중인물 吳伯惠를 통해 譯書의 용도를 다음과 같이 말하고 있다.

⑭ 〈존 프라이어와 格致書院, 그의 번역서와 《格致彙編》의 서구과학문물 사진〉

伯惠가 말했다. "……바로 오늘 산 그 책들은 대부분 십 년, 이십년 전에 번역한 것이라 남들은 이미 아주 오래된 것으로 생각하지만 우리는 아직도 그것을 枕中의 보배로 여기고 있습니다." 寶玉이 말했다. "이렇게 말씀하시면 이 책들은 쓸모가 없게 된 것이군요." 伯惠가 말했다. "반드시 그런 건 아닙니다. 그 책들 속에는 대부분 과학에 관한 책이 많은데 그 책에 따라서 실험을 한다면 그런 방식은 모두 오래된 구식이 되어버린 것이지요. 그러나 우리는 지금 조금도 모르고 있으니 이 책들을 통해 그들의 방식을 알아봐야 할 터이니 보지 않을 수가 없지요." 寶玉이 말했다. "그들의 新法을 알려면 무슨 책을 보아야 합니까?" 伯惠가 말했다. "제가 볼 때에 이것(新法을 가리킨)은 책을 보고서 알 수 있는 것이 아닙니다. 그들의 과학은 專門 學堂이 있어서 小學에서 中學으로 올라가고 대학에 입학하며, 보통학교에서 전문학교로 진학하는데, 한 가지를 배우는데 십여 년이 걸려야 비로소 졸업할 수 있습니다. 만일 두 권의 책을 아무렇게나 읽고서 할 줄 알게 된다면 그들은 분명 무슨 학당이란 것을 설립하지는 않았겠지요." 그 자리에서 대화를 나누고서 寶玉은 망연자실하며 말했다. "당신이 만일 일찍 말해줬다면 이렇게 억울하게 돈을 써서 이런 가치 없는 책을 사지는 않았겠지요." 伯惠가 말했다. "이건 또 그런 것은 아닙니다. 당신께서 이런 학문을 연구하려면 먼저 이 책부터 시작해야 비로소 그들의 근원을 알게 되지요. 만약 갑작스레 그 新法에 관한 新書를 본다면 도리어 전혀 감을 잡지 못할 것입니다."[47]

위의 인용문은 비록 소설작품 속에 나오는 문장이지만 대체적인 내용은 실제 상황에 근거하여 서술된 것이다. 吳趼人이 《新石頭記》를 발표하기 시작한 1905년 9월을 기점으로 한다면 江南製造局 翻譯館의 번역작업은 대체적으로 1890년 이전에 진행되었으니 당시에는 이미 일, 이십년 전에 번역된 서적으로 시대에 뒤떨어졌다고 할 수 있다. 江南製造局에서 간행된 상당수의 과학서적은 먼저 《格致彙編》에 게재된 문장이 많은데 특히 과학실험과 실험기기에 관한 그림설명이 있는 문장은 대개가 《格致彙編》에 수록된 적이 있다. 그런 실험기구와 과학도편에 관한 소개는 《格致彙編》의 매우 독특한 특징이며 발표 당시에는 아주 최신의 과학정보라고 할 수 있다.[48]

하지만 1892년에 停刊된 《格致彙編》과 존 프라이어가 떠난 뒤의 강남제조국 번역관의 譯書는 이미 상당한 시간이 지나버려, 1900년대 초에는 서양의 과학기술을 공부하고자 하는 사람에게 단지

---

47) 伯惠道: "……便是今日所買那些書, 多半是一二十年前所譯的, 人家已經舊得了不得, 我們還拿他作枕中秘寶呢!" 寶玉道:"這麼說, 這書是沒用的了!" 伯惠道: "也不盡然。他這裏頭都是講科學的書多, 要按着他的書去實驗呢, 那都是些陳腐舊法了。然而我們此時連一點也不懂, 借此覘覘他的門徑, 未嘗不可以看得。"寶玉道: "要懂他們新法的有甚麼書?" 伯惠道: "我看這東西, 不是看書可以看會的。他們那科學有專門學堂, 由小學升中學入大學, 由普通入專門, 每學一樣, 要十多年才能畢業。若是胡亂看兩部書, 可以看會的, 他們也不必設甚麼學堂了。" 一席話說得寶玉嗒然若喪, 道: "你若早說了, 我也不叫他化這寃錢去買這無謂之物了。" 伯惠道: "這又不然。你要考究這些學問, 也要先從這裏下手, 方才知道他的根底。若突然去看那新法新書, 倒是茫無頭緒。"《新石頭記》 제11회.

48) 王揚宗 著, 前揭書, 93~96쪽.

초보적인 과학 입문서가 될 수 있을 뿐이라고 吳趼人은 설명하고 있다. 吳趼人은 존 프라이어의 번역작업에 대해서 근본적인 입장에서는 그 가치를 인정하지만 나날이 발전하는 과학기술에 비해 이미 시대에 뒤떨어진 서적으로써 그 효용가치가 없다고 생각했던 것이다. 때문에 새로운 서양의 과학기술과 문물을 학습하기 위해서 吳趼人은 영어를 배워야 한다고 주장하였다. 《新石頭記》에서 賈寶玉은 吳伯惠에게 영어를 배우면 어떤 좋은 점이 있느냐고 물었다.

伯惠가 말했다. "자연히 쓰임이 있지요. 그들의 말을 할 줄 알아 그들과 대화를 나눌 수 있으면 훨씬 편리하지요. 거기다 더 나아가 문자에 능통해지면 그들의 유용한 책을 번역할 수도 있습니다."寶玉이 말했다. "시중에 번역이 다 된 책을 팝니까?"伯惠가 말했다. "팔고 있습니다." 탁자 위에 《時務報》가 놓여있는 것을 보고는 가져다가 한 페이지를 펼쳐놓고 가리키며 말했다. "이것은 《타임즈》를 주석해서 번역한 것이 아닙니까? 이 《타임즈》는 바로 외국의 대단히 큰 잡지사입니다. 翻譯書를 사려 하신다면 무슨 책을 사려고 하시나요? 書名을 가르쳐 주시면 사기가 쉽지요. …… "伯惠가 말했다. "格致書室이 바로 譯書를 전문적으로 파는 곳입니다. 그곳은 대부분 製造局에서 번역한 책을 파는데, 한 두 권을 사려면 거기에 가서 사도 되지만, 만일 많이 구입하려면 製造局에 가서 사는게 낫지요."[49)]

吳趼人은 영어를 배워 직접 서양 원서를 탐독하고 유용한 서적을 번역해야 한다고 생각하였다. 그는 梁啓超 등이 主編한 《時務

49) 伯惠道: "自然有用處。懂了他的話, 同他們談起來, 也便當些。等而上之, 把文字學精了, 還可以翻譯他們那有用之書。"寶玉道: "市上有譯好的賣嗎?"伯惠道: "有呢。"因見擂上擺着有《時務報》, 取過來嗎出一頁, 指道: "這不是注着譯《泰晤士報》嗎? 這《泰晤士報》便是外國極大的一家報館。你要買譯本, 不知要甚麽書? 也要指出個書名, 才好買呢。……" 伯惠道: "格致書室便是專賣譯書的。它那裏多半是製造局譯的書, 要買一兩部, 可以去買得, 若是買多了, 不如到製造局去買。"《新石頭記》 제9회.

報》가 바로 《타임즈》등 외국 잡지를 번역하고 주석해서 편찬한 잡지라는 사실을 이미 알고 있었다. 게다가 譯書를 전문적으로 판매하는 上海의 格致書室을 거론하고 있는데, 格致書室은 바로 존 프라이어가 1885년 과학기술 서적을 보급하고 譯書를 판매하기 위해 自費로 설립해서 운영한 서점으로 그가 중국을 떠나 미국으로 이주한 뒤에는 존 프라이어의 조수였던 欒學謙이 운영했던 서점이다. 이 서점은 1888년까지 취급 도서가 800여 種에 달하고 판매량은 15萬册에 이르며 北京과 天津, 漢口, 福州, 홍콩 등 전국에 분점을 증설하였는데, 《決疑數學》과 《邦交公法新論》(邦交는 外交임)과 같은 서적을 간행하였다. 1890년대에는 梁啓超, 王韜, 譚嗣同, 汪康年 등 당대의 지성인들이 모두 格致書室의 고객이었으며, 中國 內地에서 西學의 時務를 탐구하고자 하는 사람은 수 십 종에 달하는 서적들을 우편으로 구매하곤 했는데, 1897년까지 판매액이 15萬 銀元이었으며 1911년에 존 프라이어가 폐점했을 때, 상해의 신문에서는 "다년간 중국 청년 학생들이 西學을 학습하는 메카"가 없어졌다고 아쉬워하였다.[50] 吳趼人은 《新石頭記》에서 江南製造局 翻譯館과 格致書室에 대해 구체적으로 서적판매 방식과 가격, 운반문제까지 비교해서 설명한 적이 있다.(《新石頭記》 제9회)

《新石頭記》의 이런 대화를 통해 살펴보면, 吳趼人은 江南製造局 飜譯館과 格致書室에 대해 상당히 자세하게 이해를 하고 있었고, 당연히 이 두 곳의 경영자이며 번역작업의 주관자인 존 프라이어에 대해서도 잘 알고 있었다고 할 수 있다.

50) 王揚宗 著, 前揭書, 88쪽 참조.

제6절 淸末 飜譯方式의 변화

吳趼人은《新石頭記》에서 작중인물 吳伯惠와 賈寶玉의 대화를 통해 서양인이 번역한 江南製造局의 譯書에 대해 설명하였을 뿐만 아니라, 그의 다른 저술에서도 서양전적의 번역에 관하여 자신의 견해를 상세하게 피력한 적이 있다.

서적 번역의 방법에 대해 말한다면 마땅히 서양인 중에서도 전문성을 갖춘 학자를 그 분야에 따라 초빙해서 번역을 진행해야 한다. 서양의 언어 문자에 정통한 자로 하여금 대신해서 중국어로 轉譯하게 해서는 안 된다. 붓을 잡고 기록하는 사람 역시 번역하고자 하는 학문을 본래 알고 이해한 사람 중에서 필히 구해야 하는데, 만일 의문 나는 곳이 있으면 口述者에게 이를 반복해서 세세하게 물어보아야 하겠다. 한 권의 책을 번역하면 대개 한 권의 쓰임을 얻게 될 것이고, 독자 역시 책을 펼쳐보고 모른다는 유감을 갖지 않게 되지 않겠는가?

화학과 전기학과 같이 중국의 인사들이 많이 학습한 분야는 그 전적의 번역도 또한 이 두 분야의 것이 대체적으로 상세하고 명확하다. 聲學과 光學의 두 분야는 학자가 대단히 적고, 게다가 이치에 밝은 사람 역시 부족하기 때문에 번역되어 나온 책도 결국은 대부분 조리가 관통되지 못했고 의미가 분명치 않은 곳이 많다. 이는 내 주장의 논거가 될 수 있겠다. 공예와 수학에 관한 책은 언제나 분명해서, 아는 사람이 말할 수는 있지만, 모르는 사람을 알게 만들 수 없는 바로 이점은 대단히 유감스러운 일이라 하겠다.[51)]

---

51) "謂譯書之法, 宜就西人具有專門之學者, 各從其類延致之。別使精通西國言語文字者, 代爲傳譯華語。而執筆記錄之人, 亦必求于所譯之學, 素所解識者; 倘有疑義, 使譯人爲之反復詳問。庶幾譯一書, 得一書之用, 卽讀者亦無開卷茫然之憾乎? 化學、電學, 中土人士多習之者, 故其譯書也, 亦以此二種略爲詳明。至于聲、光二學, 則學者絕少, 而明其理者, 遂亦乏人, 于是譯成之書, 遂亦多不條貫、不明暢之處。斯可爲余言之印證也。至若工藝、算學之書, 則每若表然, 可爲知者道, 而不能導不知者使之知, 斯亦一大憾事也。" 吳趼人 著, 〈譯書〉,《趼囈外編》卷二, 87쪽.

吳趼人은 외국서적의 번역에 대해 상당히 전문적인 분석을 하고 있는데, 위의 인용문 내용에 따르면 그는 당시 중국의 번역상황에 매우 정통해 있음을 알 수 있다. 譯者는 서양 언어문자에 정통해야 할 뿐만 아니라, 번역대상 분야를 전문적으로 학습한 전문가가 번역을 해야 한다는 견해를 갖고 있는데, 이런 견해는 19세기 후반 江南製造局 翻譯館과 同文館 등에서 진행된 西洋人의 번역에 나타나는 非專門性의 문제점을 예리하게 비판한 것이다. 口述者나 筆錄者가 전문가가 아니기 때문에 문장의 의미가 모호하고 전문분야에 대해 의문이 있어도 이를 해결하지 못한 채, 출간하기 때문에 결국은 譯書의 내용전달이 제대로 이루어지지 않아 독자가 이를 읽어도 제대로 이해할 수 없는 단점이 상당수의 역서에서 발견된다고 지적하였다.

吳趼人은 이 문장을 1897년(丁酉)과 1898년(戊戌) 사이에 집에서 병을 요양하면서 신문잡지를 읽고서 지은 문장이라고 밝히고 있어[52], 그가 소설을 창작하기 전에 淸末의 번역상황과 과학기술에 대해서 상당한 식견을 갖고 있었음을 보여준다. 게다가 번역에 관한 비평의 전문성은 물론이고 위에서 언급한 화학, 전기학, 聲學, 光學, 공예학, 수학 등의 분야에 대해서도 이 분야의 번역수준을 가름할 수 있는 정도의 지식을 갖고 있다고 하겠다. 그는 자연과학과 번역에 대해서 체계적으로 학습을 한 적이 없는데, 과연 어떻게 이러한 견문을 갖출 수 있었을까? 그가 말한 대로라면 이런 그의 견해는 어떤 신문잡지를 읽고서 얻게 된 것일까?

존 프라이어는 1880年 6月《格致彙編》第3年 第5卷부터 그가 江南製造局에서 진행한 譯書事業을 총괄하기 위해, 〈江南製造總局

52) 吳趼人 著, 〈趼廛外編序〉, 《趼齡外編》, 3쪽.

飜譯館의 西書 事略〉이란 문장을 써서 4기로 나누어 《格致彙編》에 연재하였다. 이 글에서는 江南製造局 飜譯館의 設立 經緯와 譯書方法, 各種 譯書目錄 等을 기술하였는데, 江南製造局의 飜譯事業에 관한 重要한 文獻이다.[53] 존 프라이어는 이 글에서 飜譯館의 서양서적의 飜譯方法과 번역과정에 대해 다음과 같이 말하였다.

> 飜譯館의 譯書方法에 대해 말하자면 번역하고자 하는 것을 반드시 洋人이 먼저 熟讀하여 의미를 이해하고 난 뒤에 중국인과 같이 읽는데, 洋書의 뜻을 한 문장 한 문장씩 중국어로 읽어나가면 중국인이 筆述하였다. 만일 어려운 곳이 있으면 중국인과 어떤 방법으로 하면 명백하게 이해할 수 있을 것인가를 상의하는데, 만일 중국인이 알지 못하는 곳은 말로 풀어 알게 하였다. 번역한 후에 중국인이 初稿를 고치고 윤색하여 중국어 문법에 맞게 하였다. 중요하다고 판단되는 전적은 출간에 즈음하여 중국인과 양인이 대조 검토하였다. 일반적인 서적은 대부분 대조할 필요가 없이 모두 중국인이 개정하였다. 중국인이 상세하고 세심하게 살폈기 때문에 잘못된 곳이 적었고, 문법은 심히 整齊하였다.[54]

서양인이 먼저 원서를 熟讀하여 의미를 이해한 뒤에, 서양인이 중국어로 한 문장씩 읽어나가면 중국인이 이를 듣고서 筆述한다. 두 가지 언어에 능통한 사람이 거의 없었던 19세기 후반에 서양인의 口譯과 중국인의 筆述을 순차적으로 진행하여 서적을 번역하였고, 전적의 중요도에 따라 潤筆의 강도를 달리 하였다. 이러한 번역과정을 거쳤기 때문에 당시의 譯書는 口述者와 筆述者가 일렬로

53) 이 문장은 4期로 나누어 《格致彙編》에 게재되었는데, 〈序文〉과 第1章 〈論源流〉, 第2章 〈論譯書之法〉은 第3年第5卷에, 第3章 〈論譯書之益〉과 第4章 〈論譯書各數目與目錄〉은 第3年 第6卷에, 〈已刊成出售書目98種〉·〈已譯成未刻各書目錄45種〉은 第3年 第7卷에, 〈尙未譯全各書目錄〉과 〈益智書會擬著各種書目錄〉및 〈寓華西人自譯各書目錄〉은 第3年 第8卷에 게재되었다.

54) 《格致彙編》 第3年 第5卷, 1880년 6월, 第2章 〈論譯書之法〉, 9쪽.

명기되어 있음을 알 수 있다. 존 프라이어는 또한 과학기술의 전문 명칭을 번역하면서 서양서적에서 명칭이 자주 혼용되는 폐단을 방지하기 위해 〈江南製造總局 翻譯館의 西書 事略〉에서 세 가지 방법을 제시하였다.

1. 중국어에 이미 있는 명사: 중국어에 이미 있다고 생각되는 명사 하나를 설정하였으나 자전에서 찾을 수 없는 것은 두 가지 방법으로 해결하였다. 첫째, 중국에 이미 있는 格致나 혹은 工藝 등의 서적, 그리고 이전의 천주교와 근래 기독교 선교사들이 저술한 格致, 工藝 등의 서적을 찾아본다. 둘째, 중국의 客商이나 혹은 제조 공예에 종사하여 이러한 이름을 알 만한 사람을 방문하여 조사한다.

2. 새로운 명사를 만든다. 만약 중국에 확실히 이러한 명사가 없다면 반드시 별도로 새로운 것을 만들어야 하는데, 세 가지 방법이 있다. 첫째, 일반 글자에 偏旁을 더하여 새로운 명사를 만들어 여전히 그 本音을 읽는 것으로, 예를 들면 鉄·砷·鈰·矽과 같은 글자이다. 둘째, 몇 가지 글자로 그 사물을 해석하는데, 이 해석을 새로운 명사로 삼는 것으로 字數가 적을수록 좋다. 예를 들면 氧氣·氫氣·火輪船·風雨表 등이다. 셋째, 한자로 서양명사를 쓰는데 官音을 위주로 하며 서양문자의 각각의 소리 역시 常用하는 같은 한자로 대신한다. 무릇 이전에 서적을 번역한 사람이 이미 관용으로 썼던 것은 따라서 쓰는데 중국인은 보기만 하면 서양 명사임을 바로 알아볼 수 있다. 이미 사용한 새로운 명사는 다만 잠시 시험 삼아 써보고, 만일 나중에 중국에서 이미 사용했던 명사를 찾거나 혹은 쓰던 명사가 타당하지 않으면 바꿀 수 있다.

3. 西洋名詞表의 作中 附錄: 서적을 번역할 때에 만들어진 새로운 명사는 사물·인명·지명을 막론하고 모두 수시로 소책자에 수록하였다가 서적을 간행할 때에 책 말미에 부록으로 첨부하여 독자가 洋書나 洋人을 대조·조사하는데 편리하게 하였다. 각 서적에 있는 모든 명사는 마땅히 모두 모아서 큰 책으로 만들어 이후의 譯者들이 찾아 볼 수 있게 하여 名詞 사용에 혼동이 일어나는 폐단을 없애도록 하였다.

존 프라이어가 제시한 세 가지 譯名方法은 중국에서 지금도 외래어의 주요 번역방식으로 통용되고 있다. 그는 이러한 주장을

《格致彙編》의 紙面에서만 한 것이 아니라 光緖 3년(1877) 자신이 주창하여 조직한 "益智書會"(The School and Text Book Series Committee)에서 譯名을 통일하기 위해서 알렌 · 웨이리 · 맥카티 · 크리얼 등과 각각 분야를 나누어 조사하였는데, 존 프라이어는 工藝分野의 譯名을 맡아 통일작업을 진행하였다. 존 프라이어의 이런 번역작업은 江南製造總局 飜譯館에서 지속적으로 진행되었으니, 《金石中西名目表》(1883년) · 《化學材料中西名目表》(1885년) · 《西藥大成藥品中西名目表》(1887년) · 《汽機中西名目表》(1890년) 등의 책이 출간되어 譯名을 지속적으로 통일시켜 나갔다. 존 프라이어의 역명통일에 관한 주장은 그후 梁啓超에 의해 계승되어, 고유명사와 용어 표준화의 문제는 더욱 구체화하였다. 梁啓超는 《時務報》에서 化學 名詞의 번역에 대해 자신의 견해를 제시하면서 존 프라이어의 譯名方案에 대해 언급하였다.

> 전에 존 프라이어가 江南製造局에서 번역한 화학 · 기계에 관한 여러 서적에는 모두 中西名稱表가 있었다. 廣州에서 번역한 《西藥略釋》에도 病名과 藥名 등의 表에 모두 중국어와 서양어의 두 가지 명칭이 병기되어 있는데 그 의도가 아주 좋다. 근래에 本報에서 번역한 각종 명칭은 역시 卷末에 中西文名稱表를 첨부하였다. 나중에 이를 읽으면 내가 번역한 명칭이 서양인의 어떤 명칭인지 알 수 있고, 그것에 잘못이 있으면 고칠 수도 있다. 거기에 틀림이 없다면 계속해서 사용할 수 있겠다. 이것이 바로 정연하게 통일하는 방법이다. 애석하게도 세세하게 고찰하지 않아 定本을 만들지 못했다. 江南製造局의 명칭표는 대단히 좋다. 나중에 沿用할 수 있겠다.[55]

55) "傅蘭雅在製造局所譯化學汽機各書, 皆列中西名目表。廣州所譯之西藥略釋, 亦有病名 · 藥名等表皆中文西文。兩者竝列, 其意最美。近本報所譯各名, 亦於卷末附中西文合璧表。欲使後之讀之。知吾所譯之名, 卽西人之某名, 其有訛誤, 可更正之。其無訛誤, 可沿用之。此整齊畫一之道也。惜未悉心考據, 未能作爲定本。造局之名目表則大佳。他日可以沿用矣。"梁啓超 撰, 〈論學校七 譯書〉, 《時務報》 第29冊, 中華書局刊 第3卷, 2쪽(1935쪽).

근래에 여러 가지 명칭을 번역하는데 있어, 汽字와 같은 부류는 假借字이다. 예를 들면 64원소의 鋅·鉑·鉀 等의 부류는 새 글자를 만든 것이다. 존 프라이어가 화학서를 번역하면서 원소의 本名을 취하고 그 첫 번째 음을 택하여 中文으로 번역하면서 偏旁을 더하였으니 金類에 속하는 것은 金旁을 더하고, 石類에 속하는 것은 石旁을 더하였다. 이 방법은 가장 좋다. 나중에 사물의 명칭을 번역하려면 마땅히 이 용례를 통용해야 할 것이다. 이에 魚類에 속하는 것은 魚旁을 더하고, 鳥類에 속하는 것은 鳥旁을 더한다. ……그 외의 모든 것도 이와 같지 않은 것이 없다. 명칭이 번잡하고 중복될 어려움이 없고 게다가 부류를 보고 사물을 판별하는 이점이 있다. 명칭을 정한 뒤에는 명칭표의 방법대로 두 가지 언어의 명칭을 열거하여 引證의 근거로 삼는다.[56)]

이 두 문장의 논지를 통해볼 때, 梁啓超는 江南製造局 翻譯館과 존 프라이어의 번역작업과 그의 譯著에 대해서 아주 자세하게 파악하고 있었다. 게다가 존 프라이어가 제정한 譯名方案을 일일이 검토한 연후에, 《時務報》의 번역문 중에서 중국어로 처음 번역된 譯名을 모두 해당 卷의 末尾에 부록으로 달았는데, 第25冊부터 每冊마다 이와 같이 譯名 附錄을 달았다. 이것은 존 프라이어가 1880年 이후 줄곧 주장해온 譯名方案이다. 梁啓超는 존 프라이어의 翻譯活動에 대해 매우 주의를 기울였을 뿐만 아니라 그가 주장하는 譯名方案에 따라서 譯名一覽表를 《時務報》의 每冊 卷末에 첨부하여, 존 프라이어의 譯名統一方案을 직접 실천에 옮기면서 그의 번역론을 발전시켜 나갔다.

---

56) "近譯諸名, 如汽字之類, 假借字也。如六十四原質鋅、鉑、鉀等之類, 造新字也。傅蘭雅譯化學書, 取各原質之本名, 擇其第一音, 譯成華文, 而附益以偏旁, 屬金類者加金旁, 屬石類者加石旁。此法最善。他日所譯名物, 宜通用其例。乃至屬魚類者加魚旁, 屬鳥類者加鳥旁……自餘一切, 罔不如是。旣無稱名繁重之苦, 又得察類辨物之益。定名之後, 仍用名目表之法, 並列兩文, 以資證引。" 각주 55)와 같은 책, 3~4쪽(1938~1939쪽).

그는 〈論譯書〉에서 존 프라이어의 譯名方式을 좀 더 구체화하여 音譯方式은 人名과 地名의 번역에서 사용하고, 과학용어와 기술용어의 번역에 있어서는 新造語를 만들어 사용할 것을 주장하였다. 하지만 梁啓超는 19世紀 이후 중국에서 출간된 번역서에 대해 전반적인 검토를 하면서 당시 서양인이 口述하고 중국인이 筆述하는 번역방법에 대해 아래와 같이 논평하였다.

질의자가 말하길 "중국은 通商을 시작한 이래로 京師의 譯署와 天津의 水師學堂, 上海의 製造局, 福州의 船政局 및 서양의 교회와 병원에서 번역한 책이 수 백 종이 넘는다. 천하의 뜻있는 선비들이 이 수백 종을 다 읽어도 아는 바가 많지는 않다. ……. 하물며 번역된 것이 반드시 그들 중의 善本은 아니다. 선본이라 할지라도 그들의 학문은 나날이 새롭게 발전하여 新法이 한 번 나오면 舊論은 즉시 사라진다. 그중에 우리나라에서 보배로 여기는 것을 그들은 오래전에 버리고 입에 올리지 않는 것이 너무도 많다. 설사 이렇지 않더라도 口述者가 그 의미를 잃어버리거나 筆述者가 그 어휘를 武斷할 수도 있다. 馬眉叔이 적절하게 이를 지적하였으니 "지금의 譯者는 대체로 외국의 언어에 있어 그 울타리를 조금 넘어갔을 뿐, 그 문자의 미묘한 어감과 심오한 의미나 각국의 소위 古文이란 것은 모두 망연하게 그 명칭을 모르며, 혹은 겨우 외국의 문자와 언어는 알지만 중국문장을 쓰는 수준은 저급하고 비속하다. 기초를 다지지 않고서 번역에 종사하여 독자가 책을 펼쳐 끝까지 다 읽지도 않았는데 속된 기운 때문에 토할 지경이다. 게다가 혹은 중국어를 조금 할 줄 아는 서양인을 초빙하여 그에게 口述을 시키면, 곁에서 듣는 자는 마치 그의 口述 중에서 전달하고자 하는 뜻을 찾아서 模寫하는 것과 같다. 의미를 전달할 수 없는 자는 자신의 생각을 끼워 넣어서 사이를 벌려놓게 한다. 대개 서양문장에 능통한 자는 중국문장을 써내지 못한다. 중국 문장에 능통한 자는 서양 문장에 능통하지 못하다. 번역된 책이 모두 잡디하고 잘못이 많은 것을 어찌 탓하겠는가! 천하의 식자들은 이를 경멸하고 비웃는다.(《適可齋記言》四卷)"아! 중국의 지난 번역의 병폐가 여기에 다 있구나! 비록 그중에 체례가 엄격하고 문필이 우아한 것이 없는 것은 아니다. 그렇지만 잡다하고 쓸데 없으며, 잘못되고 저속한 것이 열에 여섯, 일곱은 된다. 이 3백여 종의 책 중에 남아 있을 수 있는 것은 그 절반에도 미치지 못한다. 그리고 守舊 人士에게 구실을 주어 西學의 책들은 모두가 저급한 俗儒의 손으로 쓰여져서 볼 만하지 못하다고 한다.

이것은 더욱 西學의 通病이 되었다. 때문에 오늘날 譯書를 논하려면 먼저 세 가지를 해야만 한다. 하나는 반드시 번역해야할 책을 선택하는 것이고, 둘째는 公譯의 예를 정하는 것이며, 셋째는 번역할 수 있는 人才를 양성하는 것이다."[57]

그는 당시의 번역방법과 역서에 대해 매우 혹독하게 비판하였지만, 우리는 梁啓超가 19世紀 중엽 이래 출간된 서양서적의 번역본에 대해 매우 잘 알고 있다는 사실을 어렵지 않게 발견할 수 있으며, 그의 어조로부터 그가 이미 "이 300여 종의 번역서"를 읽었다는 사실을 알 수 있다. 그는 口譯과 筆述에 의한 各種 翻譯의 通病을 자세하게 지적하였는데, 梁啓超는 馬建忠의 文章을 인용하여 當時에 流行했던 西洋譯書의 본질적인 缺點을 예리하게 비판하면서 口譯者의 原書 表現能力과 筆述者의 중국문장 筆寫能力에 대해 모두 부정적인 태도를 취하고 있다. 梁啓超는 "잡다하고 쓸 데 없

57) 問者曰: "中國自通商以來, 京師譯署 · 天津水師學堂 · 上海製造局 · 福州船政局及西國教會醫院, 凡譯出之書, 不下數百種。使天下有志之士, 盡此數百種而讀之, 所聞不已多乎。……. 況所譯者, 未必其彼中之善本也。卽善本矣, 而彼中群學日新月異, 新法一出, 而舊論輒廢。其有吾方視爲瓌寶, 而彼久吐棄不屑道者, 比比然也。卽不如是, 而口授者, 未必能無失其意也。筆受者, 未必能無武斷其詞也。善夫馬君眉叔之言曰: '今之譯者, 大抵於外國之語言, 或稍涉其藩籬, 而其文字之微辭奧旨, 與夫各國之所謂古文詞者, 率茫然未識其名稱, 或僅通外國文字言語, 而漢文則麤陋鄙俚。未窺門徑, 使之從事譯書, 閱者展卷未終, 俗惡之氣, 觸人欲嘔。又或轉請西人之稍通華語者, 爲之口述, 而旁聽者, 乃爲彷彿摹寫其詞中所欲達之意。其未能達者, 則又參以己意, 而武斷其間。蓋通洋文者, 不達漢文。通漢文者, 又不達洋文。亦何怪乎所譯之書, 皆駁雜迂訛。爲天下識者, 鄙夷而訕笑也。(《適可齋記言》四)' 吁! 中國舊譯之病, 盡於是矣。雖其中體例嚴謹, 文筆雅馴者, 未始無之。而駁雜繁蕪, 訛謬俚俗, 十居六七。是此三百餘種之書, 所存不及其半矣。而又授守舊家以口實, 謂西學之書, 皆出猥陋俗儒之手, 不足以寓目。是益爲西學病也。故今日而言譯書, 當首立三義。一曰: 擇當譯之本。二曰: 定公譯之例。三曰: 養能譯之才。" 梁啓超 撰, 〈論學校七 變法通議三之七 譯書〉, 《時務報》 第27冊, 3쪽, 中華書局 刊 第2卷 1801~1802쪽.

으며, 잘못되고 저속한" 譯書가 "열에 여섯, 일곱"이며, 譯書의 절반 이상은 가치가 없다고 분명하게 평가를 하였다. 게다가 守舊人士의 입을 빌려 "西學譯書는 모두 저급한 俗儒의 손으로 쓰여져서 읽을 만한 가치가 없다"는 극단적인 폄하를 하고 있다. 梁啓超의 논지는 결코 번역 자체를 비판하는 것은 아니고, 그는 번역은 여전히 시급히 해야 할 작업이라고 생각하였으며 우선적으로 해야 할 세 가지 방식을 도출하기 위해 먼저 당시의 번역방법을 비판한 것이다.

하지만 몇 년이 지난 20세기 초엽에 吳趼人은 그의 작품 중에서 江南製造局 飜譯館의 譯書方法과 서양인의 飜譯作業을 신랄하게 비판하고 있다. 우리는 淸末의 社會諷刺小說《二十年目睹之怪現狀》第30回에서 작자 吳趼人이 作中人物 "九死一生"과 "方佚廬"의 對話를 통해서 江南製造局 飜譯館에서 진행하는 外國人의 飜譯作業 實態를 소개하고 비판하는 것을 볼 수 있다.

"……게다가 廣方言館의 그 번역하는 洋人은 한 달에 월급이 2,3백냥이나 되는데, 거기다 중국사람 하나가 그와 對譯을 하는데도 하루에 몇 백 자를 번역할 수 있는지 모르겠습니다. 한 권의 책이 완성되면 단지 번역료만 해도 대단하지요."나는 말했다. "그런데 무슨 책을 번역하나요?" 佚廬는 말하길 "모두 하지요. 天文 · 地理 · 機器 · 算學 · 聲光과 電氣 · 化學이 모두 번역되지요."나는 말했다. "이 책들은 좋은 것 같은데, 내일 가서 두 권쯤 사다보면, 학문이 나아질 수 있겠군요." 佚廬는 고개를 저으며 말했다. "쓸모없어요. 그가 번역한 책을 제가 모두 보았는데, 天文에 대한 것을 제가 모르긴 하지만, 그 밖의 聲學 · 光學 · 전기학 · 화학에 관한 책은 제가 모두 다 보았는데, 완전하게 설명된 것이 없었어요. 한참을 읽었는데도 가장 요긴한 요점은 도리어 말하지를 않았어요. 만일 그런 책을 대화를 나누는 화젯거리로 삼을 생각이라면 쓸모가 있겠지만, 그것을 통해 학문을 늘이려고 한다면 도리어 불가능할 겁니다." 나는 말했다. "그렇게 많은 월급을 주면서 어떻게 이렇게 번역해낼 수가 있습니까?" 佚廬는 말했다."이건 본래 (그를) 탓할 일이 아니지요. 무릇 技藝를 번역할 책은 반드시 이런 기예를 배운 사람이 번역해야만 하지요. 게다가 중국과 서양 문자에 두루 능통한 인재라야 합니다. 그렇지 않으면 반드시 어휘에 뜻이 표현되지 못하는 결점이 생기게 되지요. 생각해 보시지요, 그가 거기서 책을 번역하는데, 시종 그 사람 혼자서 하는데, 설마하니 이 사람이 天文·地理·機器·算學·聲光·電化의 각 분야를 모두 알 수 있습니까? 외국인은 오로지 한 분야의 학문만을 연구하는 법이고, 일생 동안 연구해도 연구해낼 수가 없어서 혹은 아들, 혹은 친구가 뜻을 이어받아 계속해야 비로소 성과를 거둘 수가 있게 되지요. 말하기는 얼마나 쉽습니까! 아무렇게나 번역해 낼 수는 있습니다. 단지 수많은 명사를 아직도 분명하게 가려낼 수가 없을 뿐입니다. 하물며 두 사람이 對譯하는 것은 한층 더 거리를 벌려놓는 것이지요."[58)]

方佚廬가 말하는 西洋 翻譯官이란 "이 사람"은 바로 존 프라이어를 가리킨다. 吳趼人은 일찍이 江南製造局에 근무하였으며 게다가 한 동안 翻譯館에서 일을 한 적이 있었으므로 당연히 존 프라이어에 대해 알고 있었다. 하지만 吳趼人은 그의 번역활동과 번역 성과에 대해 상당히 부정적인 평가를 하고 있는데, 吳趼人의 비판은 단지 이미 시대에 뒤떨어진 翻譯方法에 대해서만 가해진 것이 아

58) "……還有廣方言館那譯書的, 二三百銀子一月, 還要用一個中國人同他對譯, 一天也不知譯得上幾百個字。成了一部書之後, 單是這筆譯費就了不得。"我道:"翻譯些甚麽書呢?" 佚廬道: "都有。天文·地理·機器·算學·聲光·電化都是全的。" 我道: "這些書倒好, 明日去買他兩部看看, 也可以長點學問。" 佚廬搖頭道: "不中用! 他所譯的書, 我都看過, 除了天文我不懂, 其餘那些聲光電化的書, 我都看遍了, 都沒有說的完備。說了一大篇, 到了最要緊的竅眼, 卻不點出來。若是打算看了他作爲談天的材料, 是用得着的; 若是打算從這上頭長學問, 卻是不能。" 我道: "出了偌大薪水, 怎麽譯成這麽樣?" 佚廬道: "這本難怪。大凡譯技藝的書, 必要是這門技藝出身的人去譯; 還要中西文字兼通的才行。不然, 必有個詞不達意的毛病。你想, 他那裏譯書, 始終是這一個人, 難道這一個人就能曉盡了天文·地理·機器·算學·聲光·電化各門嗎? 外國人單考究一門學問, 有考了一輩子考不出來, 或是兒子, 或是朋友, 去繼他志才考出來的。談何容易, 就胡亂可以譯得! 只怕䟗許多名目還鬧不淸楚呢! 何況又兩個人對譯, 這又多隔了一層膜了。"《二十年目睹之怪現狀》第30回.

니고, 서양인의 번역 내용에 대해서도 그다지 믿을 수 없다는 회의적인 태도를 드러내고 있다. 물론 吳趼人이《二十年目睹之怪現狀》을 집필한 시기는 바로 口述과 筆錄이 서로 동시에 진행되던 번역방법이 도태되기 시작했고, 중국인이 독자적으로 외국 서적을 번역하기 시작하던 20세기 초로써, 江南製造局的의 번역방식은 이미 시대에 뒤떨어진 것으로 인식되었다. 吳趼人이 제기한 존 프라이어의 번역범위에 관한 문제는 결코 일종의 감정에서 출발한 비평만은 아니고, 譯者는 전문지식을 구비해야 한다는 번역 전문성의 각도에서 논한 것으로《趼囈外編》에서의 翻譯觀과 일치하는 것이다. 비록 문체가 다르기는 하지만 吳趼人은 백화문으로 馬建忠의 번역론을 소설로 창작하였고, 이를 戲劇化시켜 놓았다. 작품 속에 쓰여진 吳趼人의 이런 批評은 아마도 20世紀에 막 들어선 1900年代 初 중국의 일반 識者들이 洋務運動 기간 동안 서양서적의 翻譯과 西洋人 譯者에 대해 가졌던 견해와 시각이라고 말할 수도 있는데, 문장 속에는 서양인에 대한 적대감과 비판적인 태도가 팽배해 있음을 엿볼 수 있다.

《新石頭記》에서의 "製造局廠"의 참관과 東方文明이 主管하는 "文明境界" 속의 先進科學技術을 존 프라이어가 간행한《格致彙編》에서 소개한 각종 새로운 西方科學技術과 比較해 본다면, 우리는 그 내용의 유사성을 손쉽게 발견할 수 있게 된다. 비록 1890年代에 西方에서는 科學幻想小說이 크게 유행하여 20世紀 初에는 중국에서도 상당히 큰 영향을 받아 외국의 科學幻想小說이 적지 않게 번역 소개되었으니, 예를 들면 프랑스작가 쥘 베른의《80일간의 세계일주》(薛紹徽 譯, 1900년 經世文社)를 필두로《鐵世界》(包天笑 譯, 1903년 文明書局),《달나라여행 月界旅行》(魯迅 譯, 1903년 進化社),《공중여행기》(譯者不明, 1903년 江蘇本),《땅속여행 地底旅行》(魯迅 譯, 1903~1904년 浙江潮本), 일본작가 押川

春浪의《空中飛艇》(海天獨嘯子 譯, 1903년 明權社),《천년후의 세계》(包天笑 譯, 1904년 群學社) 와 井上圓了의《별나라여행기》(戴贊 譯, 1903년 繡像小說本)가 1905년 이전에 번역되어, 대부분《新石頭記》보다 먼저 번역되었다고 할 수 있겠다.[59] 때문에《新石頭記》안의 科學技術에 관한 묘사는 외국의 과학환상소설로부터 직접 영향을 받았을 가능성이 매우 크긴 하지만, 존 프라이어를 비롯한 서양서적의 翻譯書와《格致彙編》으로부터 받아들여졌을 可能性도 배제할 수는 없다.

존 프라이어는 1895年 5月《萬國公報》第77冊에 〈時新小說의 저술을 바람〉이란 啓告文을 게재하여 小說創作으로 민중을 계몽시켜야 한다고 주장하였다. 그는 國民을 啓蒙시키려면 아편과 時文(과거시험 문장인 八股文), 纏足이란 中國의 三大 惡弊를 제거해야 한다고 역설하였는데, 이런 주장들은 몇 년 뒤에 梁啓超 등의 유신파들이 戊戌改革에 실패한 뒤, 梁啓超에 의해 계승되어 20世

59) 1907년 이전에 외국의 과학환상소설이 중국에 번역된 개황은 郭延禮 著, 吳淳邦外 譯, 〈중국근대번역문학의 발전맥락과 주요특징〉(상),《中國語文論譯叢刊》第7輯, 2001년 6월, 252~264쪽과 郭延禮 著,《中國近代翻譯文學概論》, 湖北教育出版社, 1998년 3월, 169~182쪽을 참조하였다.《新石頭記》는 光緒 31년 8월 21일(1905년 9월 19일)부터 上海의《南方報》에 연재되기 시작하였고, 1908년 11월 上海의 改良出版社에서 출판되었다. 魏紹昌 編,《吳趼人硏究資料》, 114쪽 참조.

60) 吳趼人은 〈月月小說序〉에서 이르기를 "나는 느낀 바가 있었다. 나는 飮冰子 梁啓超선생의 〈소설과 사회의 관계〉의 주장에 감동을 받았는데, 이 주장이 나와 소설의 개량을 주창한 지 몇 년이 되지 않아 우리나라에는 새로 지어진 소설과 새로 번역된 소설이 엄청나게 많은 양이 쏟아져 나왔으니, 마치 두 해가 끊임없이 뜨는 것과 같아 다할 날이 없는 것 같았다. 이렇게 된 까닭을 살펴보니 '隨聲附和'라 하겠다.(吾蓋有所感焉。吾感乎飮冰子〈小說與群治之關係〉之說出, 提倡改良小說, 不數年而吾國之新著新譯之小說, 幾于汗萬牛充萬棟, 猶復日出不已而未有窮期也。求其所以然之故, 曰: 隨聲附和。)"《吳趼人硏究資料》, 320쪽.

紀 初부터 국가를 개혁하려면 먼저 小說부터 개혁해야 한다는 口號를 내걸고 대대적으로 小說界革命을 주창하였다.

吳趼人은 일찍이 梁啓超의 論著로부터 깊은 感動을 받아서 소설을 창작하게 되었다고 고백한 적이 있었다.[60] 甲午 淸日戰爭의 慘敗로 吳趼人은 대단히 큰 충격을 받았는데, 그는 당시의 다른 우국지사와 마찬가지로 국가의 현상과 민족의 미래에 대한 憂患意識으로 충만해 있었는데, 그는 光緖 丁酉年(1897年)부터 신문편집사업에 투신하였다. 吳趼人은 비록 1903年부터 小說作品을 발표하기 시작하였지만, 그러나 그의 文筆活動은 小說創作 활동보다 훨씬 빨랐으니, 그는 1897年에 이미 잡지의 편집인으로 종사하기 시작하여[61], 항상 신문잡지에 문장을 기고하였다. 존 프라이어와 梁啓

61) 《趼人剩墨》의 〈集四書句〉條 吳趼人의 自述에 이르기를 "정유년 秋冬之間에 《字林滬報》의 筆政을 도와주었다.(丁酉秋冬之間, 襄《字林滬報》筆政)" 또한 〈吳趼人哭〉에서도 이르기를 "吳趼人은 처음에 《消閑報》를 돕다가, 이어서 《采風報》를 편집하였고, 또한 《奇新報》를 만들었으며, 辛丑年(1901) 九月에 또 《寓言報》를 편집하다가, 壬寅年(1902) 二月에 《寓言報》를 사직하고 돌아와 주위와 왕래를 끊고 두문불출하며 어두워서야 자리에 누웠다. 지난 5·6년 동안을 돌이켜 보면, 각종 小報의 筆政을 주관하였는데 내가 진보하는데 큰 장애가 되었음을 자책한다. 5·6년의 시간을 헛되이 여기에 낭비하여 吳趼人은 곡하노라! (吳趼人初襄《消閑報》, 繼辦《采風報》, 又辦《奇新報》, 辛丑九月又辦《寓言報》, 至壬寅二月辭寓言主人而歸, 閉門謝客, 瞑然僵臥。回思五六年中, 主持各小報筆政, 實爲我進步之大阻力; 五六年光陰遂虛擲于此, 吳趼人哭。)" 《消閑報》는 바로 《字林滬報》의 副刊이나, 丁酉年은 1897년이고, 壬寅年은 1902年이므로, 이 5·6년은 바로 吳趼人이 32歲에서 37歲 때를 가리킨다. 하지만 그는 결코 즉시 언론계를 떠나지는 않았다. "壬寅年 봄에 만났는데, 吳君은 《漢口日報》의 초빙에 응하였다. (會壬寅春, 吳君應《漢口日報》之聘。)"(紫英의 〈評新庵諧譯〉에서 인용.) 《新庵諧譯》의 〈吳趼人序文〉에도 이르기를 "壬寅年 봄에 蔣子才와 漢口에서 함께 일했다.(壬寅春, 與蔣子才共事漢皐)", 다음해(癸卯年) 봄에 辭職하고 상해로 돌아올 때까지 그는 漢口에서 신문을 편집하면서 또 다시 1년여의 시간을 보냈다. 이 문장은 魏紹昌 注, 〈魯迅之吳沃堯傳略箋注〉, 《吳趼人研究資料》, 4쪽에서 인용하였다.

超의 신문편집 活動과 小說創作의 鼓吹는 모두 동일한 입장에서 출발하는데, 1897년부터 小報의 편집 책임을 맡은 吳趼人은 1870年代부터 중국에서 中文雜誌를 主編하기 시작한 존 프라이어의 活動을 모를 리가 없었다. 當然히 두 사람 사이에는 間接的인 影響關係가 있었겠지만, 排外思想으로 충만한 吳趼人은 단지 이를 承認하지 않거나 혹은 告白하기를 원치 않았을 뿐이었다.

吳趼人은 1903년부터 여러 작품을 일시에 발표하기 시작했는데, 《電術奇談》의 경우, 他人의 구술에 의존해서 필술하는 방식을 사용하지 않고 기존의 번역본을 참조하여 백화문으로 풀어 쓰는 방식으로 외국소설을 중국식으로 개작했다. 그는 외국소설과 중국에 소개된 서구과학기술 간행물의 영향을 받아 중국인 독자의 취향에 맞는 章回體의 樣式에 이런 외래적 내용과 표현방식을 담아내어 독자들의 사랑을 받았던 것이다. 吳趼人은 직접 梁啓超로부터 결정적인 영향을 받았다고 밝힌 적이 있으며, 그의 작품 《新石頭記》에서는 維新派가 발간했던 《時務報》, 《淸議報》 등의 신문잡지에 경도된 모습을 반복적으로 묘사하였다.

그는 《新石頭記》와 《二十年目睹之怪現狀》 중에서 존 프라이어의 번역활동과 그가 심혈을 기울여 경영했던 江南製造局 翻譯館과 格致書室에 대해 서술하였고, 소설을 창작하기 이전인 1897~1898년 사이에 저술한 《趼囈外編》에서는 당시의 신문잡지를 구독하며 西學을 학습했던 사실을 언급하고 있어 그가 직접적으로 존 프라이어로부터 영향을 받았다는 사실은 분명하다고 말할 수 있겠다. 吳趼人은 《新石頭記》와 같은 미래 공상과학소설을 창작한 작가이지만, 그는 외국에 유학을 간 적이 없었고, 외국어에 능통했다는 기록은 없지만, 중국에서는 서구과학문명을 제일 먼저 접촉할 수 있었던 上海의 江南製造局에 근무했던 경험과 과학기술과 관련 있는 번역서적을 통해 서구과학기술과 문명을 일찍부터 소설 창작에 운용할 수 있었을 것이다. 그는 매우 뛰어난 문장력과 함께 창작능력을 겸비한 소설작가로써 19세기 후반 약 30여 년간 서구의 과학기술과 문물을 소개하여 중국의 근대화를 이루려 했던 존 프라이어가 닦아 놓은 길을 중국소설이란 개혁수단을 가지고 직접 실천한 20세기 최초의 작가이다. 그래서 그는 외래요소의 응용으로 중국소설을 변혁시킬 수 있었고, 타인의 翻譯을 창작에 활용하여 전통소설을 변화시킨 20세기 초기의 가장 걸출한 중국소설가로 평가를 받게 된 것이다.

제4장 최초의 中文基督敎小說과 韓國基督敎博物館 所藏 초기 中文基督敎小說의 韓譯本 연구

중국에서 종교를 선교하기 위해 소설을 저술한 사례는 육조시대의 道·佛敎에 관한 短篇筆記小說에서 그 유래를 찾을 수 있으며, 明·淸代의 장회소설 중에는 宋代說話四家數의 說經傳統을 이어받아 창작된 《西遊記》를 비롯한 神魔小說에서 손쉽게 발견할 수 있다. 이런 종교소설은 주로 佛·道敎와 관련된 것이 많은 편이며, 천주교소설은 明末 天主敎 예수회 신부의 來華 이후에 창작되어 적지 않은 시간이 지났지만 중국소설학계에서는 그동안 연구가 거의 진행되지 않았다. 1819년 최초로 기독교소설 《張遠兩友相論》이 출간되었는데, 기독교소설 역시 학계의 주목을 받지 못하다가 최근 하버드대학의 패트릭 하난(Patrick Hanan) 교수에 의해서 본격적으로 연구되기 시작하였다. 그는 한 권의 저작을 영어와 중국어로 동시에 출간하여 중국 19세기의 기독교소설을 전면적으로 소개하였다.[1] 그리고 이어서 프랑스 국가과학연구센터의 陳慶浩

1) 패트릭 하난은 2000년에 〈중국 19세기의 선교사소설〉을 발표하여 처음으로 중국의 초기 기독교소설에 관한 전문적인 연구를 진행하였고(Patrick Hanan, "The Missionary Novels of Nineteenth Century China", Harvard Journal of Asiatic Studies 60. 2, p.413~443), 2004년에는 뉴욕 콜롬비아대학 출판사와 上海教育出版社에서 영어와 중국어로 동시에 전문서적을 간행하여 초기 중국 기독교소설에 대한 종합적인 연구성과를 발표하였다. "Chinese Fiction of the Nineteenth and Early Twentieth Centuries", Columbia University Press, December 2004. 韓南(Patrick Hanan) 著 徐俠 譯, 《中國近代小說的興起》, 上海教育出版社, 2004. 5.

教授가 최초의 천주교소설 《儒交信》을 파리에서 처음으로 발견하였고, 파리의 도서관에 소장된 최초의 기독교소설 《張遠兩友相論》과 《贖罪之道傳》을 중심으로 분석한 연구논문을 발표하여[2], 이 분야의 연구에 본격적인 활기를 불어 넣었다.

본 논문은 이 두 학자의 최근 연구성과를 이용하여 최초의 中文基督教小說인 《張遠兩友相論》과 《贖罪之道傳》을 비롯한 19세기 중문기독교소설의 출판 양상을 살펴본 뒤에, 현재 한국기독교박물관에 소장된 한글번역본 《쟝원량우샹론》, 《인가귀도》를 비롯한 초기 중문기독교소설의 한글번역본을 고찰해 보고자 한다. 한국은 1884년 알렌 선교사가 인천으로 입국한 이래, 이미 124년의 기독교 역사를 가지고 있으며, 기독교 선교를 위해 1889년부터 삼문인쇄소를 설립하여 본격적으로 기독교 문서를 간행하기 시작하였는데, 이들 초기의 중문기독교소설은 대부분 1890년대에 번역 출간되어 초기 한국기독교의 선교사역에 상당한 역할을 한 것으로 평가되고 있다. 하지만 이들은 중국의 기독교소설로 분류되지 않았고 지금까지도 기독교 교리서로 간주되어 단지 일부 基督教史家들만이 주의했을 뿐이다.

본장은 이들 초기 한국 기독교 번역소설이자 최초의 중문기독교소설의 韓譯本을 연구하고 이의 선행작업으로 이들의 원전과 원저자에 대한 연구를 국내에 소개하여 중국과 동남아에서 19세기 초기부터 진행된 서양 기독교선교사들의 문서선교 활동을 살펴보고 나아가 최초의 중문기독교소설이 한국에서 어떻게 번역되고 수용되었는지를 텍스트 분석을 통해 살펴보고자 한다.

---

2) 陳慶浩 著, 〈新發現的天主教基督教古本漢文小說〉, 《傳播與交融—第二屆中國小說與戲曲學術研討會論文集》, 臺灣 嘉義大學中國文學系所, 2005.4.

제1절 최초의 中文基督敎小說 《張遠兩友相論》과 작자 윌리엄 밀네

이 작품은 撰人이 著錄되어 있지 않은데, 윌리 알렉산더(Wylie Alexander, 1815~1887년)의 《Memorials of Protestant Missionaries to the Chinese 在中 개신교 선교사 기록》(이하 《선교사 기록》이라 약칭)에 의하면 윌리엄 밀네(William Milne, 1785~1822년)가 지은 것이라고 한다. 初版은 1819년 말레이시아의 말래카(Malaca: 중국명 馬六甲)에서 출간되었는데 총 20면[3]이다. 1831년 말래카에서 42면으로 재판되었고, 1836년에는 역시 42면으로 싱가포르에서 재판되었으며, 1844년 홍콩에서 수정본이 출간되었다. 그리고 후에 上海와 寧波 등지에서 수정본이 나왔는데, 서명은 《張遠兩友相論》, 《二友相論》, 《甲乙兩友相論》 등으로 바뀌었다. 高田時雄 編 《映日書屋所藏 閩南語敎會 로마자 文獻目錄》에 수록된 알파벳표기 閩南語 宗敎書目 중에는 《Tieⁿ Uân

⑮ 〈윌리엄 밀네(William Milne, 1785~1822년)〉

3) 여기서 말하는 '면'은 線裝本에서 사용하는 '葉'을 지칭한다. 대개 2쪽으로 되어 있는데, 1쪽을 半葉이라 한다. '葉'은 우리 말로 쪽으로 번역될 수도 있어서 필자는 '면'이라 하겠다.

Liang-iuú Siang-lun, ék-tsò Tie-chiu Péh-uè》이란 書名의 부록 1條가 실려 있는데, 실은 알파벳 표기방식으로 1886년 번역 출판된 潮州話版 《張遠兩友相論》이다. 이 작품은 1종의 방언으로만 번역되지는 않았을 것이라 추정되는데, 지금까지 몇 종류의 판본이 출간되었는지 통계를 내기가 어렵다. 지금 파악되고 있는 판본은 道光 16년(1836) 孟秋에 重版된 것으로 "(싱가포르)堅夏書院藏板"으로 현재 파리 漢學院 IHEC도서관 소장본이며 모두 12回에 半面은 8行이고 1행은 20字이며, 총 42面에 모두 13,440자이다.

⑯ 〈1753년 말레이시아 말래카에 네덜란드인이 건립한 개신교 교회〉

밀네는 스코틀랜드 사람으로 1809년 런던 선교회에 가입하여 공부하고 1812년에 목사로 안수를 받고서 중국에 파견되어 기독교 최초의 중국선교사 로버트 모리슨(Robert Morri-son)목사를 도와주었다. 그는 1813년 7월에 마카오에 도착한 지 얼마 후에, 廣州에 가서 중국어를 공부하였고, 복음서 낱장과 소책자를 중국인에게 배포해 주는 작업과 모리슨목사를 도와 중국어 성경 번역작업을 하였다. 1815년 봄 밀네는 刻字工 梁發을 데리고 말레이시아의 말래카에 가서 인쇄소를 설립하여, 기독교 전단과 서적을 인쇄한 후, 중국으로 가져와 배포하였다. 1815년 8월에는 세계에서 최초로 중국어 정기간행지 《察世俗每月統記傳》(The Indo-Chinese Gleaner)을 창간했다. 1818년에는 모리슨과 함께 英華書院(Anglo-Chinese College)을 창립하여 교장으로 취임하였으나, 1822년 사망했다. 그와 모리슨이 공동으로 번역한 《신구약성경》은 1824년에 출판되었다.[4] 윌리의 《선교사 기록》에 의하면 밀네의 저작은 그가 주관해서 편집한 《察世俗每月統記傳》을 포함하여 모두 24종인데, 그 중에 영문저작은 3종이고 나머지는 모두 중국어 저술이다. 밀네의 저작 중에서 가장 널리 전해지고 가징 잘 알려진 작품은 아마도 《張遠兩友相論》이라 할 수 있다.

이 작품은 중국어로 쓰여진 첫 번째 기독교소설이자 유일하게 中國小說書目에 수록된 기독교소설이기도 하다.[5] 강희황제가 중국에서 천주교의 선교를 금지시키고 선교사를 추방한 이후, 비록 개신교 선교사들이 19세기 초에 동아시아에 왔지만, 중국에

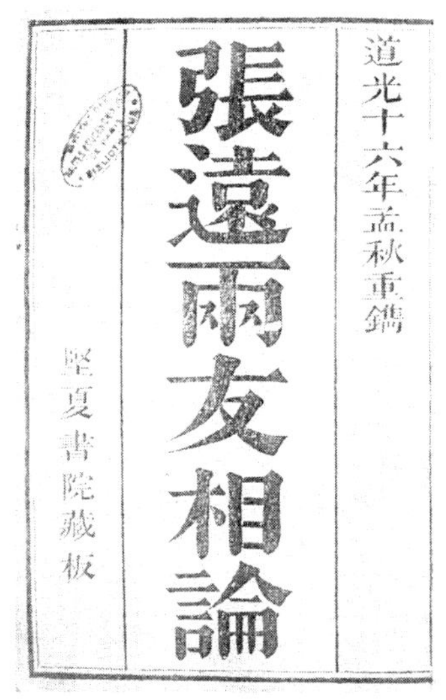

⑰ 〈1836년 刊 堅夏書院藏板 프랑스 파리漢學院 IHEC도서관 所藏 《張遠兩友相論》 표지〉

4) 밀네의 생평과 저작은 윌리의 《선교사기록》, 12~21쪽 참고.

5) 패트릭 하난은 《中國近代小說的興起》에서 밀네의 《張遠兩友相論》은 근래에 출간된 2종의 中國小說書目 《中國通俗小說總目提要》(江蘇省社會科學院 編, 北京 中國文聯出版公司, 1990년)와 《中國近代小說目錄》(王繼權 · 夏生元 編, 南昌: 百花洲文藝出版社, 1998년)에 著錄되었다고 하였지만(상게서, 71쪽, 첫 번째 단락), 後者는 어느 곳에도 저록되어 있지 않았다. 특히 상게서 71쪽의 마지막 문장에서 다른 書名으로 출판된 동일 작품의 두 가지 판본이 後者에 포함되었다고 했는데, 필자의 조사에 따르면 《中國近代小說目錄》에는 어디에도 수록되어 있지 않았다.

서 선교를 할 수가 없었으므로 초기의 개신교 선교사들인 모리슨과 밀네, 귀츠라프 등은 주로 마카오와 동남아시아에서 중국선교의 발판을 마련하였다. 밀네와 귀츠라프는 1842년 南京條約이 체결되어 중국에서 기독교의 선교활동이 허용되기 이전에, 이미 문서선교의 일환으로 기독교소설을 집필하였다. 특히 밀네는 모리슨과 공동으로 첫 번째 중국어성경 번역작업을 하면서 1819년 최초의 中文基督教小說인 《張遠兩友相論》을 출간하였다.

하지만 《張遠兩友相論》은 지금까지 소설작품으로 분류되지 않았고 극히 일부의 학자들이 부분적으로 小說書目에서 언급하였으나, 《中國通俗小說總目提要》에서 처음으로 이 작품을 소설의 범주에 넣어 소개하였다.

張遠兩友相論　12回　現存
作者未題
光緒 6년(1880) 上海 美華書館 排印本. 속표지 가운데는 "張遠兩友相論"이라 쓰여 있고, 右欄에는 "예수降世一千八百八十年", 左欄 上方에는 "光緒6年歲次庚辰", 下方에는 "上海美華書館重印"이라 쓰여 있다. 본문 상단에는 "保羅勸民棄假神, 宜專拜造天地萬物獨一眞神, 其意見《使徒行傳》十四章與十六章。(바울이 사람들에게 거짓된 우상을 버리고, 마땅히 천지만물을 지으신 유일신 하나님을 섬기라고 권면하는데, 이 구절은 《使徒行傳》 14장과 16장에 보인다.)"이란 구절이 있다. 12회, 回目이 없다. 卷端에는 "張遠兩友相論"이라 쓰여 있고, 題答과 板心에는 모두"兩友相論"으로 되어있다. 본문은 半面이 10行이고, 1行은 22字이다. [南京博物院圖書館 所藏]

작품은 두 친구를 서술하는데, 한 명은 張이고, 한 명은 遠인데, 張은 이미 예수의 신앙을 받아들여 믿고 따르고 있으며, 遠은 별로 잘 이해하지 못하여 장에게 설명해 주기를 청하였다. 장은 그리하여 그에게 예수가 어떤 인물이며, 기독교인의 매일 행적이 어떠한지 등을 설명해 주었는데, 대개 두 사람의 주고받는 대화를 통해 예수교의 교리를 드러내고 있다.(歐陽健 述)[6]

福建師大의 歐陽健교수는 1880년 上海 美華書館에서 출간한 南京博物院圖書館 所藏本에 근거하여 서지사항과 작품제요를 기술하였지만, 작품의 전체 편폭에 대한 언급이 없고, 개요 역시 12회 내용을 종합적으로 약술하지 않았으며 단지 작품 서두의 1·2회 대담 요지만을 서술하였기에 작품을 전부 읽고 서술하였는지 의심스럽다. 그러면 먼저 작품 내용을 살펴보도록 하겠다.

제2절 《張遠兩友相論》의 내용 소개 및 서술 특성

가까운 친구 사이인 張氏와 遠氏가 길을 함께 가다가 고금에 대해 서로 담론하였다. 遠은 張이 예수를 믿는다는 것을 알고 있었기 때문에 예수를 믿는 사람들은 어떤 사람들인가? 그들의 생활은 어떠한지를 물어보았다. 張은 그에게 "예수를 믿는 사람은 단지 한 분의 참 신을 공경하여 매일같이 참배합니다.…… 예수를 믿는 사람들은 누구나 자신의 나쁜 점들을 알고 있어 죄를 회개하고 악을 고쳐 개과천선합니다."라고 대답하였다. 두 사람은 또 다시 만나 遠이 張에게 "예수를 믿는 것은 어떤 것인가?"라고 물었다. 張은 그에게 예수는 하나님의 아들이라 부른다고 알려주면서, "참 신은 단지 한 분 뿐이지만 성체는 셋이 있는데 성부, 성사, 성신이라 하며, ……예수는 서양의 字意로 구원한다는 뜻이니 하나님의 아들이 세상에 와서 인류를 구원하기 때문에 이런 이름을 취한 것이다."라고 하면서, "모든 성현의 으뜸은 성현보다 더 존귀하고", "성현이 가르치는 도는 대개 현세의 눈앞의 일에 속하며, 死後의 일을 말하지는 않는다."고 하였다. 그리하여 예수를 믿으면 어떤

6) 江蘇省社會科學院 明淸小說硏究中心 編, 《中國通俗小說總目提要》, 中國文聯出版公司, 1990년 2월, 752~753쪽.

좋은 점이 있는지 논하게 되었다. 張은 "믿는 신도는 영혼이 구원을 얻어 지옥에 떨어지지 않으며, 천당에서 무궁한 복을 누리게 된다."고 말하였다. 두 사람은 다시 만나, 장이 원에게 말하길 "신자는 누구나 하늘의 情을 중히 여기고 이 세상의 情에는 마음을 두지 않는다."며 영혼의 존재는 신체보다 더 귀하다고 말하였다.

9일 뒤 저녁때, 遠이 張의 집에 가보니 張이 오동나무 밑에 앉아 默想하는 것을 보고는 왜 그러는 지를 물어보았다. 張은 그에게 하늘을 보고서 조물주가 하나님이심을 아는 진리를 알려주었다. 遠은 자신의 생각이 이에 미치지 않고 여태까지 단지 衣食만을 생각하며 살아온 것을 깨닫고서 눈물을 흘렸다. 張은 예수가 세상에 오셔서 죄인을 위해 돌아가신 대속의 고난을 알려주었고, 이 일을 함께 토론하였다. 遠은 집에 돌아가 장의 말이 생각나 잠을 이룰 수 없었는데 三更에 자리에서 일어나 하나님께 기도를 드렸다. 다음날 저녁 張의 집에 갔더니, 온가족이 모두 하나님께 예배드리고 있었다. 그 후에 장은 또 遠을 위해 하나님이 죽은 자를 부활시킬 수 있음을 말해주었다. 4일 뒤, 遠은 집에서 친구들을 초대해 연회를 열었는데, 연회가 끝난 뒤 張으로부터 부활한 뒤에 몸이 다시 죽지 않고 착한 사람은 영원한 상을 받고 나쁜 사람은 영원한 벌을 받게 된다는 말을 들었다.

元宵節 저녁에, 遠은 張을 찾아갔다가 張이 홀로 작은 방에서 하나님께 예배하며 기도드리는 것을 보았고 이에 대해 遠이 질의하니 張은 그에게 하나님께 예배하고 기도하는 장소와 방법에 대해 가르쳐주면서 언제 어디서나 시간이 있으면 기도해야 한다고 하였다. 遠은 기도의 목적과 死後 復活에 대해 물어보았다. 張은 기도란 죄 사함을 받기 위한 것이지 세상의 복을 구하는 것은 아니라고 하였다. 부활한 뒤에는 예수 그리스도가 심판하시며, "하나님의

말씀을 준행하여 선을 행하는 사람에게 예수께서는 천당에서 영원한 복을 얻게 하시고, 하나님의 말씀을 따르지 않고 악을 행하는 사람에게 예수께서는 지옥에서 영원한 禍를 당하게 하신다"고 알려주었다. 그 때는 이미 야심한 밤이었는데 遠은 張에게 자신을 위해 기도해주고 또 기도하는 법을 가르쳐 달라고 하였다.

遠은 집에 돌아와 張이 기도하는 중에 말끝마다 자신은 죄인이며 마음이 악하다고 기도하는 것이 생각났고, 사람들은 누구나 張이 착한 사람이라고 여겼으므로 그의 기도가 전혀 이해가 되지 않았다. 3일 후 저녁때에 장씨 집에 가서 그 일을 물어보았다. 張은 하나님이 세밀하셔서 스스로 의롭다는 마음을 가져서는 안 되며, 죄를 인정하고 사해줄 것을 간구해야 한다고 하였다. 死後의 善報와 惡報는 모두 영원하기 때문에 마땅히 마음을 돌려 하나님께 歸依해야 한다고 강조하였다. 遠은 집에 돌아와 잠을 이룰 수가 없었는데, 永福과 永禍를 생각하니 한 번 죽으면 그만이므로 자신은 "천당에 들어갈 수 없고 지옥도 벗어날 수 없음"을 걱정하게 되었다. 이런 걱정으로 밤새도록 잠을 이루지 못했고 음식을 먹어도 맛이 없었다.

그날 밤 또 다시 張氏 집에 갔다. 張은 遠의 얼굴에 근심이 가득한 것을 보고 그 까닭을 물어보니, 遠은 어젯밤에 생각한 것을 말하고는 비 오듯이 눈물을 흘리며 자신이 죄가 있음을 알게 되었다고 고백하였다. 張은 그를 위로하며 "누구나 살아서만 구원을 얻을 수 있으며 죽은 뒤에는 구원을 받을 수 없다"고 일러주었다. 마침 이웃사람이 청첩장을 가지고 장을 찾아 왔으므로, 張은 遠을 작은 방에 머물게 하였다. 일을 마치고 張이 돌아오니, 遠은 張에게 죄 사함 받는 방법을 알려달라고 간청하였다. 張은 이에 《성경》을 가져다 네 번째 책을 보여주며 "하나님이 세상을 이처럼 사랑하사

독생자를 주셔서 모든 믿는 자들이 멸망에 이르지 않고 영생을 얻게 하셨다(요한복음 3:16)"는 구절을 그에게 해석해 주었다. 또 遠에게 "당신이 구세주에게 의지하고자 하면 의심하지 말고 하나님의 명령을 어기지 않으면 반드시 구원을 얻을 것이다"라고 말하였다.[7]

이 작품은 기독교를 믿는 信者 張氏와 不信者 遠氏라는 두 등장인물을 통해 불신자가 기독교를 믿게 되는 과정을 상세하게 서술한 기독교 선교소설이다. 張氏는 독실한 크리스챤으로 불신자 遠氏에게 기독교의 핵심 교리를 알려주고 그가 신앙을 갖도록 인도하고 있으며, 작가는 張氏의 입을 통해 기독교의 주요 교리와 신앙의 본질과 신앙생활을 설명하고 있다. 작중에서 등장인물은 이런 작자의 주제를 전달하는 대변인의 역할을 충실하게 감당하고 있으며 독자적인 개성을 가진 인물로 묘사되지는 않았다. 때문에 독자는 작품을 읽으면서 인물의 성격발전을 발견할 수 없고 다만 작자의 대변인처럼 활동하는 두 인물의 대화를 읽을 수 있을 뿐이다.

이 작품은 回로 나뉘어 있으나 回目이 없고 각 回의 서두에는 章回體小說의 시작 상투어가 없으며, 각 회의 말미에도 마침 상투어가 없다. 실제로 한 권의 작품을 12小節로 나눈 책으로 각 小節은 대체로 遠氏가 질문하고 張氏가 대답하는 방식으로 구성된 한 권의 基督教 教理問答書로 볼 수 있다.

작품에서 처음부터 끝까지 등장하는 作中人物 張과 遠은 특별한 성격 발전과 특징이 없지만 지옥에 떨어져 영원한 고통을 받을 것이라고 생각하며 죄의식을 가지고 번민하는 遠氏의 심리활동이 세밀하게 묘사되어 있는 등 인물의 심리묘사에 있어 문학적인 필체

---

7)《張遠兩友相論》, 프랑스 漢學院 IHEC圖書館 所藏本, 堅夏書院藏板, 1836년.

를 맛볼 수 있다.[8] 이 작품에는 18a, 24a, 25a, 41면에 4條의 眉批가 본문의 상단에 쓰여 있는데, 이들 眉批는 모두 그 부분의 論旨가 《신약성경》에 근거하고 있음을 말하고 있다. 예를 들면, 부활한 후의 상황에 대해서는 "《고린도전서》 제15장 42 · 43절에 보인다"라는 眉批가 상단에 달려있다.[9]

때문에 이 작품이 과연 소설작품인지 아닌지를 검증해 볼 필요가 있겠다. 왜냐하면 비록 두 등장인물의 대화형식을 통해 내용을 표현하였고 게다가 章回體의 형식을 갖추고 있기는 하지만, 실제 내용은 허구적인 사실이 아니라 《성경》에 의거한 기독교의 주요 교리를 집중적으로 설명하고 있기 때문에 순수한 허구적 창작소설이 아니라는 것이다. 그러나 章回體의 외형적인 격식과 작중인물 설정 등의 문학적인 표현방식은 당연히 소설적 구성요건이기 때문에 필자역시 이 작품을 기독교소설로 분류하고자 한다.

두 인물의 등장과 10번에 걸친 긴 對談과 토론은 이 작품의 주요 서술방식이며, 질의와 응답이라는 問答體는 기독교의 교리문답서를 비롯한 기독교 문서에서 상용하는 서술양식이다. 이런 서술방식은 특정된 주제를 효과적으로 전달하기 위해 중국서사문학에서는 이전부터 상용하던 것으로, 작자는 기독교 선교목적을 위해 문답체의 서술방식으로 이 작품을 창작하였다.

8) 제10회, 34a~37a면.
9) 제7회, 24a면.

제3절 韓國基督敎博物館 所藏 한글번역본《쟝원량우샹론》

그런데 내용과 서술상의 특징은 이 작품의 한글번역본을 분류하는데서 다시 드러나고 있다. 숭실대학교의 한국기독교박물관에 소장된《韓國基督敎博物館 所藏 古文獻 目錄》에는 아래와 같은 作品 著錄이 있다.

> 《쟝원량우상론(張袁兩友相論)》
> 저자미상, 발행연도 1898년, 기록문자 한글, 47장,
> 크기 21.4×14.7, 四周雙邊 半葉 12행 24자, 정동예수교회당 漢陽
> Sign: By S. A. Moffett, 定價 엽전 30푼,
> 등록번호: 0078, 同一本 등록번호: 0129[10)]

이 작품의 譯者 사무엘 마펫은 19세기 말부터 기독교의 초기 한국 선교를 위해 기독교와 관련된 다수의 번역물을 출간한 대표적인 선교사 번역가이다. 활자본으로 인쇄된 이 작품에는 목차나 서문이 전혀 없고 다만 표지면의 四周雙邊 하단 왼쪽에 "By Samual Austin Moffett"이라고 肉筆로 쓰여 있다. 한글번역본《쟝원량우상론(張袁兩友相論)》의 서지사항은 다음과 같다.

---

10) 《韓國基督敎博物館 所藏 古文獻 目錄》(숭실대학교 한국기독교박물관 학예과 편, 2005년 2월)의 39쪽, 1. 기독교 5)신앙교리서 항목에《쟝원량우상론(張袁兩友相論)》이 著錄되어 있다. 제명 중에서 '袁' 字는 '遠'으로 수정되어야 하겠다. 다만 한글번역본에는 전혀 한자가 표기되어 있지 않아서(작품의 표지에 있는 제명만이 국한문이 병기되었음), 原作을 보지 못한 사람들은 이의 正誤를 확인할 수가 없겠다.

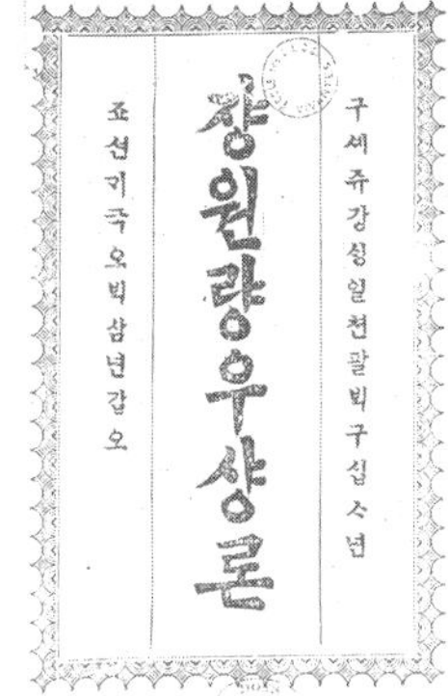

구세쥬강ᄉᆡᆼ일쳔팔ᄇᆡᆨ구십ᄉᆞ년

쟝원량우샹론

죠션기국오ᄇᆡᆨ삼년갑오

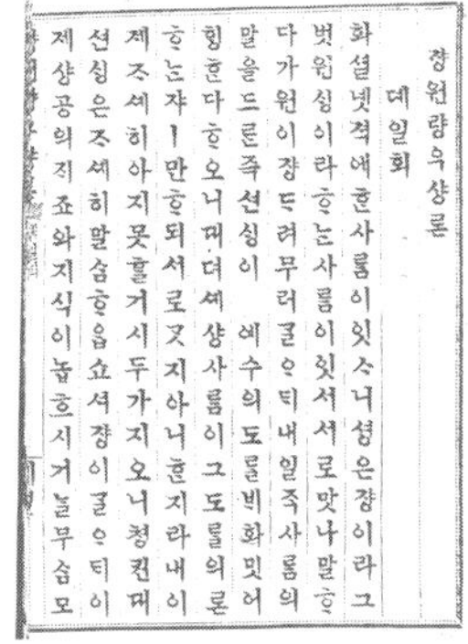

쟝원량우샹론

뎨일회

화셜녯적에ᄒᆞᆫ사ᄅᆞᆷ이잇ᄉᆞ니셩은쟝이라그
벗원ᄉᆡᆼ이라ᄒᆞᄂᆞᆫ사ᄅᆞᆷ이잇서서로맛나말ᄒᆞ
다가원이쟝ᄃᆞ려무러ᄀᆞᆯᄋᆞᄃᆡ내일죽사ᄅᆞᆷ의
말을드ᄅᆞᆫ즉션ᄉᆡᆼ이 예수의도ᄅᆞᆯ비화밋어
ᄒᆡᆼᄒᆞᆫ다ᄒᆞ오니ᄯᆡ더셰샹사ᄅᆞᆷ이그도ᄅᆞᆯ의론
ᄒᆞᄂᆞᆫ쟈ㅣ만ᄒᆞ되서로ᄀᆞᆺ지아니ᄒᆞᆫ지라내이
제ᄌᆞ세히아지못ᄒᆞᆯ거시두가지오니쳥컨ᄃᆡ
션ᄉᆡᆼ은ᄌᆞ세히말ᄉᆞᆷᄒᆞ옵쇼셔쟝이ᄀᆞᆯᄋᆞᄃᆡ이
제샹공의ᄌᆡ죠와지식이놉흐시거ᄂᆞᆯ무ᄉᆞᆷ모

⑱ 〈1894년 刊 한역본 사무엘 마펫 譯 《쟝원량우샹론》 표지와 제1회 서두〉

표지는 세로쓰기로 되어있는데, 우측은 "구세쥬강싱일쳔팔빅구십팔년"이라 쓰여 있고, 좌측은 "대죠션기국오빅칠년무술"이라 쓰여 있으며, 그 밑에 작은 글씨로 "엽젼삼십푼"이라 쓰여 있다. 표지 중간에 세로쓰기로 쓰여진 書名의 양쪽은 검은 줄에 전체 사방은 굵고 안쪽은 가로줄, 밖은 레이스 무늬가 있는 四周雙邊이며, 사주쌍변의 하단 왼쪽에는 "By Samual Austin Moffett"이라고 영문으로 표기되어 있다. 작품은 총 11回이며, 回目이 없다.

이 번역본은 원본과 비교해보면 몇 가지 다른 특징이 있는데 다음과 같다.

첫째, 원본에는 回를 나눈 것 이외에는 장회소설의 흔적이 없으나, 한글번역본에는 본문이 시작되는 제1회가 "화설 옛적에……"로 시작하여 再版本보다는 話本套의 語調가 증가하였음을 알 수 있다.

둘째, 원본의 제1회와 제2회를 합쳐서 번역본의 1회로 만들었다. 원본의 제1회는 제5면a(번역본)에서 끝나며 원본의 제2회와 합하여 번역본 第1回가 되었다. 때문에 원본의 12회가 번역본의 11회로 줄어들었다.

셋째, 매회의 서두와 끝 부분은 1836년의 재판본보다는 문자가 약간 증가하였는데, 번역본의 종결부분은 이런 경향을 확실히 보여주고 있다.

재판본의 종결부분:

遠曰："我之罪太過重，恐怕神天不肯赦我，又不肯賜我得此永福。"張曰："汝要依靠救世者勿疑，勿違神天之命(，則必得救也。)"終[11)]

번역본의 종결부분:

원이 ᄀᆞᆯᄋᆞᄃᆡ 다만 내 죄악이 너무 만ᄒᆞ니 엇지 나를 샤ᄒᆞ여 무궁ᄒᆞᆫ 복을 엇게 ᄒᆞ시리오 쟝이 ᄀᆞᆯᄋᆞᄃᆡ 만일 예수씨를 밋어 ᄆᆞᄋᆞᆷ에 의심을 두지 아니 ᄒᆞ면 **반ᄃᆞ시 구원ᄒᆞᆷ을 엇으리니 일즉 예수씨를 말ᄉᆞᆷ에 닐녓시되 하ᄂᆞ님이 나를 보내여 셰샹에 ᄒᆞ려왓슴은 곳 셰샹을 죄주고져 ᄒᆞᆷ이 아니라 이에 셰샹을 구원ᄒᆞ이라 ᄒᆞ셧시니 진실ᄒᆞ신지라 이 말ᄉᆞᆷ 이여 이제 샹공은 이 ᄎᆡᆨ을 닉히 보시고 진심으로 예수씨를 밋으면 반ᄃᆞ시 무궁ᄒᆞᆫ 복을 엇으리이다**

쥬일쳔팔ᄇᆡᆨ구십팔년
셩샹즉조삼십오년무슐

쟝원량우샹론죵 **경셩졍동예수교회당간인**[12)]

위의 진한 글씨 부분은 재판본에 없는 문장인데, 한글번역본에

---

11) 윌리엄 밀네 저, 《張遠兩友相論》, 프랑스 漢學院 IHEC圖書館 所藏本, 1836년, 第12回 42면.

12) 사무엘 마펫 역, 《쟝원량우샹론》, 韓國基督敎博物館 所藏本, 1898년, 제11회 47면.

서 첨가한 것인지 아니면 중국어의 다른 판본을 저본으로 한 것인지 진일보한 조사가 있어야 하겠다. 다만 재판본과의 비교에 따르면 한글번역본은 논리적인 문장이 부분적으로 증가하였고 게다가 중국고전소설의 章回體 語套 역시 늘어나서 소설적 요소가 강화되었다고 할 수 있겠다.

번역본은 총 47면으로, 版心 上段에는 "쟝원량우샹론"이라 쓰여 있고 무늬가 있으며, 판심 중간에는 "뎨십일회" 등의 회수가 적혀 있고 판심의 하단에는 한 줄을 긋고 그 아래 面數를 표기하였다. 四周雙邊, 반면은 12행이고, 1행은 17자나 혹은 18자로 자수가 일정치 않다. 문장부호를 쓰지 않고 띄어쓰기를 정연하게 하였다. 문자는 한글로 표기되었지만 전형적인 線裝書 양식을 취하고 있으며, 작품 전체가 모두 순수한 한글로 표기되었고, 게다가 정연하게 띄어쓰기를 하여 당시에 이미 한글을 해독하는 대중을 위한 서적으로써 선구적인 역할을 하고 있다. 이는 다른 국한문 혼용체 작품과 비교했을 때, 상당히 의미 있는 표기방식이라 생각된다. 다시 말해, 《쟝원량우샹론(張袁兩友相論)》은 중국에서 활동한 선교사 밀네가 창작하고 한국의 미국선교사 마펫이 번역하여 한국에서 한글을 해독할 수 있는 일반 대중에게 기독교를 선교하기 위한 목적으로 출간한 전형적인 19세기 말의 기독교 번역소설인 것이다.

《張遠兩友相論》은 淸朝의 基督敎 禁敎時期에 창작되었으며 동남아 화교사회에서 출판되었다. 그 당시 동남아 화교사회에서 서양선교사와 협력관계를 갖고 있던 중국인은 대부분 그들에게 고용된 사람으로 학문이 뛰어난 지식인은 없었다. 이 작품은 소설적 구성이나 수준에 있어 사회적인 주목을 끌지는 못했지만 기독교의 선교목적으로 여러 지역에서 다양한 언어로 출간되었다. 근래에 발표된 중국소설서목과 학술연구를 통해서 이 작품이 중국과 일본에 널리 전파되었음을 알 수 있으며, 한국기독교박물관에 소장된 한글번역본을 통해서 이미 한국에서도 유통되었음을 알 수 있다. 특히 기독교가 전파된 지 얼마 되지 않는 1898년 서울의 정동교회에서 간행됐다는 것은 이 작품이 기독교의 선교를 위해 초기의 한국교회에서도 널리 통용되었다는 것을 반증하는 것이다.

제4절 초기 한국기독교의 문서선교와 中文基督敎小說의 번역본

韓國基督敎博物館 所藏《張遠兩友相論》의 한글 번역본은 1898년에 정동교회에서 번역 출간되었지만, 이 번역본은 그 이전의 목록에서도 찾을 수가 있으니, 1892년 조선성교서회(The Korea Relligious Tract Society)의 출판목록에 이미《張遠兩友相論》의 한글번역본이 수록되어 있다.《한국기독교의 역사1》의 제5장〈선교의 자유와 초기 선교활동〉에는 조선성교서회의 출판사업을 아래와 같이 소개하고 있다.

1890년에 초교파(장·감 연합) 문서사업기관으로 '조선성교서회'(The Korea Relligious Tract Society)가 설립됨으로 보다 체계적인 문서선교의 기틀이 잡혔다. 언더우드·헤론·올링거 3인의 노력에 의해 태동된 이 서회는 "조선어로 기독교 서적과 전도지와 정기간행의 잡지류를 발행하여 전국에 보급"하는 것에 그 목적을 두었다. 1890년에 출판된《성교촬리》를 비롯하여《텐로지귀》,《훈ᄋᆞ진언》(1891년),《장원량우샹론》(1892년),《구셰진젼》(1893년),《덕혜입문》(1893년) 등의 전도 교리문서들을 출판해 냈다. 이 서회는 1897년에 대한성교서회로 명칭을 바

13) 이만열 저,《韓國基督敎文化運動史》, 대한기독교출판사, 1987년, 308쪽. 이 문장은《한국기독교의 역사1》(한국기독교사연구회 편, 기독교문사, 1990년 10월 3판), 206쪽에서 재인용하였다.

꾸었다가 합방후인 1915년 조선예수교서회(The Korea Relligious Book and Tract Society)로 다시 바뀌었는데 이것이 오늘의 대한기독교서회의 전신이다.[13]

대한기독교서회의 문서간행물 중에는 1892년에 출판된 《쟝원량우샹론》이 있는데, 이는 정동교회 간행본보다는 6년이 앞선 것이다. 하지만 현존하는 번역본은 1898년 간행된 한국기독교박물관 소장본이 가장 오래된 것이며, 다른 판본의 존재는 진일보 조사를 해보아야 하겠다. 또한 韓國基督敎會史家 金良善牧師는 초기의 기독교 단행본 출판에 대해서 다음과 같은 언급을 하였다.

> 국내에서 발행된 것으로는 1889년에 나온 《셩교촬요》(아펜젤러)와 《속죄지도》(언더우드), 1890년에 나온 《라병론》(올링거), 《미이미교회강례》(아펜젤러), 《셩교촬리》(언더우드), 《크리스도쓰 셩교문답》(스크랜튼 부인) 등이 비교적 초기에 나온 것들로 기독교의 기본교리들을 그 내용으로 삼고 있다.[14]

여기서 주목해야 할 것은 언더우드가 번역한 《속죄지도》라는 서적인데, 이는 두 번째 중국의 기독교소설로 간주되는 귀츠라프 저 《贖罪之道傳》의 한글번역본이다. 귀츠라프는 기독교선교사로서는 처음으로 조선을 방문하여 정식으로 서양과 교류할 것과 기독교의 선교 허용을 한국정부에 주청한 외국인인데, 그는 이미 1830년대에 다량의 기독교 선교문서를 집필한 경력이 있어 그의 저작목록이 이미 하버드대학의 패트릭 하난교수에 의해 조사되었다.

1. 귀츠라프 著 《贖罪之道傳》의 서지사항과 작자 소개

1834년에 간행된 大英圖書館 所藏 《贖罪之道傳》 3卷 21回本은

14) 金良善 저, 〈韓國基督教 初期刊行物에 關하여〉, 《史叢》 12 · 13합집, 고려대학교 사학회, 1968년, 571~597쪽 참조. 《한국기독교의 역사1》, 205쪽에서 재인용.

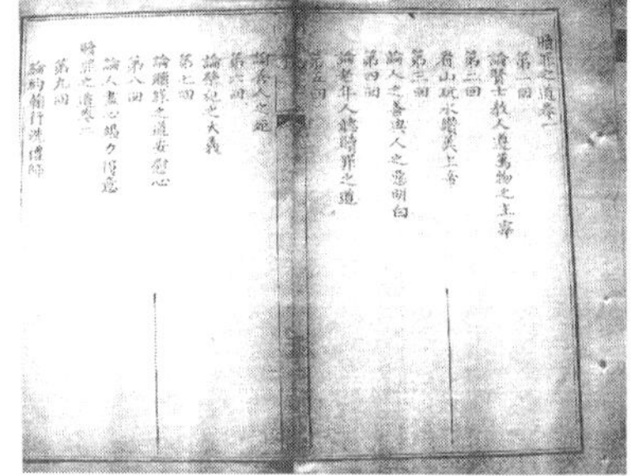

⑲ 〈1836년 刊 프랑스 파리漢學院 IHEC도서관 所藏 귀츠라프 作 《贖罪之道傳》 서문과 목차〉

246面이며, 작자의 序跋文이 있으나, 제1권이 없다. 1836년 41면의 修正縮寫本이 출간되었는데, 프랑스 漢學院 IHEC圖書館 소장본은 1836년 간행본으로 2권 18회로 되어 있고, '愛漢者纂' 이라 서명되어 있으며 序文과 목차가 있다.[15)]

프랑스 漢學院 所藏本《贖罪之道傳》의 표지에는 "道光 丙申年(1836) 판각", "愛漢者纂"이라 쓰여 있고, 또한 "朱子謂道之本源出於天而不可易。(朱子가 道의 本源은 하늘에서 나와 바꿀 수가 없다고 하였다.)"라는 문장이 쓰여 있다. 서문에서는 '속죄' 와 '속죄의 도' 를 설명하고 있으며, 그 뒤에는 目錄이 있고 본문은 두 권으로 나뉘어져 있다. 半面은 10行이고, 1行은 25字이다. 제1권은 25면이고, 제2권은 36면인데, 두 권의 卷末은 모두 半面이 비어 있으며, 全書는 약 3만자이다. 回目은 短句로 표제와 같다. 각 회의 처음은 '話說' 로 시작되며, 回末에는 "……어떠한지, 다음 회의 진행을 들어보도록 하자(……如何, 請聽下回分解)"라는 전통적인 장회체 소설의 상투어로 끝을 맺는다.

저자 '愛漢者' 는 선교사 귀츠라프(Gützlaff Karl Friedrich

15) 패트릭 하난 저, 《中國近代小說의 興起》, 68~101쪽.

August, 1803~1851년)의 필명이다. 귀츠라프는 프러시아의 피리츠(Pyritz)에서 태어났으며 소년시절부터 외국에 나가 전도할 뜻을 품고서 아랍어와 터키어를 배웠다. 18세에 베를린의 선교회학원에 들어가 공부하였고 1823년 다시 네덜란드의 노트르담 네덜란드선교회에 가서 수학하였으며, 1826년 목사로 안수를 받고서 당시 네덜란드의 식민지였던 인도네시아에 선교사로 파송되어 말레이어와 중국어를 배웠다. 1828년 싱가포르에 갔고, 이듬해 네덜란드선교회에서 나와 독자적인 선교사가 되어 싱가포르와 태국 사이를 왕래하였다. 1831년 중국에 도착하였고, 그 다음해 연말에 마카오에 갔다. 1832년부터 여러 차례에 걸쳐 불법으로 배를 타고 중국해안선을 타고 항해하여 중국 沿海의 여러 도시를 시찰하였고 조선과 일본에도 간 적이 있었는데, 이 기간 중에는 주로 영국인을 위해 일을 하였다. 1833년 廣州에서 중국어 월간잡지《東西洋考每月統記傳》을 창간하였는데, 이 잡지가 중국에서 출판된 첫 번째 정기간행물이다. 1839년부터 아편전쟁 기간에 귀츠라프는 이 전쟁의 전 과정에 참여하여 영국군의 각종 주요 직무를 맡았다. 그리고 영국군이 定海와 寧波, 鎭江을 점령했을 때, 각지의 지방장관을 역임하였다. 나중에는 영국 측의 통역관으로 淸정부와의 담판에 참여히어 南京條約의 조인에도 간여하였다. 전후에 그는 홍콩식민정부의 中國人政務司로 임명되어 중국인과 관련된 사무를 치리하는 책임을 맡다가 1851년 향년 48세로 타계하였다. 지금 홍콩의 吉士笠街는 바로 그를 기념하기 위해 命名한 거리이다.[16)]

윌리의《선교사 기록》에 의하면, 귀츠라프는 일생 동안 86종의

16) 귀츠라프의 일생과 그의 저작에 대해서는《선교사 기록》, 54~66쪽을 참고할 것.

서적을 출간하였는데, 중 · 일 · 태국 · 독일 · 영국 등 각종 문자로 쓰여 졌으며, 그 중에서 중국어 전적은 61종이 있다. 패트릭 하난은 이들 중에서 소설 맛이 나는 서적으로 21종의 서목을 열거하였는데, 대부분 귀츠라프가 영국정부를 돕기 전인 1834년에서 1839년 사이에 집필한 것으로, 6년이 되지 않는 짧은 시간에 이런 대량의 저술작업을 했으니, 엉성하고 치밀하지 못한 단점을 피할 수 없겠다.

중문기독교소설의 두 번째 작품이자 귀츠라프의 대표적인 기독교소설《贖罪之道傳》의 回目과 提要는 다음과 같다.

第1回 論賢士敎人遵萬物之主宰　第2回 看山玩水讚美上帝
第3回 論人之善與人之惡明白　第4回 論老年人聽贖罪之道
第5回 論善人之死　第6回 論祭祀之大議
第7回 論贖罪之道安慰心　第8回 論人盡心竭力得意
第9回 論約翰行洗禮師　第10回 論耶穌降生
第11回 論約翰鐸德　第12回 耶穌宣道
第13回 論救世主行神跡　第14回 論眞道自證
第15回 論耶穌設比諭　第16回 論耶穌之寶訓
第17回 論耶穌遭苦受死　第18回 論耶穌復升天

明나라 때 과거시험에 장원으로 급제한 厦門사람 翰林 林德은 성 밖에 살았는데, 9월 중순 吳御史가 내방하여 古書 중의 "天地萬物主宰"의 의미에 대해 담론하였다. 마침 동료 陳老爺도 와서 함께 대화를 나누었는데, 林翰林은 하나님을 "宇宙의 大主", "上帝", "皇上帝", "神天"이라 부르며 그 뜻은 모두 같다고 하였다. 하나님은"대개 萬物의 위에 계시며 인류와 금수는 모두 그 권세를 준수한다"고 하였다.

다음 해 4월, 林翰林은 교외에서 李氏 姓의 백발노인을 만났는데, 李老人은 그에게 읽고 있는 서적 중에서 하나님이 天地를 창조한 구절을 해석해 주었다. 하루는 李老人이 과거 응시생 秀才 蘇連幸을 추천해 주어 林翰林을 찾아왔으므로, 林은 蘇에게 "하나님을 경배하고 《성경》을 읽으라"고 말해주었다. 林翰林은 하나님이 그 형상대로 사람을 지었지만 그러나 사람이 뱀의 유혹에 빠져 하나님의 율법을 어기고 에덴동산에서 쫓겨났기 때문에 태어날 때부터 죄가 있으며, 게다가 우상을 숭배하고 보살을 섬겨 타락하게 되었다고 《성경》에 근거하여 말했다. 두 사람은 오랫동안 환담을 나누었고 蘇는 과거시험을 보러 떠나갔다.

蘇連幸은 과거시험에 응시하여 제4등 經魁로 합격하였고, 春闈에서는 제16등 進士, 殿試에서는 四甲第三으로 합격하여 廣東의 推官으로 선발되었다. 李老人의 병세가 위중하다는 소식을 듣고 그는 급히 厦門으로 길을 떠났다. 저녁에 여관을 찾지 못해 陳兩道의 집에 유숙하게 되었는데, 陳氏 가족들은 모여서 하나님께 기도하였고, 陳氏는 《창세기》 제3장에 하나님이 속죄의 방법을 분명하게 가르쳐 주었다고 蘇에게 말했다. 밤에 蘇는 어태까지 만물의 주재자를 알지 못하고 살았다는 사실을 깨닫고서 침상에서 일어나 하나님께 믿음을 달라고 기도를 드렸다. 또한 《창세기》 노아의 방주를 읽고 나서야 삼이 들었다.

다음 날 길을 떠나 厦門에 있는 李老人의 집에 도착하여 서로 반갑게 해후하였다. 李老人은 비록 중병을 앓고 있었지만 속죄의 방법을 설명해주었고, 하나님이 아브라함에게 축복해주신 사건을 말해주었다. 蘇連幸은 李公의 병시중을 들었는데, 7일 후에 李公이 죽었다. 蘇連幸은 비록 대단히 슬펐지만 李公의 영혼이 살아있어 영원한 복을 누린다는 사실을 기뻐하였다. 이에 꿇어앉아 하나님의 가르침을 간구하였고 하나님의 율법을 준행하고 음덕을 널리 쌓아 자만하고 교만해지지 않게 해달라고 기도하였다.

어느 날 여러 명의 청년들을 만나《성경》에 대해 물어보았더니, 그들은 지금 성경을 읽고 있는 중이라고 하면서, "獻祭의 禮法을 세밀히 살피고 있으며, 옛날 사람들이 헌제를 드릴 때에는 금수를 죽여 그 피를 흘리고 그 고기를 불로 태우는데, 이를 가리켜 하나님께 드리는 제사라고 한다"고 알려 주었다. 그중에 林德昭라는 사람이《성경》을 숙독하여 아브라함 일족의 역사와 하나님께서 모세를 보내 이스라엘민족을 애굽에서 구출해 내신 일을 설명해 주었다.

蘇連幸은 北京으로 돌아왔고, 林翰林이 그를 찾아와 李老人의 죽음을 애도한 뒤, 서로《성경》과 속죄의 도에 대해 토론하였다. 갑자기 楊太常이란 사람이 찾아왔는데, 그는 위인이 교만하고 탐욕스러우며 권세 있는 사람에게 아첨하기를 좋아하였고 게다가 贖罪의 道를 부정하였다. 蘇와 林 두 사람이 天道에 대해 논하는 대화를 듣고서 楊은 現世의 福을 누려야만 하는데, 어째서 스스로 고생을 자초하느냐고 힐문하고서 가버렸고, 두 사람은 贖罪에 대해 계속 토론하다가 헤어졌다. 갑자기 楊太常이 부른다는 전갈을 받고서, 두 사람이 갔더니 楊氏는 이미 중병에 걸렸는데 楊은 자신의 어려운 처지를 토로하고는 후회하며 숨을 거두었다. 두 사람은 하나님의 징벌을 보고서 무릎을 꿇고 기도를 드렸다. 蘇連幸이《구약성경》을 얻어 林翰林, 李御史와 함께 읽고는 이스라엘 민족의 역사와 예수가 세상을 구원하러 강생하실 것이란 구약의 예언을 알게 되었다.

李御史가 林翰林을 찾아갔더니, 마침 林翰林이 門生들을 모아놓고 세례 요한의 내력과 天國이 곧 도래할 것을 예언한 그의 사적을 강설하고 있었다. 아울러 天國에 들어가려면 반드시 자기의 죄를 회개해야 하고, 하나님께서 일러주신 속죄의 길을 따라야 하며, 그리스도께서는 自滿한 자로 하여금 天福을 누리지 못하게 하시고 自卑한 자를 부르신다고 하였다. 李御史는 蘇에게 예수가 세상에 강생하여 어떻게 인류의 죄를 대속하셨는가 하는 문제를 물어 보았고, 蘇는 천사가 동정녀 마리아를 잉태시켜 예수를 낳은 일과 예수 降生에 관한 이적들을 말해 주었다. 李御史는 대단히 놀라고 기뻐하며 중국인이 예수가 하나님임을 모르는 것을 한탄하였다. 蘇는 그와 함께 무릎을 꿇고 감사의 기도를 드렸다.

지방의 知縣 黃대감은 周行이란 부랑자가 낸 고소장을 보고서 서양선교사 謝德列목사를 잡아오라고 명령하였다. 謝목사는 잡혀와 기독교의 要綱을 黃知縣에게 올려 예수교는 贖罪의 天道이며 異端邪敎가 아니라고 해명하면서 天道의 신앙을 강론해 주었다. 黃知縣은 기독교의 교회당과 천주당이 무엇이 다르며 어째서 교회당에는 보살이 없고 제단이 없으며, 향을 사르지 않는가를 물어보았다. 謝목사는 하나님은 참 영이시라 목석으로 만든 우상에 향을 살라 봉양해서는 안 된다고 말했다. 황대감은 이에 謝목사를 석방하여 집으로 돌려보냈다. 다음날은 주일날이라 예수교인들이 모두 모여 예배를 드렸고, 黃知縣은 아졸들을 보내 염탐케 하였으며, 아졸은 교인들이 예배드리는 것을 黃知縣에게 상세하게 보고하였다. 黃知縣은 예수교인들이 犯法하지 않는다는 것을 알고 나서 謝목사를 초빙하여 예수의 도를 경청하였다.

林翰林은 하나님의 말씀을 다 따를 수 없음을 한탄하다가 예수가 행한 神跡을 읽고 나서 “마음을 다하고 뜻을 다해 구세주를 믿고 따르겠다”고 서원하였다. 進士 吳利得은 이익을 탐하고 교만하였는데, 林翰林에게 아첨하려고 林府에 와서 그가 어떤 연고로 기독교를 믿게 되었냐고 물어보았다. 林翰林은 예수를 믿으면 천당에 들어갈 수 있고 名利를 탐하면 지옥에 떨어진다고 알려주었다. 또한 예수는 "장님의 눈을 뜨게 하고, 죽은 자를 다시 살릴"수 있으며 반드시 吳氏의 마음을 감동시켜 기독교를 믿게 할 수 있다고 하면서, 그를 위해 예수의 두 가지 신기한 행적을 강론하였다. 吳進士는 기독교에 대해 여러 가지 질문을 하였고, 林翰林은 씨 뿌리는 비유, 탕자의 비유 등 예수가 말한 비유를 들어 대답해주었으며, 또한 吳進士에게 항상 기도해야한다고 권유하였다. 3일후에 林翰林은 교회에 가서 설교를 들었다. 모인 사람들은 기도를 하고 찬송가를 불렀으며 목사가 《성경》을 펼쳐 예수의 寶訓을 낭독한 뒤 설교를 하였다. 이어서 기도하고 찬송을 부른 뒤, 散會하였다.

하루는 친구가 吳進士를 찾아와 기독교에 입교할 것인지를 물어보았고, 그는 입교를 원한다고 하면서 "예수는 바로 나를 구원해 준 분이며 세상에 오셔서 인류를 구원하셨고 몸을 바쳐 나의 죄를 대속해 주셨다"고 신앙 고백을 하였다. 친구는 그에게 세례 받을 것을 권유하면서, 예수가 십자가에 죽임을 당한 수난사건의 전말을 강론해 주었다. 이로부터 吳進士는 매일같이 예수의 행적을 읽고 묵상하였다. 林翰林과 李御史는 예수의 행적과 부활사건을 읽었으며, 이를 읽고 나서는 "지금에야 속죄 이치의 시종을 알게 되었고, 예수는 내 죄를 사하기 위해 죽임을 당하셨고, 다시 부활하시어 내게 영생을 주셨다."고 말하였다. 속죄의 도는 "平生의 大道이며, 存亡과 관계가 있다. 무릇 인간은 이 세상에서 살면서 하나님을 힘써 섬기며 구세주 예수 그리스도를 경외하고 진심으로 그를 좇아, 반드시 속죄의 도를 따라야 하겠다."고 하였다.[17]

17) 귀츠라프 저, 《贖罪之道傳》, 프랑스 漢學院 IHEC圖書館 소장본, 1834년.

이 작품은 每回의 回目에 대부분 "論"字가 있는데(18회 중에서 제2회와 제12회의 회목에만 "論"자가 없다.), 여기서의 "論"은 談論한다는 의미를 가지며, '談'이 '論'보다 더 비중을 차지하고 있다. 작자는 등장인물의 입을 빌어 성경 고사를 소개하고 있는데, 특별히 예수의 일생사적에 중점을 두고 있다. 작중인물은 결코 연속적인 활동이나 완정한 성격을 갖고 있지 않으며, 단지 서술자의 필요에 따라서 부르면 왔다가 떨쳐버리면 없어지는 그런 꼭두각시 같은 역할을 하고 있다. 작품의 이야기는 또한 常理에 맞지 않는 부분이 많이 있는데, 예를 들면 제11회에서 蘇連幸이 "수석합격자"가 되었고,"나이가 어리다"고 하였는데, 제4회에서는 이미 그가 進士에 합격했고 그의 나이는 33세라고 하여 앞뒤가 맞지 않는다. 그 뒤에 나오는 黃知縣이 기독교를 금지하고 謝목사를 잡아들여 취조하다가 석방해주는 일도 마치 아이들 장난같이 우습게 처리되었다. 성경에 익숙하지 않으면 이 작품의 말하는 바를 제대로 이해할 수가 없어, 기독교를 믿지 않는 사람에게 전도하기가 어렵게 되어 있다. 이 작품은 단지 이미 믿는 신자들이 읽고서 더 많은 성경 내용, 특별히 예수의 행적을 알게 하고자 한 것이다. 이 작품을 지은 사람은 수준이 그다지 높지 않고 문장표현 능력도 뛰이나지 않다. 그러나 語法은 대체로 무난한데, 아마도 귀츠라프가 서술한 것을 중국인이 수정하여 筆錄하였을 것이다.

2. 그리휘트 著《引家當道》의 한글번역본《인가귀도》

그리휘트 존(Griffith John, 중국명 楊格非, 1831~1912년)목사의 유일한 기독교소설《引家當道》는 1882년 漢口에서 출판되었으며, 현재 大英圖書館에 한 권이 소장되어 있다. 이 작품에는 南京 沈子星의 序文이 있는데 그는 그리휘트목사의 助手였으며 그의 이름은 그리휘트목사의 다른 저작 중에도 보인다.[18] 이 작품은 기독교를 전도하기 위해 지은 것으로 죄를 회개하고 신앙을 갖은 뒤에 크리스챤이 어떻게 생활할 것이며 가족과 친지를 어떻게 전도할 것인지를 구체적으로 서술하고 있다. 1882년 10월 漢口에서 보낸 서신 중에서 그리휘트는 이 소설에 대해 다음과 같이 술회하고 있다.

> 내가 돌아온 뒤에 일상적으로 하는 선교, 교육, 교회 목회 등의 업무 이외에 나는 6편의 선교를 위한 작품을 썼다. 마지막 한 편은 오늘 완성했는데 매우 길지만 내가 쓴 가장 좋은 두 편의 작품 중의 하나라고 믿는다. 이 작품에서 나는 내 마음 속에 있는 이상적인 크리스챤의 생활과 그가 그의 가정과 친척, 친구들을 어떻게 노력해서 신앙을 갖게 하는가를 묘사하고 있다. 이 작품은 소설 같아서 특별히 중국인에게 적합할 것이다.[19]

그리휘트는 가정과 친구들을 전도하는 이상적인 크리스챤의 삶을 중국소설의 형식을 빌어 서술하였는데, 《引家當道》는 16회의 소설이지만 전통적인 章回體 常套語가 전혀 없는 서술문체로 쓰여졌다. 이 작품은 李先生이라는 사람이 도박과 기생에 빠져 방탕하게 생활하다가 회개하고 기독교인이 되어 개과천선한 후, 온가족을 기독교인으로 귀의시킨다는 이야기를 서술하고 있다.

李先生은 비록 문인은 아니지만 글을 배워 문장을 읽을 줄 알고 사리를 분별할 수 있는 사람으로, 하씨와 결혼하여 두 아들과 딸 하나를 두었다. 그는 타향에 가서 근무하게 되었는데, 도박장과 기방에 자주 출입하다가 돈을 탕진하여 완전히 빈털터리가 되어

---

18) 예를 들면 大英圖書館에 소장되어 있는 그리휘트목사의 《紅侏儒》(漢口 盛教書局, 1882년)에도 沈子星의 이름이 보인다.

19) Robert Wardlaw Thompson, *Griffith John, The Story of Fifty Year in China*, New York, 1906, p334~335. 이 문장은 하난 저, 《中國近代小說의 興起》, 9쪽에서 인용하였다.

집에 돌아갈 수 없게 되었다. 하루는 어떤 교회에 들어갔다가 조물주 하나님의 사적과 인간은 자신의 능력으로는 죄악에서 구원받을 수 없다는 목사의 설교를 듣고 나서, 마음이 항상 불안하고 답답함을 떨쳐버릴 수가 없어 자신의 황당한 행위를 반성하기 시작했다. 그는 기독교인이 되어 열심히 일을 해서 돈을 벌어 가지고 집에 돌아와 온 가족에게 기독교로 귀의할 것을 권면하였다. 이 소설은 이런 방향으로 전개되면서 여성교육과 신용 있는 상거래를 제창하고, 착하게 사는 삶의 중요성을 강조하고 있으며, 아울러 축첩, 전족, 도박과 저주, 아편 및 관우 숭배 등을 반대하고 있다. 이 작품은 분명히 중요한 기독교 교리를 주장하지만 그러나 핵심은 기독교인이 어떻게 사는 것이 바람직한지에 대한 의견을 제시하고 있다.[20)]

이 작품은 1894년 올링거목사가 한글로 번역하여 서울의 정동교회에서 출간한 번역본이 현재 한국기독교박물관에 소장되어 있다. 올링거(F. Ohlinger)는 감리교선교사로 1889년부터 三文社를 설립하여 한국에서 기독교 문서선교를 본격적으로 진행한 인물로 한글로 '무림길'이라 서명되어 있는데, 이는 '武林吉'이란 중국명의 한글표기이다.

작품의 표지는 두 줄의 格子가 제명 좌우에 세로로 쳐져있고 첫 번째 격자에는 "쥬강싱일쳔팔빅구십ᄉ년", 중간에는 제명 "인가귀도", 세 번째 격자에는 "셩상즉조삼십일년갑오"라고 쓰여 있다. 표지 뒤에는 올링거의 序文 〈인가귀도셔〉 1面과 작품 목차 2面이 순 한글로 쓰여 있고, 그 뒤에 16회의 작품 본문이 나온다. 이 작품은 서문부터 모두 格子가 쳐져있는 紙面을 사용하고 있는 線裝

20) 패트릭 하난 저, 《中國近代小說的興起》, 93~94쪽.

本인데, 본문은 먼저 첫째 줄에 제목 "인가귀도"가 상단에 쓰여 있고, 그 다음 줄에 두 칸을 띠고 "뎨일쟝 셰샹졍욕을조차매니ᄅ나고쎠러짐이무샹하도다"라고 줄을 바꾸어 배열되었다. 回目의 둘째 줄"쎠러짐이무샹하도다"는 앞 줄의 "셰샹……"의 '셰'와 맞추어 정렬되었다. 글자와 문장 배열이 매우 정연한데, 본문은 모두 세로쓰기이며 띄어쓰기를 하지 않고 모두 붙여 썼으며, 단지 하나님과 관계되는 호칭과 단어는 앞에 한 칸을 띄어서 諱하고 있다.

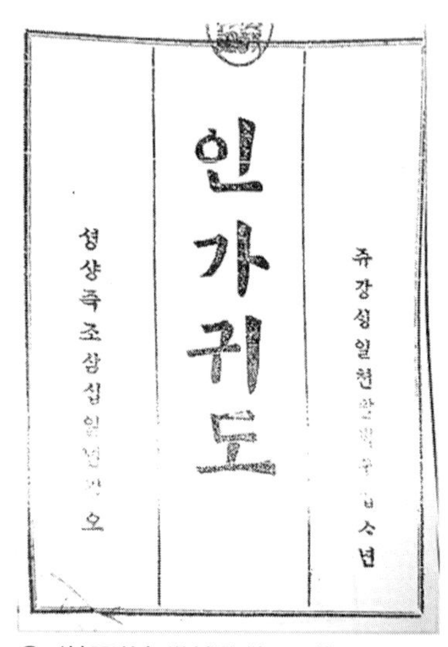

⑳ 〈韓國基督教博物館 所藏 1894년간 올링거 譯 한역본 《인가귀도》 표지〉

본문은 半面이 10行이고 1行은 18字로 되어있으며, 版心에는 상단에 제명 "인가귀도"가 쓰여 있고, 제명 아래에 바로 下向黑魚尾가 있고, 판심의 하단 중앙에 면수가 쓰여 있다. 모두 79면이고 마지막 면의 종결은 끝부분 뒤의 두 번째 7번째 글자부터 "경졍동예수교회당인발", 마지막 줄에는 상단에 "인가귀도죵"이라 쓰여 있다.

올링거는 重譯序文 〈인가귀도셔〉에서 다음과 같이 번역동기를 밝히고 있다.

> 이책은영국목ᄉ양격비션싱의지은바즁국리션싱의진도ᄅᆞᆯ진실ᄒᆞ게밋든일이니그일이진실ᄒᆞ고말이ᄌᆞ셰ᄒᆞ야어린ᄋᆞᄒᆡ라도알기쉬운고로다시번역ᄒᆞ여츌판ᄒᆞᄂᆞ니ᄇᆞ라건ᄃᆡ보ᄂᆞᆫ이ᄂᆞᆫ허물이잇거든즉시뉘웃쳐곳치기ᄅᆞᆯ앗기지말고어버이ᄅᆞᆯ셤기매효셩ᄒᆞ며형을공경ᄒᆞ고안ᄒᆡᄅᆞᆯ화목ᄒᆞ며아오ᄅᆞᆯ우ᄋᆡᄒᆞ고아ᄃᆞᆯ을ᄉᆞ랑ᄒᆞ며가ᄅᆞ

치고원수ᄅᆞᆯᄃᆡ접ᄒᆞ고빗ᄉᆞᆯ갑ᄂᆞᆫ일을본밧고져ᄒᆞᄂᆞ니이ᄂᆞᆫᄌᆞ긔의힘으로이ᄅᆞᆯ일움이 아니오 샹뎨의은혜와 크리스도쓰의공뢰와 셩신의감화ᄅᆞᆯ힘닙은바ㅣ니원컨ᄃᆡ이셰샹사ᄅᆞᆷ은다리션ᄉᆡᆼᄀᆞᆺ치굿게진도ᄅᆞᆯ밋어화ᄅᆞᆯ돌녀복을밧을지니

올링거는 이 작품이 원저자 그리휘트목사의 작품을 한글로 다시 번역한 轉譯本임을 서두에 밝히고 번역동기를 처음부터 명쾌하게 천명하고 있다. "그 일이 진실하고 말이 자세하여 어린이라도 알기 쉬운 고로"번역하게 되었다고 한다. 그리고 "누구나 쉽게 읽을 수 있게 상세하게 서술된 현실성 있는"작품이라며 쉬우면서도 상세하게 서술된 문체의 특성을 강조하고 있다.

그는 독자가 이 작품을 읽고서 죄를 회개하고 개과천선하여 부모, 형제, 자녀와의 인륜관계를 바르게 갖고, 원수를 사랑해야한다고 주장하고 있는데, 이렇게 참된 신앙을 갖게 된 것은 성부, 성자, 성신 삼위일체 하나님의 은총으로 말미암은 것으로, 주인공 이선생과 같이 하나님을 믿으라고 권면하고 있다. 그리고 서문의 끝에는 "무림길 거듭번역"이라고 쓰여 있어 올링거 이전에 다른 韓譯本이 있어 그것을 다시 번역한 것인지도 모르겠다. 현재까지 대영박물관 소장본 이외의 중문본이 발견되지 않아 원문을 아직 보지 못했고, 다만 한국기독교박물관 소장 1894년 정동교회 간행본의 回目을 소개하면 다음과 같다.

뎨일쟝 셰샹졍욕을조차매니ᄅᆞ나고ᄡᅧ러짐이무샹ᄒᆞ도다
뎨이쟝 ᄎᆞᆷ리치ᄅᆞᆯ드ᄅᆞ매이제와녜가크게다르도다
뎨삼쟝 텬량의셩픔을회복ᄒᆞ매놀든ᄌᆞ식이집으로도라오도다
뎨ᄉᆞ쟝 착ᄒᆞᆫ희실을보매어진지어미도ᄅᆞᆯᄉᆞ모ᄒᆞ도다
뎨오쟝 아ᄃᆞᆯ은죽고ᄯᆞᆯ은사ᄅᆞ시니ᄉᆞᆲ흐고다시깃겁도다

뎨륙쟝 소래ᄅᆞᆯ듯고발을그ᄅᆞ니리치와졍을겸ᄒᆞ도다

뎨칠쟝 거ᄌᆞᆺ말과욕ᄒᆞᄂᆞᆫ것과노림은어려셔브터경계ᄒᆞ도다

뎨팔쟝 집안에셔례ᄇᆡ홈을의례ᄒᆡᆼᄒᆞ도다

뎨구쟝 셩신의묘화ᄂᆞᆫ구ᄒᆞ면반ᄃᆞ시엇도다

뎨십쟝 ᄎᆞᆷ도의오묘ᄒᆞᆫ말을무ᄅᆞ매더욱ᄇᆞᆰ도다

뎨십일쟝 빗ᄉᆞᆯ다갑고다시지지아니ᄒᆞ도다

뎨십이쟝 원수ᄅᆞᆯ잘ᄃᆡ접ᄒᆞ고다시갑지아니ᄒᆞ도다

뎨십삼쟝 늙은어버이ᄅᆞᆯ밧드러권ᄒᆞ야ᄎᆞᆷ도로도라오게ᄒᆞ도다

뎨십ᄉᆞ쟝 맛형을ᄎᆞᄌᆞ미혹ᄒᆞᄂᆞᆫ길을구ᄒᆞ야나오게ᄒᆞ도다

뎨십오쟝 공번되게ᄉᆡᆼᄋᆡᄒᆞᄂᆞᆫ거시올흔법이되도다

뎨십륙쟝 ᄌᆞ긔가형수의ᄇᆞᆰ은궁으로드러가ᄂᆞᆫ거ᄉᆞᆯ보도다[21)]

---

21) 원문은 回目인데, 한글본은 '장' 으로 표기되어 '章目' 이라 해야 함. 이상의 章目을 현대어로 고치면 다음과 같다.

제1장 세상정욕을 좇으니 흥망이 무상하다
제2장 참 이치를 들으니 현재와 과거가 크게 다르다
제3장 천성의 성품을 회복하니 탕자가 집으로 돌아오다
제4장 착한 행실을 보매 어진 아내도 道를 사모하도다
제5장 아들은 죽고 딸은 살았으니 슬프고 또한 기쁘다
제6장 소리를 듣고 발을 구르니 이치와 정을 겸하다
제7장 거짓말과 욕하는 것과 놀음은 어려서부터 경계해야 한다
제8장 집안에서 예배를 항상 드리다
제9장 성신의 묘화는 구하면 반드시 얻게 된다
제10장 참 도의 오묘한 말을 물어보매 더욱 밝아졌다
제11장 빚을 다 갚고 다시 지지 아니 한다
제12장 원수를 잘 대접하고 다시 갚지 아니 한다
제13장 늙은 어버이를 받들고 권하여 참 도로 돌아오게 하다
제14장 맏형을 찾아 미혹된 길에서 구하여 나오게 하다
제15장 공번되게 생활하는 것이 옳은 법이 되다
제16장 자기가 형수의 밝은 궁으로 들어가는 것을 보다

한국기독교박물관에는 1894년 간행본 이외에 1911년 8월 5일에 '朝鮮耶蘇敎書會'에서 주관하여 徽文館에서 인쇄한 간행본이 소장되어 있다. 순 한글본이며 78면인데, 문장은 띄어쓰기가 정연하게 되어 있으며 반면은 10행이고 1행은 띄어쓰기로 자수가 일정치 않지만 대부분 17~18자 전후이다. 이를 통해 볼 때, 한글의 띄어쓰기는 19세기 마지막 3년 이후부터 진행되었을 것으로 추정된다. 1898년의 《쟝원량우샹론》 한글본은 이미 정연하게 띄어쓰기를 하고 있어, 한글문장에서의 띄어쓰기가 20세기 이전에 시작되었음을 알 수 있다. 1911년 '朝鮮耶蘇敎書會' 간행본에서는 回目을 포함한 작품 전체가 모두 정연하게 띄어쓰기 되어 있다.

3. 한국기독교박물관 소장 최초의 기독교 文言筆記小說《喻道要旨》

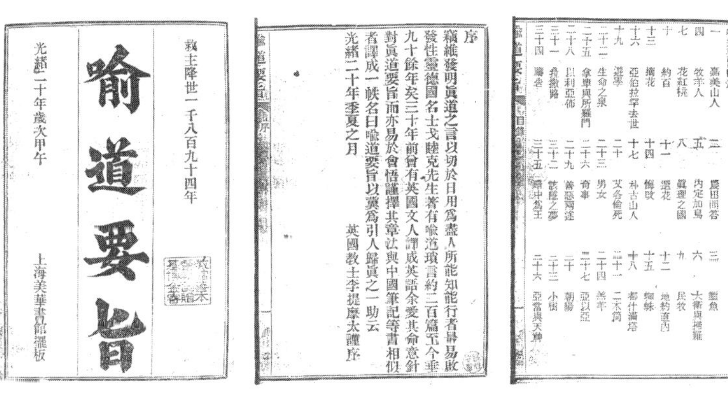

救主降世一千八百九十四年

喻道要旨

光緒二十年歲次甲午

上海美華書館擺板

序

竊維發明眞道之言以切於日用爲盡人所能知能行者爲易啟發性靈德國名士戈睦克先生著有喻道瑣言約二百篇至今垂九十餘年矣三十年前曾有英國文人譯成英語余愛其命意針對眞道要旨而亦易於會悟謹擇其章法與中國筆記等書相似者譯成一帙名曰喻道要旨以冀爲引人歸眞之一助云

光緒二十年季夏之月 英國教士李提摩太謹序

喻道要旨目錄

一 嘉樂山人 二 農田問答 三 鱷魚
四 牧羊人 五 內定加鳥 六 大衛與掃羅
七 花紅桃 八 眞理之國 九 民牧
十 約百 十一 選花 十二 地約直西
十三 摘花 十四 悔改 十五 蜘蛛
十六 亞伯拉罕去世 十七 朴古山人 十八 都什滿塔
十九 遊學 二十 艾各倫死 二十一 二木筒
二十二 生命之泉 二十三 男女 二十四 羔羊
二十五 拿單與所羅門 二十六 奇事 二十七 亞以亞
二十八 以利亞佈 二十九 善惡兩途 三十 朝陽
三十一 舟撒路 三十二 該隱之夢 三十三 小樹
三十四 禱告 三十五 獄中爲王 三十六 亞當與天神

㉑ 〈韓國基督敎博物館 所藏 1894년 上海美華書館 刊 티모티 리차드 譯《喻道要旨》의 표지와 〈譯者序文〉 및 中文目次〉

《喻道要旨》는 1894년 上海廣學會에서 주관하여 上海의 美華書館에서 간행한 최초의 한문필기체 기독교 우화소설이다, 독일인 크루마쳐(Krummacher)가 지은 獨語本 "Parables"(우리말로는

《寓話》)"의 英譯本을 저본으로 중국에서 활동한 영국선교사 티모티 리차드가 번역한 최초의 문언필기체 기독교소설로써 필기소설 71條가 수록되어 있으며, 본문 앞에는 티모티 리차드의 서문과 중문목차와 영문목차가 실려 있다.

티모티 리차드(1845~1907년)는 영국 웨일스에서 태어나 사범학교를 졸업하고 초등학교 교사를 하다가 침례교신학교에 들어가 신학을 공부한 후, 1870년 영국 침례교선교회의 파송을 받아 중국 山東 烟台에서 선교활동을 시작하였고, 1876년 山東에 수재가 발생하자 수재민들의 구호사업을 하면서부터 산동과 山西, 武昌 등지에서 曾國筌, 左宗棠, 李鴻章 등 중국고관들과 교류하며 중국정치와 사회개혁에 관여하였다. 그는 1916년까지 廣學會 총간사를 맡고 同文書會를 주관하면서 문서선교와 사회개혁을 진행하여 청말 유신파 개혁인사들에게 지대한 영향을 미쳤다.[22] 그는 적극적인 사회참여주의 선교사로 신앙과 기독교 문서보급만을 통해 전도하는 것이 아니라 일반 사회의 개혁과 대중계몽을 통해서 기독교를 더욱 널리 전파할 수 있다는 신념을 가지고 중국사회의 개혁과 지식인들과의 교류를 중시하여 직접 중국신문의 편집을 주관하거나 집필을 통해서 직접적인 영향력을 행사하였다. 중국에 처음 번역된 정치소설 미국작가 에드워드 벨라미(Edward Bellamy) 著 《Looking Backward, 2000-1887》은 티모티 리차드가 1894년 《百年一覺》이란 書名으로 節譯하여 廣學會에서 발간하였다.[23] 이 번역소설은 중일갑오전쟁 후에 널리 유행되어 나중에는 해적판까지 나올 정도였으며, 미래에 대한 예측과 이상소설의 독특한 서술

22) 顧長聲 著, 《傳教士與近代中國》, 上海人民出版社, 1995년 第4版, 175~176쪽 참고.

23) 郭延禮 著, 《中國近代翻譯文學概論》, 湖北教育出版社, 1998년 3월, 128~129쪽.

방식은 중국신소설의 효시인 梁啓超의《新中國未來記》에 직접적인 영향을 미쳤다.

티모티의《百年一覺》는 발표되자마자 바로 世人의 주목을 받고 중국문학에 직접적인 영향을 끼친 반면에, 같은 해 上海 廣學會에서 출판한 그의 번역서《喩道要旨》는 그 존재조차도 알려지지 않았다. 이 작품은 티모티 리차드에 대한 연구저술에서도 거의 언급이 되지 않았고 단지 기독교의 신앙교리서로 분류되어왔다.[24] 그러나 이 작품은 역자가 기독교 선교를 위해 중국 고전소설 중에서 가장 오래되고 문인들이 즐겨 사용하는 文言筆記體로 서술한 기독교 선교용 문언단편소설집이다.

티모티 리차드의 서문에 따르면 그는 일상생활에서 누구나 알고 행할 수 있는 참 진리를 문학작품으로 써내는 것이 가장 쉽게 인간을 기독교로 전도할 수 있다고 생각하여, 자신이 평소에 즐겨 읽던 독일명사 쿠르마허가 지은《喩道瑣言》200여 편 중에서 기독교의 진리를 쉽게 깨달을 수 있는 작품을 뽑아 중국필기소설과 비슷한 서술방식으로 번역하여《喩道要旨》라고 이름을 붙였으며, 이 번역본이 중국인들로 하여금 하나님을 믿게 하는데 一助할 수 있기를 바란다고 밝히고 있다.[25]《성경》내용과 기독교 교리 전달을 위해

---

24)《韓國基督敎博物館 所藏 古文獻 目錄》에도 1. 기독교 5) 신앙교리서에 수록되어 있다. 이곳의 저록 중에서 光緖 20(1895)는 마땅히 光緖 20년(1894)으로 수정되어야 하겠다. 서지사항은 다음과 같다. "연활자본, 표기문자 漢文, 36장, 크기 25.7×15.0, 四周單邊, 半郭 19.6×13.0, 半葉 14行 34字, 註雙行, 揷圖, 上下向黑魚尾, 線裝. 上海美華書館擺板, 上海廣學會印."

25) 티모티 리차드는 서문에서 다음과 같이 번역동기를 밝히고 있다. "竊維發明眞道之言, 以切於日用, 爲盡人所能知能行者最易啓發性靈。德國名士戈睦克先生著有《喩道瑣言》約二百篇, 至今垂九十餘年矣。三十年前曾有英國文人譯成英語, 余愛其命意針對眞道要旨而亦易於會悟。謹擇章法與中國筆記等書相似者, 譯成一帙, 名曰:《喩道要旨》, 以冀爲引人歸眞之一助云。"

쓰여진 이 단편소설집은 전통적인 필기체소설의 양식을 취하고 있는 기독교 선교소설집이다. 半面은 14行이고, 1행은 34字이며 총 36면이며 중간에 십여 폭의 삽화가 있다. 작품의 편폭은 짧은 작품의 경우 150여 자부터 일반 작품은 300~400자에 이르는 편폭으로 모두가 단편이며, 문장이 간결하고 세련된 문언으로 쓰여졌다. 《喩道要旨》 중에서 《성경》 내용이나 기독교 교리 전달을 위주로 하지 않은, 일반적인 소재를 다룬 작품을 살펴보도록 하자.

〈鱷魚〉

상고시대에 姓이 다른 여러 사람들이 이집트에 가서 나일강가에 살았다. 그 곳은 땅이 드넓은 평야지대라 樂土라 부를 만했다. 각각 초막을 짓고 한데 모여 살았는데, 뜻밖에도 강에 큰 고기가 살았으니 그 이름을 악어라 하였다. 비늘 달린 몸에 날카로운 이빨을 가지고 있어 입을 벌려 어린아이와 가축을 삼키곤 하니 사람들이 크게 두려워하였다. 방법이 없어 하늘의 신에게 보호해 달라고 기도했더니, 신께서 명을 내려 "사람은 만물의 영장이라 스스로 강해질 수 있고 반드시 자립해야만 한다. 그러나 최선을 다해 노력하지 않고 말로만 내게 기도하면 도움이 되지 않는다."고 말씀하셨다. 무리는 이 명령을 듣고 함께 모여 상의한 뒤 각각 무기를 만들어 악어를 쫓아내었다.

上古之世, 有數姓人同往埃及國, 卜居於尼來河之左右。其地膴膴平原允稱樂土。因各起茅屋, 簇簇而居。不知河中生一大魚, 厥名曰: 鱷。鱗身鋸齒, 擧口卽欲呑食幼孩以及牲畜。居民大恐, 無所爲計. 因禱於上蒼之神, 祈其庇佑。神傳命曰: "人爲萬物之靈, 能自强, 必能自立。但不肯用心竭力, 空言祈我無益也。" 衆聞此命, 翕然聚謀, 各製利兵, 以驅除之。[26)]

그리고는 강가에 높은 담을 축조하여 악어가 종적을 감추었고 생활이 편안해졌다. 사람들은 이제야 비로소 하나님이 사람을 창조하실 때 무엇이나 할 수 있는 지혜와 능력을 주셨음을 알게 되었

26) 티모티 리차드 集譯, 《喩道要旨》, 上海美華書館, 1894년, 第3條, 韓國基督教博物館 所藏本, 2면.

다. 그러나 처음 악어를 물리쳤을 때, 화살과 창칼은 그렇게 날카롭고 대단치 않았고, 축방도 그렇게 높거나 견고하지 못해 얼마 지나지 않아 악어의 수가 급증하여 그 해악이 더 극심해졌으므로 사람들은 갈수록 두려워하고 물리칠 방법을 찾지 못했다. 그리하여 악어를 神으로 받들고 계절마다 제사를 지냈다. 하지만 여전히 해를 당하고 禍를 피할 수가 없었으니 해를 제거하는데 근원적인 문제를 해결하지 못했기 때문에 해악을 떨쳐버릴 수가 없었던 것이다. 이집트 백성들은 악어를 제거하려고 强弓과 독화살을 만들어 악어와 사투를 벌여 무수한 사상자가 나와 강물이 모두 피로 물들었지만 악어를 완전히 제압하지 못해 고통스러웠고, 단지 하나님께 기도하는 수밖에 없었다. 하나님이 자비를 베풀어 使者를 통해 사람들에게 이르시기를 "강에 뉴먼(牛門)이란 작은 물고기가 있으니 그것으로 악어를 쉽게 제압할 수 있는데 어째서 다른 것을 구하느냐?"고 하였다. 무리들은 이 말을 듣고 의아해 하였고 사람도 제압할 수 없는데 어떻게 작은 고기로 악어를 물리칠 수 있느냐면서 하나님이 자신들을 속인다고 생각하였다.

하나님을 믿는 사람이 있어 "망언을 하지 말고 진심으로 주를 믿어야 합니다. 세상에는 본래 아주 작은 것으로 大事를 이룰 수 있으니 일이 성사되지 않았을 때 말해도 늦지 않을 것이요."라고 말하였다. 무리들은 모두 이를 따랐다. 후에 악어가 점차 적어지는 것을 느꼈다. 한참 지난 뒤에 해악이 완전히 없어져서 사람들은 놀랐으나 그 이유를 알지 못했다. 그리하여 뉴먼을 자세히 살펴보니 그 고기는 악어 새끼만을 먹었다. 주를 믿는 자가 말하길 "악을 제거하려면 근본에 힘써야 한다는 이 말은 참으로 진실되도다. 때문에 그 근본에 나아가면 한 사람이라도 일을 하고 남음이 있으나 헛되이 말단을 좇으면 비록 천만 명이라도 부족할 것이다."라고 하였다.

時有信主者曰: "且莫妄言, 惟宜眞心恃主。天下原有以至小而成大者, 待事不成, 言之未爲晚也。衆皆諾之, 後覺鱷魚漸少, 遲之又久, 而害永絕。衆正驚異, 不智其由, 及細察以牛門魚, 見其但食鱷魚之子, 信主者曰: "除惡務本, 誠哉是言! 故去其本, 一人爲之而有餘, 徒循其末, 雖天萬人恐不足也。"[27)]

이 작품은 나일강가에 사는 부족과 악어라는 실제적인 소재를 중심으로 인간이 생존에 위협을 느끼는 최악의 상황에서 신과의 교류를 서술하고 있다. 서술자는 전지적 관점에서 이 사건의 전말을 기술하면서 인간의 공통적인 종교적, 사회적 관점을 표현하고 있으며, 성경이나 기독교 교리를 직접적으로 드러내지 않고서 하나님을 믿고 간구하면, 하나님께서 세상의 재앙을 물리쳐 주신다는 메시지를 전달하고 있다. 특히 하나님을 믿는 것이 근본에 힘쓰는 것이라는 사실과 인간의 생각으로는 불가능한, 뉴먼이란 작은 물고기로 인간이 물리칠 수 없는 악어를 제압한다는 발상을 통해 하나님의 전능하심과 신앙 근본주의 주제를 표현하고 있다. 작품은 중간에 하나님의 명령을 대화체로 표현하였으며, 간결한 문언으로 서술되었다. 고유명사의 옆에는 줄을 그어 품사를 표시하였는데, 地名은 두 줄, 人名은 한 줄이 세로로 쳐있고, 피라미드와 같은 외래어는 두 줄로 된 작은 글씨로 "卽其國至大之墳墓, 歷數千年不損壞者(바로 그 나라의 대단히 큰 분묘인데, 수 천 년이 지났지만 손상되지 않았다)"라고 주석을 달아 놓았다.

작품은 고도의 비유법을 써서 하나님의 전능하심과 유한한 인간의 한계를 대비시키면서 사람은 하나님께 간구하면서 주어진 능력을 최대한 활용해야 하며, 굳건한 신앙으로 전능하신 하나님을 믿으면 어떤 재앙이라도 극복할 수 있다는 주제를 전달하고 있다. 이 작품집은 상당수가 직접 《성경》에 근거하지 않은 일반적인 스토리를 중심으로 기독교 교리와 신앙을 은유적으로 표현하고 있다.

---

27) 《喻道要旨》, 2면.

〈花紅桃〉은 일상적인 가정생활을 통해 타인에게 사랑을 베푸는 선행을 장려하는 작품이다. 먹음직한 복숭아를 사가지고 돌아온 시골사람이 자신의 네 아들에게 한 개씩 나누어 주고는 저녁에 그들을 불러 어떻게 하였는지를 물어보았다. 네 아들은 한 사람씩 복숭아를 어떻게 먹었는지 설명해 주었고, 아버지는 그들에게 네 사람의 사용방식을 평가하게 하였다. 복숭아가 먹고 싶었지만 병으로 침상에서 앓고 있는 친구에게 먹으라고 주고 왔다는 넷째 아들의 자선행위를 모두 가장 높이 평가하였고, 부모는 넷째를 가장 아끼고 사랑하였다고 한다.

이런 작품은 편폭이 길지 않고 소재가 일상적이지만 자녀의 교육과 선행을 권장하는 스토리가 중국의 전통 유가교육관과 크게 다르지 않으며, 병들고 가난한 사람을 구제한다는 기독교의 박애정신을 잘 표현하여 특별하게 기독교 교리를 강조하지 않으면서도 자연스럽게 독자를 기독교 세계로 끌어들이고 있다.

이 작품집은 대부분 비유법을 상용하고 있으니, 〈眞理之國〉에서는 진리의 나라를 바다에 떠있는 배와 땅에 심은 나무에 비유하여 하나님의 나라에 대한 긍정적이고 굳건한 신앙을 표현하였고, 〈花紅桃〉에서는 크리스챤의 사랑을 베푸는 삶을 넷째 아들의 복숭아를 병든 친구에게 주는 자선행위에 비유하고 있다. 이런 작품은 편폭이 비록 짧지만 문장이 세련되고 간결하여 독자가 부담 없이 읽을 수 있는 전형적인 필기소설이다.

이 작품집의 71편은 그 내용을 〈大衛與掃羅 다윗과 사울〉, 〈約百욥〉, 〈拿單與所羅門 나단과 솔로몬〉, 〈以利亞佈 엘리야〉, 〈拉撒路 나사로〉 등과 같은 성경 위인들의 이야기와 〈眞理之國 진리의 나라〉, 〈民牧 백성의 목자〉, 〈生命之泉 생명의 샘〉, 〈羔羊 어린 양〉, 〈奇事 기이한 일〉, 〈禱告 기도〉 등의 하나님의 실존하심과 기독교

教理故事, 그리고 〈三教 세 가지 종교〉, 〈花紅桃 아름다운 복숭아〉, 〈新造園 새로 만든 정원〉 등 일반적인 스토리로 하나님의 사랑을 표현한 이야기로 크게 三分할 수 있는데, 특히 세 번 째 유형은 상당한 편수를 차지하여 기독교 교리를 강조하지 않고도 은연중에 기독교 복음을 전도하는 효과를 갖게 만든다.

기독교 선교를 위해 중국의 전통적인 단편 필기소설체를 借用한 이 작품집은 중국인들이 외래종교로써 기독교에 대한 거부감을 갖지 않도록 중국의 전통적인 단편소설 양식을 이용하였고, 外國故事지만 중국식 삽화를 첨부하여 중국적이라는 느낌을 갖도록 하였다. 그리고 문장이 짧지만 簡明하여 부담감 없이 쉽게 읽을 수 있으며, 내용의 상관성을 고려한 적절한 비유법을 사용하여 《성경》과 기독교 핵심 교리를 재미있게 서술하고 있다. 때문에 題名을 《喻道要旨》라 하였는데, 여기서 말하는 '道'는 하나님의 진리, 福音을 의미하며 '喻'는 성경식의 比喻를 지칭하는 것으로 우리말로는 제목을 "문언필기소설 '복음의 비유'"정도로 풀어쓰는 것이 타당하겠다.

하지만 《喻道要旨》라는 이런 제명은 이 작품의 문체와 문학양식에 대한 고려가 전혀 없어 전통 필기소설로 간주되지 않았고 단번에 기독교 교리서로 단정 짓게 만들고 있다. 이 작품집은 역자 티모티 리차드목사가 상당히 고심해서 작품을 선정하여 번역한 것으로 기독교 선교용 단편소설집이지만, 중국인들이 자연스럽게 기독교를 받아들일 수 있도록 문인들이 즐겨 사용하는 전통양식을 채택한 매우 보기 드문 번역소설집이다. 비록 번역이라고는 하지만 예를 들면 작품의 선정과 사용문체에 따른 번역문의 편폭, 완전히 중국식으로 그려진 삽화 등으로 역자의 주관적 변환이 상당히 크게 가미된 작품이라 하겠다. 문학적인 관점에서 본다면 상당히 우수한 고전소설인데도 문학적인 평가를 전혀 받지 못했고, 단지 기독교 교리서로만 간주되어, 기독교 선교라는 본래 역자의 번역목적만이 달성된 것이라 할 수 있겠다. 1894년에 간행된 이 작품집은 문장이 바뀌거나 마치는 곳에 점을 쳐서 문장을 구분하였는데, 20세기 이후에 문장부호를 사용한 중국맞춤법 연구에 있어서 상당히 선구적인 작품이라 하겠다.

제5절 韓國基督教博物館 所藏 中文基督教小說과 初期 韓譯本의 價値와 意義

근대 중국에서 중국어로 처음 번역된 외국소설은 영국작가 존 번연(John Bunyan, 1628~1688년)이 지은 기독교소설 "The Pilgrim's Progress"(中譯本 題名《天路歷程》)인데, 譯者 不明으로 咸豊 3년(1853) 福建省 샤먼(厦門)의 교회에서 인쇄하였고, 1865년 日本 京都에서도 출판되었으며, 1869년과 1906년 上海美華書館에서 다시 재판되었다.[28] 譯文은 白話直譯體로 문장이 그다지 유려하지 못하지만 기독교 선교를 위해서 각 지역 교회에서 끊임없이 출간하였다.《天路歷程》은 중국어로 번역된 최초의 기독교소설일 뿐만 아니라 한국에서도 한글로 번역된 최초의 외국소설이자 최초의 기독교소설로 간주되는데, 현재 숭실대 한국기독교박물관에는 6종의 한글번역본이 있으며,《한국기독교박물관 고문헌목록》에 의거하면 1888년 간행본이 최초의 한글 번역본이라 한다. 그러나 이 譯本이 어느 기관에서 발행되었고, 어디에서 인쇄되었는지 서지사항이 저록되어 있지 않고, '번연100주기 기념' 이란 표

28) 郭延禮 著,《中國近代翻譯文學概論》, 104~105쪽.

기는 마땅히 '번연서거 200주년 기념'으로 수정되어야 하겠다.[29]

《한국기독교박물관 고문헌목록》의 著錄에 의거하면, 한국에서의 두 번째 기독교소설 번역본은 마땅히 1894년 올링거가 번역한 《인가귀도》라 할 수 있다. 하지만 대한성서교회의 출판목록에는 1889년 언더우드에 의해서 한글로 번역된 《속죄지도》가 수록되어 있는데, 이 작품이 바로 중국의 두 번째 기독교소설로 평가되는 귀츠라프 著 《贖罪之道傳》의 번역본이다. 그런데 이 한역본의 현존 여부는 아직 밝혀지지 않아서, 현존하는 두 번째 한글번역본은 《인가귀도》라고 해야 하는데, 이 번역본은 1911년 조선예수교서회에서 다시 간행되어 선교목적으로 지속적으로 보급되었음을 알 수 있다. 비록 최초의 中文基督教小說은 《張遠兩友相論》이지만, 한역본은 1898년 간행본이 남아 있어 초기번역본으로써 그 시기는 비교적 늦은 편인데, 대한성교서회의 목록에 수록된 1892년 간행 《쟝원량우샹론》을 찾아낸다면 한글번역의 초기 간행물로써 그 위상을 다시 확인할 수 있을 것이다.

이외에도 맥켄지 저, 마펫 역의 《구세진전(求世眞傳)》이 1907년 대한성교서회에서 한글로 번역, 출판되었는데, 예수의 공생애를 중국소설의 형식으로 기술한 것으로 번역소설로 간주할 수도 있겠다.[30] 언더우드 역 《속죄지도》와 《쟝원량우샹론》 1892년 간행본의 現存 與否와 《구세진전(求世眞傳)》을 소설작품으로 분류해야 하는

29) 《한국기독교박물관 고문헌목록》, 40쪽 등록번호 4733의 《텬로력뎡》 서지사항 참조. 존 번연은 1688년에 서거하였으므로 1888년은 그의 서거 200주년이 되는 해이다.

30) 대한성교서회에서 1893년에 간행한 《구셰진젼》은 이 번역본의 저본일 수 있으며, 또한 귀츠라프 저 《救世眞傳》의 번역본일 수도 있다(윌리의 《선교사기록》에 따르면 귀츠라프 저《救世主言行全傳》은 1855년에 79면으로 발간되었다.). 1893년 대한성교서회의 《구셰진젼》이 발견되어야 전말을 알 수 있겠다.

지는 진일보한 조사와 검토를 해보아야 하겠다.

이외에 한국기독교박물관에는 티모티 리차드가 選譯한《喩道要旨》가 소장되어 있는데 이 작품은 기독교 교리와 박애정신을 전통 문언필기체로 기술한 최초의 중국 기독교 문언단편소설집이라 할 수 있겠다. 간결하면서도 고도로 세련된 문학수사법을 사용한 문장은 중국독자들이 부담 없이 읽을 수 있게 하였고, 중국식 배경과 복식으로 그려진 여러 폭의 삽화는 이 작품집이 外國故事를 서술하였다는 사실을 잊고 자연스럽게 작품에 몰입하게 만들어 외래종교인 기독교를 받아들이는 거부감을 불식시키고 있다.《喩道要旨》는 기독교 선교를 위해 번역했다고 밝힌 譯者의 翻譯動機나 그 제목 자체 때문에 여태까지 기독교소설로 평가받은 적이 없고 단지 기독교 교리서로 분류되어 왔는데, 다행히 한국기독교박물관에 美華書館 刊行本이 소장되어 있어 직접 작품분석을 통해 中文基督敎短篇小說集임을 입증할 수 있었다. 이 작품의 허구성과 소설적 수사기교는 앞의 여러 기독교소설보다도 수준이 훨씬 뛰어나고, 세련된 문언표현은 아마도 이 작품집의 번역에 참가한 중국인 조수의 뛰어난 문장력에 기인했으리라 생각된다. 티모티 리차드의 중국인 助力者로는 淸末의 유명한 학자이자 번역가인 蔡爾康이 있으며, 梁啓超가 잠시 그의 중문 비서로 일한 적이 있다고 한다. 애석하게도 이 작품에는 筆述者로 참여한 중국인 조수의 이름이 명기되지 않았다. 한국기독교박물관에는 같은 유형의 작품으로 볼 수 있는《安仁車》가 소장되어 있는데, 이 책은 "Illustration of Christian Truth"란 英文書를 중국에서 활동한 미국인 선교사 존 알렌이 1902년 중국문언으로 번역한 것으로[31], 아마도《喩道要

31)《한국기독교박물관 고문헌목록》, 36쪽 등록번호 1302의《安仁車》서지사항 참조.

旨》와 동일한 기독교 교리를 비유법과 소설문체로 서술한 기독교 단편소설집일 가능성이 크다. 진일보한 연구는 차후를 기약해야 하겠다.

제5장 19세기 末의 中文譯書《文學興國策》研究

제1절 《文學興國策》의 著·譯者

梁啓超의 小說界革命의 논조가 실제로 在中 영국인 선교사 존 프라이어의 〈求著時新小說啓〉에서 직접 영향을 받았고 존 프라이어의 문장이 중국근대소설이론의 효시가 된다는 것을 필자는 일찍이 밝힌 적이 있다.[1] 19세기 말 康有爲와 梁啓超는 "新政"과 "變法"의 제창을 통해 布衣의 신분에서 政府要人이 되었고 조정의 정책에 결정적인 영향을 주는 주요 인물로 부상하였는데, 西學과 新政은 그들 사상과 사업 중에 가장 중요한 위치를 차지하고 있다. 하지만 그들은 薛福成·馬建忠·王韜 등과는 달리 외국에 나가 시찰할 기회가 없었고, 주로 在中 西洋人과 접촉했거나 그들의 譯著書, 혹은 중국인이 著譯한 관련서적을 구독함으로써 西學을 접촉하였다. 특히 廣學會의 서양인들은 그들의 西學과 新政에 직접적으로 영향을 준 播種者였다고 한다.[2] 이들 유신파 지식인들이 주장한 變法改革의 상당 부분은 在中 西洋人의 논저에서 인용하였거

1) 拙著, 〈20世紀前西方傳教士對晚清小說的影響研究〉(《第5屆 近代中國學術研討會論文集》, 臺灣 中央大學 中文系, 1999년 3월)와 拙著, 〈科技啓蒙到小說啓蒙: 晚淸時期傅蘭雅的啓蒙活動〉(《中國小說論叢》 第18輯, 韓國中國小說學會, 2003년 9월) 참조.

나 그들의 주장에서 영향을 받은 것[3]이란 비판을 받았는데, 특히 梁啓超의 대표적인 사상논저인 《時務報》시절의 〈變法通議〉와 《新民叢報》시기의 〈新民說〉은 그 이전에 중국에서 활동했던 선교사들의 주장과 상당히 밀접한 관련이 있다고 생각된다. 본장은 이런 사례를 연구하는 과정 중에서 梁啓超 등의 啓蒙敎育論과 小說界革命에 이론적 근거를 제공해 주었고, 게다가 국내외를 막론하고 거의 연구된 적이 없는 존 알렌(林樂知)의 翻譯書 《文學興國策》이 維新派 知識人과 在中 西洋人과의 관계를 규명하는데 주요 관건이 된다고 생각되어 연구하게 되었다.

《文學興國策》의 저자인 駐美 日本公使 모리 아리노리(森有禮)는 明治 5년(1872년) 미국에 부임하여 國家 發展의 초석이 되는 교육제도와 정책에 대해 미국 朝野의 여러 명사들에게 서신을 발송하여 두루 의견을 구했고, 이에 회답한 답신을 편집하여 "Eduction in Japan" 《日本의 敎育》이란 題名으로 明治 6년(1873년) 뉴욕 애플턴(D. Appleton Co.)서점에서 출판하였다. 이 책을 上海 廣學會(The Christian Literature Society for China)의 총간사

2) 梁元生 著, 《林樂知在華事業與萬國公報》, 홍콩 中文大學出版社, 1978년 2월, 137쪽. 1894년 康有爲와 梁啓超는 함께 북경에 가서 이듬해 强學會를 조직하면서 티모티 리차드를 알게 되고. 이 시기 梁啓超는 비로소 대량의 廣學會 서적을 탐독하게 된다. 티모티의 말에 의하면 梁啓超는 그의 中文 書記를 지낸 적이 있다고 하는데, 梁啓超는 이런 사실을 시인한 적이 없고 단지 强學會의 書記를 역임한 적이 있다고 한다(呂實强, 《丁日昌與洋務運動》, 116쪽). 어쨌든 이 시기 梁啓超는 티모티와 매우 친밀하게 교류하였다. 게다가 梁啓超가 《時務報》에 발표한 초기의 문장은 존 알렌이 주관한 《萬國公報》의 글을 표절했다는 비난을 받았다.(瑤林館主의 〈六國皆失算論〉) 이상은 梁元生의 前揭書, 147쪽에서 인용하였다.

3) 胡漢民은 康有爲의 주장에 대해 다음과 같이 반박하였다. "康有爲不識西學, 不過藉李提摩太 · 林樂知等之譯書。" 張玉法의 《淸季的立憲團體》, 臺北 中央硏究院 近代史硏究所 1971년, 173쪽에서 인용.

인 미국 감리교선교사 林樂知가 中國語로 翻譯하고 任旭廷이 문장을 潤筆하여 光緒 22년(1896년) 5월에 廣學會에서《文學興國策》이란 서명으로 간행하였다.

모리 아리노리는 薩摩藩(사쓰마번)의 士人으로, 弘化 4년(1847년) 7월 13일에 森嘉右衛門忠恕의 5남으로 태어나 兒名을 助五郎이라 하다가 후에 金之丞이라 바꾸었다. 어려서 鶴汀先生 橫山安容에게 배웠고, 그후 藩의 造士館에서 공부하면서 후에 주영 일본공사가 된 上野景範에게서 英學을 몰래 배웠다. 元治 元年 幕府가 江戶에 開成所를 창설하니, 모리는 같은 藩의 吉田淸成 · 鮫島尙信 · 寺島宗則 등과 함께 입학하여 英學(역주: 英國學)을 공부하였다. 당시에는 蘭學(역주: 네델란드학)이 성행하던 시절이라 開成所에는 英學과 蘭學의 두 班이 있었는데 英學班의 학생은 모리를 비롯한 8명이었고, 蘭學班은 70명이나 되었다. 모리는 慶應 元年(1865년)에 藩의 유학생으로 영국으로 유학을 떠나 3년 동안 유학을 한 후, 明治 元年(1868년) 22세에 귀국하여 그 해 7월에 外國權判事로 임명되었고, 明治 2년 1월에 軍務官判事가 되었으나, 그 해 여름 사직을 하고 歸京하였다가 明治 3년 10월에 少辨務使로 임명되어 미국으로 발령을 받았다. 그 전해(明治 2년 1869년)에 당시로써는 파격적으로 "帶刀廢止"를 건의하였는데, 이는 그가 集議院 議員으로 재직하던 때의 일이다. 명치 4년 8월에 칼을 차지 않아도 된다는 포고가 공포되었고 9년 3월에는 廢刀令이 내려져 그의 "帶刀廢止" 건의는 실현되었다. 명치 5년 4월 中辨務使로 승진하였고, 10월에 代理公使가 되었으며, 명치 6년 여름 귀국하여 그 해 10월에 外務大丞이 되었다. 이 때 外務大臣은 함께 영국 유학을 했던 寺島宗則이었다. 명치 7년 2월에 그가 회장으로 있는 明六社에서 간행하는《明六雜誌》에 부부는 같은 권리를 갖는다고 하지는 않았지만 동등하다고 주장한 그의 유명한 "妻妾論"을 게재하였다. 명치 8년 봄 29세의 나이로 靜岡縣 士族 廣瀨阿常과 결혼계약서를 교환하며 결혼하였는데, 證人은 福澤諭吉이었고 이는 당시로써는 파격적인 결혼형식이었다.

明治 8년(1875년) 淸國駐在全權公使가 되어 9월 1일 北京에 도착하여 李鴻章과 회견하였다. 명치 12년(1879년) 1월 영국공사로 부임했으며, 명치 18년(1885년) 12월 이토오 히로부미內閣에서 文部大臣에 취임하여 독일의 교육사상을 수용하고 國體主義와 尙武主義를 고취시켰다. 19년(1886년) "帝國大學令"을 비롯한 각급 학교령을 제정하여 국가 교육제도의 확립을 주도하였다. 명치 20년(1887년) 5월 子爵을 제수하였고 22년(1889년) 2월 12일 紀元節의 조례에 참석하고 관저로 돌아오다가 刺客 西野文太郎에게 습격을 받아 다음날 향년 46세로 타계하였다.[4)]

譯者 林樂知의 본명은 Young John Allen이며 1836년 1월 3일 미국 조지아주에서 출생하여 早失父母하고 이모 허친스 부부에 의해 양육되었다. 어려서부터 이모의 가정에서 종교교육을 받았고 중학교 在學 時 미국 기독교 제2차 부흥운동의 감화를 받아 세례를 받고 미국남방 감리교 신자가 되었으며 에모리대학(Emory College)을 졸업한 뒤, 감리교 목사가 되었다. 1859년 12월 23세의 알렌은 부인 마리 호스톤과 생후 5개월 된 어린 딸을 데리고 뉴욕에서 중국 화물선을 타고 210일 간의 항해 끝에 1860년 6월 중국 上海에 선교사로 부임하였다. 알렌은 상해에서 중국어를 배웠

4) 모리 아리노리(森有禮 Mori Arinori)의 一生 事跡은《淸朝基督敎の硏究』(佐伯好郎 著, 春秋社, 昭和 24년 3월 초판), 620~621쪽과《번역과 일본의 근대》(마루야마 마사오 등 저 · 임성모 역, 이산, 2000년 8월), 182~183쪽에서 인용하였다.

고, 처음에는 이름을 林約翰(林요한)이라 하였다. 당시 太平天國 政權이 南京에 있었는데, 알렌은 다른 선교사와 함께 남경을 방문하여 태평군의 관할지역에서 선교활동을 하려는 목적으로 干王 洪仁玕을 만났지만, 그가 급히 출정하느라 시간에 쫓겨서 단지 선교의 자유에 관한 일반적인 문제만 거론하고 말았다. 얼마 후 미국에서 남북전쟁이 발발하여 그가 소속된 남방선교회로부터 재정지원이 완전히 끊어져 더 이상 태평군의 관할구로 갈 수가 없었으며 게다가 생계를 꾸리기 위해 교회의 재산을 처분하고 상업 중계인으로 일을 하다가 1864년 馮桂芬의 소개로 上海 廣方言館의 教習이 되었으며, 같은 해 江南製造局 翻譯館에서 譯書의 번역관으로 근무하기 시작하였다.

1868년 알렌은 上海 字林洋行의 초빙을 받아 중국어신문《上海新報》의 편집을 맡고서야 비로소 생활이 안정되었으며, 1869년부터 반나절은 廣方言館에서 가르치고 반나절은 번역작업에 종사하였는데 廣方言館의 教習은 1883년까지 역임하였다. 그는 光緒 11년(1885년)《萬國公報》를 창간하여 15년 동안 경영하였는데,《萬國公報》는 당시 신지식을 보급하는 월간지로 그 명성이 국내외에 자자하였다. 또한 廣學會를 발기하고 경영에도 참가하여 光緒 33년(1907년) 5월 30일 세상을 떠날 때까지 주재하였다.[5] 그의 단행본 저술로는《中東戰記本末》·《四裔編年表》·《中西關係論》·《東方交涉記》·《英러印度交涉書》·《列國陸軍制》·《水師章程》·《東方時局論略》·《비누제조법》·《인도국사》·《러시아史》·《萬國史》·《格致啓蒙化學》등이 있는데, 이 중에서 앞의 세 권은 널리

5) 알렌의 일생사적은 顧長聲 著,《從馬禮遜到司徒雷登》, 上海人民出版社, 1985년 8월, 263~265쪽에서 요약 인용하였다.

읽혀졌고 일어와 한국어로도 번역되었으며 《文學興國策》은 그의 勞作 중의 하나이다.

中文 潤筆者 任旭廷은 字는 任甫, 江蘇省 吳江사람인데, 젊어서 과거에 급제하여 進士가 되었고, 청나라 美國公使의 수행원을 역임했으며 일본을 여행한 적도 있는데, 林樂知는 그를 "중국어와 영어의 文理가 모두 뛰어나고", "번역을 잘하며 미일 양국의 교육 제도에 상당한 견문을 갖고 있다"고 칭찬하였다.[6] 초기의 문장에는 吳江 任廷旭이라 서명하였지만 후기에는 이를 쓰지 않고 任바울이라 서명한 것으로 보아 후에 세례를 받고 기독교에 입교했음을 알 수 있다. 그는 廣學會에서 蔡爾康과 더불어 다수의 譯書를 筆述한 주요 譯者 중의 한 사람이다.[7]

제2절 《文學興國策》의 書誌事項과 發刊趣旨

編著者인 모리 아리노리가 美國의 名士들에게 서신을 발송한 날짜는 1872년(明治 5년) 2월 3일로 되어 있고, 原書의 출판은 서신 발송일의 다음 해인 1873년(명치 6년)이며, 譯書의 간행은 光緖 22년(1896년) 4월로 원서와 역서의 간행 일시는 23년의 時差가 있다.

《文學興國策》은 4·6배판의 上下 2卷으로된 活字本으로 속표지에는 "文學興國策兩卷"이라 2행으로 大書되었고, 좌측에는 "一千

6) 앞의 문장은 林樂知 著, 〈全地五大洲女俗通考序〉, 《萬國公報》 第35冊에서, 뒤의 문장은 林樂知 著, 〈文學興國策序〉, 《文學興國策》, 上海 廣學會, 1896년 4월, 3쪽에서 인용하였다.

7) 梁元生 著, 前揭書, 116쪽 참조.

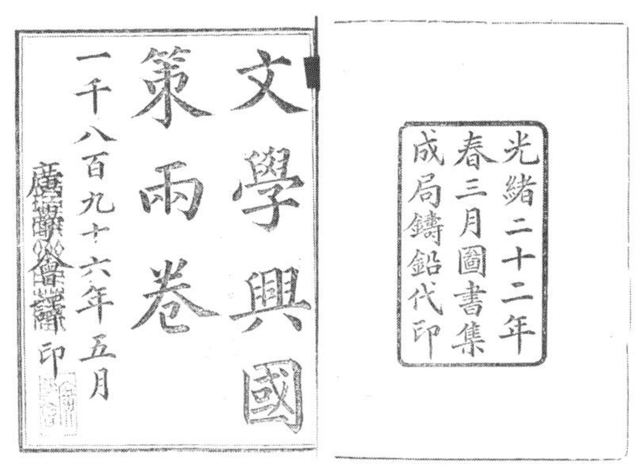
文學興國
策兩卷
一千八百九十六年五月
廣學會譯印

光緒二十二年
春三月圖書集
成局鑄鉛代印

㉒ 〈1896년 刊 日本 東京大學 文學院 漢學센터 소장본《文學興國策》표지〉

八百九十六年五月 廣學會譯印"이라고 2行의 작은 글씨로 쓰여져 있으며, 그 다음 面의 한 쪽 중앙에는 사각형 속에 "光緒二十二年春三月圖書集成局鑄鉛代印"이라고 3行으로 쓰여져 있고, 다른 쪽부터 合肥 龔心銘의 〈序文〉과 林樂知의 〈序文〉이 게재되었다. 그 뒤에는 上卷의 목차가 1면 있으며 이어서 本文이 수록되었다. 龔心銘의 〈序文〉은 전형적인 중국서적의 文言體 序跋文 형태이지만 林樂知의 〈序文〉은 심도 있게 저술 경위와 취지를 설명해 주고 있어 이 책을 연구하는데 가장 중요한 일차 자료 중의 하나이다.

《文學興國策》은 지금 보아도 대단히 국제적인 서적이다. 일본과 미국 저명인사들이 일본의 교육 진흥을 위해 교환한 서신을 모아 뉴욕에서 출판한 영문서적을 중국에서 선교활동을 하는 미국인이 중국인 潤筆者의 도움을 받아 중국어로 번역하여 上海에서 출간하었으니, 이 서적은 미국, 일본, 중국 세 나라의 著·譯者들이 관여하여 번역·출간한 것이다. 그렇다면 미국인 譯者는 왜 이런 책을 선택하여 번역하게 되었을까? 중국을 부흥시키기 위해서 왜 하필이면 일본의 교육 진흥을 주제로 한 이 책을 소개하게 되었을까 하는 의문을 갖게 될 것이다.

"周易曰: 窮則變, 變則通"이라는 말로 시작하는 존 알렌의 〈序

文〉은 萬物은 변화되어야 活路가 열린다는 논지를 시작으로 당시 청나라의 쇠약함은 教育方法이 수백 년 동안이나 바뀌지 않고 지속되어 왔으므로 이를 개혁해야만이 국가가 발전할 수 있다고 주장하면서 明治維新 이래로 국세가 발흥한 日本에 대해 상세히 서술하였고 일본의 비약적인 발전에 찬사를 보내고 있다. 이렇게 일본이 발전한 것은 일본이 開國한 이후에 강력하게 서구문명을 수입 · 채택하였기 때문이며, 바로 教育을 중시해서 부지런히 이를 실행한데 기인한 것이라고 알렌은 〈序文〉에서 밝히고 있다. 일본의 학교 수가 당시 약 3만 여개, 남녀교사는 9만을 넘었으며, 학생수는 300여 만명을 헤아리는데, 이런 수치는 미국과 거의 비슷한 규모이며, 교육의 발전에 관해 미국의 여러 명사들에게 두루 의견을 구해 추천 받은 서구의 교육제도를 일본이 채택 · 실시했기 때문에 오늘의 국가 발전을 이루게 되었다고 설명하였다.[8)]

존 알렌은 당시 청일전쟁에 패배하여 국력이 衰落해진 中國도 만일 부강해지려면 이와 같이 신속하게 서구의 교육제도를 채택하여 기존의 교육방식을 개혁하고 새로운 學制를 도입하여 점차적으로 십 년 이상 變法自强을 실행한다면 비로소 명실상부한 열강의 반열에 오르게 될 것이라고 주장하였다. 완전히 일본의 발흥에 자극을 받아 그 원인을 찾아보고는 富國强兵하게 된 이유가 教育制度의 革新 때문이라고 생각하여 중국도 하루빨리 이를 배우도록 하기 위해 이 책을 번역하게 되었다고 譯者는 번역동기를 밝히고 있다.

영어 원본에는 앞에서 소개한 서신과 부록 이외에도, 卷頭에 55쪽에 달하는 일본 역사의 개요가 실려 있으며, "First Month 1st.

8) 존 알렌 저, 〈文學興國策序〉, 《文學興國策》, 1~3쪽.

2553 (January 1, 1873), Arinori Mori, Washington D. C., U. S. A."라고 서명되어 있다. 흥미로운 것은 여기서 日本曆을 사용하고 있는데, 모리 아리노리가 서양숭배자라는 오해를 받았던 汚名을 씻을 수 있는 충분한 반증으로 삼을 수 있겠다. 더욱이 볼트웰의 답신에 더하여 "Education and Crime"이란 문장을 수록하였고, 卷末에는 예일대학 휘트니교수(Prof. W. D. Whitney)의 "On the Adoption of the English Language in Japan"이란 논문을 게재하였지만, 번역본에는 모두 생략되었다. 그러나 번역본에는 〈美國의 教育振興法〉·〈廣學會記〉·〈中東戰記本末跋文〉·〈廣學會書目〉을 卷末에 收錄하였는데, 〈美國의 教育振興法〉 이외의 다른 문장은 原書에는 없던 것이고, 역자가 자신이 주관하는 廣學會와 자신의 저서《中東戰記本末》을 선전하기 위해 특별히 부록으로 수록하였다. 나중에 모리 아리노리가 英語를 일본의 國語로 바꾸려고 시도했다는 소문이 일부 인사들에게 전해졌는데, 이는 바로 휘트니교수의 논문에서 제기한 서양을 학습하려면 언어는 영어를 사용해야 한다는 주장 때문에 기인된 것이라고 한다.

제3절 《文學興國策》上卷의 交信內容

上卷의 목차는 아래와 같은데 처음에 모리 아리노리의 發信을 번역하였고, 그 뒤에 예일대학 총장 데오도르 울시를 비롯한 美國名士 7인의 答信을 번역하였다.

森有禮 公函　　모리 아리노리의 공용서신
華爾賽[9] 覆函　　데오도르 울시의 답신

施端恩[10] 覆函　월리엄 스티얼스의 답신
彼得哥伯[11] 覆函　피터 쿠퍼의 답신
潘林溪[12] 覆函　페린취프의 답신
西列[13] 覆函　J. H. 실리의 답신
麥高希[14] 覆函　제임스 멕코시의 답신
恩利約瑟[15] 覆函　헨리 조셉의 답신

7인의 답신 논지는 각각 여러 가지 견해와 특색을 가지고 있는데, 먼저 처음에 질의를 한 발신자 모리 아오노리의 서신을 살펴보도록 하자.

日本 駐美首都 代理公使 森有禮의 공문

삼가 아뢰옵니다. 어명을 받아 귀국의 수도에서 대리공사를 하면서, 美日의 교류사업을 처리하는 이외에, 또한 특명을 받들어 저희 나라의 文學(역자주: 여기서의 문학은 교육을 지칭한다)에 유익한 여러 가지 일을 살펴보고 아울러 저희 나라를 진흥시키는데 관련 있는 모든 제반 사항을 찾고자 합니다. 귀하께서는 반드시 탁견과 좋은 방책을 갖고 계시리라 생각됩니다. 東方의 開化에 도움이 되기 위해 번거롭지만 일일이 가르쳐주시면 실로 대단한 행운이라 생각됩니다. 제가 저희 나라를 위해 찾고자 하는 대략은 무릇 사람의 지혜를 증진시키고 덕행을 더해주며 개인과 가정을 이롭게 하는 國政 · 民俗에 유익한 갖가지 일인데, 이를 모

---

9) 당시의 예일대학 총장 데오도르 울시(Theodore D. Woolsey).
10) 당시의 아머스트(Amherst)대학 총장 윌리엄 스티얼스(William A. Stearns).
11) 뉴욕의 名士이자 쿠퍼工藝院 院長인 피터 쿠퍼(Peter Cooper).
12) 옥타비우스 페린취프목사(Rev. Octavius Perinchief).
13) 아머스트대학 부총장 실리(J. H. Seelye).
14) 당시의 프린스톤대학 총장 제임스 멕코시(James McCosh).
15) 워싱턴의 명사 헨리 조셉(Henry Joseph).

두 가르쳐 주시기를 바라며, 만일 文學과 상관이 있으면서 지금 치중코자 하는 것은 다섯 가지가 있는데, 첫째 富國策이요, 둘째 商務요, 셋째 農務와 製造요, 넷째 五倫을 지키고 德行을 닦으며 개인과 가정을 다스리는 것이요, 다섯째 律例와 國政입니다. 귀하께서는 반드시 그 연원을 모두 알고 계실 것이니 상세하게 가르쳐 주십시오. 만일 허락하신다면 답신을 주시기를 바랍니다. 혹 한 가지를 알려주시거나 혹 전체를 알려 주신다면 모두 받들어 따르고 마땅히 至寶로 삼아 대대로 간직하고자 합니다. 후일에 原書를 日語로 번역하여 책으로 간행한 뒤 위로는 관리에게 바치고 아래로는 백성들에게 보여주어 저희 나라의 군신과 선비 · 서민에게 모두 유익함이 있을 것인데 모두가 귀하께서 내려주신 것에서 비롯된 것입니다. 엎드려 하감하시기를 바랍니다. 이만 줄입니다.

1872년 2월 3일 수도 워싱턴 일본대사관 발신[16)]

영어 원문은 조탁을 하지 않은 평범하고 자연스러운 문장으로, 간명하고 솔직하게 견해를 피력하고 있다. 중국어 번역문은 전형적인 청나라 공용문의 체재를 갖추고 있는 간결한 文言文인데, 서신 발송의 취지를 설명하고 일본의 교육 진흥에 도움이 되는 교육 진흥책을 가르쳐달라는 내용으로 구체적으로 다섯 가지 분야와 교육과의 관계에 대해 답신을 통해 가르침을 달라고 요청하고 있다.

16) 日本駐美國京城護理公使森有禮公函

敬啓者, 自膺簡命, 駐貴國京都, 護理公使, 除辦理美日交涉事務外, 尚奉特旨, 訪察一切凡有益於敝國文學諸事, 並講求一切凡有關於敝國振興諸端, 度閣下必有卓見良策。請煩一一指教, 以作東方開化之助, 實爲幸甚。竊以敝國所訪求之大略, 凡增人智慧, 輔人德行, 利人身家, 種種有益於國政民俗者, 悉請開誠相示, 若與文學相關, 而爲今所專重者, 厥有五端: 一曰富國策, 二曰商務, 三曰農務與製造, 四曰盡倫常, 修德行, 贍身家, 五曰律例與國政。閣下必能洞悉其淵源, 而有以詳細示之也。倘蒙俯允, 賜以覆函, 或示一端, 或示全璧, 悉從尊便, 敬當視爲至寶, 什襲藏之, 他日將原書譯爲日文, 刊印成書, 上呈有司, 下示人民, 俾敝國君臣士庶, 均有裨益, 皆出閣下之所賜矣。伏惟鑒察, 不宣。

一千八百七十二年二月初三日華盛頓京城日本使署發

〈文學興國策序〉,《文學興國策》, 1쪽

울시박사의 답신은 모리공사가 질의한 각 항목에 대해 간단하게 회답하고 있다. 教育과 富國의 관계에 대해서 그는 교육은 대중에 유익해야 하는데 이것이 직·간접적으로 富國의 원인이 되기 때문이라고 하였다. 대개 독서는 지식을 증진시키고, 지식이 자라면 신변의 일을 당연히 알게 되고 타국의 일까지도 판단하게 된다. 따라서 나에게 없고 타인에게 있는 것을 알게 되는 것과 아울러 타인에게 없으면서 타인이 갖고자 하는 것도 알게 된다. 이에 따라서 자신이 가지고 있고 타인이 없는 것을 서로 교역하는 제조·무역·운수의 방법을 도모하게 된다. 그리고 이를 위해 최소의 노력으로 최대의 효과를 거두고자 하니, 教育과 商務의 관계는 이와 같다고 말하고 있다.

교육이 農務와 製造에 미치는 영향도 대체로 비슷한데, 農務는 국민의 식품과 제조공업의 원료를 생산하기 때문에 各國에서는 이를 중시하지 않을 수가 없는데, 농업이 발전함에 따라서 근래에는 소작인의 발생과 그들에 대한 처우문제가 대두되었는데, 소작인이 조만간 자주적인 地主가 되도록 유도하는 정책을 수립하는 것이 필요하다고 하였다.

修身齊家의 倫常과 教育과의 관계에 대해서 가정에서는 孝子가 되고, 밖에서는 良友가 되며, 나라에서는 충신이 되고, 神에게는 信徒가 되는 것이니, 이런 국민윤리는 교육을 통해 배양되어야 한다고 주장하였다. 여기에서 교육의 근저는 自尊自重의 신념을 심어주는 것인데, 바꿔 말하면 부화뇌동하는 것을 경시하고, 自信感을 갖게 하며 독립적인 사고를 존중해 주는 것이다.

教育과 法律과의 관계에 대해서는 국민이 똑똑하다면 여론도 자연히 공평하게 되고, 위정자도 전횡을 할 수 없게 된다고 하였다. 빈부도 고르게 되어 민생과 국부가 상하 상통하고 休戚相關의 걱정을 같이 하고 기쁨을 함께 나누게 된다. 더욱이 타국의 法律과 國政을 알고서 자국의 법률·국정과 비교한 후, 장점을 채택해서 좋은 방향으로 바꾸어 나간다면 국력의 신장을 기대할 수 있는데, 이것 역시 교육의 힘이라고 역설하였다.

그 다음에는 아머스트대학 총장인 스티얼스의 답신이 수록되었는데, 그는 다음과 같이 자신의 견해를 피력하였다. 교육에 의한 教化의 공은 그 근거를 道義感情의 발달에 두어야 하는데, 미국에서는 教化의 근거를 基督教 道德에 두고 있다고 말하면서 일본은 기독교에 대한 금지령을 조속히 해제해 줄 것을 권유하였다.

세 번째 답신자인 피터 쿠퍼는 당시의 저명한 工業製造者인데, 자신이 창립해서 경영하는 쿠퍼工藝院을 예증으로 들어, 이 學院의 조직을 설명하면서 지혜를 개발하고 기술을 습득하는 교육장소가 있다면 어리석고 가난한 사람들도 똑같이 입신하고 가문을 일으키며 나라를 부강하게 만들 수 있다고 주장하였다.

네 번째 페린취프목사는 "文學은 教化를 위한 필수 요소(文學爲教化必需之端)"라는 표제 하에 11개의 小題를 들어 자세하게 모리공사의 질문에 대답하였는데, 특히 마지막 답변은 "학교설립의 법률"이란 제목으로 初等學校의 조직을 논의하였다. 그는 그 중에서도 시간과 경비를 감안하여 남녀가 함께 수업하는 남녀공학의 교육방식을 찬성하였다.

다섯 번째 아머스트대학 부총장 실리박사는 5개에 이르는 항목의 질문에 대해 일일이 회답하였고, 마지막으로 교육은 사람의 지혜를 증진시키는 것 이외에 도덕의 함양에 도움이 되지 않는다면 그 효과를 충분히 거두기 어렵다고 도덕교육의 중요성을 강조하였다.

여섯 번째로 프린스톤대학 총장 맥코시박사는 5개항의 항목별 회신에서 구체적으로 교육 진흥에 관한 의견을 피력하였고, 특별히 구미제국이 더욱 부강하게 된 것은 基督敎와 《聖經》에 있다고 주장하면서, 일본도 民智와 道德을 아울러 발전시키려면 마땅히 基督敎를 받아들여야 한다고 권고하였다.

일곱 번째 헨리 조셉의 답신은 장점이 전반부의 形勢論에 있고, 후반부의 방법론은 다른 명사들과 대동소이하며 특별한 것이 없다. 그는 일본이 西歐文明을 받아들이는데 적극적인 점을 대단히 칭찬하였다.

> 지금 귀국이 최선을 다해 정치에 힘써 국민을 복되게 하기 위해 성실히 노력하고자 하는 의지는 이미 세계에 널리 알려져 있어, 비단 저희 나라 뿐만 아니라 무릇 敎化가 된 나라에서는 이를 듣고 칭찬하지 않는 나라가 없을 뿐만 아니라 뜻을 같이한다고 여기고는 모두가 貴國의 敎化를 대대적으로 찬성하고 있는데, 다만 熱心이 지나칠 것을 염려할 따름입니다.[17)]

그는 모리공사가 추진하는 일은 대단히 유익해서 비단 일본에만 도움이 될 뿐만 아니라 반드시 東方 諸國에 까지 두루 미치게 될 것이라고 주장하였다. 때문에 일본의 改革新政은 대단히 중요한 사안이라서 仁者의 바램에 부합되어 천하를 一家로 만들고 東方을 하나로 만드는 역할을 할 것이라고 말하였다. 하지만 革新이란 말하기는 쉽지만 실행하려면 반드시 장애가 있기 마련이며 中日 兩國은 "敎化가 저해되고 막힌 상황이 수천 년 동안이나 계속되어 왔다"고 지적하면서 일본의 실상에 대해 논평하였다.

> 하물며 귀국은 국토가 비좁고 인구가 많으며 호구는 나날이 번성하여 인구가

17) 〈헨리 요셉의 답신〉: "方今貴國勵精圖治, 爲民造福, 其殷殷求益之意, 已經聞名於海內。不但敝國, 凡天下有敎化之國, 無不聞之而讚美, 且引爲同志, 咸願竭力贊成貴國之敎化, 恐有熱心逾格者矣。" 《文學興國策》 卷上, 25쪽.

넘쳐날 우려가 있으며, 천지간에 자연의 利益과 가정 · 국가의 財貨 生産의 방식으로는 지금은 공급이 가능하지만 나중에는 필히 공급이 부족하게 될 것입니다.[18)]

국토와 인구문제를 들어 일본이 향후에 직면할 難局을 지적해 주었고 또한 해결책까지 제시하였다. "新法을 실행하지 않고서는 부족한 것을 보충하고 없는 것을 구제하지 못할 것이며, 백성이 新法을 더하지 않으면 각각 이익을 다투다가 민생은 이로 인해 나날이 빈곤해지고 국가의 律例도 지키기 어려울 것"[19)]이라고 단정하였다. 지금 세계의 대세로 본다면 鎖國政策은 결국은 계속해서 고수할 수 없게 될 것이고, 기왕에 쇄국을 할 수 없다면 중요한 것은 開國이라고 하는 새로운 정세에 알맞게 적절한 개혁을 가미하는 것 외에는 다른 방법이 없다고 주장하였다. 그래서 개혁을 하려면 먼저 學制부터 바꾸는 것이 좋을 것이라고 하였다.

일본은 어째서 수천 년 동안 敎化가 정체되는 상황이 생겼을까? 그 원인 중의 하나는 鎖國하고 교류하지 않았기 때문이고, 다른 하나는 理化學을 소홀히 했기 때문이라고 하였다. 일본의 사물은 학문이라는 것과 예술은 결국 한 가지라고 생각하여, 이를 얻은 사람이 혼자만의 보물로 여기고 일반화시키지 않았다. 서양의 과학은 이와 달라서 학문의 첨단은 매일같이 신기한 기계를 발명하는데 이르렀다. 일본은 물론 이 기계문명을 배우고자 하니, 교육도 마찬가지로 과학을 주로 가르쳐야 될 것이다. 즉 교화의 근거를 서양학

18) "況貴國地狹人稠, 戶口日繁, 幾有人滿之患, 天地間自然之利, 家國中生財之道, 今日所能供者, 後必不給。" 주17)의 前揭書, 25쪽.

19) "由於不添新法, 以補其缺而濟其窮也. 民旣不添新法, 則人各爭利, 民生因之而日貧, 卽國家之律例, 亦因之而難保矣。" 주 17)의 前揭書, 25쪽.

에 두어야 한다는 것이다. 여기서 문제가 되는 것은 서양학을 배우는데 어떤 외국어로 배워야 하느냐는 것인데, 그는 영어로 배우는 것이 가장 편리하다고 생각하였다. 서양학을 배우기 위해서는 지금 두 가지 방법이 있는데, 한 가지는 학생을 各國에 유학시켜 공부하게 하는 것과 또 다른 방안은 좋은 스승을 各國에서 초빙하여 本國에서 교육시키는 방법이 있다. 또한 여자교육도 대단히 중요하다고 강조하였다.

> 어린 시절 배운 것은 평생 동안 유익한데, 무릇 이 유년시기의 학문은 그 권한이 모두 모친에게 달려 있다. 때문에 교육을 진흥하는 것은 나라의 賢母를 양성하는 것이다.[20]

女子敎育의 목표는 바로 賢母의 養成에 있다는 것이다. 그런데 헨리 조셉은 제도와 율령 및 敎化의 근거로는 언제나 基督敎가 필요하다는 점은 답신에서 강력하게 주장하고 있다. "그러나 설사 아무리 좋은 제도와 율령을 만들어 실행한다 하더라도 기독교의 규율로 勸勉하여 국민들로 하여금 死後에 반드시 復活하여 선악을 심판 받는 것을 피할 수 없으며, 게다가 現世에 公義와 眞實·仁愛로 자신의 마음을 다스려야 한다는 것을 알게 해야 하며, 그렇지 않으면 결국은 덕을 이루기 어렵게 될 것이다. 이것으로 종교의 관계가 얼마나 큰 것인지를 알 수 있는 것이다."[21]라고 하면서 기독교가 서구 정치제도의 기초가 됨을 강조하였다. 그리고 종교는 국

20) "孩提之年, 所學最有益於生平, 凡此幼時之學問, 其權悉操於賢母, 故振興文學, 所以造就國中之賢母也。" 주 17)의 前揭書, 27쪽.

21) "然而律法雖善, 奉行雖嚴, 苟無基督敎之條規以激勸之, 使知死後必當復生, 賞善罰惡, 不容倖免, 且使知今生必當公義眞實仁愛, 以自治其心, 否則終不足以使人成德也。此可知敎道之所關甚鉅。" 주 17)의 前揭書, 27쪽.

가가 강제로 믿게 할 수 있는 것이 아니고 국민이 자유롭게 선택해야 한다고 주장하였다.

> 이것이 바로 사람과 사람이 서로 교제하는 倫理인 것이고, 또한 神과 사람이 서로 상통하는 信德이 되는 것인데, 사람으로 하여금 스스로 얻게 하여 도덕을 향상시키고 심령을 유익하게 할 수 있는 것이지 강요하고 핍박해서 되는 것은 결코 아니다.[22)]

종교와 교육은 매우 긴밀한 관계를 갖고 있으며 서구의 교육과 정치제도는 국민이 도덕의 기초 위에서 실행해야 만이 비로소 그 효과를 볼 수 있게 됨을 설명하면서, 서구제도를 배우려면 반드시 基督教를 받아들여야 한다는 것을 우회적으로 설명하고 있다. 특히 基督教의 宣教를 금지시키는 東洋 諸國을 겨냥하여 서구제도와 문물을 배우려면 당연히 서구정신의 근간이 되는 基督教를 알아야 하며 특히 국민에게 기독교 선교를 금지시켜서는 안 된다는 견해를 완곡하게 표현하여 기독교를 금지시키는 일본의 종교정책을 비판하고 있다. 헨리 조셉의 발신일은 1873년 3월 4일로 되어 있어 모리공사의 발신일로부터 1년 1개월여의 시간이 지난 뒤 회신하였음을 알 수 있다.

제4절 《文學興國策》下卷의 交信內容

上卷은 이렇게 끝나고 下卷은 6인의 회신과 부록 〈美國의 教育振興法〉이라고 하는 美國의 學制를 설명하는 長文으로 구성되어

22) "此卽人與人相交之倫道, 亦卽神與人相通之信德。使人自得之, 可以增長道德, 裨益性靈, 不當有强逼之事也。" 주 17)의 前揭書, 27쪽.

있는데, 목차는 아래와 같다.

赫普經[23)]覆函　마크 홉킨스의 답신
滿　勒[24)]覆函　데이비드 멀레이의 답신
腦德祿[25)]覆函　노트롭의 답신
歐理德[26)]覆函　찰스 엘리어트의 답신
鮑德威[27)]覆函　죠지 볼트웰의 답신
加非德[28)]覆函　제임스 갈휠트의 답신
美國興學成法　美國의 教育振興法

수천 자에 달하는 마크 홉킨스의 답신은 설문에 답하는 방식으로 교육의 본질을 전편에 걸쳐 설명하였다. 智育에 편중되면 근본이 없는 교육이 되며 德育을 근거로 하면서 智育을 가미시킨 교육이 바로 근본이 있는 교육이라고 하였다. 홉킨스는 교육이란 마땅히 근본이 있는 가르침이 되어야 한다고 역설하면서 德育은 기독교 사상에 입각해서 교육해야 한다고 간곡하게 당부하였다.

데이비드 멀레이의 답신은 뉴 브론스위크 대학 총장 윌리엄 캠벨(William Cambell)을 대신해서 쓴 것이다. 이 서신의 앞 부분에서는 최근 백년간 西洋 諸國 중에서 가장 발전한 국가는 미국과

23) 윌리엄스대 대학교수 마크 홉킨스(Mark Hopkins).
24) 뉴 브론스위크(New Brunswick) 대학 학장 데이비드 멀레이(David Murray).
25) 코네티컷주 교육장관 B. G. 노트롭(B. G. Northrop).
26) 하버드대 총장 찰스 엘리어트(Charles Eliot).
27) 워싱턴의 명사 죠지 볼트웰(George S. Boutwell).
28) 나중에 20대 대통령(1881년 3월~9월)이 되었으며 당시의 하원의원인 제임스 갈휠트(James Garfield).

독일인데, 이 두 나라는 풍속정치는 물론이고 교육제도도 대체로 유사하다고 하면서 네 가지 질문에 서문을 추가하여 회답하였다. 그는 두 번째 질문의 응답에서 "귀국은 국토가 東洋에 있고 사면이 바다로 둘러싸여 있어 세계의 통상대국이 되기에 상당히 적합한데, 만일 정치를 잘한다면 반드시 동방의 통상대국이 될 수 있을 것이다."[29]라고 말하였고, 후반부에서는 교육에 필요한 5개항을 논술하였다.

1) 교육은 그 나라의 當時에 필요한 것을 충족시켜 주는 것이다.
2) 국민의 전반적인 기초교육은 讀書 · 글씨쓰기 · 算數인데, 이것은 국가의 경비와 경영으로 교육시켜야 한다.
3) 여자교육을 존중해야 한다.
4) 교육은 智育을 시켜야 하지만 정조와 도덕관념의 훈련도 소홀히 해서는 안 된다.
5) 초등 · 중등 · 고등교육의 學制를 略說하고 전문학교와 사범학교의 설립, 박물관과 천문대 설립의 필요성을 주장하였다.

멀레이의 답신은 교육의 본질에 입각한 매우 상세하고 실질적인 견해를 담고 있어 여러 답신 중에서도 매우 뛰어난 것이다. 코네티켓주 교육장관 노트롭의 답신은 길맨교수(Prof. D. C. Gilman)에게 부탁해서 기초한 것을 두 사람이 連名해서 보낸 것이다. 이 답신은 미국의 공립학교 기부설립 방안이라 불리는 9개조로 이루어져 있는데, 일종의 學制案이다. 제4조에서는 교육사업은 정부의 경영이나 원조에 근거하는 영예스러운 것이라고 하였다. 제5조에서는 초등교육은 학비를 받지 않고 누구나 입학할 수 있어야 하며,

---

29)《文學興國策》卷下, 7쪽.

학생의 종교에 따라 수강과목을 다르게 해야 하고 윤리도덕의 기초는 초등교육에서 가르쳐야 한다고 말하였다. 제6조에서는 私學私塾을 보호할 것을 주장하였다. 간단하지만 교육의 요점을 말하고 있다.

엘리어트박사의 답신은 노트롭이 기초한 〈미국의 교육진흥법〉에서 그 세세한 것을 물려받았고, 거기에 자기의 견해로써 문자의 개량 즉 문자 간략화와 학교의 보급을 실행해야 한다고 주장하였다. 게다가 처음에는 良師를 서양에서 초빙하여 교육을 해야 하겠지만, 한편으로는 교사 양성을 위해 국내에 신속하게 師範學校의 설립을 권고하였다. 짧지만 교육의 핵심을 설명하고 있다.

볼트웰박사의 답신은 국민의 지식을 증진시키면 이것이 직접 富國과 商務·農工·道德에도 영향을 미친다는 이유를 거론하면서 볼트웰은 〈교육과 도덕과의 관계〉라는 자신의 舊作 한 편을 답신에 첨부하였는데 특히 그 중에서도 〈讀書와 犯罪〉라는 문장에 유념해달라고 당부하였다. 독서를 통해 지식을 얻게 된 국민은 自主하고 自治하게 되는데, 이것이 바로 미국이 부흥하게 된 원인이라고 강조하였다. "무릇 배움이 있는 국민은 대개 이치에 밝아서 自主하고 自治하여 국가의 학정(虐政)을 받지 않게 되는데, 이것이 미국이 발흥한 원인이며 권리가 없는 국민으로 하여금 함께 국권을 갖게 하는 까닭인 것이다."[30] 國家 富强의 원동력을 국민의 의식수준을 향상시켜 함께 정치에 참여케 하는 것이라는 점을 들어 교육의 중요성을 일깨워 주고 있는데 이점은 바로 維新派 지식인

30) 《文學興國策》 卷下 〈볼트웰의 답신〉: "若夫有學之民, 類能明理, 自主自治, 不受國家之虐政, 此爲美國振興之來源, 所爲化無權之民, 而使之共掌國權也。" 17쪽.

들이 위정자를 통한 戊戌改革에 실패한 뒤에 변법과 개혁을 위해 국민을 계도하려는 계몽운동을 대대적으로 전개하게 된 이론적 근거와 일맥상통하는 것이다. 이 책의 내용을 종합해 보면 自主自治는 볼트웰 한 사람만 거론한 것이 아니고 거의 대부분의 회신에서 공통적으로 보이고 있다.

마지막으로 갈휠트는 미국 立國의 기초는 교육진흥과 基督教精神에 있다고 하면서 질문 5개항에 하나하나 응답하였다. 富國에 대해 그는 다음과 같이 논하였다.

> 지금 50여 년 가운데 가장 富國에 유익한 것은 철도 가설을 꼽을 수 있는데, 철도는 遠近에 상관없이 화물을 운송하여 利益됨이 적지 않다. 철로를 축조하는 기술은 측량법에서 나왔으니 바로 幾何 · 算術의 일종이다. 기차를 운행하는 철로란 수백 년 동안 鑛學을 연구하면서 각종 금속을 채련하여 과학의 연구를 통해 얻어낸 것이다. 만일 학자가 없었다면 어떻게 운행할 수 있겠는가? 만일 기차의 기계를 重學(의 연구)에서 얻지 않으면 할 수 없다. 그러나 水火를 제어하여 증기를 만들어 운행하게 하는 물리의 이치를 알 수 있는 사람이 없다면 실로 기차는 단지 무겁고 운행하기 어려운 큰 철덩어리에 불과할 것이다.[31]

電信에 대해서도 마찬가지로 설명하였고, 발명품에는 特許制度가 있어야 한다고 언급하였다. 商務에 대해서 그는 다음과 같이 말하였다. "通商은 造船과 航海가 중요한데, 어찌 교육을 폐할 수 있겠는가? 항해의 기술과 天文學은 서로 상관이 있기 때문에 천문학

---

31)《文學興國策》卷下〈갈 휠트의 답신〉: "卽如五十年中, 最有益於富國者, 莫若創行鐵道一事, 無遠非近, 有貨皆通, 獲利誠非淺鮮矣。究其築造土路之法, 莫不出於測量之法, 卽幾何算術之一端也。至於火車循行之鐵軌, 乃數百年查考鑛學, 採鍊五金, 精求格致而得之者。設無學人, 其何以行之哉, 若夫火車機器, 非有得於重學者, 不能爲也。然苟無人能知格物之理, 以驅遣水火, 使成爲蒸氣以行之, 亦不過一笨重難行之大鐵器耳。" 18쪽.

을 모르면 망망한 대해에서 어찌 안전하게 항해할 수 있겠는가? 게다가 우리가 賣買와 入出되는 貨物을 조사해야 한다면 民生에 필요한 것이 얼마이며 한 해 동안 필요한 재물은 모두 얼마나 되는지를 알아야 하니 商務와 교육은 함께 발전하는 것이다."[32]

農工製造에 대해서는 "저희 나라 국민이 얻은 文學의 效用을 전체적으로 고찰해 보면 農工 · 礦務 · 製造에 나타난 효용보다 두드러진 것은 그 어느 것도 없다"고 하면서 교육의 효과가 특히 農工 · 製造분야에 현저하게 나타난다는 점을 강조하였다. 대개 기계의 발명은 이전의 육체 수공업을 대신하게 되어 노동력을 줄이는데 효과가 크고, 농민과 노동자가 과학지식을 가지고 있다면 경작이나 제조 측면에서 또한 효율이 높아지게 된다. "이로부터 모든 工藝의 부흥은 반드시 교육과 과학이 연계되어야 효능이 향상된다는 것을 알 수 있다."

個人과 家庭의 倫常道德에 대해서는 사람에게 학문이 향상되면 밖으로는 재물이 반드시 갈수록 증가될 것이요, 倫常道德 역시 나날이 향상되기 때문에 내면에서 수양된 것이 반드시 밖으로 표출된다고 하였다. 옛날 사람들은 命은 하늘에 달려 있다고 하면서 초자연의 신이 우주에서 인간을 가호하면서 인간의 得失窮通은 모두 신에게 달려 있다고 생각했지만, 세상이 발전함에 따라서 이런 사고는 점차 없어지고 천지만물에는 一定不變의 이치가 있다는 사실을 알게 되었다. 이 불변의 이치는 유기물뿐만 아니라 무기물로도 통제할 수 있다. 인류에게 과학지식이 풍부해지면 식견이 나날이 넓어지고 의구심도 점차 줄어들어 인간이 살아가는데 좋은 환경을 얻게 된다. 일례로 현대인의 평균수명이 전보다 연장된 것으로도

---

32) 주31)의 前揭書, 18쪽.

쉽게 알 수 있다. 건강하다면 생각도 바르게 되는 것이 정상인데, 갈휠트는 교육이 倫常道德에 미치는 영향이 대단히 크다는 점을 상세히 설명하고 있다.

律令과 國政과의 관계에 관해서도 견해를 밝혔는데, 教育은 상하를 막론하고 지식을 넓히고 생각을 밝혀주기 때문에 "위에 있는 君臣이 학문이 있으면 그들이 법률을 정하고 행정을 할 때 반드시 백성들의 숨겨진 고충을 통찰하여 정치를 통해 백성을 順服시킬 수 있다. 통치를 받는 백성에게 학문이 있으면 그들이 奉公守法할 때에 반드시 조정의 公義를 두려워하며 복종하고 윗사람의 恩威에 감복할 것이다"라고 하면서 그런 결과 때문에 군민이 서로 친해지고 국가가 평안하게 되는 근거가 세워지게 된다고 역설하였고, 교육에서 효과를 거두면 이것이 대부분 保國安民의 기초가 된다고 주장하였다. 근래 서양의 여러 나라는 모두 國費의 대부분을 교육에 투자하는데 이는 治國의 方策은 "국방정책을 세워 국민을 방위하고 학교를 세워 국민을 교육한다(設捕衛民, 設塾教民)"는 두 가지로 압축해 말할 수 있다고 역설하였다.[33] 〈미국의 교육진흥법〉은 譯書의 卷末에 長文의 부록으로 게재되어 있다.

第5절 19세기 후기 중국의 정치상황과 교육개혁

이 책의 역자 존 알렌은 〈序文〉에서 번역동기를 西歐 學習을 통해 先進化된 일본의 先例를 중국에 소개하여 중국을 부흥시키기 위한 것이라고 밝히고 있는데, 이를 통해 역자에게는 일본이 서구

33) 주31)의 前揭書, 19~20쪽.

화에 성공한 국가로 인식되어 있음을 알 수 있다. 역자는 중국이 일본을 모델로 삼아 하루빨리 서구의 문명을 학습해야만 낙후된 국력을 발전시킬 수 있다고 생각하였다. 일본의 발전상 중에서도 특히 국가의 기초가 되는 교육제도는 明治維新 初期부터 서구의 제도를 받아들여 개혁하였기에 짧은 시간 동안에 비약적으로 발전할 수 있었다고 주장하면서 이 책을 번역하여 일본의 성공 사례를 소개함으로써 중국도 일본과 같이 서구의 문물제도를 도입하여 서구화가 되기를 기대하고 있다.

제도 개혁을 위해서는 먼저 그 제도가 가지고 있는 문제점에 대한 논의가 선행되어야 하는데, 사실 서양인이 중국교육의 문제점에 대해 비평하고 개선을 건의한 것은 이보다 30여 년 전에 있었으니, 대략 同文館의 확장 시기로 거슬러 올라갈 수 있겠다. 영국인 허드는 1863년 總稅務司로 중국에 부임하여 1865년부터 북경에서 거주하면서, 총리대신 恭親王 奕訢과 文祥 등 고위관리와 대단히 친숙한 사이가 되어 중국을 부흥시키기 위해서는 기존의 외국어 인재 양성기관인 同文館을 확대해 새로운 인재를 교육해야 한다고 건의하였고, 이 의견이 공친왕에 의해 채택되었다. 다음해 허드는 同文館의 總教習으로 윌리엄 마틴(丁韙良, W. A. P. Martin)을 추천하였고 마틴은 1869년부터 1900년까지 30년이 넘게 總教習으로 同文館을 관장하면서 모든 학제개편과 교무행정을 주도하여 중국의 근대 신식고등교육의 정립에 지대한 영향을 미쳤다.

그 후 존 알렌은 1882년 〈中國專尙擧業論〉을 써서 "팔고문과 試律로 과거시험을 보는 것은 흙으로 지은 밥에 먼지로 끓인 국을 먹는 것과 같아서 공허하고 쓸모가 없다. 經史와 時務에 관한 諸策은 虛辭에 너절한 말로 잡다하게 써놓았지만 내용이 없다. 제기한 견해는 쓸데가 없고, 채택된 것도 이런 문장 중에서 거론된 것이 아니어서 이미 식자들에게 조롱거리가 되어버렸다."고 당시 과거시험의 非實用性을 지적한 적이 있었다. 당시의 時局은 절대로 "한두 편의 詩賦나 몇 줄의 문장으로 대책을 세우고 군대를 조직하여 출전하면 대승을 거둘 수 있는" 그런 상황은 절대로 아니었다.[34] 당시의 지식인들은 국제 정세를 파악하지 못하고 탁상공론에 치우쳐 국가에 전혀 쓸모가 없을 뿐만 아니라 사회에 해가 될 정도였기 때문에 알렌은 이를 해결하기 위해 다음과 같이 건의하였다.

> 오늘날 중국은 과거시험의 八股文 · 試律 방식을 실행하면서 이를 폐지하지 않고 있는데, 마땅히 唐나라 때의 秀才 · 明經 · 俊士 · 進士 · 明法 · 明字 · 明算의 제도와 같아야 하겠다. 시험과목을 증설하고 게다가 "행동이 바르면 師表를 삼고, 節操가 바르면 獻納을 삼고, 智勇이 출중하면 將帥를 삼고, 공정하고 총명하면 監司를 삼고, 經術에 정통하면 講讀을 삼고, 학문이 해박하면 顧問을 삼고, 문장이 아름다우면 著述을 삼고, ……10科의 선비를 채용하는 제도를 보고 이를 살펴 실행해야 한다. ……(서원)에서는 오로지 製義(팔고문)만을 가르칠 필요는 없다"라고 했던 司馬溫公의 주장도 참고해야 하겠다. 더욱이 서양의 방식과 같이 天文 · 地理 · 格致 · 船政 · 理學 · 法學 · 化學 · 武學 · 醫學……으로 과목을 나누어 개설해야 하겠다.[35]

사실 이런 비판과 건의는 明代 이래로 끊임없이 제기되었으니, 대체로 科擧制度가 人才를 속박하고 풍속을 패되시켜 국가와 백성을 쇠약하게 만든다는 것이다. 이를 해결하려면 마땅히 학교를 많이 세우고 實學을 숭상하며 시험과목을 증설해야 한다고 주장하였다.

34) 존 알렌 著, 〈中國專尚舉業論〉,《萬國公報》卷15, 28쪽.
35) 주34)와 같음.

중국교육의 근본적인 결점과 중국인의 학문에 대한 그릇된 관점에 대해 언급한 사람은 그다지 많지 않지만, 그 중에서 칼빈 마티얼의 비평은 심도가 있고 건의가 상당히 구체적인 편이다. 마티얼은 미국 장로교 선교사로 1863년 山東에 왔으며, 1865년 登州에서 齊魯大學의 前身이 된 文會館(The Tengchew College)을 창건했다. 그는 선교사이면서 교육가로 일생동안 교육사업에 종사했는데, 교회학교의 설립목적은 선교사의 양성에만 있는 것이 아니고, 학교 교사와 박학한 지식인을 양성해서 그들로 하여금 서양의 우수한 교육과 문화를 중국에 전파시키는데 있다고 생각하였다. 이런 목적을 이루기 위해서 교회학교의 교육수준을 향상시켜 고등교육 수준으로 높여야만 한다고 생각하였다. 그는 교회학교 교육에 대해 남다른 견해를 갖고 있었을 뿐만 아니라 중국의 교육에 대해서도 근본적인 문제점을 가지고 1881년 〈振興學校論〉을 발표하여 학문에 대해 갖고 있는 중국인의 세 가지 잘못된 觀念에 대해 비판하였다.

첫째, 古訓至上主義. 그는 중국인들은 "우선 가지고 있는 것은 옛 것만 못하다는 견해로 스스로를 제한하였고(先存有不如古之見以自限也。)", "옛 것을 중시하고 현재를 경시하여 前進할 것을 생각지 않는다(重古薄今, 不思前進)"고 비판하였다. 사실 학문은 강물과 같아서 흐르면 흐를수록 더욱 넓어지고 더욱 깊어지게 마련이며, 학자는 마땅히 진보적인 사고와 태도를 가져야 한다고 주장하였다. 그는 학문을 하는 세 가지 자세에 대해 고쳐야 할 점을 제기하였다.

1. 반드시 옛 사람의 잘못을 고쳐야 만이 더욱 精深해질 수 있다.
2. 반드시 옛 사람의 결점을 보완해야 만이 비로소 완전해질 수 있다.

3. 반드시 옛 사람의 모르는 것을 구해야 만이 학문을 더 넓힐 수 있게 된다.

둘째, 학문을 탐구하는 목적에 관한 견해이다. 중국인은 학업이 우수하면 관리가 된다(學優則仕)는 생각을 갖고 있다. 다시 말하면 중국인은 공부하는 목적이 관리가 되기 위한 것으로, 학문을 하는 첫 번째 장점은 지식을 넓히는데 있음을 알지 못하고 학문을 삶에 적용하는 것이 도리어 부차적인 목적이 되었고 오로지 功名에만 뜻을 두고 있는데, "地位와 俸祿은 학문의 대가는 될 수 없고 학자는 마땅히 이런 마음을 갖지 말아야 한다."고 지적하였다.

셋째, 中西의 지역적 偏見을 고수하였다. 비록 중국인은 기계가 유용하다는 것을 알고 점차 모방해서 만들어 쓰고 학교를 세워 학문을 배우긴 하지만, 심리적으로는 "여전히 배우는 것을 부끄럽게 여긴다. 다른 까닭이 아니라 과학이란 학문이 서양에서 나왔기 때문이다."[36] "지금까지 나라를 中西로 나누고, 사람을 中西로 나누지만, 오직 학문의 길은 천하가 두루 하나이다. 우리가 얻으면 우리 것이 되고, 그들이 얻으면 그들 것이 되는 것이며 처음부터 中西의 나눔은 없었다. 바로 엔진은 영국에서 나왔고, 電報는 미국에서, 사진은 프랑스에서, 養蠶·紡絲는 중국에서 나왔는데, 各國에서는 마치 본래 가지고 있는 것처럼 이를 모방해 버렸다. ……어찌 어느 곳에서 나왔느냐, 어느 나라에서 왔는가 고 묻겠는가?"[37] 학문이 유용하고 필요한 가를 가지고 판단해야지 어디에서 시작되고 나왔는가 하는 지역문제는 중요한 것이 아닌데, 중국인은 中西를 가르는 판단기준으로 학문 자체를 부정하는 오류를 범하고 있다고

36) "仍以學習爲恥。此無他, 以其視格物之爲學, 出於西國故也。" 칼빈 마티얼 저, 〈振興學校論〉,《萬國公報》卷14, 29쪽.

37) 주36)과 같은 쪽.

비판하였다. 그는 중국과 서양은 상호간에 학습해야 하고, 절대로 지역적인 편견을 가지고 스스로를 제약하거나 외면해서는 안 된다고 주장하였다.

이어서 그는 중국교육의 다섯 가지 폐단을 지적하였다. 첫째, 창의성이 결여되었다. 학문은 사람의 기억력을 향상시키고 사람의 생각을 열게 한다. 그러나 중국의 학문은 기억력을 향상시킬 수는 있지만 생각을 깊게 하도록 만들 수는 없다. "詩文은 본래 생각을 啓導하지만 제목 속에 있는 의미만을 생각하지, 제목 밖의 이치를 생각하지는 않는다. 천지만물의 감정은 생각지 않고, 인간의 가장 신기한 법칙도 생각지 않는다. 만일 詩文을 사람의 생각을 여는 길로 여긴다면, 나는 그것은 반드시 부족하다는 것을 알고 있다." 그는 사람의 생각을 계발하기 위해 算學 · 科學 · 중국과 외국의 歷史地理 등 각종 학문의 증설을 건의하였다. 중국인이 사상의 계발에 주의하지 않는 까닭은 관념적으로 先人의 학문이 가장 좋고, 後人은 이를 따라갈 수 없다고 생각하기 때문에 맹목적으로 "先人의 옛 문장"만을 외우기 때문이라고 비판하였다. 하지만 사고력은 기억력보다 훨씬 중요해서, "전에 없던 것을 생각해서 그 결점을 보충하고, 지금 없는 것을 생각해서 그 교묘한 것을 만들어 내며, 사고를 넓히면 넓힐수록 학문은 더욱 심오해진다."[38]고 주장하였다.

둘째, 지나치게 협소한 학습 범위이다. "한 가지 事物을 모르는 것은 儒者의 수치이다"라고 하지만 중국의 학자들이 배우는 사리는 "仁 · 義 · 禮 · 智 · 孝 · 弟 · 忠 · 信에 불과하며 이외에 다른 것은 배우지 않는다. 비록 열심히 배우는 선비들이 子史의 여러 전적을 읽지만 그러나 이것이 어찌 천하의 학문을 포괄할 수 있겠는

38) 주36)과 같음.

가?"라고 반문하였다. 중국의 학자들은 외국의 역사지리와 과학 천문 등에 관한 학문에 대해서 외국의 학동들이 아는 것보다도 못한 형편이니, 중국의 교육기관에서는 마땅히 학습범위를 넓혀야만 한다고 주장하였다.[39]

셋째, 口頭 傳授를 중시하지 않는다. 학문의 전수 방법은 글로 책을 쓰는 것과 입으로 전수하는 두 가지가 있다. 중국인은 왕왕 前者만을 중시하고 後者를 중시하지 않았다. 하지만 구두 전수는 듣는 사람에게 인상을 더 깊게 줄 수 있을 뿐만 아니라 분명히 알 때까지 반복해서 설명해 줄 수 있다.

넷째, 여자교육을 중시하지 않는다. 중국인은 여성교육에 관심이 없고 그 장점을 모른다. 여자교육은 두 가지 상점이 있는데, 모친의 교육은 유아의 지혜 발달에 영향을 미치는 것이며, 유치원과 소학교는 여성이 교사를 맡아 가르치는 것이 가장 적합하다. 때문에 교육진흥 초기에는 마땅히 여성교육을 진작시켜야 한다.

다섯째, 초급계몽서적이 부족하다. 일반 학자들이 저술을 하면 심오한 내용과 고아한 문장으로 자신의 박학함을 과시하고자 한다.《三字經》과 같은 책을 學童들이 읽으면 무슨 뜻인지도 모르고 참새가 재살대듯이 헛되이 읽고 외우기만 한다. 四書五經은 성현의 학문으로 成人도 그 의미를 깨닫기가 어려운데 어찌 初學者들을 계몽하는데 쓸 수 있겠는가? 때문에 손쉬운 초급 계몽교재를 편집하고 그림을 붙여 아동들을 교육해야 한다고 주장하였다.[40]

그는 중국교육에 대해 비판과 건의를 했을 뿐만 아니라 새로운 學制를 수립하는 것이 필요하다고 주장하였다. 그는 사회를 본위

39) 주36)과 같은 쪽.

40) 주36)의 논문, 28쪽.

로 하는 교육을 바탕으로 "公學"과 "特學" 두 종류의 학교를 설립해야 한다고 주장하였다. 公學은 "公用의 학문"을 가르치는 곳으로 바로 지금의 국민교육기관이다. 特學은 각종 독립된 학문을 가르치는 곳으로 지금의 직업학교를 지칭한다. 학교 경비는 교장이 算定하여 知·縣·府에 알리고 국민의 재산등급에 따라 차등해서 걷도록 한다. 이들 학교는 누구나 입학할 수 있게 하여 貧富에 상관없이 교육기회를 균등하게 주도록 한다. 별도로 "文會學"을 설립하여 시험을 거쳐 입학시키는데 지금의 대학교를 말한다. 이외에도 학교교육에서 주의해야할 사항에 대해서 자세히 설명하고 있는데, 예를 들면 교과과정 수립·우수 교사의 초빙·실험의 중시·도서확보 등이다. 게다가 학교에 功名을 줄 수 있는 권한을 부여하여 학생들로 하여금 학문을 배울 뿐만 아니라 功名도 얻을 수 있게 해야 한다고 주장하였다.[41] 마티얼의 비평과 건의는 모두 미국의 교육제도에 의거한 것이다.

제6절 譯者의 내재된 翻譯意圖

서양선교사들이 중국에 온 원래 動機는 宣教와 通商에 있었다. 알렌은 일찍이 "나는 오로지 通商과 宣教에 뜻을 두고 있다."[42]고 말한 적이 있는데, 선교사들이 중국에 온 최대의 목적은 바로 선교를 하기 위한 것이다. 이 목적을 이루기 위한 방법은 여러 가지가 있는데, 직접 기독교를 선교하는 사람도 있고 혹은 종교서적을 간

41) 주36)의 논문, 47~48쪽.

42) 존 알렌 저, 〈治安新策〉, 《中東戰記本末》 初篇, 卷8, 7쪽.

행하여 나누어주기도 하며, 학교를 세워 교육으로 선교하거나 병원을 세워 병자를 치료하며 선교하기도 한다. 재난을 당한 사람을 구제하며 선교하기도 하고, 서양학문을 통해 선교하기도 한다.

《萬國公報》는 원래 교회신문이었으며, 후에 비록 이름을 바꾸긴 하였지만 기독교의 소개에 치중하여 每期마다 종교에 관한 文章이 여전히 상당한 편폭을 차지하였다. 선교사들은 西教와 西政 · 西學을 三位一體라고 하면서, 西教를 특히 西政과 西學의 근본으로 여겼으니, 西學을 채택하고 西政을 실행하려면 반드시 西教를 믿어야 한다고 강조하였다. 존 알렌은 〈格物致知論序〉에서 이르기를

> 救世主가 降生하시기 전에 사람들은 아직 格致學이 있음을 알지 못했고, 救世主가 강생하신 후에……天道의 실행이 점점 넓어지면서, 格致研究도 비로소 정심해졌는데, 天道와 格學은 함께 공존하는 것이다. 만일 天道를 버리고 格致를 배운다면, 과실을 따면서 그 뿌리를 잃어버린 것이고, 젖을 빨면서 어미를 떠나는 것과 같아서 반드시 얻을 수가 없는 것이다.[43)]

알렌은 變法自强을 하기 위해서는 먼저 教育을 진작시켜야 되고, 결코 西法만을 배워서는 안 된다고 하였다. "사람을 교육시키는 것은 마치 수목에게 뿌리가 있는 것과 같아서 뿌리가 좋으면 꽃이 피고 열매를 맺는 것은 기대하지 않아도 그렇게 되는 추세와 같다. 만일 헛되이 외양만을 꾸며 모습이 정돈된 것 같지만 온실에서 기른 꽃이 오래가지 못하고 가지가 마르고 잎이 시들어 말라죽는 것과 같다." 그는 이렇게 비유하고 나서 "중국에 人才가 부족한 것은 교육이 진작되지 않았기 때문이다."라고 주장했다. 그는 중국의 교육은 人倫만을 논하고 天倫과 物倫은 밝히지 않았다고 지적

43) 존 알렌 저, 〈格物致知論序〉, 《萬國公報》 卷2 第1期, 1890년, 15쪽.

하였다. 人倫 역시 분명히 가르치지 않았으니 어린애를 죽이고, 첩을 얻고, 전족을 하는 등의 악폐는 실로 人倫을 어그러뜨리는 짓이다. 때문에 그는 중국이 "西敎의 좋은 점을 가지고 중국 종교의 단점을 보완하라고 권유하였으며," 선교사가 중국에 온 것은 "중국인을 敎導하여 함께 正覺으로 귀의하고자 하는 것이며, 실로 하나님께서 간곡하게 명령하신 것이므로 황제의 권력으로 억제할 수 있는 바가 아니다"[44]라고 역설하였다. 그리고 富强해진 日本을 예로 들어 "매년 해외로 나가 공부하고 귀국한 유학생들이 굳건한 정신과 넘치는 의기를 갖게 된 것은 基督敎의 敎化를 받지 않았다면 어찌 이렇게 되었겠는가?"[45]라고 반문하면서 서구화의 핵심은 바로 기독교를 받아들이는데 있음을 강조하고 있다. 그가 洋書를 번역하고 敎育을 강조하는 근본적인 目的은 바로 기독교의 宣敎에 있었던 것이다.

허드와 웨이드가 중국의 발전을 위해 제기한 早期의 建議 중에 학교와 과거제도의 개혁에 대해서는 어떤 의견도 피력한 적이 없었으며, 선교사들은 비록 비교적 진보적이고 개혁을 논의한 분야가 폭넓은 편이기는 하지만, 그들의 건의는 여전히 두 가지 핵심을 벗어나지 않는다. 하나는 경제건설을 강화하는 것이니 바로 소위 養民富國의 법이다. 둘째는 新敎育을 보급시키는 것인데, 소위 국민을 교육하고 국민을 계도하는 것이다.

과거제도를 개혁해야 한다는 건의는 新制學校를 세우는데 빼놓을 수 없는 것이며, 敎育 역시 基督敎 敎理를 전파하는데 가장 효과적인 방법이라고 생각하였다. 이것이 바로 선교사들이 變法을

44) 주42)의 서문, 9쪽.
45) 존 알렌 저, 〈文學興國策序〉, 《文學興國策》, 3쪽.

하라고 유신파 지식인을 고취시켰던 理由였다.

明治維新 以來 일본인들은 힘써 서양을 배워 국력이 날로 증강되어 서양인의 찬사를 받았다. 在中 西洋人들은 중국에 變法을 권고할 때에 대부분 日本을 예로 들었다. 일찍이 1871년 윌리엄스(Alexan-der Williams, 중국명 韋廉臣)는《敎會新聞》에〈擬泰西人上書〉라는 글을 발표하여 日本의 變法을 크게 칭찬하면서 중국도 일본을 본받아 변법을 실행할 것을 권하였다.《萬國公報》의 復刊 第2期에 티모티 리차드는〈新學八章〉을 발표했는데, 역시 일본을 예로 들어 중국도 마땅히 학교를 증설해야 된다고 주장하였다.[46] 그리고《萬國公報》第5期의〈政令一新說〉은 일본이 治外法權을 돌려 받게 되었다는 사실을 상기시키면서, 중국은 마땅히 "옛 것을 버리고 새 것을 모색하여 變化하고 이익을 추구한다면 부유해지고 또한 강력해질 것이다."[47]라고 역설하였다. 당시 가장 유명한 월간지인《萬國公報》에는 일본에 관한 기사가 실릴 때에는 칭찬하는 문장이 많았는데, 예를 들면 "교육이 나날이 흥성한다"거나 "학교가 즐비하다"[48]고 하였다. 이것은 당시 일본의 발전에 관해 경탄하는 서양인의 생각을 나타낸 것이며, 아울러 이런 기사를 접한 중국인들에게 일본에 대해 호감을 갖게 하는 계기가 되기도 하였다.

외교란 원래 국제사회에서 自國의 利益을 추구하기 마련인데, 영국은 아시아에서 러시아와 이미 대립하고 있었으며, 러시아를 견제하기 위해 중국이 부강해지기를 희망할 뿐만 아니라, 中·

46) 티모티 리차드 저,〈新學八章〉,《萬國公報》卷1 第2期, 1889년, 15~16쪽.
47)〈政令一新說〉,《萬國公報》卷1 第5期, 1889년, 11~12쪽.
48)〈各國近事 日本國〉,《萬國公報》卷3 第28期, 1891년, 29쪽.

日 · 英 三國이 동맹하여 러시아에 대항하기를 바라고 있었다. 1889년 朝鮮의 總稅務司 영국인 던컨(A. Duncan, 중국명 鄧鏗)은 《東方時局論略》에서 朝鮮을 잠식하려는 러시아의 야심을 폭로하면서 "중국 · 일본과 영국 세 나라가 일심으로 合力하여 전쟁도 불사한다는 각오로 대비한다면 동방의 태평스런 국면을 오랫동안 유지할 수 있을 것이다."[49]라고 주장하였다. 이 책은 江南製造總局에서 간행되었고, 《海國圖志》 續集에도 수록된 것으로 보아 당시에 대단히 중시되었다는 사실을 알 수 있다. 1894년 清日戰爭에서 일본이 승전한 후, 티모티 리차드와 존 알렌 등의 선교사는 일본의 입장을 상당히 비호하였고, 심지어 알렌은 朝鮮 政局이 부패해서 조속히 개혁되어야 한다고 생각하면서, 일본이 조선에 제기한 26개조의 방안에 대해 "이 어찌 좋지 않은가? 조선이 참으로 이를 모방하여 실행한다면 어찌 부강해지지 않겠는가?"[50]라고 노골적으로 일본의 조선 침략을 지지하였다. 티모티 리차드는 심지어 일본이 조선을 침략하는 것은 "西法을 전파하기 위한" 것이라고까지 강변하였다.

일본은 중국 백성을 도우려는 마음도 가지고 있으니, 그들은 30여 년 간 급히 西法을 배워 인구를 번성하게 했을 뿐만 아니라 발전하여 부강해졌고, 마침내 자신이 얻은 방법을 朝鮮과 東三省(중국의 東北 3성)에까지 전하고자 하였다. 무릇 그 백성을 학대하는 조선은 물론이고 황폐되고 농사를 짓지 않아 유랑자가 거리에 넘쳐 나서 마적의 화근을 안고 있는 東三省도 늘상 良民이 불안에 떨고 있는데, 만일 일본이 新法으로 이들을 통치한다면 인구가 증가하고 이익이 배가될 것

49) "中東與英三國, 果同心戮力, 不憚征繕之勞, 則東方太平之局可期長保。" 《海國圖志》 續集, 卷首, 第1章 2쪽.

50) 존 알렌 저, 〈中日朝兵禍推本窮原說〉, 《中東戰記本末》 初編, 卷6, 4쪽.

이다.[51]

그는 침략자 일본의 잘못을 질책하지 않았을 뿐만 아니라 도리어 궤변으로 일본의 침략전쟁을 옹호하였고, 심지어는 일본이 조선을 점령하고 중국의 東北 三省을 통치하는 것까지도 찬성하였다. 그들이 이렇게 주장하는 것은 西法이 政治와 民生을 개선할 수 있다고 믿기 때문에 그런 것이 아니라 일본에 대한 英國의 態度와 밀접한 관계가 있으며, 帝國主義 精神이자 당시의 시대조류인 다윈의 적자생존 · 약육강식의 進化論과 연관이 있다고 보는 것이 타당할 것이다. 그들은 중국의 敗戰은 軍政의 부패 때문에 초래된 것이고, 일본의 승리는 실재로 西法을 제대로 모방해서 얻은 효과 때문이라고 생각하였던 것이다.

후에《中東戰記本末》에 수록된 존 알렌의 〈中日進止互跋論〉과 〈滿招損謙受益時乃天道論〉은 바로 이런 관점에 근거하여 지은 것이다. 사람들은 모두 중국이 패하고 일본이 승리한 것은 하늘이 중국을 패배시킨 것이라고 말하지만, 그는 이를 부정하면서, "이는 하늘이 중국을 복되게 하기 위한 것이라고 나는 생각한다. 이는 마치 학교에 갓 입학한 아이가 열심히 배우려 하지 않는 것과 같아서, 하늘이 특별히 일본을 빌어 초달을 친 것이다."라고 하여 청일

51) 티모티 리차드 저, 〈與南洋大前張香濤制府論中國新險〉: "日本兼存裨助華民之心, 蓋其於三十年之間, 酷急揣摩西法, 起視斯民, 不但戶口之繁庶已也, 又益之及旣富且强, 遂欲擧其所得之法, 傳諸朝鮮, 以及乎東三省之民人。夫朝鮮之虐待其民者無論矣, 卽以中國之東三省言之, 彌望荒蕪, 田疇不治, 流亡載道, 遂釀馬賊之禍, 良民不安席。若使日本以新法治之, 行見生齒之增, 或相倍蓰。" 周一良 等著,《中日甲午戰爭論集》, 北京 中華書局, 1954년 8월, 34쪽.

전쟁이 중국에 有害하지 않음을 주장하였다.[52] 그의 논지에 따르면 중국은 비록 일본에 패전하였지만 응당 일본에 대해 고맙게 여겨야 한다는 것이다.

선교사들은 러시아의 야심을 폭로하면서 한편으로는 일본이 강대해져서 영국과 연합하여 러시아를 저지할 수 있기를 희망하였다. 때문에 자연히 中日 兩國이 오랫동안 적대관계에 있는 것을 바라지 않았다. 청일전쟁 기간에 알렌은 〈以寬恕釋仇怨說〉을 발표하여 "전쟁이 끝나고서 용서하는 마음을 갖는 자는 國家政治의 上策이다. 그렇지 않고서 남이 나에게 원수를 갚으려는 마음을 먹어 만일 불행하게 된다면 나 역시 엎드려지고 넘어져 그처럼 될 것이다."[53]라면서 중국과 일본이 서로 다투다 함께 패망하지 말고 일본의 침략을 용서하고 서로 화해할 것을 주장하였다. 그는 또한 전쟁에 승리했다고 일본이 중국을 지나치게 압박해서는 안 된다고 하면서, 만일 중국이 약해지면 결코 일본에 이익이 되지 않고, 앞으로 중일 양국은 "같은 배를 타고 함께 풍랑을 헤쳐나가는 처지이기에 중국과 적이 되는 나라는 일본과도 적이 되는 것과 같다. 중국과 일본이 함께 연합해야 강한 이웃을 방어할 수 있는데, 눈앞의 일만을 보고서 중국에 겉으로 손해를 입힌다면 실제로는 일본에 속으로 손실을 주는 것으로 결국은 끊을 수 없는 친구가 철천지 원수로 변하게 되는 것이다. 만일 후에 함께 멸망하게 되면 후회해도

52) 존 알렌 저, 〈滿招損謙受益時乃天道論〉: "人皆曰中敗而日勝, 是天之敗中國也。余以爲此天之所以福中國。如入塾之蒙童, 不肯勤學, 天特借日本爲之楚也。"《中東戰記本末》初編, 卷6, 18쪽.

53) 존 알렌 저, 〈以寬恕釋仇怨說〉: "凡戰畢而存寬恕之心者, 謀國之良謨也。否則使人懷報仇雪怨之心, 萬一不幸, 我亦傾覆隨之矣。"《中東戰記本末》初編, 卷6, 21쪽.

늦을 것이다."[54]라면서 兩國의 화해를 촉구하였다. 서양선교사들은 대부분 中日 兩國이 선린관계를 유지하고, 더 나아가 盟邦이 되어 러시아를 견제하는 것이다. 이런 관계는 바로 영미 출신 선교사들의 조국에 유익하기 때문이었다.

그는 일본과 관련된 일련의 문장을 발표하여 일본을 이상적인 근대국가로 묘사하고 있는데, 몇 년 뒤에 이런 문장들을 모아서 《中東戰記本末》이란 책을 간행하였다. 이 책에서는 이런 對日觀이 더욱 강화되었고 게다가 영국과 적대적인 관계에 있던 러시아에 대해서는 노골적으로 경계하는 견해를 피력하였다. 《文學興國策》의 부록으로 〈中東戰記本末跋〉이 수록되었으며, 廣學會에서는 《中東戰記本末》의 뒤에 《文學興國策》을 두는 합본형식으로 두 책을 함께 간행하여 판매하였다. 존 알렌은 바로 이 두 典籍에서 일본에 대한 자신의 일관된 견해를 밝혔던 것이다.

제7절 結論

존 알렌은 〈文學興國策序〉에서 "제가 중국에 거주한지 30년이 되었습니다.(僕寓華三十年矣。)"라고 한 것과 같이 중국에 오랫동안 거주하면서 중국을 깊이 사랑하게 되었고 때문에 점차 쇠약해지는 中國의 상황에 분개하였다. 그는 중국이 부강해지기 위해서는 당시 지식인들이 제창하여 점차 세상에 알려진 變法自强 외에는 다른 방법이 없다고 인식하고 있던 차에, 明治維新 이래 비약적으로 발전한 日本의 發興에 대해 알고 나서는 탄복해 마지않았다.

54) 주 52)와 같은 쪽에서 인용.

그는 일본이 국가 기초를 공고히 한 뒤에 신정부가 대대적으로 서양문명의 수입을 장려하였고, 富國生産의 방법과 學問藝術의 연마를 병행하여 부흥하게 되었다는 사실을 알고 난 뒤에, 중국도 하루빨리 일본처럼 개혁되기를 바라고 있다가, 우연히 모리 아리노리가 출간한 《文學興國策》의 영문 원본을 입수해서 읽고는 이를 中譯하였다. 다시 말하면, 이 譯書는 중국의 부흥을 열망하는 譯者의 熱意를 담고 있는 것으로 중국 거주 신교선교사의 著譯書 중에서는 외형적으로 본다면 기독교와는 상당히 거리가 먼 매우 異色的인 著作이라고 할 수 있겠다.

이 책은 출간된 지 1년 후에 《中東戰記本末》과 합본되어 再出版되었는데, 당시에 재출판된 사례가 거의 없었던 점으로 미루어 보아 상당한 반향을 얻었음을 알 수 있다. 그리고 이 책에서 가장 빈번하게 출현하는 어휘는 바로 "文學"인데, 譯者가 사용한 이 서적 속에서의 "文學"은 지금 우리가 얘기하는 "literature"의 의미가 아니고, "武教"에 대한 대립된 개념으로 "文教"의 뜻으로 쓰였으며 "武學"에 對比가 되는 "文學"으로, 주로 "教育"을 지칭하는 의미로 사용되었다. 이는 모리공사가 미국 名士들에게 발송한 公翰의 내용을 통해 쉽게 알 수 있는데, "문학"이란 용어가 이미 唐代 이전부터 사용되어 왔던 중국에서 이런 용어 사용은 당시 서양선교사들의 중국과 중국문학에 대한 이해 부족에서 비롯된 것이다.

재중 서양선교사는 중국문학이나 중국학에 대해 전문적인 지식을 가진 것은 아니었지만 그들은 19세기 후반 서양문물의 번역과 소개를 주도하였으며, 그들은 수 백 종에 달하는 중국어 번역서를 직접 번역하거나 간행하였다. 그들은 전문가가 아니면서 왜 이런 번역작업을 주도하였을까? 사실 在中 宣教士들이 발표한 談論은 주로 宣教와 教育에 치중되었다. 이들은 신문잡지를 창간하고 譯

著書를 출간하여 끊임없이 의견을 개진함으로 인해 19세기 후반에는 중국에서도 교육개혁의 필요성에 대해서 점차로 보편적인 인식이 형성되었다. 이런 상황에서 동양에서 서양을 모방하여 성공한 日本의 改革事例에 대해서 일본의 대표적인 開化論者 모리 아리노리가 美國 各界의 名士들에게 의견을 구하여 간행한《文學興國策》의 영문원서는 중국에서 변법과 개혁을 주창하는 譯者의 입장에서 볼 때는 중국에 아주 필요 적절한 서적이라고 생각되었을 것이다. 게다가 존 알렌은 일본에 대해 다소 환상적이라 할 정도로 好感을 갖고 있었기 때문에 이 책은 중국인에게 근대화된 일본을 성공사례로 소개하기에 매우 적합하다고 여겼던 것이다.

《文學興國策》을 읽어보면 모리공사의 일본 교육진흥책에 대한 질의에 대해 미국의 답신자들은 대부분 知識敎育만으로는 敎育을 진작시키기 어렵고 도덕교육과 병행해야 하는데, 미국을 비롯한 서방국가들은 기독교 신앙을 도덕교육의 근간으로 삼고 있다고 강조하였다. 그들은 서구국가를 학습하기 위해서는 서구의 교육제도만을 도입해서는 안 되고 기독교를 받아들여야 만이 日本이 근본적으로 서구화되고 과학국가로 부흥될 수 있다고 역설하고 있다. 특히 基督敎 宣敎를 금지시키는 東洋 諸國을 겨냥하여 서구 제도와 문물을 배우려면 당연히 서구정신의 근간이 되는 基督敎를 알아야 하며 국민에게 기독교 선교를 금지시켜서는 안 된다는 견해를 소개하여 西學·西法과 아울러 基督敎도 수용할 것을 적극 권유하고 있다.

바로 譯者 존 알렌은 미국의 名士들이 강조하는 서구 교육의 도덕적 기초가 되는 基督敎를 중국에 선교하기 위해 외형적으로는 “敎育振興策”을 중점적으로 논의한 이 책을 중국어로 번역하여 은연중에 기독교를 전파하고자 했던 것이다. 다시 말해 譯者는 부국

강병과 교육진흥의 기치를 들어 간행동기를 설명하고는 있지만, 교육진흥 방안 속에 서술된 서구교육의 핵심은 基督教와《聖經》에 기초한다는 미국 명사들의 공통된 견해가 담겨있는 이 책을 譯者가 의도적으로 基督教의 宣教를 위해 번역한 것이라 할 수 있겠다.

답신자 가운데 볼트웰박사는 국민의 지식을 증진시키면 이것이 직접 富國과 商務 · 農工 · 道德에도 직접적인 영향을 미친다고 하면서 〈讀書와 犯罪〉라는 문장을 추천하였다. 그는 이 문장에서 독서를 통해 지식을 얻게 된 국민은 自主하고 自治하게 되는데, 이것이 바로 미국이 부흥하게 된 원인이라고 강조하였다. 그는 교육을 받은 國民은 대개 이치에 밝아져서 自主하고 自治하게 되어 국가의 虐政을 받지 않게 되며, 이것이 미국이 발흥한 원동력이며 권리가 없던 국민으로 하여금 함께 국권을 갖게 하는 토대가 되었다고 주장하였다. 國家 富强의 원동력은 국민의 의식수준을 향상시켜 함께 정치에 참여케 한다는 민주주의 정치의 특성에 있다고 하면서 국민의 의식수준 향상을 위해 교육이 얼마나 중요한 가를 강조하고 있는데, 이 점은 바로 유신파 지식인들이 上層의 위정자를 통한 戊戌改革에 실패한 뒤에 變法과 改革을 추진하기 위해서 下部의 大衆을 啓導하여 정치를 개혁하려는 대중계몽운동을 대대적으로 전개하게 된 이론적 근거와 일맥상통하는 것이다.《文學興國策》의 내용을 종합해 보면 국민의 自主自治에 관한 견해는 비단 볼트웰 한 사람만 거론한 것이 아니라 거의 대부분의 회신에서 공통적으로 제기되었는데, 이런 관점은 19세기 말 20세기 초에 梁啓超 등의 維新派 知識人들의 대중계몽운동과 제도개혁에 직접적인 영향을 주었다.

존 알렌은 근대화에 성공한 일본에 대해 상당한 호감을 갖고 있었는데, 淸日戰爭에 패전한 중국에게 일본과 싸우지 말고 화해하도록 권면하였으며, 심지어는 조선과 중국 東北 三省에 대한 일본의 침략과 지배를 적극적으로 옹호하고 미화하는 제국주의적 입장을 표출하기도 하였다. 존 알렌은 서양을 모방하여 근대화한 일본이 마치 基督教徒들에 의해 발전한 것으로 착각하는 오류를 범하기도 하였으며,[55] 중국과 일본이 연합하여 러시아에 대항하기를 원하였는데, 러시아를 견제하려는 태도는 영미출신 선교사들의 공통된 입장이기도 하였다. 존 알렌의 日本擁護論은《中東戰記本末》과《文學興國策》에 일관되게 견지되는 논지로써, 이 두 책이 나중에 合本刊行된 이유이기도 하다.

梁啓超는 그의《西學書目表》에서 선교사들의 출판기구인 廣學會에서 간행한 서적 22종을《文學興國策》과 함께 열거하면서 존 알렌의《萬國公報》를 가장 좋은 서적 두 가지 중에 하나로 꼽고 있는데,[56] 그가 康有爲와 함께 北京에서 창간한 變法維新派의 기관지도《萬國公報》라고 명명할 정도로 康·梁 두 사람은 존 알렌의《萬國公報》에 경도되었으며, 이를 탐독하였다. 알렌은 자신의 많은 문장을《萬國公報》에 발표하였고,《文學興國策》과《中東戰記本末》를 모두 廣學會에서 출간하였는데, 바로《文學興國策》의 西洋學制와 教育改革論은 康有爲와 梁啓超가 주도한 變法改革의 교육방안이 되었고, 그 후 梁啓超가 시작한 小說界革命의 계몽이론에

55) 존 알렌은 일본의 근대화를 선도했던 유학생들에 대해서 이렇게 평하였다. "더욱이 매년 해외로 나가 유학하고 돌아오는 사람을 보면, 강인한 정신과 넘치는 의기는 기독교의 교화를 받지 않았다면 어찌 이렇게 되었겠는가!(更觀歷年出洋肄業回國之人, 其精神之完固, 意氣之勃發, 謂非得受基督道之敎化, 安能至是哉!)"〈文學興國策序〉, 3쪽.

56) 梁啓超,《西學書目表》, 表下 報章《萬國公報》條: "前數年極佳, 惜今已難購。" 質學會, 質學叢書 初集 第11冊, 1896년 10월, 1쪽.《文學興國策》은 表中 學制 2쪽 2條에 보인다. 評語가 없음.

서, "文學" 그 중에서도 "小說"을 통한 民衆啓蒙運動의 敎化論의 이론적 근거로써 중국사회에 적지 않은 영향을 미쳤다. 이런 교육개혁론은 淸末小說 중에서 "教育小說"이란 특정 유형의 소설을 대량 창작하게 하였으며 교육개혁을 단행하여 결국 《文學興國策》이 출간된 지 10년이 되지 않아 과거제도를 폐지하고 歐美學制에 기초한 신교육체제로 인재를 양성하게 되었다.

제2부
中韓小說의 雙方向 翻譯 研究

제6장
20세기 中韓小說의 雙方向 翻譯

제7장
중국현대소설의 韓譯 상황

제8장
20세기 중한소설 쌍방향 번역의 문제점과 향후 전망

제9장
20세기 中文小說 100選

제10장
西方의 中國現代小說 研究

《中國小說繪模本》 중의 《水滸傳》삽화 〈경양강무송타호 景陽崗武松打虎〉

제6장 20세기 中韓小說의 雙方向 翻譯

제1절 20세기 이전의 중국소설 유입과 중국소설의 韓譯

1. 한반도에 전래된 중국소설과 조선시대의 한글 번역

韓中 兩國의 소설 교류 역사는 매우 유구한데, 《高麗史》의 기록에 의하면 《搜神記》·《說苑》·《酉陽雜俎》·《太平廣記》 등은 이미 고려시대에 한반도에 유입되었고[1], 《世說新語》·《酉陽雜俎》·《太平廣記》·《剪燈新話》 등의 문언소설집은 朝鮮王朝 초기에 상당히 유행하였다고 한다.[2] 당시 한국의 문인들은 대체로 중국의 文言文

1) 앞의 두 작품에 관한 著錄은 《高麗史》 世家 第十, 宣宗 8년(1091년)條를 참조할 것. 《高麗史·列傳》 成宗 卷285條에는 《酉陽雜俎》의 內容과 高麗에서 翻印된 경위가 언급되었다. 《太平廣記》는 高麗 高宗(1214~1259년) 年間의 《翰林別曲》에 아래와 같이 기록되었다. "(《翰林別曲》)……唐漢書·莊老子·韓柳文集·李杜集·《白樂天集》·《毛詩》·《尚書》·《周易》·《春秋》·《周戴禮記》……《太平廣記》四百餘卷, 偉歷覽景如何?"(《高麗史》 志·樂二에서 인용.) 이런 기록으로부터 이 작품들이 모두 高麗時代에 한국에 유입되었음을 알 수 있다.

2) 이들 작품집은 朝鮮時代에 모두 韓國에서 출간된 적이 있는데, 그 중에서 朝鮮 第7代 世祖 年間에 成和仲은 전후로 《太平廣記》의 두 가지 節本인 《太平廣記詳節》 50卷과 《太平通載》 80卷을 편찬하였다. 《世說新語》는 한반도에 유입된 뒤에 널리 유통되었고 또한 문인들로부터 크게 환영을 받았는데, 심지어 正祖大王은 《弘齋全書》162卷인 〈日得錄〉에서 대단히 극찬하였다. 이보다 조금 앞선 肅宗 34년(1708년)에는 《世說新語補》가 출판된 적이 있었다. 明宗 4년(1549년)에 林芑는 《剪燈新話》에 詳註를 덧붙여 註解本《剪燈新話句解》를 간행하였다. 閔寬東 著, 《中國古典小說流傳韓國之研究》, 中國文化大學博士論文, 1994년 6월, 134~140쪽.

에 능통하여 중국전적을 읽는 데 문제가 없었으므로 그들은 일반적으로 중국서적을 구입하여 읽었기 때문에 적지 않은 중국서적이 한반도에 유입되었다. 중국 전적이 조선에 유입된 정황은 淸代의 姜紹書라는 學者의 언급을 통해서 살펴볼 수 있다. "조선사람들은 책을 가장 좋아하여, 사신으로 5 · 60여 명이 오면 헌책이나 신간, 혹은 패관소설을 막론하고 그들에게 적게 있거나 없는 책은 낮에 시중에 나가 書目을 작성하여 사람들에게 두루 물어보아 비싼 값을 아끼지 않고 사 가지고 돌아갔기 때문에 그 나라에는 도리어 稀貴藏書가 현존하게 되었다."[3)]

姜紹書가 언급한 조선 사람들의 서적 애호 경향은 결코 과장된 말이 아니다. 조선 중기의 저명한 문인인 許筠(1569~1618년)도 일찍이 북경에 가서 중국전적을 구입해 온 경위를 밝힌 적이 있었다. 그는 《閑情錄 · 凡例》에서 자신이 소장하고 있는 장서의 내원과 저서의 選編過程을 설명하면서 중국에 가서 漢籍을 구입해온 전말을 소상히 밝히고 있다.

> 나는 일찍이 우리 집 史籍이 심히 簡略한 것을 안타깝게 생각하여 더 사서 억지로 전체를 구비하려는 계획을 세운지 오래되었다. 바쁘고 한가한 틈이 없었다가 갑인 · 을묘 두 해에 일 때문에 다시 북경에 가게되어 家産을 털어 서적을 거의 사천 여 권 사게 되었는데, 그 중에서 閑情과 관련 있는 것은 浮帖으로 첫머리에 첨가하고, 재판에 필요한 것은 刑部에 건네주고자 하였으나 공무가 너무 과중하여 바로 選編에 착수할 수가 없었다.[4)]

---

3) 淸 姜紹書 著,《韻石齋筆談》,《增補文獻備考》卷242에서 인용.

4) "余嘗恨家之史籍所載甚簡略, 切欲添入遺事, 勒爲全書爲計久矣。倥偬未暇, 甲寅、乙卯兩年, 因事再赴帝都, 斥家貨, 購得書籍幾四千餘卷, 就其中事涉閑情者, 以浮帖帖其提頭處, 以需殺靑逮判刑部, 公務浩穰, 未敢下手粹選, ……。" 許筠 著,〈閑情錄 · 凡例〉,《許筠全書》(許筠 著 · 李離和 編, 서울: 亜細亜文化社, 1980년 12월), 253쪽.

光海君 연간에 활동한 許筠은 甲寅年(1614년, 광해군 6년, 明 萬曆 42년)과 乙卯年(1615년, 광해군 7년, 명 만력 43년) 북경에 사신으로 파견되어 갔을 때에 家産을 팔아서 4천여 권의 漢籍을 구입해 왔다고 한다. 중국에서 책을 구입해 온 사람은 결코 허균 한 사람에 그치는 것이 아니었는데, 어떤 사람은 타인에게 청탁하여 좋아하는 책을 사오기도 하였다. 李裕元은 《林下筆記》에 다음과 같이 기록하였다.

> 桐漁 李公은 평일에도 손에서 놓지 않는 것이 있으니, 바로 稗官小說이라. 종류를 가리지 않는데, 신간 서적을 읽기 좋아하였고, 때때로 사역원에 가지고 와서 역관에게 이를 번역하게 하였다. 북경에 가는 사람에게 다투어 구입을 의뢰하여 (소장하는 책이) 수 천 권에 이르렀다.[5]

桐漁 李公은 順祖 연간에 우의정을 지낸 宰相 李相璜인데, 當時에 나라에서는 이미 금령을 내려 소설의 구독을 금지시켰지만, 李公은 몰래 소설을 애독하였고, 심지어 사역원에 중국소설을 가지고 와서 우리말로 번역해달라고 부탁했다는 것이다. 게다가 중국에 가는 인편을 통해 다투어 서적을 구입해 왔는데, 그 수량이 대단해서 허균은 4천여 권을 사들였고, 이상황은 소실책민 수천 권을 소장하였다고 한다. 그렇기 때문에, 姜紹書는 당시 조선에는 적지 않은 중국의 희귀 장서가 소장되어 있다고 생각하였나. 사실 그가 언급한 희귀 장서는 단지 추측에만 그친 것이 아니었기 때문에 현존하는 자료를 통해 조선시대에 유입된 중국 전적에 대해 구체적으로 살펴보겠다. 朝鮮 中期에 간행된 〈中國小說繪摸本 · 小敍〉

5) 李裕元 著, 《林下筆記》: "桐漁李公平日手不釋者, 卽稗官說也。毋說其種, 好閱新本, 時帶譯院, 都相象譯之。赴燕者, 爭相購納, 積至屢千卷。"

에는 다음과 같이 中國小說의 書目이 수록되어 있다.

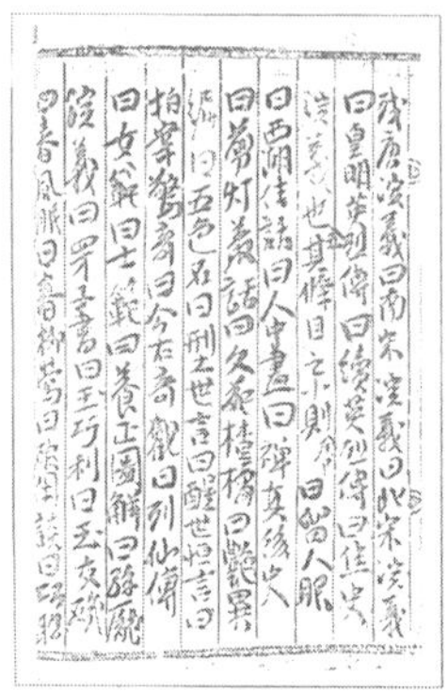
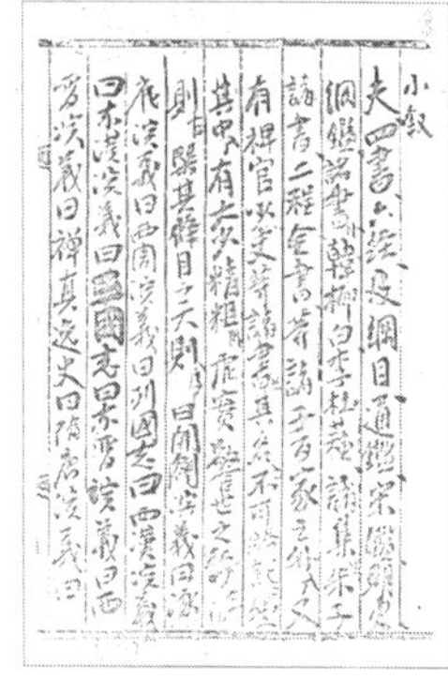

㉓ 〈1762년 暎嬪 李氏 作 〈中國小說繪模本小序〉〉

무릇 《四書》·《六經》과 《綱目》·《通鑑》·《宋鑑》·《明史》·《綱鑑》의 전적, 한유·유종원·이백·두보·소동파의 여러 문집, 朱子의 諸書와 《二程全書》 등의 諸子百家의 책 이외에 또한 稗官野史 등의 여러 책이 있어 그 서명을 이루다 기록할 수가 없다. 그러나 그 중에는 어느 정도 정교함과 치졸함, 허와 실이 있어 세상을 깨우치고 있는 것은 무엇인가? 그 부류가 큰 것으로는 《開闢演義》·《涿鹿演義》·《西周演義》·《列國志》·《西漢演義》·《東漢演義》·《三國志》·《東晋演義》·《西晉演義》·《禪眞逸史》·《隋唐演義》·《殘唐演義》·《南宋演義》·《北宋演義》·《皇明英烈傳》·《續英烈傳》·《焦史演義》가 있다. 그 부류가 작은 것으로는 《留人眼》·《西湖佳話》·《人中畵》·《禪眞後史》·《剪燈叢話》·《文苑楂橘》·《艶異編》·《五色石》·《型世言》·《醒世恒言》·《拍案驚奇》·《今古奇觀》·《列仙傳》·《女範》·《士範》·《養正圖解》·《孫龐演義》·《四才子書》·《玉巧利》·《玉支磯》·《春風眼》·《春柳鶯》·《破閑談》·《巧聯珠》·《好逑傳》·《王翠翹傳》·《弁以釵》·《引鳳簫》·《鳳簫梅》·《山中一夕話》·《仙媛傳》·《富公傳》·《盛唐演義》·《太原志》·《聖經直解》·《七克》·《聘聘傳》·《西廂記》가 있다. 그 중에는 大中小帙이 있는 《西遊記》·《後西遊記》·《東遊記》·《水滸志》·《後水滸志》·《水滸後傳》·《西洋記》·《包公演義》·《無冤錄》·《迪吉錄》·《感應篇》·《剪燈新話》가 있다. 또 그 중에는 淫談怪說이 있는 《艶情快史》·《昭陽趣史》·《錦屛梅》·《陶情百趣》·《玉樓春》·《貪歡報》·《杏花天》·《肉蒲團》·《戀情人》·《巫夢緣》·《燈月緣》·《鬧花叢》·《艶史》·《桃興圖畵》·《百抄》·《何澗傳》이 있다. 形形色色에 수가 많아 이루다 언급할 수가 없다. 그 중에서 귀감이 되고 경계가 될만한 것과 우습고 사랑스러운 것을 모아 책을 만들어 畵員 主簿 金德成 등 몇 사람으로 하여금 그림을 그려 책에 더하니, 책을 펼치면 역대 사적이 일목요연하다. 서문을 써서 책머리에 싣고 발문을 지어 말미에 덧붙여 자손에게 전하고자 하니 아무렇게나 보지 말찌

니라.

임오년 윤오월 구일에 完山 李氏가 麗輝閣에서 쓰다[6]

이 서문은 英祖의 後宮인 映嬪 李氏가 1762年(英祖 38年)에 창경궁의 麗暉閣에서 쓴 것인데, 이 글에 나오는 書名은 모두 83종으로 그 중에 75종이 中國小說이다. 그 밖의 서적 8종은 권계서 3종(《女範》, 《士範》, 《養正圖解》), 천주교 서적 2종(《聖經直解》, 《七克》), 법의학서 1종(《無寃錄》), 도교서적 1종(《感應篇》), 戲曲 1종(《西廂記》)이다. 〈中國小說繪模本 · 小敍〉에 보이는 서목은 특별한

6) 夫《四書》,《六經》及《綱目》,《通鑑》,《宋鑑》,《明史》,《綱鑑》諸書, 韓, 柳, 白, 李, 杜, 蘇諸集, 朱子諸書, 《二程全書》等諸子百家之外, 右有稗官少史等諸書, 其名不可勝記。然其中有大少精粗, 虛實, 警世之, 何則? 槩其條目之大則, 曰《開闢演義》, 曰《涿鹿演義》, 曰《西周演義》, 曰《列國志》, 曰《西漢演義》, 曰《東漢演義》, 曰《三國志》, 曰《東晋演義》, 曰《西晉演義》, 曰《禪眞逸史》, 曰《隋唐演義》, 曰《殘唐演義》, 曰《南宋演義》, 曰《北宋演義》, 曰《皇明英烈傳》, 曰《續英烈傳》, 曰《焦史演義》也。其條目之小則曰《留人眼》, 曰《西湖佳話》, 曰《人中畵》, 曰《禪眞後史》, 曰《剪燈叢話》, 曰《文苑楂橘》, 曰《艶異編》, 曰《五色石》, 曰《型世言》, 曰《醒世恒言》, 曰《拍案驚奇》, 曰《今古奇觀》, 曰《列仙傳》, 曰《女範》, 曰《士範》, 曰《養正圖解》, 曰《孫龐演義》, 曰《四才子書》, 曰《玉巧利》, 曰《玉支磯》, 曰《春風眼》, 曰《春柳鶯》, 曰《破閑談》, 曰《巧聯珠》, 曰《好逑傳》, 曰《工翠翹傳》, 曰《弁以釵》, 曰《引鳳簫》, 曰《鳳簫梅》, 曰《山中一夕話》, 曰《仙媛傳》, 曰《富公傳》, 曰《盛唐演義》, 曰《太原志》, 曰《聖經直解》, 曰《七克》, 曰《聘聘傳》, 曰《西廂記》也。其中又有大中小帙曰《西遊記》, 曰《後西遊記》, 曰《東遊記》, 曰《水滸志》, 口《後水滸志》, 曰《水滸後傳》, 曰《西洋記》, 曰《包公演義》, 曰《無寃錄》, 曰《迪吉錄》, 曰《感應篇》, 曰《剪燈新話》也。又其中有淫談怪說曰《艶情快史》, 曰《昭陽趣史》, 曰《錦屛梅》, 曰《陶情百趣》, 曰《玉樓春》, 曰《貪歡報》, 曰《杏花天》, 曰《肉蒲團》, 曰《戀情人》, 曰《巫夢緣》, 曰《燈月緣》, 曰《鬧花叢》, 曰《艶史》, 曰《桃興圖畵》, 曰《百抄》, 曰《何澗傳》也。形形色色, 鬱鬱葱葱, 不可盡喩。其中可鑑、可戒者, 可笑、可愛者, 抄集成冊, 令繪士主簿金德成等若干人, 摸本粧冊, 開卷歷代事跡, 其可瞭然, 引書序于首, 又作小跋于末, 以傳後之子孫。其勿泛看也夫。

壬午閏五月初九日完山李氏書于麗暉閣之上

完山李氏 著, 〈小敍〉, 《中國小說繪模本》, 江原大學校 出版部, 韓國 春川, 1993. 8., 152쪽.

가치를 가지고 있는데, 첫째, 역사소설《涿鹿演義》, 음란소설《巫夢緣》·《陶情百趣》·《桃興圖畵》·《百抄》, 才子佳人小說《破閑談》, 문언소설《富公傳》·《仙媛傳》은 모두 이미 失傳되었고 다른 小說書目에 著錄도 되지 않았다. 映嬪 李氏가 언급한 이 書目들은 이들 작품이 1762년 이전에 朝鮮에 유입되었다는 것을 입증하는 것으로 李氏는 이미 이들 작품을 열람한 뒤에 書名을 거론한 것이다.

두 번째,《鳳簫梅》와《春風眼》은 일본 寶歷 甲戌年(1754年)의《舶載書目》에 저록되어 있으며,《河間傳》은 康熙 年間 劉廷璣의《在園雜志》卷二에 그 서명이 언급된 적이 있지만 지금은 모두 이미 失傳되었는데,〈小敍〉에 그 서목이 저록된 것으로 미루어 보아, 上述한 세 작품은 1762年 以前에 이미 출간되어 朝鮮에 전래되었음을 알 수 있다.

세 번째,〈小敍〉에 기재된《型世言》과《後水滸傳》과 같은 작품은 현재 한국에 소장된 세계에서 유일하게 현존하는 孤本이고,《文苑楂橘》은 中國에는 단지 書目만 저록되어 있고 이미 失傳된 작품인데, 韓國에는 朝鮮時代에 刪節·補充되어 판각된 판본이 現存하고 있다.

네 번째, 어떤 작품은 중국에서는 오래 전에 유실되었는데, 한국에는 한국어 번역본이 현존하고 있어 원서의 내용을 살펴볼 수 있는데,《樂善齋文庫》에 소장되어 있는《太原志》와《聘聘傳》의 韓譯本은 유실된 원본을 알아볼 수 있는 유일한 자료이다.

〈中國小說繪模本·小敍〉의 書目 이외에 서울대학교 奎章閣에 所藏된《玉鴛再合奇緣》卷14·15에는 18세기 후기에 조선에서 유행하던《孫龐演義》·《女媧傳》·《開闢演義》·《涿鹿演義》·《西周演義》·《列國志》·《楚漢演義》·《東漢演義》·《唐晉演義》·《三國

志》·《南宋演義》·《北宋演義》·《五代朝史演義》·《南溪演義》[7]·《西遊記》·《忠義水滸誌》·《聖嘆水滸誌》 등의 중국소설이 거명되어 있다.[8]《玉鴛再合奇緣》은 英祖 年間에 東中樞府使 李永淳의 부인 溫陽 鄭氏가 1786년에서 1790년 사이에 抄寫한 한글소설인데, 朴在淵교수는 〈中國小說繪模本·小敍〉에 보이는 小說書目은 아마도 당시에 이미 한글로 번역된 중국소설의 번역본 목록일 가능성이 크다고 주장하고 있다. 왜냐하면《玉鴛再合奇緣》의 書目은《唐晉演義》·《五代朝史演義》와《女媧傳》을 제외하면 대체로 〈中國小說繪模本·小敍〉의 小說書目과 일치하며, 게다가《無寃錄》·《太

7) 鄭炳昱教授는 〈樂善齋文庫目錄及解題〉(《國語國文學》 第44·45號, 韓國國語國文學會, 1969年7月)에서《南溪演義》를 中國小說의 韓譯本으로 분류하고 작품내용을 간략하게 소개하였다. 이 作品은 明太祖 주원장이 천하를 통일한 뒤에 군주와 신하 사이에 갈등이 나타나고 태조가 단계적으로 개국공신들을 물리치거나 살해하는 사건을 주로 서술하였다. 비록 鄭教授는 이 작품을 中國小說의 翻譯本이라 간주하였지만《中國通俗小說總目提要》와 같은 각종 중국소설의 著錄書目 가운데 어떤 곳에서도 발견하지 못했다. 이런 정황으로 미루어 보면 이 작품은 아마 중국에서는 이미 유실되었고 지금은 단지 樂善齋文庫의 韓譯本만이 남아 있는 것이 아닌가 싶다.《南溪演義》는 본래 3卷 3冊인데, 樂善齋文庫에는 第2·3卷 2冊이 현존하며 第1卷은 보이지 않는다. 〈樂善齋文庫目錄及解題〉, 503頁.

8) 서울대학교 奎章閣에 所藏된《玉鴛再合奇緣》卷14·卷15의 표지 내면에는 모두 48종의 當時에 유행했던 한글소설서목이 수록되어 있는데 中國小說의 韓譯本과 한글 創作小說이 포함되어 있다. 卷14의 書目 가운데에서는 단지《孫龐演義》와《女媧傳》이란 2종의 韓譯小說만을 볼 수가 있다.(筆者는 이 두 作品은 결코 한글소설이 아니고, 中國小說의 韓譯本이라고 생각된다. 그러나 이들은 中國白話小說書目의 著錄 가운데에는 보이지 않는데, 文言短篇小說의 韓譯本일 가능성도 있다.) 卷15에는 15種의 小說書目이 보이는데, 이들 서목은 모두 한글로 쓰여졌기 때문에 작품의 한글書名만을 보아 가지고는 작품의 국적을 판단하기가 쉽지 않다.《玉鴛再合奇緣》과 관련된 考證은 沈慶昊 著, 〈樂善齋本小說的先行本考〉(《精神文化研究》 第38號, 韓國精神文化研究院, 1990年), 179~187쪽을 참조하시오.

上感應篇》·《聖經直解》 등의 서적은 모두 한글 번역본이 있기 때문에 〈中國小說繪模本·小敍〉 속의 書目이 한글 번역본 書目일지도 모른다고 추측하게 된 것이다.[9)]

현재 한국에는 《型世言》·《刪補文苑楂橘》·《啖蔗》 등의 중국에서는 오래 전에 失傳된 稀貴孤本들이 현존하고 있다. 게다가 原書는 벌써 유실되었고 著錄上에 書目만이 남아있는 작품들이 있는데, 우리나라에 소장되어 있는 《聘聘傳》·《太原志》와 《南溪演義》의 韓譯本은 바로 이미 실전된 原作을 연구할 수 있는 유일한 현존자료로써 중국소설의 전래와 번역을 통한 독특한 가치를 가진 작품이라 하겠다.

이 밖에 原書가 失傳되고 著錄上에도 書名이 없는 《涿鹿演義》와 같은 작품은 한국에 남아 있는 관련 자료를 통해서만이 연구할 수 있을 뿐이다.

2. 현존하는 조선시대의 중국소설 韓譯本 현황

中國小說의 翻譯本은 18世紀에 이르러 상당히 유행하여 일단의 독자계층을 확보하게 되었으니, 궁중과 민간의 부녀자와 일반 사대부 문인계층이었다. 朝鮮時代에는 中國小說의 번역과 改作이 대단히 성행하였는데, 현재 한국 各圖書館에 소장된 중국소설의 韓譯小說書目을 살펴보면 다음과 같다.

9) 朴在淵은 〈完山李氏《中國小說繪摸本》解題〉에서 이런 의견을 제기하였다. 《中國小說繪摸本》, 195쪽. 그러나 민관동교수는 이들이 韓譯本 書目이라는 견해는 옳지 않다고 반론을 제기하였다. 왜냐하면 韓譯作品은 거의 插圖가 수록되어 있지 않았는데, 《中國小說繪摸本》에 수록된 작품은 모두 插圖가 있기 때문에, 한역본일 가능성은 희박하다고 주장하고 있다.

(1)《今古奇觀》	(2)《南溪演談》	(3)《唐晉(秦)演義》
(4)《大明英烈傳》	(5)《武穆王貞忠錄》	(6)《補紅樓夢》
(7)《北宋演義》	(8)《三國志》	(9)《西周演義(封神演義)》
(10)《仙眞逸史(禪眞逸史)》	(11)《雪月梅傳》	(12)《醒風流》
(13)《續紅樓夢》	(14)《孫龐演義》	(15)《女仙外史》
(16)《瑤華傳》	(17)《殘唐五代演義》	(18)《忠烈小五義傳》
(19)《忠烈俠義傳》	(20)《平山冷燕》	(21)《平妖記》
(22)《紅樓夢》	(23)《紅樓夢補》	(24)《紅樓復夢》
(25)《後水滸傳》	(26)《後紅樓夢》	(27)《聘聘傳》
(28)《麟鳳韶(引鳳簫)》	(29)《珍珠塔》	(30)《快心編(醒世奇觀)》
(31)《包公演義》	(32)《型世言》	(33)《太原志》
(34)《鏡花緣(第一奇諺)》	(35)《水滸傳》	(36)《薛仁貴傳》
(37)《西漢演義》	(38)《東漢演義》	(39)《春秋列國志》
(40)《東遊記》	(41)《好逑傳》	(42)《玉嬌梨傳》
(43)《玉壺冰心》	(44)《綠牧丹》	(45)《西遊記》
(46)《錦香亭記》	(47)《隋唐演義》	(48)《太平廣記》
(49)《南宋演義》	(50)《開闢演義》	(51)《蘇雲傳》
(52)《烈女傳》	(53)《再生緣傳》[10]	

中宗 38年(1543年) 《列女傳》이 한글로 번역된 이래로 중국소설

10) 閔寬東교수는 《中國古典小說流傳韓國之研究》(대만 文化大學 中文研究所 博士學位論文, 1994년 6월), 298~299쪽에서는 모두 52종의 번역서목을 열거하였으나, 〈國內 中國古典小說 翻譯作品 目錄과 書誌狀況〉(《中國小說研究會報》 제32호, 한국중국소설학회, 1997년 11월), 117쪽에서는 앞의 서목 중에서 《伍子胥傳》을 제외시키고 《列女傳》과 《再生緣傳》을 더하여 53종의 번역서목을 제시하면서, 그 아래에 각 작품의 著錄과 解題를 가하였다.

의 韓譯本은 끊임없이 나왔는데, 위의 譯書目錄을 통해 알 수 있듯이, 翻譯小說은 대략 50餘 種 이상이며 여기에다 翻案類小說까지 합친다면 근 100餘 種에 달하는데, 이 작품들은 대부분 17~19세기에 번역되었거나 번안되었지만, 《三國演義》와 《今古奇觀》계통의 작품 중에는 1900년대 초기에 쓰여진 작품도 있어서,[11] 이들 작품이 오랫동안 독자들로부터 환영받았다는 것을 알 수 있다. 20세기 이전에 출간된 53종의 번역본에 대한 설명은 閔寬東교수의 서지문을 참고하고 우리는 20세기 이후에 진행된 중국소설의 번역본에 대해 조사된 서목을 살펴보도록 하자.

제2절 20세기 중국고전소설의 韓譯 상황

1. 20세기 전반기의 韓譯 상황

20세기 전반기는 조선의 멸망과 일제의 침략, 광복으로 이어지는 정치적 혼란 상황에서 전통 한학의 몰락과 서구문물의 수입으로 문화적인 변화도 극심하였지만, 중국소설이 적지 않게 出版되었다 이 시기에는 한문 독자의 감소로 말미암아 중국소설은 대부분이 한글 번역본의 형태로 출판되었으며, 게다가 조선 말기에 번역되어 필사본으로 유통되던 것들도 상당수가 印刷術의 발달로 다시 출판되었다. 이 시기에 나타난 특이한 출판현상은 坊刻本 小說의 유행이다. 坊刻本은 조선 말기인 1880년대 이후에 새로운 活字의 보급으로 인해 급격히 위축되었다가 1910년대 이후에 다시 나타났다. 이것은 새롭게 판각작업을 해서 出刊한 것이 아니고, 기존

11) 閔寬東 著, 〈國內 中國古典小說 翻譯作品 目錄과 書誌狀況〉, 117~118쪽.

의 고소설 판본들을 다시 찍어 낸 것으로 어떤 작품에는 京板 坊刻所의 洞名과 日帝시기의 출판사 이름이 함께 나타나기도 한다.[12] 20세기 전반기는 구한말과 일제 초기의 경계가 모호하므로 그 시한을 1910년부터 출판된 소설을 대상으로 하여 한역소설의 출판 상황을 살펴보면 다음과 같다.

1) 《剪燈新話句解》本은 원문으로 출판되어 널리 보급되었다. 이 판본은 새로 만든 판본이 아니라 조선후기부터 전해지던 판본을 翰南書林이 사들여 다시 찍은 것이다.

剪燈新話句解: 翰南書林, 2권2책, 1916년.
諺文懸吐剪燈新話: 朴頤陽, 朝鮮圖書, 2권1책, 1920년.

2) 《三國演義》

이 시기에 가장 활발하게 출판된 책은 바로 《三國演義》였다. 《三國演義》는 조선시대에 이어 서양문화가 본격적으로 들어온 일제시대에도 독자가 줄어들지 않고 오히려 증가한 것으로 추측된다. 이는 《三國演義》 중 재미있는 부분만 따로 떼어내어 번역출판한 판본의 數量만 보아도 그 규모를 대략 추정할 수 있는데,[13] 이 시기에 출판된 한역본은 모두 9종이다.

修正三國誌 : 5권, 博文書館, 1904년.
刪修三國誌 : 朴健會 編, 前後集(9冊), 京城書館, 1915년.
懸吐三國誌 : 5책, 匯東書館, 1915년.
懸吐三國誌 : 李柱浣, 永豊書館, 1916년.

12) 조혜란, 〈京版 坊刻本 小說의 特性〉, 《고소설의 저작과 전파》, 아세아문화사, 1995년, 317쪽.

諺文三國誌：大昌書院·普及書館 合刊, 1918년.

無雙諺文三國誌：朴健會 編, 1冊, 朝鮮書館, 1921년.

修正三國誌：博文書館 譯, 1冊, 博文書館, 1926년.

原本校正諺文三國誌：5冊, 永昌書館, 1928년.

懸吐三國誌：5卷, 永昌書館, 1941년.

3)《水滸傳》

朝鮮文水滸誌：2책, 京城 沈昌書館, 1929년.

新譯水滸誌：尹白南, 京城 博文書館, 1930년.

---

13)《三國演義》의 部分 飜譯 및 再創作 작품은 아래와 같다.

(1)赤壁大戰：滙東書館(1925년), 東洋書館, 世昌書館, 德興書館, 東大書館, 唯一書館, 漢城書館, 京城書館 等 (2)大膽姜維實記(16회, 160쪽)：朴健會 編, 大昌書院·普及書館 合刊(1922년) (3)華容道實記：朝鮮書館(1913년, 1914년, 1915년, 1917년), 光東書館(1920년), 太學書館(1917년), 大昌書館(1919년), 黑匡郭(1916년: 平壤) 等 (4)三國大戰：永昌書館(1918, 1920, 1921, 1923년), 德興書館(1912년), 東洋書院(1925년), 世昌書館(1935년) (5)關雲長實記：李鍾植, 光東書局(1917, 1918년) 洪淳泌 發行, 京城書籍業組合(1921, 1926년) (6)赤壁歌(판소리--황부인전에 부록됨)：唯一書館·漢城書館(1916년), 京城書籍業組合(1926년), 德興書館(1930년), 東洋大學堂(1932년) (7)山陽大戰(趙子龍實記, 同種異本)：漢城書館(1916년, 1917년), 唯一書館(1916년), 京城書籍業組合(1919, 1920, 1926년), 朝鮮書館(1922년), 東洋書院(1925년), 滙東書館(1925년), 太華書館(1929년), 以文堂(1935년) (8)張飛馬超實記: 光東書局(1917, 1918, 1919년)), 朝鮮圖書(1925년), 京城書籍業組合(1926년) (9)趙子龍實記：滙東書館(49장, 1925년), 以文堂(38장, 1935년) (10)黃夫人傳(黃夫人은 諸葛亮의 妻)：世昌書館(?년) (11)夢決楚漢訟：新舊書林(1914, 17, 19, 22, 23년). 朝鮮圖書株式會社(1925년) (12)五虎大將軍記：滙東書館(1925년)[적벽대전에 부록됨] (13)夢見諸葛亮：(刊行處, 刊行年度 未詳) (14)諸葛亮傳：廣益書局(1917年) (15)鷄鳴山(三國演義의 略本: 6回)：姜夏馨 發行, 太華書館(1928년) (16)獨行千里五關斬將：1책, 大昌書院·普及書館 合刊(1918, 1921년)(《黃夫人傳》과《夢見諸葛亮》등 몇몇 작품들은 번역본이 아니라《三國演義》를 完讀한 후에 應用하여 만들어 낸 再創作 작품이라 하겠다.)

鮮漢文水滸誌：3책, 永昌書館, 1942년.

4)《西遊記》

《서유기》에 대한 完譯本은 아직 나오지 않았고, 《당태종전》과 같은 부분 번역과 《손오공》과 같은 縮約本이 주류를 이루고 있다.

唐太宗傳：東洋書館(1915, 1917년), 新舊書林(1917년), 翰南書林(白斗鏞:1920, 1921년), 滙東書館(1926년), 東洋大學堂(1929년).

諺漢文西遊記：2책, 博文書館(1913, 1920년), 朝鮮書館(1913년).

西遊記語錄：白斗鏞, 1책, 京城 翰南書局, 1918년.

孫悟空：李圭瑢, 滙東書館, 1922년.

5)《今古奇觀》

《今古奇觀》의 出版은 조선시대에 이루어지지 않은 것 같다. 비록 조선시대 후기부터 약 20여 편이 번역되었지만 판본은 보이지 않고 일제시대부터 坊刻本이 대량으로 출간되었는데, 坊刻本은 모두가 部分 翻譯(혹은 翻案)本으로 現在 藏書閣과 高麗大學校 등에 所藏되어 있다.

諺解文今古奇觀(卷1·4·6·11·12·17·18·20回)：
新舊書林, 1918년.

6)《西漢演義》

《西漢演義》의 全文 翻譯本은 보이지 않고 주로 部分 拔取 翻譯本이 주류를 이루고 있다.

諺文西漢演義：李桂浣, 2책, 京城 永昌書館(1917년).

張子房傳：3책, 京城 南谷新板, 1920年代(?).
張子房實記：朝鮮書館(1913, 1915, 1917년), 滙東書館(1926년).
鴻門宴：滙東書館(1916, 1918년), 京城書籍業組合(1926년).
楚漢戰爭實記：廣東書局, 太學書館(1917년).
項羽傳：博文書館(1918년).
楚漢傳：京城書籍業組合(1915, 1926년), 漢城書館 · 唯一書館(1917 · 1918년), 永昌 · 韓興 · 三光書館(1925년), 以文堂(1926년).
伍子胥傳：漢陽書籍業組合(1918년), 大昌書院 普及書館 合刊(1921년).

7) 《說唐演義》 계열

艷情楊貴妃：錦江漁父 玄翎仙 著, 京城書籍組合, 1926년.
蔚遲敬德傳：경판, 漢城 · 唯一書林, 1책, 1915 · 1918년.

8) 《西周演義》계열

강태공전：방각본(경판), 大昌書院 · 普及書館(1920년), 滙東書館(1925년).
姜太公實記：朝鮮書館(朴健會, 1913 · 1915년).

9) 《大明英烈傳》계열

朱元障創業記：2권1책, 大昌書院(1919 · 1921년)[김동욱 소장]

사실 《양산박전》 등 몇 종류의 작품들은 소설이 아니라 彈詞이다. 그러나 이 작품은 국내에 유입되어 탄사로 불리운 것이 아니라

소설로 다시 출간되었다. 그 외에도 중국소설 가운데 部分 拔取하여 單行本으로 간행된 작품도 여러 권이 있다. 예를 들어《說唐演義》계통의《艷情楊貴妃》,《설가장》계통의《이화서정기》,《대명영렬전》계통의《주원장창업기》등의 수많은 작품들이 부분 번역되어 單行本으로 出刊되었다.

이상에서 살펴본 것처럼 1920년대 말기까지는 비교적 활발한 출판양상을 보인다. 이 당시에 출판된 중국고전소설의 종류만도 대략 20여종에 이른다. 여기에다 부분 발취하여 단행본으로 간행한 것까지 합치면 약 40여종이 넘는다. 특히 이 시기에도 조선시대에 이어《三國演義》에 대한 애정은 남달라, 수많은 全文 翻譯本과 部分 拔取 翻譯本 혹은 再創作本 등의 亞流小說들이 대량으로 출판되어 매우 복잡한 양상을 띠고 있다.

2. 20세기 후반기의 韓譯 상황

1930년대로 접어들면서 중국고전소설의 출판은 현저한 減少趨勢로 들어서게 되고 1940대부터 제2차 세계대전과 6·25전쟁을 거치면서 크게 위축된 문화환경은 1970년대 이후 경제적인 발전을 계기로 출판문화는 비약적인 발전을 맞게 되었다. 아울러 소설작품의 출판도 급신장 하였는데 비록 主流가 中國現代小說과 西歐小說작품이긴 하지만 중국소설의 출간도 양적으로 상당히 팽창하였다.

1) 神話·傳說

中國의 神話：張基槿, 乙酉文化社(乙酉文庫 149), 1974년.
中國古代神話：李勳鍾(編譯), 汎文社, 1982년.

中國의 神話：李榮九(編譯), 高麗苑, 1987년.

2) 山海經

山海經(原文並記)：鄭在書(註譯), 民音社, 1985년.
山海經(原文並記)：徐敬浩(註譯), 서울대출판부, 1998년.

3) 列女傳

列女傳(原文並記)：朴良淑, 자유문고, 1994년 11월.
列女傳: 이숙인, 예문서원, 1996년 11월.

4) 抱朴子

抱朴子(原文並記)：장영창, 자유문고, 1993년.

5) 博物志

博物志(原文並記)：김영식, 홍익출판사, 1998년.

6) 說苑

說苑(原文並記)：안대희, 홍익출판사, 1996년.

7) 西京雜記

西京雜記：金長煥, 예문서원, 1997년.

8) 世說新語

世說新語：林東錫(譯註, 總1130條中 613條만 부분번역), 教學

研究社, 1984年.

世說新語(原文並記) : 金長煥, 上 · 中 · 下 三册, 살림출판사, 2000년 11월.

9) 幽明錄

幽明錄 : 유의경 선, 장정해 역주, 살림, 2000년 3월.

이상 《산해경》, 《열녀전》, 《포박자》, 《박물지》, 《설원》, 《세설신어》 등의 작품들은 단순한 興味爲主의 翻譯出版이 아니라 학술적인 측면에서 그 價值가 매우 높은 작품들이다. 이는 1980년대로 들어와 중문학 연구의 풍토가 서서히 정착되면서 거두어지는 수확물로, 상업적 출판과는 차별화 되는 고무적인 현상이라 할 수 있다. 또 原文과 脚註까지 병기하여 상당한 학술적 가치를 갖게 되었다.

10) 唐代傳奇小說

唐代傳奇小說集 : 柳光烈, 新世界文庫, 1955년.
唐代小說選 : 郭夏信, 乙酉文化社(乙酉文庫 51), 1970년.
唐代傳奇小說選(原文並記) : 丁範鎭, 汎學圖書, 1976년.
鶯鶯傳 : 정범진, 성균관대출판부, 1995년.

당대 전기소설의 번역본으로는 대부분이 축약하여 번역하였으나 정범진의 《앵앵전》은 全文 完全翻譯(앵앵전 외 41편을 수록)을 하여 學術的인 價值와 意味를 지니고 있다.

11) 太平廣記

太平廣記諺解 : 영인본(26편), 大提閣, 1987년.
太平廣記 : 윤하병 역, 국학자료원, 1998년.
태평광기: 이방 집, 김장환 · 이민숙외 역, 전12권, 학고방, 2007년.

12) 京本通俗小說

京本通俗小說(7편을 註譯하였으며 揷畵도 있다) :
張暎, 지영사, 1988년.

13) 청평산당화본

청평산당화본(완역) : 백승엽 역주, 정진출판사, 2002년 5월.

14) 剪燈新話

剪燈新話 : 眞誠堂, 1책(217p), 1950년.
剪燈新話 : 李慶善, 乙酉文化社(世界文學全集), 1971년. (乙酉文庫 193, 1976年).
전등신화 : 박재연 교주, 학고방, 1999년.
전등신화 : 이병혁 역주, 태학사, 2002년 3월.
전등삼종 : (상)전등신화(剪燈新話) · 멱등인화(覓燈因話) (하)전등여화(剪燈餘話) : 최용철 옮김, 소명출판, 2005년 10월.

15) 三國志平話

三國志平話 : 鍾兆華 저, 鄭元基 역주, 청양, 2000년.

16) 三國演義

三國誌：正音社譯, 10冊, 正音社, 1952년.

三國誌：徐仁局 譯, 1冊, 平汎社, 1953년.

三國誌：方基煥, 1冊, 學友社, 1953년. 10책, 知星出版社, 1980년.

三國誌：金思燁, 1冊, 文運堂, 1955년.

全增圖像三國志演義：李成學, 10冊, 先進出版社, 1958년.

三國誌：金東里等 譯, 5冊, 博英社, 1959년 · 1964년.

三國誌：최영해, 3冊, 正音社, 1959년, 6책(1984년).

三國誌：金東成, 5冊, 乙酉文化社, 1961년.

三國誌：李元洙, 1冊, 眞文出版社, 1961년.

三國誌：金明煥, 1冊, 百忍社, 1961년.

三國誌：최태응, 1冊, 啓蒙社, 1962년.

原本懸吐三國誌衍譯：世昌書館 懸吐, 5冊, 1962년 · 1981년.

三國誌：申泰和, 1冊, 三文社, 1962년.

三國誌：三協出版社 譯, 1冊, 三協出版社, 1964년.

新譯三國誌：羅貫中 著, 金光洲 譯, 3冊, 創造社, 1965년.

三國誌：羅貫中 著, 金光洲 譯, 3冊, 三中堂, 1965년.

原本國文三國誌：申泰三, 5冊, 世昌書館, 1965년.

三國誌：吉川英治(日本人), 이용호 譯, 3冊, 白潮出版社, 1965년.

原本三國誌：鄕民社 譯, 5冊, 鄕民社, 1965년.

三國誌：向民社 譯, 3冊, 向民社, 1965년.

三國誌：5冊, 奎文社, 1966년.

三國誌：朴鍾和, 5冊, 語文閣, 1968년. *8冊本, 1991년(12판).

三國誌：吉川英治(日本人), 李仁光 譯, 3冊, 康友出版社, 1968년.

三國誌：金龍濟, 5冊, 文友社, 1971년.

三國志：길헌영, 大韓出版社, 1972년.

三國志：崔乙林, 3冊, 三正出版社, 1973년.

大三國志：金龍濟 · 趙誠出, 10冊, 平民社, 1976년. (1-5:三國志, 6-10:後三國志)

三國誌：吉川英治(日本人), 朴鍾鎭 譯, 大亞出版社, 1976년.

三國志：梁柱東, 7冊, 進賢書館, 1976년.

三國志：李元燮, 2冊, 大洋書籍, 1976년.

三國志：方基煥, 5冊, 三熙社, 1977년.

完譯定本三國誌：金丘庸, 5冊, 三德出版社, 1980년.

完譯三國誌：禹玄民, 5冊, 朴英社, 1980년.

東西三國誌：許文列, 11冊, 東西文化社, 1980년.

三國誌：鄭飛石, 5冊, 三賢出版社, 1981년.

三國志：蔡正鉉, 7冊, 三中堂, 1982년.

三國志：方基煥 · 李元燮 共譯, 10冊, 大昊出版社, 1982년.

三國志：金光洲, 6冊, 瑞文堂, 1983년.

三國志：吳英, 5冊, 恩光社, 1983년.

三國志：方基煥 · 李元燮 共譯, 10冊, 三仙出版社, 1983년.

三國志：黃秉國, 10冊, 汎友社, 1984년. 1992년(4판).

三國志：허문순, 15冊, 東西文化社, 1985년.

小說三國志：李禎樹, 1冊, 聖貞出版社, 1986년.

三國志：李炳柱, 5冊, 금호서관, 1986년.

三國志：어문순, 15冊, 東西文化社, 1986년.

三國志：方基煥, 10冊, 성한出版社, 1986년.

三國誌：黃鍾勳, 5冊, 奎文社, 1986년.

三國志：李文烈, 10冊, 民音社, 1987년, 1988년.

小說三國志：鄭飛石, 5冊, 高麗苑, 1988년.

悲憤三國志：韓武熙, 5冊, 日月書閣, 1987년.

三國志：方基煥, 4冊, 청화出版社, 1987년.
三國志：陳舜臣, 6冊, (圖書出版) 中原文化, 1990년.
定本三國志：延邊大學翻譯組, 4冊, 靑年社, 1990년, 1992년.
三國志：고성의, 5冊, 三省書籍出版社, 1991년.
演義原本直譯三國志：成元圭, 5冊, 伏翁軒舍, 1992년.
小說三國志：李容浩, 10冊, 白潮出版社, 1965년. 光信出版社, 1993년.
三國演義：나관중 저, 한국문화사, 1997년 2월.
英雄三國志：기타카타 겐조 지음, 이계성 역, 13책, 서울문화사, 1999년.
삼국지통쇽연의(朝鮮翻譯本)：朴在淵 校注, 4冊, 선문대 번역문헌연구소, 1999년.
三國志(정본번역)：金丘庸, 솔, 2000년 7월.
삼국지：조성기 정역, 열림원, 2001년 11월.
三國志：趙聖基 정역, 열림원, 2002년 2월.
三國志：李文烈 평역, 민음사, 2002년 3월.

17) 後三國志

後三國志：李元燮, 5책, 東洋出版社, 1968년.
後三國志：趙誠出, 5책, 文友社, 1968년.
後三國志：李元燮, 6책, (도서출판)청화, 1987년.
後三國志：李元燮, 5책, 明文堂, 1992년.
小說後三國志：黃鍾勳, 7책, (圖書出版)空間, 1992년.

광복 이후부터 최근까지의 번역 · 출판현황을 살펴보면, 《삼국연의》의 번역본 대다수가 毛宗崗本을 母本으로 삼았으며 현재까지

翻譯出版된 《삼국연의》판본만도 50여종에 달한다. 그러나 이들 중 상당수는 縮約本(김동리본 , 최현본 등)이거나 대강의 뜻만 옮겨놓은 意譯本이다. 그 외에도 역자가 출판사만 바꾸어 다시 출판한 경우도 적지 않다.

光復 以後의 특이한 현상은 일본인 吉川英治(요시가와 에이지)의 改譯 日語本 《三國志》를 이용호(1965년), 이인광(1968년), 박종진(1976년) 등이 각각 여러 차례에 걸쳐 번역하였는데, 1960년대부터 1980년대까지 독자에게 상당한 영향을 주었다. 이 개역본은 원본과는 상당한 차이가 있는 판본으로 그 후에 번역 출판된 《삼국지》 중에서도 이를 모방한 아류작품들이 더러 있는데 최근에 출판된 박정수 평역본(청목, 8권)이 바로 그런 韓譯本이다.

그리고 完譯本으로는 김동성본 · 정음사본 · 김광주본 · 방기환본 · 이용호본 · 박종화본 · 김용제본 · 김구용본 · 정비석본 · 성원규본 · 고성의본 · 이문열본 · 황병국본 · 연변대학번역조본 · 김광렬본 등이 있는데, 그중 정비석본 · 이문열본 · 이용호본 등은 전체 내용에 소설가로써 수식과 창작을 가미해 재편성해 놓았고, 김구용본은 거의 대독이 가능할 만큼 충실하게 毛宗崗本을 따랐고 월탄 박종화본은 意譯에 가깝다. 또한 김광주본은 도입부에서 약간의 독창을 보이기는 하였지만 대개가 吉川英治의 亞流라는 혐의를 갖게 한다.[14] 또 황병국본은 《大字足本 三國演義》(대만 文源書局)本과 毛宗崗批評, 饒彬批評(대만 三民書局)本을 합하여 번역한 것으로 원문에 비교적 충실하였다.

1990년대에 들어 《삼국지》에 대한 특이한 번역본이 출간되었는데 이것이 곧 중국 동북지역 조선족들에 의해 번역되어 국내에 유

14) 이문열 평역, 《삼국지》, 민음사, 1994년판, 제1권, 6쪽.

입된 판본으로 간혹 우리나라에서 사용하지 않는 어휘가 나타나긴 하지만 번역은 매우 충실하게 이루어졌는데, 바로 김광렬 등의 共譯本(삼성출판사, 1993년)과 연변대학 번역조(청년사, 1990년)의 번역본이다.[15]

18) 水滸傳

水滸誌 : 正音社 譯, 3책, 정음사, 1952년.
水滸誌 : 尹鼓鍾, 學友社, 1956년.
水滸誌 : 朴榮濬, 출판사(?), 1956년.
水滸誌 : 金成學, 2책, 先進出版社, 1960년.
水滸誌 : 李周洪, 5책, 乙酉文化社, 1960년.
水滸誌 : 申泰和, 三文社, 1961년.
水滸誌 : 최영해, 2책, 正音社, 1961년.
水滸誌 : 金八峰, 5책, 語文閣, 1966년 1992년, 1986년(8권).
水滸誌 : 李庸學, 大韓出版社, 1966년.
水滸誌 : 千世旭, 3책, 仁文社, 1968년.
水滸誌 : 俞東里, 5책, 三省出版社, 1971, 1974년.
水滸誌 : 千世旭, 5책, 大韓出版社, 1973년.
完譯定本水滸誌 : 金丘庸, 5책, 三德出版社, 1980년.
東西水滸誌 : 許文列, 5책, 東西文化社, 1980년.
水滸誌 : 金光洲, 6책, 瑞文堂, 1983년.
水滸誌 : 金東里, 7책, 又石出版社, 1986년.
水滸誌 : 구석봉, 5책, 대호출판사, 1986년.

15) 閔寬東 著, 〈三國演義의 국내 유입과 판본 연구〉, 《中國小說論叢》 第4輯, 1995년, 410~411쪽.

水滸誌：어문순, 10책, 東西文化社, 1986년.
水滸誌：崔賢, 3책, 汎友社, 1987년.
新譯水滸誌：延邊大學翻譯組, 7책, 靑年社, 1990년.
水滸誌：朴泰遠, 4책, 깊은샘 1990년.
水滸誌：李文烈, 6책, 民音社, 1991년.
小說水滸誌：千世旭, 5책, 光信出版社, 1993년.
小說水滸誌：金洪信, 10책, 대산출판사, 1998년.

㉔ 《中國小說繪模本》 중의 《水滸傳》삽화 〈경양강무송타호 景陽崗武松打虎〉

19) 後水滸誌

後水滸誌：遼寧民族出版社 譯, 3책, 博物書館, 1992년.
후슈호뎐(朝鮮翻譯文)：朴在淵 校注, 학고방, 1996년.

《수호전》도 동일한 판본을 출판사만 바꾸어 출판한 사례가 다수

보인다. 그리고 《水滸傳》을 번역할 때 母本으로 삼아 번역한 판본은 아주 다양하게 나타나고 있다. 본래 《水滸傳》은 70회본 · 100회본 · 115회본 · 120회본 · 124회본 · 164회본(전편124회본에 후편40회를 더한 것) 등 판본의 繁簡 양상이 아주 심하게 나타나는데, 한글번역본도 그 양상이 매우 다양하다. 즉, 70회본을 번역한 작품으로는 박지원본(3책, 한국출판문화공사)이 있으며, 또 李文烈(민음사, 10권)은 70회본을 저본으로(1-6권) 한 연후에 70회본의 후반부와 《水滸後傳》40회를 합하여 후편(7-10권)으로 편성하였다. 100회본을 번역한 작품으로는 김홍신본(대산출판사, 10권)이 있고, 120회본을 번역한 작품으로는 김광주(서문당, 6권), 천세욱(선일문화사, 광신출판사, 5권), 최현(범우사, 3권, 120회본을 축약하여 번역)과 박정일(삼성출판사, 7권) 등이 있다. 그 외에 김팔봉(어문각, 8권)은 《繡像五才子前後合刻水滸全傳》(1879년 大道堂藏板으로 근년에 臺灣 世界書局에서 출판) 164회본을 저본으로 한 번역본을 출판하였다.[16]

20) 東遊記

東遊記 : 吳元泰 著, 진기환 역, 지영사, 2000년.

21) 西遊記

西遊記 : 金龍濟, 1책, 學友社, 1953년.
西遊記 : 金潤成, 6책, 先進出版社, 1960년.
西遊記 : 金光洲 · 金潮星, 1책, 良書閣, 1960년.

---

16) 閔寬東 著, 〈수호전의 국내 수용에 관한 연구〉, 《中國小說論叢》 제8집, 1998년, 205~206쪽.

孫悟空：韓民教, 1책, 翰林社, 1962년.

西遊記：金東成, 1책, 乙酉文化社, 1962년.

孫悟空：金文瑞, 文藝書林, 1963년.

西遊記：申泰和, 1책, 三文社, 1964년.

西遊記：鄭麟永, 4책, 民音社, 1966년.

西遊記：李周洪, 3책, 語文閣, 1966년.

西遊記：韓民教, 1책, 成東文化社, 1967년.

西遊記：禹玄民, 6책, 瑞文堂, 1973, 1983년.

西遊記：金光洲 · 金潮星 共譯, 2책, 明文堂, 1983년.

小說孫悟空：邱永漢, 2책, (圖書出版)巨山, 1992년.

㉕《中國小說繪模本》중의《西遊記》삽화〈변삼요습금성승 變三妖襲擒聖僧〉

22) 後西遊記

後西遊記 1 · 2：이원길 편역, 신원, 2000년.

《서유기》는 명대 사대기서 중에서 가장 적게 출판되었는데, 全文 翻譯도 상대적으로 적은 편이며, 대부분이 축약본이거나 《손오공》이란 제명으로 출판되었다. 이는 주로 성인용 圖書라기 보다는 청소년 도서로 읽혀졌기 때문이다.

23) 金瓶梅

金瓶梅 : 金龍濟, 2책, 正音社, 1956, 1962년.
金瓶梅 : 鄭桓, 1책, 1960년.
金瓶梅 : 錬成, 2책, 乙酉文化社, 1962년.
金瓶梅 : 趙植, 1책, 大韓出版社, 1963년.
金瓶梅 : 趙誠出, 5책, 三省出版社, 1971년.
金瓶梅 : 金春文 譯, 岡本隆三(일본인), 3책, 大興出版社, 1977년.
金瓶梅 : 司空英, 5책, 忠正出版社, 1978년.
金瓶梅 : 인명관, 3책, 新元文化社, 1982년.
金瓶梅 : 李周洪, 5책, 語文閣, 1986년.
金瓶梅 : 김주원 外, 3책, 大昊出版社, 1986년.
金瓶梅 : 金鍾順, 5책, 每日出版社, 1989년.
小說金瓶梅 : 李炳注, 2책, 明文堂, 1991년.
金瓶梅 : 河瑾燦, 5책, 高麗苑, 1992년.
完譯金瓶梅 : 박수진, 3책, 青年社, 1992년.
小說金瓶梅 : 金鍾順, 6책, 光信出版社, 1993년.
金瓶梅(한 권으로 보는) : 李寅浩 評譯, 큰방, 2000년 3월
金瓶梅: 笑笑生 著, 康泰權 譯, 5권, 솔, 2002년 7월.

24) 續金瓶梅

續金瓶梅 : 장미숙, 3책, 열사람, 1993년.

《금병매》는 해방후 조식·조성출·김용제 등이 번역 출판하였으나 번역상 어려운 부분이나 노골적인 性愛 場面들은 대부분 縮約하거나 省略되어서 학술적 가치를 반감시켰다. 그중 박수진과 강태권의 역본이 원문에 충실하게 번역되었다.

25) 平妖傳

平妖傳 : 孫昌涉, 高麗出版社, 1953년.

26) 三言

三言 : 馮夢龍 輯著, 崔炳奎 譯, 창해, 2002년 6월.

27) 型世言

형셰언(朝鮮飜譯文) : 朴在淵 校注, 학고방, 1995년.

《型世言》은 중국에는 없는 국내 희귀본 자료로 박재연이 원문과 번역본을 동시에 출판하였다. 이 판본은 학술적으로 가치가 있어 주로 학술자료용으로 활용되고 있다.

주션뎐 : 朴在淵 校注, 선문대 중한번역문헌연구소, 2001.7.

〈주션뎐〉은 《형셰언》의 〈奇顚淸俗累 仙術動朝廷〉을 번역한 것이고, 〈하유텰뎐〉은 〈蚌珠巧乞護身符 妖蛟竟死誅邪檄〉을 번역한 것으로 《주션뎐》에는 《형셰언》에 수록된 두 편 작품의 번역문 〈주션뎐〉과 〈하유별뎐〉을 수록하고 있다.

28) 今古奇觀

今古奇觀(卷37 · 38 等 4篇) : 朴泰遠 譯本, 正音社, 1948년.
完譯今古奇觀 : 平民社, 1948년.
今古奇觀(16篇譯) : 正音社, 1963년.
今古奇觀(7편) : 宋文, 螢雪出版社, 1992년.

29) 列國志

列國志 : 金東成, 2책, 乙酉文化社, 1964, 1965년(3책).
定本列國志 : 宋志英, 洪信出版社, 1984, 1990년.
列國志 : 김주원, 대호출판사, 1986년.
列國志 : 金丘庸, 3책 語文閣, 1986년.
列國志 : 朴永昌, 8책, 泰光文化社, 1986년.
列國志 : 李周洪, 6책, 語文閣, 1990년.
小說列國志 : 海音社, 6책, 內外出版社, 1990년.
東周列國志 : 金丘庸, 10책, 民音社, 1990년.
列國志 : 崔宰宇, 8책, 여강출판사, 1991년.
列國志 : 金榮, 4책, 培材書館, 1992년.
列國志 : 이항규 역편, 동해, 2001년 8월.

《列國志》의 原名은 《東周列國志》이다. 《列國志》도 약 10여종의 번역본이 있지만 대부분이 축약되었거나 생략되어 출간되었다. 그 중에서 金丘庸과 崔宰宇의 《동주열국지》가 비교적 충실하게 번역되었다. 또 金丘庸은 자신이 序文에서 "한 줄도 빼지 않고 번역한 최초의 完譯"이라고 밝혔듯이 상당히 원문에 충실하였다. 그는 홍콩판 五桂堂《東周列國志》(108회본)를 母本으로 하고 상해판 《繪圖東周列國志》(108회본)를 참조하여 번역했다고 밝히고 있다.

30) 西漢演義

楚漢傳：金八峰, 3책, 語文閣, 1984, 1986년(12판).
小說楚漢誌：鄭飛石, 5책, 高麗苑, 1985, 1992년(23판).
小說楚漢志：金相國, 5책, 明文堂, 1993년.
小說楚漢志：金洪信, 5책, 대산출판사, 1999년.

31) 封神演義

封神演義：金長煥외 공역, 8책, 餘江出版社, 1992년.
封神演義：안기형 역, 宋江出版社, 1997년 7월.
封神演義：안능무 평역, 이정환 역, 솔, 2002년 2월.

32) 北宋演義

北宋演義(朝鮮翻譯本)：朴在淵 校注, 도서출판 학고방, 1996년.

33) 唐秦演義

唐秦演義(朝鮮翻譯本)：朴在淵 校注, 선문대 번역문헌연구소, 1997년.

34) 武穆王精忠傳

무목왕졍튱녹(武穆王精忠錄: 朝鮮翻譯本)：朴在淵 校注, 학고방, 1996년.

35) 大明英烈傳

大明英烈傳(朝鮮翻譯本) : 朴在淵 校注, 선문대 번역문헌연구소, 1996년.

36) 聘聘傳

빙빙뎐(聘聘傳: 朝鮮翻譯本) : 朴在淵 校注, 학고방, 1995년.

37) 綠牧丹

綠牧丹(朝鮮翻譯本) : 朴在淵 校注, 선문대 번역문헌연구소, 1998년.

38) 花影集

뉴방삼의뎐 花影集(原文並記) : 朴在淵 校注, 선문대 번역문헌연구소, 1999년

39) 紅梅記

홍매긔 紅梅記(原文並記) : 朴在淵 校注, 선문대 번역문헌연구소, 1999년.

40) 包公演義

小說包靑天 : 박영창, 미래사, 1995년.
포공연의(朝鮮翻譯本 再出版) : 朴在淵校注, 中韓翻譯文獻研究所, 1999년.

27)과 32)~40)의 작품들은 대부분 박재연교수가 희귀본 자료 발굴 작업의 일환으로 출판해 낸 것인데, 박교수의 校注本은 조선

시대의 언문번역본에 교주를 달아 재출판한 것으로 商業的 출판물이 아니고 학술적인 비매품이다.

41) 儒林外史

儒林外史 : 최승일 外, 3책, 여강출판사, 1991년.
儒林外史 : 陳起煥, 3책, 明文堂, 1993년.

《儒林外史》는 현재 2종이 出版되었는데, 그중 최승일 등의 共譯本《유림외사》가 비교적 원문에 충실하다. 이들은 모두 중국의 조선족 출신으로 현재 대학 교수로 在職하고 있는데, 비록 문장 중에 간혹 북한식 어투가 나오는 등 어색한 부분도 있기는 하지만, 원문에 상당히 충실한 편이다.

42) 聊齋志異

聊齋志異 : 崔仁旭, 3책, 乙酉文化社, 1966년. 聊齋志異抄(乙酉文庫 173, 1975)
聊齋志異 : 金光洲, 2책, 良書閣, 1967년.
聊齋志異 : 金光洲, 2책, 泰運文化社, 1977년.
聊齋志異 : 金光洲, 2책, 明文堂, 1983년.
聊齋志異 : 金光洲, 상하 2책, 포도원, 1994년.
聊齋志異 : 김혜경, 민음사, 2002년 7월.

《聊齋志異》의 번역본은 여러 가지가 있지만 실상은 최인욱과 김광주의 번역본으로 같은 책을 출판사만 바꾸어 출간하였음을 알 수 있다. 또 전부 번역된 것이 아니라 50여 편만 추려서 翻譯 出版

하였는데, 최근 김혜경의 완역본이 출판되었다.

43) 中國家傳30選 : 김창룡 편역, 태학사, 2000년 2월.

44) 紅樓夢

紅樓夢 : 金龍濟, 2책, 正音社, 1955년.
紅樓夢 : 최영해, 2책, 正音社, 1959년.
紅樓夢新譯 : 冽上古典研究會, 2책, 正音社, 1960년.
紅樓夢 : 李周洪, 5책, 乙酉文化社, 1969년.
紅樓夢 : 金相一, 1책, 徽文出版社, 1974년.
新譯紅樓夢 : 吳榮錫, 知星出版社, 1980년.
新譯紅樓夢 : 禹玄民, 6책, 瑞文堂, 1982년.
曹雪芹紅樓夢 : 金河中, 1책, 金星出版社, 1982년.
紅樓夢 : 吳榮錫, 5책, 大昊出版社, 1986년.
紅樓夢新譯 : 冽上古典研究會(金長煥 共譯), 8책, 平音社, 1988년.
紅樓夢 : 李鍾泰 等, 1884年 前後(樂善齋本), 15책, 亞細亞文化社, 1988년.
完譯紅樓夢 : 최영해, 7책, 靑年社, 1990년.
紅樓夢 : 延邊大學翻譯組, 6책, (도서출판)예하, 1990년.
紅樓夢 : 許龍九, 6책, 東光出版社, 1990년.
完譯紅樓夢 : 安義運 · 金光烈, 7책, 靑年社, 1990년.

《홍루몽》도 《삼국연의》와 비슷한 출판양상을 보이고 있다. 번역본의 경우 대부분이 翻譯臺本을 정확히 밝혀 놓지 않고 있는데 이는 日譯本을 轉譯한 경우와 또 역자 자신이 판본의 계통을 명확하게 이해하지 못한 데서 기인한다. 해방 이후 국내에서 간행된 번역본은 여러 종이 있으나 대부분이 축약본이다. 1969년에 나온 李周洪의 번역본이 完譯本이라 할 수 있지만 어떤 판본을 번역한 것인지 밝히지 않았으며, 版本槪念이 없이 소설적 흥미를 감안하여 적절한 添譯과 改譯을 가한 것이다. 卷數가 많은 우현민의 번역본(6권)도 文庫版이어서 실제 분량은 중반 이후부터 급격히 줄어들고 있다. 洌上古典硏究會에서 完譯한 전 8권 《홍루몽》은 번역대본의 選定에 전문적인 검토 없이 판본계통을 무시한 것이 흠으로 지적되고 있다.[17] 그러나 전문번역팀을 구성하여 완역을 시도한 점은 학술적인 측면에서 좋은 선례가 된 것으로 그 후 도서출판 예하, 동광출판사, 청년사 등에서 비교적 충실한 번역본이 출판되었다.

45) 肉蒲團

肉蒲團 : 金春洙, 康文出版社, 1963년.

46) 未央生 상 · 하 : 李漁 저, 강영수 편, 까치, 1992년.

47) 第一奇諺 : 박재연 외 교주, 국학자료원, 2001년 4월.

48) 錦香亭記

錦香亭記 : 김기동 · 전규태, 한국고전문학100 권10, 서문당, 1984년.(조선시대 번역본을 활자로 옮겨 재출판)

---

17) 최용철, 〈紅樓夢 現代譯本에 관한 考察〉, 《중국어문논총》 제2집, 高大中國語文硏究會, 1989년, 137쪽 참조.

49) 老殘遊記

老殘遊記 : 金時俊, 乙酉文化社(世界文學全集 62), 1971년.

50) 浮生六記

浮生六記 : 池榮在, 乙酉文化社, 1969, 1991, 1992년.

51) 梁山伯傳 : 金起東, 韓國古典文學(권30), 瑞文堂, 1984년.

제3절 중국고전소설 한역본의 번역양상과 문제점

광복 이후에도 大略 50여종에 이르는 中國古典小說들이 번역되었다. 解放과 6 · 25動亂 以後 출판은 서서히 증가되었는데, 이러한 가운데에도 시기별로 특이한 양상이 나타나게 되었다.

첫째, 1950년대에서 1970년대에는 번역작품 중에 縮約과 部分漏落 및 생략현상이 두드러지게 눈에 띄는 경향이 있다. 이는 원문에 대한 理解不足과 지나친 商業性으로 소설의 일부분을 생략해 버리거나 혹은 故意로 누락시켜 버리는 경우가 많은데, 이는 학술적인 번역과는 상당한 거리가 있다. 그러나 조선시대부터 내려오던 部分 翻譯이나 翻案하여 난행본으로 출판하던 판본들은 모두 자취를 감추어 버렸다.

둘째, 일본인 작가의 작품을 재번역하는 문제이다. 이는 번역 면에서 어려운 한문보다는 손쉬운 일본어판 중국소설을 번역한 경우로 四大奇書를 중심으로 여러 소설에서 공통적으로 진행된 현상이라 하겠다. 《삼국연의》의 경우 일본인 吉川英治(요시가와 에이지)

의 번역본《三國志》를 이용호(1965년), 이인광(1968년), 박종진(1976년) 등이 여러 차례에 걸쳐 번역·출판하였는데, 이들 작품은 1960년대와 1970년대에 국내 독자들에게 상당한 영향을 주었다. 이들 일어본은 원본의 줄거리에 근거하였지만 다시 개작한 것으로 원본과는 많은 차이가 있다.

셋째, 많은 작가들이 동일한 판본을 한 번만 출판하지 않고 여러 번에 걸쳐 재출판하였다. 그것도 같은 출판사에서 再版을 한 것이 아니라 다른 출판사에서 동일한 내용의 작품을 여러 차례 출판하였다. 이러한 현상은《삼국연의》·《수호전》에서 두드러지게 나타난다.

넷째, 번역가들의 부류를 살펴보면 대부분이 중국소설 전공자가 아닌 漢文學者나 國文學者 또는 小說作家들이며, 심지어는 문학과는 무관한 일본어에 능통한 지식인도 다수 포함되어 있다. 중국소설 전공자가 아니기 때문에 번역을 하면서 간혹 그릇된 誤譯이나 지나친 修飾 및 創作까지도 가미하여 原作小說의 본질을 흐려 놓는 부정적인 경우도 있었다. 그러나 대량의 번역을 통하여 수많은 독자층을 확보해 놓아 중국고전소설을 매우 대중화시켜 놓은 것은 이들 번역가의 노고가 없었다면 불가능한 일이었을 것이다.

다섯째, 1980년대에 들어서 전국에 중문학과가 대규모로 신설되면서 中國小說을 專攻하는 교수들이 큰 폭으로 증가하였고 국내에서 중국소설을 연구하는 기반이 조성되었다. 이러한 연구기반 위에 소설 번역은 흥미위주의 상업적 출판에서 학술성을 고려한 번역작품의 출판이 점차적으로 증가하게 되었다. 번역작품들은 대부분 註解는 물론이고 原文까지 병기되었는데, 이는 올바른 번역문화의 정착과 학술발전을 위해서 무척 고무적인 현상이라고 평가된다.

여섯째, 1990년대에 들어 《삼국연의》뿐만 아니라 《서유기》·《수호전》·《금병매》·《홍루몽》 등 중국고전소설에 대한 번역본이 눈에 띄게 증가하였는데, 이는 1992년 중국과의 수교 이후에 중국의 조선족 학자들에 의해 번역되어 국내에서 출판된 번역본이다. 이런 번역본은 비록 문체상 우리가 자주 사용하지 않는 어휘가 간혹 눈에 띄기는 하지만 원문을 비교적 충실하게 번역했기 때문에 학술적인 측면에서 긍정적으로 평가되고 있다.

일곱째, 1980년 말부터 국내에서 희귀본 소설의 발굴작업이 놀라운 성과를 올리면서 학술적 가치가 높은 번역작품들이 속속 출판되었다. 특히 박재연교수는 학술자료 발굴의 일환으로 20여종이나 되는 희귀본과 조선시대 번역본을 校注 出版하여 학술발전에 많은 기여를 하였다.

제7장 중국현대소설의 韓譯 상황

초창기에 양백화, 정래동 등에 의해 진행되던 중국현대문학에 대한 관심과 소개는 1931년 9월 만주사변을 계기로 점차 위축되기 시작해서 1937년 7월 중일전쟁 발발 이후 완전히 봉쇄되었다. 1945년 광복 직후 김광주 · 이용규 공역의 《魯迅小說選集》이 출판되기도 했지만, 1949년 중화인민공화국의 수립, 1950년 중국군의 한국전쟁 참전, 양국 간의 국교 단절 등으로 인해 우리나라에서의 중국현대문학에 대한 연구와 번역은 이후 수십 년간 거의 단절되다시피 했다. 이러한 상황에 커다란 변화가 일어난 것은 1970년대부터였다.[1] 1972년 2월 미국 대통령 리처드 닉슨의 중국 방문을 전후로 해서 그때까지 이른바 '죽의 장막' 속에 있던 중국에 관한 관심이 다시 되살아나게 되었고, 1976년 문화대혁명이 끝나고 1978년 鄧小平 체재의 성립에 이은 개방과 개혁 정책에 따라 한국과의 교류가 증대되면서 한국의 중국 관련 분야도 차츰 활성화되었다. 특히 이런 사회적 변화의 하나로서 1972년을 기점으로 중문과가 각 대학에 신설되기 시작하였고, 1980년대부터는 큰 폭으로 증가하여 현재는 전국의 150여 개 대학에 중문과가 설립되었다.

이처럼 중문과가 크게 늘어나면서 번역 능력을 갖춘 전문인력을 대거 육성하게 되었고, 뿐만 아니라 중문학도들은 사회의 일반 독

1) 이상 김시준, 〈한국에서의 중국현대문학연구 개황과 전망〉, 《중국어문학지》 제4집, 중국어문학회, 1997년 12월, 1~8쪽 참고.

자들과 더불어 중국 관련서적의 기본적인 독자층을 형성하게 되었다. 중국현대문학 관련서적의 번역은 우선 양적인 면에서 가장 활발한 양상을 보이고 있는데, 먼저 1945년 해방 이후에 간행된 중국현대소설 번역본 목록을 살펴보면 아래와 같다. 번역본을 통한 분류와 배열이 용이치 않아, 여기에서는 제명을 한글의 가나다순으로 일괄 배열하였다.

제1절 중국현대소설의 韓譯本 목록[2)]

1) 《1587, 아무 일도 없던 해》, 레이황, 박상이 역, 가지않은 길, 1997.
2) 《80년대 전중국 최고작품상 수상 작품집》 1 · 2, 서회중徐怀中 외, 장지민 역, 문학사상사, 1990.
3) 《가家》, 파금巴金 저, 박난영 역, 이삭문화사, 1985.
4) 《가家》, 파금巴金 지음, 강계철 옮김, 도서출판 세계, 1985.
5) 《가家》, 파금巴金 지음, 최보섭 옮김, 청람문화사, 1985.
6) 《가家》, 파금巴金, 해누리, 1989.
7) 《가을의 노래》, 瓊瑤 저, 임계재 옮김, 씽크북, 1999.
8) 《가지끝에 외기러기 雁兒在林梢》, 경요瓊瑤 저, 강청일 역, 삼우당, 1987.
9) 《갈망 渴望》상 · 하, 정만릉鄭萬隆/이효명李曉明 저, 이형기

2) 韓譯本 목록의 서지사항은 출판된 한역본의 기록사항에 근거하여 작성하였다. 동일한 譯書이지만 書名과 人名이 다르게 표기된 경우, 이를 통일시키지 않고 한역본의 기록사항에 따라 표기하였다.

역, 대륙, 1993.
10) 《강청》, 珠珊, 심철호 역, 창한, 1989.
11) 《강희대제 - 제1부 탈궁》, 이월하, 출판시대, 2000.
12) 《개띠 원숭이》, 연변인민출판사, 책이 있는 풍경, 1994.
13) 《개혁자》, 장계, 심성종 역, 객장, 1990.
14) 《거꾸로 가는 마차》, 장시기 편, 들녘, 1992.
15) 《거상 여불위》1 · 2, 정시앙밍曾祥明 저, 김하림 옮김, 솔, 1999.
16) 《건륭황제》, 이월하 저, 한미화 역, 출판시대, 2001.
17) 《겨울 눈 하얀 사랑》, 경요瓊瑤, 정성호 역, 문원복, 1995.
18) 《겨울 눈 하얀 사랑》, 경요瓊瑤, 이가춘 역, 다섯수레, 1993.
19) 《겨울의 동화 冬天的童話》, 위뤄찐遇羅錦 저, 이가춘 역, 다섯수레, 1992.
20) 《계절풍 — 대만현대작가단편선》, 왕뻰후 외, 고혜숙 역, 고려원, 1988.
21) 《고독한 사람》, 노신魯迅, 푸른세대, 1995.
22) 《고련 苦戀》, 백화白樺 외 지음, 박재연 역, 백산서당, 1987.
23) 《고령가 살인 사건 牯嶺街少年》, 오남어 저, 중소추 역, 서적포, 1992.
24) 《고사신편 故事新編》, 노신魯迅 저, 우인호 역, 신원문화사, 1996.
25) 《고향 외 故鄕》, 노신魯迅 외, 이가원 역, 동서문화사, 1983.
26) 《고향/침륜 외 故鄕/沉淪》, 노신魯迅/욱달부郁達夫 외, 김시준 역, 정한출판사, 세계단편문학전집 21, 1976.
27) 《공개된 연애편지 公開的情書》, 리우칭펑劉靑峰, 이가춘 역, 다섯수레, 1992.

28) 《孔子演義》上下, 정인생 저, 장순용 역, 들녘, 2000.
29) 《공허한 구름》 전5권, 풍풍 지음, 조성우 역, 명문당, 1994.
30) 《광인의 일기》, 노신魯迅 저, 푸른세대, 1995.
31) 《광인의 일기》, 노신魯迅 저, 해누리, 1994.
32) 《광인일기》, 노신魯迅 저, 김남주 역, 도서출판 눈, 1993.
33) 《광인일기》, 노신魯迅, 여강, 1991.
34) 《광인일기 狂人日記》 노신魯迅 저, 이가원 역, 동서문화사, 동서문고 303, 1977.
35) 《광인일기 狂人日記》 노신魯迅 저, 이가원 역, 문공사, 자이안트 문고 142, 1982.
36) 《구름 꽃 하나 彩雲飛》, 경요瓊瑤 저, 유소영 역, 새터, 1993.
37) 《국두 菊豆》, 유항柳恒 저, 문흥복 옮김, 모아, 1990.
38) 《국두 菊豆》, 유항柳恒 저, 장기옥 옮김, 은광사, 1991.
39) 《군협지》, 臥龍生 著, 생각의 나무, 2002.
40) 《그 이름 다시는 부르지 못하네》, 경요瓊瑤 저, 차숙영 역, 홍익출판사, 1990.
41) 《그대 그리움으로 난 물들고》, 경요瓊瑤, 시성, 1993.
42) 《그대 영혼 위에 뜨는 별》, 경요瓊瑤 저, 다솜미디어, 1995.
43) 《그대가 진정 날 사랑한다면》, 경요瓊瑤, 열린지성, 1995.
44) 《그림 아큐정전 阿Q正傳》, 노신魯迅 저, 박운석 역, 지식산업사, 1987.
45) 《그의 죽음을 슬퍼하다》, 노신魯迅, 박성순 역, 책이있는풍경, 1994.
46) 《금잔화》, 경요瓊瑤 저, 김은신 역, 홍익출판사, 1992.
47) 《금지된 운명》, 경요瓊瑤 저, 강함길 역, 혜민, 1994.

48) 《기린아, 네 눈이 너무 높구나 — 소설 공자孔子》 상 · 하, 양서안楊書案 지음, 공상철 옮김, 새터, 1991.
49) 《기차는 새벽에 도착한다》, 취신후아/스메이쥔 지음, 차경석/고주하 편역, 대인교육, 2000.
50) 《기황후奇皇后傳 : 高麗女子元宮封后傳奇》 상 · 하, 畢珍 원작, 김귀안 옮김, 문화문고, 1995.
51) 《깊고 슬픈 이별》, 경요瓊瑤 저, 청운, 1995.
52) 《꽃다발을 안은 여자 透明的紅蘿蔔》, 모얀莫言 저, 이경덕 역, 호암, 1993.
53) 《꽃은 열매에게 이렇게 묻는다》, 장캉캉張抗抗 저, 윤진 역, 말길, 1998.
54) 《꾀꼬리를 기다리는 빈 뜰》, 장관화臧官華 저, 김현진 역, 행림, 1985.
55) 《꾸냥 櫻子姑娘》 1 · 2, 서속徐速 저, 박재연 역, 성하, 1992
56) 《꾸에이시앙 歸鄉》, 황광남 저, 민예사, 1992.
57) 《꿈의 옷》, 경요瓊瑤, 한웅, 1992.
58) 《나는 사랑이다》, 장량, 나다기획, 1992.
59) 《나의 남자 파충류 씨 나비》, 장만쥐엔 지음, 이준희 역, 기람기획, 1999.
60) 《나혼자만의 성경》, 기오싱젠高行健 저, 박하성 역, 솔, 2002.
61) 《낙타상자 駱駝祥子》, 라오서老舍 지음, 유성준 옮김, 중앙일보사, 중국현대문학전집 5, 1989.
62) 《날개 없는 생이라도》, 쩡펑시, 강승원 옮김, 동광출판사, 1988.
63) 《남과 흑 藍與黑》 상 · 하, 왕람王藍 저, 이성애 역, 1967.

64) 《남자의 반은 여자 男人的一半是女人》, 장현량張賢亮 저, 김의진 역, 미학사, 1991.
65) 《남자의 반은 여자다 男人的一半是女人》, 장현량張賢亮 저, 리팡 역, 새론문화사, 1994.
66) 《남자의 절반은 여자 男人的一半是女人》, 장현량張賢亮 저, 정성호 역, 태광문화사, 1986.
67) 《남자의 절반은 여자다 男人的一半是女人》, 장시엔리앙張賢亮 저, 문학사상사, 1994.
68) 《납함 吶喊》, 노신魯迅 지음, 하서, 1999.
69) 《낭원》, 趙玫 저, 장미경 역, 다모아, 1995.
70) 《내 남자는 파충류》, 장만쥐엔 지음, 이준희 역, 가람기획, 1999.
71) 《내게는 이름이 없다 我沒有自己的名字》, 위화余華, 이보경 역, 푸른숲, 2000.
72) 《내일을 살아가는 이야기》, 이정당, 깊이와 넓이, 1994.
73) 《너 없는 사랑》, 경요瓊瑤 지음, 엄효섭 옮김, 삼진기획, 1995.
74) 《너는 들꽃으로 나는 바람으로 星星 月亮 太陽》, 서속徐速 저, 정희국 역, 청조사, 1987.
75) 《너를 사랑한 슬픔, 너를 사랑한 기쁨》 1·2, 경요瓊瑤 저, 유종환 옮김, 문일, 1998.
76) 《너의 가슴에 별로 뜨리라 秋海棠》, 진수구秦瘦鷗 저, 정소영 역, 홍익출판사, 1987.
77) 《너의 흔적, 너의 의미 彩雲飛》, 경요瓊瑤 저, 김은신 역, 홍익출판사, 1985.
78) 《너의 흔적, 너의 의미 彩雲飛》, 경요瓊瑤 저, 정소영 역, 홍

익출판사, 1986.

79) 《노는 것만큼 신나는 것도 없다 玩的就是心跳》, 왕쑤어王朔 지음, 박재연 옮김, 빛샘, 1992.

80) 《노빙화 魯氷花》, 종조정鍾肇政 저, 한명운 옮김, 꿈이 있는 집, 1993.

81) 《노신》, 노신魯迅 저, 허세욱 역, 범우사, 사루비아 문고 60, 1983.

82) 《노신》, 노신魯迅 저, 허세욱 역, 신영출판사, 세계문학대전집, 1984.

83) 《노신》, 노신魯迅 저, 허세욱 역, 삼성언어연구원, 세계문학전집 12, 1982.

84) 《노신》, 노신魯迅 저, 이가원 역, 계몽사, 우리시대의 세계문학 20, 1988.

85) 《노신단편소설선집》, 노신魯迅 저, 김광주 외 역, 서울출판사, 1946.

86) 《노신단편집》, 魯迅, 화국양 역, 상서각, 1973.

87) 《노신문집》 1-6, 노신魯迅 저, 竹內好 역주, 김정화/한무희 공역, 일월서각, 1985~1987.

88) 《노신소설전집》 중국문학총서1, 노신魯迅 저, 김시준 역, 한겨레, 1986.

89) 《노신소설전집》, 노신魯迅 저, 이가원 역, 정연사, 1963.

90) 《노신의 고향 외》, 노신魯迅, 허벽 역주, 연세대학교 출판부, 1982.

91) 《노신작품》, 노신魯迅 저, 성원경 역, 태극출판사, 세계문학대전집 22, 1980.

92) 《노을 꽃》, 가흥柯興 저, 이기형 역, 산호, 1994.

93) 《노을 彩雲滿天》, 경요瓊瑤 지음, 이상훈 옮김, 빛샘, 2000.
94) 《녹화수 綠花樹》, 장현량張賢亮, 김영옥 역, 덕수출판, 1993.
95) 《누에도 뽕잎을 먹지 않는다 春蠶》, 모순茅盾 저, 함종인/이창인 외, 문덕사, 1989.
96) 《눈물꽃 겨울사랑 雪珂》, 경요瓊瑤 저, 이진한 역, 영언미디어, 1992.
97) 《눈물로 세운 사랑》, 경요瓊瑤 저, 윤시원 옮김, 억조출판사, 1998.
98) 《눈물 속에 핀 꽃》, 경요瓊瑤 저, 안혜연 역, 혜민, 1994.
99) 《눈보라치는 흑룡강今 夜有暴風雪》, 양효성梁曉聲/이존보李存葆 저, 한울림, 1989.
100) 《뉴욕, 지옥이냐 천당이냐 北京人在紐約》, 조계림曹桂林 저, 고애란 옮김, 예술문화원, 1994.
101) 《뉴욕의 북경인 北京人在紐約》, 차오꾸이린曹桂林 저, 지영사, 1995.
102) 《다시 없는 사랑》, 경요瓊瑤 저, 엄효섭 역, 청운, 1994.
103) 《다이제스트 중국현대단편소설 新時期短篇小說擷英1977-1985》, 윤휘정 외 옮김, 부산대 중문과, 1998.
104) 《단 한 사람의 사랑》, 경요瓊瑤, 엄효섭 옮김, 삼진기획, 1990.
105) 《단 한 번의 사랑 단 한 번의 욕망》, 릴리안 리李碧華, 조남진/송문규 역, 명진출판, 1992.
106) 《달로 달아난 항아 故事新編》, 루쉰魯迅, 차경섭 옮김, 대인교육, 1999.
107) 《달빛은 쏟아지고》, 蕭麗紅 저, 남옥희 역, 신라원, 1996.

108) 《달큰한 쇠 비린 쇠》, 양영명楊咏鳴 지음, 장지민 역, 문학과사상사, 1990.
109) 《대륙의 딸》, 장융張戎, 노혜숙 역, 홍익출판사, 1985.
110) 《대륙의 딸》, 장영張戎, 노혜숙 역, 대흥, 1999.
111) 《대륙의 딸들》, 장융張戎, 금토출판사, 1999.
112) 《대지의 비극》, 巴金 지음, 홍영의 박정봉 역, 범조사, 1955.
113) 《대하장강》10권, 고양高陽 저, 정상홍외 역, 우리문학사, 1994.
114) 《더 깊은 사랑 新月格格》1 · 2, 경요瓊瑤 저, 김은신 역, 홍익출판사, 1995.
115) 《돌아가야 할 곳을 찾아서 人啊, 人!》, 戴厚英 저, 김국자 역, 예본, 1989.
116) 《루쉰소설전집》, 루쉰魯迅, 김시준 역, 서울대학교출판부, 1996.
117) 《루쉰소설전집 吶喊/彷徨/故事新編》, 루쉰魯迅, 김시준 옮김, 중앙일보사, 중국현대문학전집 1, 1989.
118) 《루어투이 시앙즈 駱駝祥了》 상 · 하, 라오서老舍 지음, 최영애 옮김, 김용옥 풀음, 통나무, 1986.
119) 《바름풀꽃 연가》, 경요瓊瑤 지, 황병국 역, 선영사, 1993.
120) 《마음 속의 집 한 채, 그 안에 사랑》, 경요瓊瑤 지음, 이상훈 옮김, 빛샘, 1992.
121) 《마계마인전》 6권, 이미화 역, 들녘, 1995.
122) 《만족》, 장량, 보물샘, 1994.
123) 《맑은 하늘에 눈물이》 상 · 하, 경요瓊瑤 저, 윤진 옮김, 박우사, 1995.

124) 《매화 애가》, 瓊瑤 저, 나은진 역, 혜민, 1994.
125) 《매화 梅》, 라선, 연변인민출판사 역, 물결, 1988.
126) 《먼 훗날의 타인 秋海棠》, 진수구秦瘦鷗 저, 정영 역, 홍익출판사, 1988.
127) 《모슬렘의 장례식 穆斯林的葬禮》3권, 곽달霍達 지음, 김주영 역, 전예원, 1994., 2001.
128) 《모자 쓴 혁명가 天雲山傳奇/人到中年》, 로언주魯彦周/심용諶容 지음, 최향련/김영 옮김, 정신세계사, 1989.
129) 《몽당치마 : 중국국가문학상수상작》, 림원춘, 일중사, 1994.
130) 《무당제일검》, 양우생 저, 박맹렬 역, 초록배메직스, 2000.
131) 《무지개빛 여자 女强人》, 주수연朱秀娟 저, 박하정 역, 문조사, 1992.
132) 《물과 불의 게임》, 야당, 우종길 역, 도서출판 창, 1993.
133) 《물망초》, 경요瓊瑤 저, 이정수 역, 파라, 1992.
134) 《물위의 사랑》전3권, 경요瓊瑤 저, 개미, 1999.
135) 《물위의 연가 浮出海面/痴人》, 왕쑤어王朔 지음, 박재연 옮김, 빛샘, 1992.
136) 《바다메우기》, 화령 저, 이등연 역, 동지출판사, 1990.
137) 《바다새는 언제 잠드는가》, 경요瓊瑤 저, 차숙영 역, 홍익출판사, 1989.
138) 《바람꽃이 된 여자》, 서속 저, 박재연 옮김, 성하출판, 1995.
139) 《바람타는 수선화》, 경요瓊瑤 저, 황병국 역, 세기, 1992.
140) 《反三國志》전3책, 鄭鉉祐, 明文堂, 1992.

141) 《반삼국지 反三國志》 상 · 중 · 하, 주대황周大荒 저, 정현우 편역, 명문당, 1992.
142) 《반삼국지 反三國志》, 주대황周大荒 저, 안길환 역, 한림원, 1997.
143) 《반생연 半生緣》, 張愛玲, 권효진 옮김, 문일, 1999.
144) 《반하류사회/대북사람들 半下流社會/臺北人》, 자오쯔판趙滋蕃/바이시엔융白先勇 지음, 허세욱 옮김, 중앙일보사, 중국현대문학전집 16, 1989.
145) 《백록원 白鹿原》전5권, 첸중스陳忠實 지음, 임홍빈 · 강영래 역, 한국문원, 1997.
146) 《법문사의 비밀》, 웨난 외 지음, 이익희 역, 일빛, 2000.
147) 《베이징의 아이들》, 샤오홍잉, 남종훈 역, 열사람, 1993.
148) 《벼랑위에서 在懸崖上》, 鄧友梅 지음, 이등연 옮김, 우아당, 1988.
149) 《변방의 도시/이가장의 변천 외 邊城/李家莊的變遷》, 선충원沈從文/자오수리趙樹理 지음, 심혜영/김시준 옮김, 중앙일보사, 중국현대문학전집 6, 1989.
150) 《변성 邊城》, 선충원沈從文 지음, 김동성 역, 한울, 1997.
151) 《변신하는 인형 活動變的人形》, 왕멍王蒙 지음, 성민엽 옮김, 중앙일보사, 중국현대문학전집 15, 1989.
152) 《별은 잠들지 않는다 浮躁》, 賈平凹, 오세경/김경림 역, 제3기획, 1994.
153) 《보슬비》, 왕아언, 이영구, 우아당, 1980.
154) 《복우번문》 6권, 황역 저, 임화백 역, 언어문화, 1997.
155) 《봄, 여름, 겨울 그리고 가을 晩霞消失的時候》, 예평禮平 지음, 박재연 옮김, 온누리, 1987.

156) 《봄 春》, 파금巴金 저, 연변인민출판사 편집부 옮김, 백양출판사, 1995.
157) 《부용진 芙蓉鎭》, 고화古華 저, 김서기/황대연 공역, 서당, 1995.
158) 《부용진 芙蓉鎭》, 고화古華 저, 신원기획 역, 예본, 1988.
159) 《부평초 -- 반금련》 1 · 2, 장봉홍張鳳洪 저, 김연순 역, 혜민, 1992.
160) 《북경 25시》, 陳若曦 지음, 신한사, 1979.
161) 《북경의 어느 겨울》, 하지염夏之炎 저, 황대연 역, 한진출판사, 1977.
162) 《북대황》, 매재민 저, 최흥수 역, 디자인하우스 출판부, 1992.
163) 《불타는 배 火船》, 위세상魏世祥 저, 이등연 역, 우아당, 1990.
164) 《불타는 영혼 血色黃昏》 3권, 라오꾸이老鬼 지음, 박재연 옮김, 친구, 1992.
165) 《붉은 바위 紅岩》 상 · 중 · 하, 나광빈羅廣斌/양익언楊益言 지음, 편집부 옮김, 일월서각, 1991.
166) 《붉은 수수밭 紅高粱》, 막언莫言 저, 홍희 역, 동문선, 1989.
167) 《붉은 수수밭 紅高粱》, 모옌莫言 저, 심혜영 역, 문학과지성사, 1997.
168) 《붉은 진달래》, 안치민, 김미정 옮김, 세종출판사, 1994.
169) 《붉은 콩 紅豆 — 중국현대애정소설선》, 종박宗璞 등 저, 이영구/박재우 등 역, 우아당, 1988.
170) 《비련초》, 경요瓊瑤 저, 김은신 역, 홍익출판사, 1992.

171) 《비창》, 경요瓊瑤 저, 민정기 역, 빛샘, 1993.
172) 《빵나무 여자》, 장소한 저, 조유진 역, 늘봄, 1998.
173) 《뼁얼 氷兒》, 경요瓊瑤 작, 박하정 옮김, 한소리, 1992.
174) 《사람아 아, 사람아! 人啊, 人!》, 戴厚英 저, 세양, 1992.
175) 《사람아 아, 사람아! 人啊, 人!》, 戴厚英 저, 신영복 역, 다섯수레, 1991.
176) 《사랑 그 하나만으로》, 경요瓊瑤 저, 길출판사, 1996.
177) 《사랑 속의 사람 男人的一半是女人》, 장현량張賢亮 저, 김세민 역, 춘추원, 1992.
178) 《사랑과 미움》, 경요瓊瑤 저, 우현민 역, 동아, 1987.
179) 《사랑과 영원의 목소리》, 瓊瑤 저, 이정섭 역, 본미디어, 1995.
180) 《사랑의 눈빛》, 瓊瑤 저, 박하정 옮김, 다솜미디어, 1995.
181) 《사랑의 늪 愛果情花》, 경요瓊瑤 저, 유전귀 역, 다솜미디어, 1995.
182) 《사랑의 시대》, 瓊瑤, 김수영 역, 무크출판사, 1996.
183) 《사랑의 절벽》, 경요瓊瑤 저, 민정기 역, 빛샘, 1993.
184) 《사랑이여 고독이여》, 경요瓊瑤, 강청일 역, 지성출판사, 1986.
185) 《사랑이여 안녕 霸王別姬》, 릴리안리李碧華 저, 김정숙 유운석 역, 빛샘, 1993.
186) 《사랑하기 때문에 梅娘》, 呂明輝 저, 김옥희 역, 북앤피플, 2001.
187) 《사랑하는 싱싱》, 다이호우잉 저, 박지민 역, 청아, 2001.
188) 《사요나라, 짜이지엔 莎喲娜啦, 再見》, 황춘명黃春明 저, 김호철 역, 창작과 비평사, 1983.

189) 《사회주의적 범죄는 즐겁다 一半是火焰, 一半是海水》, 왕쑤어王朔 지음, 박재연 옮김, 들꽃세상, 1991.
190) 《산향거변 山鄕巨變》 상 · 하, 조우리뽀周立波 지음, 이우정/조관희 옮김, 중앙일보사, 중국현대문학전집 11-12, 1989.
191) 《살부 殺夫》, 이앙李昻 저, 노혜숙 역, 시선, 1991.
192) 《살아간다는 것 活着》, 여화余華, 백원담 옮김, 푸른숲, 1997.
193) 《상처로 남은 사랑》, 瓊瑤 저, 김정수 옮김, 삼진기획, 1999.
194) 《상하이베이비》, 서우웨이후이 저, 김희옥 역, 집영출판사, 2001.
195) 《상흔 傷痕 — 중국대륙 현대단편소설 선집》, 노신화盧新華 외, 박재연 편역, 세계, 1985.
196) 《새벽강은 아침을 기다린다 古船》 상 · 하, 장위張煒, 어세경/김경림 역, 풀빛, 1994.
197) 《새벽이 오는 깊은 밤 子夜》 마오둔茅盾 지음, 김하림 옮김, 중앙일보사, 중국현대문학전집3, 1989.
198) 《생과 사》 상 · 하, 鄭念 저, 홍희 역, 심지, 1987.
199) 《샤이찡화 塞金花》, 거씽 지음, 이주현 역, 투영, 1998.
200) 《서시》, 남궁박 지음, 이익희 옮김, 삼천리, 1994.
201) 《서태후 慈禧全傳》 전12권, 高陽, 정성호 역, 명문당, 1996~1998.
202) 《선택》, 따이허우잉戴厚英 저, 유병례 역 지리산, 1992.
203) 《선월 船月》, 하련생 저, 강영매 역, 범우사, 2000.
204) 《설매화 雪梅花》, 경요瓊瑤 저, 길출판사, 1996.

205) 《성성초 星星草》, 凌力 저, 홍희 역, 동문선, 1991.
206) 《星願》, 한명준 옮김, 도서출판 성경, 2000.
207) 《세상사는 연기와 같다 世事如烟》, 余華위화 저, 박자영 역, 푸른숲, 2000.
208) 《세상을 훔친 거인》, 오함, 지성문화사, 2000.
209) 《세상의 단 한 사람》, 경요瓊瑤 저, 엄효섭 역, 삼진기획, 1995.
210) 《소설공자》, 취춘리 저, 임홍빈 역, 지성문화사, 2001.
211) 《소설 노자》 상 · 하, 진신성秦新成 외 저, 이윤희 역, 법인문화사, 1998.
212) 《소설 노자》 상 · 하, 진신성秦新成 외 저, 이철준 역, 여강출판사, 1993.
213) 《소설 불로초》 상 · 하, 주릉가, 해누리, 1994.
214) 《소설 소동파》 상, 오하일 저, 동서춘추, 1992.
215) 《소설 양산박 송강》 상 · 하, 이등조 저, 김철중 역, 삼천리, 1992.
216) 《소설 여태후》, 오하일 저, 이경희 역, 줄기, 1994.
217) 《소설 영웅문》, 金庸 저, 金一江 역, 고려원, 1997.
218) 《소설 전한지》 전5권, 채동번 지음, 김영무/방원성 옮김, 선영사, 1992.
219) 《소설 중국》, 鄭義 저, 진영희 역, 동연, 1993.
220) 《소정인 : 다이어트사랑》, 션웨이, 초록배매직스, 2000.
221) 《소정인 1 : 사탄의 사랑》, 지잉, 초록배매직스, 2000.
222) 《소정인 2 : 사랑은 깊이 잠들고》, 타이샤오체, 초록배매직스, 2000.
223) 《소정인 3 : 너무 먼 연인》, 李纓, 초록배매직스, 2000.

224) 《소정인 4 : 사랑이라면 내게 맡겨》, 카이샤오체, 초록배매직스, 2000.
225) 《소정인 7 : 기묘한 인연》, 주오칭웬, 초록배매직스, 2000.
226) 《소정인 8 : 플레이보이 길들이기》, 주오칭웬, 초록배매직스, 2000.
227) 《소정인 9 : 말괄량이 사랑일기》, 션웨이, 초록배매직스, 2000.
228) 《송가황조 宋家皇朝》, 나계에 저, 한명준 역, 반도기획, 1997.
229) 《수선화》 3권, 경요瓊瑤 저, 개미출판사, 1998.
230) 《순수의 숲》 장소한 저, 조유진 역, 늘봄, 2000.
231) 《숨어있는 여자》, 운청雲菁 저, 박순홍 옮김, 청조사, 1995.
232) 《스물 한 살의 여자와 스물 한 명의 남자》, 지후야사 저, 구은영 옮김, 복음, 1994.
233) 《슬픈 인연》, 경요瓊瑤 저, 한소현 역, 개미, 1997.
234) 《습관사망 習慣死亡》, 장현량張賢亮 지음, 정재량 옮김, 빛샘, 1993.
235) 《시린호트에 지다 血色黃昏》 전3권, 노귀老鬼 지음, 박재연 역, 이론과 실천, 1991.
236) 《시인의 죽음 詩人之死》 상 · 중 · 하, 다이호우잉戴厚英 저, 유병례 역, 지리산, 1992.
237) 《시인의 죽음 詩人之死》 상 · 하, 다이호우잉戴厚英 저, 양은희 외 역, 다섯수레, 1992.
238) 《시험, 그러나 내 청춘의 열일곱살》, 샤오후잉 저, 남종훈

역, 열사람, 1991.

239) 《心動》, 장애아, 김형옥 역, 성경, 2000.

240) 《심씨네 가족》, 蔣法武 저, 김재국 역, 세종출판사, 1995.

241) 《심진기》, 황역 저, 마영단 역, 서울플래닝, 2001.

242) 《쑹화강에 버려진 일장기》, 설묵雪墨 저, 임홍빈 옮김, 고려원, 1995.

243) 《쓴웃음》, 박선석 저, 자유로, 2000.

244) 《쓸쓸한 날의 사랑》, 장정죽 외 저, 이성오 역, 제3문학사, 1991.

245) 《아, 압록강》, 葉雨蒙 저, 김택 옮김, 여명, 1996.

246) 《아Q정전 광인일기 외》, 노신魯迅 지음, 김석준 역, 하서, 1994.

247) 《아리고 시린 우리들의 첫사랑》, 경요瓊瑤 저, 정성호 역, 참빛출판사, 1993.

248) 《아리고 시린 우리들의 첫사랑》, 경요瓊瑤 저, 한관우 역, 참빛출판사, 1989.

249) 《아버지를 찾습니다 可變》, 왕원싱王文興 저, 송승석 옮김, 강, 1999.

250) 《아버지의 산, 어머니의 바다》, 주자청朱自淸/욱달부郁達夫 저, 범우사, 1999.

251) 《아이들의 왕 孩子王/棋王/樹王》, 아청阿城 지음, 박소정 옮김, 지성의 샘, 1993.

252) 《아침은 너무 늦다》, 巴金 郭沫若 魯迅 저, 최용국 옮김, 창, 1995.

253) 《아큐이야기》, 魯迅 저, 글동산, 1994.

254) 《아큐정전 광인일기 외 阿Q正傳, 狂人日記》, 노신魯迅 저,

하서, 1994.

255) 《아큐정전 광인일기》, 魯迅 저, 일신서적, 1995.

256) 《아큐정전 광인일기 阿Q正傳, 狂人日記》, 노신魯迅 저, 어문각, 1986.

257) 《아큐정전 광인일기 阿Q正傳, 狂人日記》, 루쉰魯迅 저, 이민수 역, 혜원출판사, 1997.

258) 《아큐정전 외 吶喊/彷徨/故事新編》 루신魯迅 저, 윤화중/강계철 옮김, 학원사, 학원세계문학 44, 1983.

259) 《아큐정전 외 阿Q正傳/狂人日記/孤獨者/故鄕/臺北人/半下流社會》, 루신魯迅/빠이셴융白先勇/조츠판趙滋蕃 저, 허세욱 옮김, 신영출판사, 1985.

260) 《아큐정전, 광인일기 阿Q正傳, 狂人日記》, 노신魯迅 저, 이가원 역, 동서문화사, 1978.

261) 《아큐정전 阿Q正傳》 노신魯迅 저, 김광주 역, 동화출판사, 동화 세계의 문학대전집 7, 1970.

262) 《아큐정전 阿Q正傳》 노신魯迅 저, 김광주 역, 동화출판사, 동화문고 27, 1970.

263) 《아큐정전 阿Q正傳》 노신魯迅 저, 허세욱 역, 범우사, 1976.

264) 《아큐정전 阿Q正傳》 노신魯迅 저, 김하중 역, 금성출판사, 세계문학대전집 23, 1981.

265) 《아큐정전 阿Q正傳》 노신魯迅 저, 강계철, 학원사, 주우세계문학 69, 1984.

266) 《아큐정전 阿Q正傳》 노신魯迅 저, 이문희 역, 금성출판사, 쥬니어 세계문학 11, 1983.

267) 《아큐정전 阿Q正傳》 노신魯迅 저, 전형준 역, 창작과비평

사, 창비교양문고 42, 1996.

268) 《아큐정전 阿Q正傳》 노신魯迅 저, 윤화중 옮김, 학원사, 1987.

269) 《아큐정전 阿Q正傳》, 노신魯迅 저, 교육문화사, 1989.

270) 《아큐정전 阿Q正傳》, 노신魯迅 저, 눈, 1993.

271) 《아큐정전 阿Q正傳》, 노신魯迅 저, 풍림출판사, 1988.

272) 《아큐정전 阿Q正傳》, 노신魯迅 저, 김준배 옮김, 학문사, 1995.

273) 《아큐정전 阿Q正傳》, 노신魯迅 저, 성원경 역, 명문당, 1975.

274) 《아큐정전 阿Q正傳》, 노신魯迅 저, 성원경 역, 삼중당, 1975.

275) 《아큐정전 阿Q正傳》, 노신魯迅 저, 이가원 역, 동서문화사, 1977.

276) 《아큐정전 阿Q正傳》, 노신魯迅 저, 이문희 역, 금성출판사, 1985.

277) 《아큐정전 阿Q正傳》, 노신魯迅 저, 장기근 역, 범조사, 1977.

278) 《아큐정전 阿Q正傳》, 노신魯迅 저, 정노영 역, 홍신문화사, 1994.

279) 《아큐정전 阿Q正傳》, 노신魯迅 저, 조성하 역, 소담출판사, 2000.

280) 《아큐정전 阿Q正傳》, 노신魯迅 저, 허세욱 역, 범우사, 1978.

281) 《아큐정전 阿Q正傳》, 魯迅 저, 신원문화사, 1996.

282) 《아큐정전 阿Q正傳》, 魯迅 저, 임영욱 옮김, 상록수,

1999.

283)《아큐정전 阿Q正傳》, 루신魯迅 저, 안영신 역, 청복사, 1993.

284)《아큐정전 阿Q正傳》, 루신魯迅 저, 정구창 역, 교학사, 1999.

285)《아큐정전 阿Q正傳》, 루신魯迅 저, 안영신 역, 청옥, 2001.

286)《아큐정전 · 광인일기》, 루신 저, 정석원 역, 문예출판사, 2001.

287)《아큐정전외》, 루신 저, 허세욱 역, 세루비아, 2001.

288)《아큐정전외》, 루신 저, 조성하 역, 소땀출판사, 2000.

289)《아큐정전》, 루신 저, 정구창 역, 교학사, 1999.

290)《아픔만큼 깊은 사랑 却上心頭》, 경요瓊瑤 지음, 박용현 역, 서원, 1989.

291)《안개 계절의 비가 腐蝕》, 심덕홍沈德鴻(茅盾), 강영 역, 이성과 현실사, 1986.

292)《안개, 바람 그리고 비 聚散雨依依》, 경요瓊瑤 원작, 임재하 번안, 홍익출판사, 1986.

293)《안개꽃 은빛 사랑》, 경요瓊瑤 저, 최현석 역, 덕수출판, 1997.

294)《안녕 친구여 — 장현량 성장기 소설 早安! 朋友》, 장현량張賢亮 지음, 박재연 역, 한겨레, 1989.

295)《앙가 秧歌》, 장애령張愛玲 저, 하정옥 역, 지학사, 1987.

296)《애련》, 경요瓊瑤 저, 명경, 1992.

297)《애정 삼부곡 愛情三部曲》 상 · 하, 파금巴金 저, 박수인 옮김, 일월서각, 1986.

298) 《애정시대》 1 · 2, 경요瓊瑤 저, 박주원 옮김, 성경, 1999.
299) 《야생화 船》, 경요瓊瑤 지음, 이여천 옮김, 대현문학사, 1992.
300) 《야합 野合》, 취춘리曲春禮 저, 임홍빈 역, 배영사, 1994.
301) 《야행화차 외 夜行貨車》 천잉쩐陳映眞 외 지음, 유중하 옮김, 중앙일보사, 중국현대문학전집 17, 1989.
302) 《양의 문》 상 · 하, 이패보李佩甫 저, 김희옥 옮김, 집영출판사, 2000.
303) 《어느 작은 도시의 사랑 小城之戀》, 왕안억王安憶 지음, 이등연 옮김, 우아당, 1990.
304) 《어른도 함께 읽는 개구쟁이 이야기 頑皮故事集/淘氣故事集》, 호우원용 지음, 변성규 옮김, 지식산업사, 1999.
305) 《어젯밤 등불 昨夜之燈》, 경요瓊瑤 저, 박승훈 역, 대유, 1992.
306) 《여걸 측천무후》, 임어당林語堂 지음, 조영기 옮김, 예문당, 1995.
307) 《여백》(1,2), 경요瓊瑤 저, 우찬휘 한미화 공역, 반도기획, 1999.
308) 《여병자전/홍두/이혼 女兵自傳/紅豆/離婚》 사빙영謝氷瑩 외 저, 김광주 역, 을유문화사, 세계문학전집 19, 1964.
309) 《여인, 돌아오다》, 瓊瑤 저, 김창현 역, 정경출판사, 1994.
310) 《여자는 꿈꾸지 않는다 渴望》(상 · 중 · 하), 정완룽鄭萬隆/리샤오밍李曉明 저, 박하정 역, 지리산, 1993.
311) 《여자들이 꿈꾸는 세상 여자들이 꿈꾸는 사랑 》 1 · 2, 왕하이링 저, 이야기, 2000.
312) 《여자의 생은 무엇으로 이루어지는가》, 웨이웨이 저, 예문

사, 1999.

313) 《여지견작품집/중년이 되어/천운산전기 茹志鵑作品集/人到中年/天雲山傳奇》 루즈지엔茹志鵑/천룽諶容/루옌조우魯彦周 지음, 이영자/김용운/김의진 옮김, 중앙일보사, 중국현대문학전집 13, 1989.

314) 《연호 煙壺》, 鄧友梅 저, 홍희 역, 동문선, 1990.

315) 《영웅도》, 김용 저, 들녘, 1998.

316) 《영웅문의 후예》, 김용 저, 김찬연 역, 한이름, 1996.

317) 《영혼을 사로잡은 사랑의 신》, 이벽화李碧華 저, 차경섭/이경림 역, 선영사, 1996.

318) 《영혼의 사랑》, 경요瓊瑤, 김은신 옮김, 이오스, 1999.

319) 《영혼의 산 靈山》, 가오싱젠 저, 이상해 역, 현대문학북스, 2001.

320) 《예환지/침륜 외 倪煥之/沉淪》 예성타오葉聖陶/위따푸郁達夫 지음, 이영구/전인초 옮김, 중앙일보사, 중국현대문학전집 2, 1989.

321) 《옹정황제》, 李月下 저, 출판시대, 2001.

322) 《왕시껑의 새로운 경험》, 장요우더, 유중하 역, 창작과 비평사, 1990.

323) 《왕씨네 음력설》, 아성阿城 지음, 장지민 역, 문학과사상사, 1990.

324) 《요술 조롱박의 비밀》, 하의 외 저, 이효림 역, 대교출판, 1993.

325) 《郁達夫단편집》, 郁達夫 저, 이석호 역, 법조사, 1974.

326) 《원녀怨女》, 장애령張愛玲 지음, 하정옥 역, 지학사, 1987.

327) 《유리꽃》, 경요瓊瑤 저, 김은신 역, 홍익출판사, 1992.

328) 《유리담장》, 경요瓊瑤, 동서문학사, 1992.
329) 《유서 遺書》, 박태옥 저, 서만득 역, 독서당, 1995.
330) 《은잔화》, 경요瓊瑤 저, 김은신 역, 홍익출판사, 1992.
331) 《은하수 星河》, 경요瓊瑤 저, 김은신 역, 모아, 1992.
332) 《음식남녀》, 이안 저, 이희주 옮김, 책과몽상, 1995.
333) 《이역 血戰異域11年》, 박양 저, 강경범 옮김, 시대문학사, 1991.
334) 《이자성 李自成》 전2책, 요설은姚雪垠 저, 동광출판사, 1990.
335) 《이혼》, 노신魯迅 저, 김남주 역, 도서출판 눈, 1993.
336) 《인간. 아, 인간! 人婀, 人!》, 다이호우잉戴厚英 저, 서정태 옮김, 열음사, 1989.
337) 《잃어버린 영원 迷失的永恒》, 황역, 임홍빈 역, 동아일보사, 1997.
338) 《임해설원 林海雪原》, 곡파曲波 저, 김학송 역, 엔터, 1995.
339) 《잉얼 英兒》, 꾸청顧城/雷米 지음, 김윤진 옮김, 실천문학, 1997.
340) 《의천도룡기》, 金庸 저, 선우인 역, 명문당, 1986.
341) 《자귀나무 綠花樹》, 장현량張賢亮 지음, 박재연 역, 한거레, 1988.
342) 《자야 子夜》 상 · 하, 모순茅盾 저, 김하림 역, 한울, 1986.
343) 《장자 莊子傳》, 왕신민王新民 저, 김미옥 옮김, 여강출판사, 1993.
344) 《장자 莊子傳》, 왕신민王新民 저, 이선옥 옮김, 법인문화사, 1995.

345) 《전사》 상 · 하, 杜鵬程 저, 일송정, 1989.
346) 《절망한 나에게 그들은 적이라 불렀다》 상 · 하, 쩡니엔鄭念 저, 문대찬/이현지 옮김, 나루, 1993.
347) 《정녀 貞女》, 고화古華 저, 이영구 역, 우아당, 1990.
348) 《정령의 소설》, 정령丁玲 저, 조성환 역, 매의자 중국학센타, 2001.
349) 《젖은 눈, 슬픈 새》, 경요瓊瑤 저, 박정미 역, 창현문화사, 1992.
350) 《제3의 여인》, 경요瓊瑤 저, 박지향 역, 범한, 1987.
351) 《조각으로 채운 사랑》, 경요瓊瑤 저, 윤시원 역, 홍원, 1992.
352) 《조바심 浮躁》, 가평요賈平凹 저, 오세경 역, 제삼기획, 1994.
353) 《조선족 녀자》, 박태옥 저, 노중평 옮김, 늘푸른기획, 1993.
354) 《조숙한 연애 早安! 朋友》, 장현량張賢亮 저, 강청일 역, 영웅출판사, 1989.
355) 《족발豕蹄 : 곽말약의 역사 인물 이야기》, 곽말약郭沫若 지음, 신진호 옮김, 사회평론, 1995.
356) 《종이반지》, 심청화 역, 타래, 1993.
357) 《죽음보다 더한 사랑》, 경요瓊瑤 지음, 이항규 옮김, 보성출판사, 1996.
358) 《중국 교포작가 우수 단편 모음》, 송춘남 리원길 외 저, 훈민정음, 1996.
359) 《중국 상인 이야기 紅頂商人》, 高陽 저, 김태성 역, 오리진, 1997.

360) 《중국 현대소설선》, 위세상魏世祥 외 지음, 이등연 옮김, 우아당, 1991.
361) 《중국단편소설집》, 양백화 편역, 개벽사, 1929.
362) 《중국현당대소설선》, 김혜준 엮음, 부산대 중문과, 1994.
363) 《중국현대단편선》, 루쉰魯迅 외, 류성준 역, 혜원출판사, 1995.
364) 《중국현대단편소설집》, 이명선 역, 서울출판사, 1946.
365) 《중국현대문학산책月夜 外》, 巴金 외, 윤수영 역, 신아사, 1998.
366) 《중국현대문학작품선》, 김시준/박운석 역, 지식산업사, 1989.
367) 《중국현대문학작품집》 상 · 하, 편집부 편, 교보문고, 1997.
368) 《중국현대신사실주의대표작가소설선》, 팡팡외 저, 김영철 역, 재미있는 마을, 2001.
369) 《지성동방삭》, 용음 저, 김은신 역, 문학세계사, 2001.
370) 《진시황제》 상 · 중 · 하, 유홍택劉鴻澤 저, 오정윤 옮김, 해오름, 1994.
371) 《진시황제》 상 · 중 · 하, 유홍택劉鴻澤 저, 홍경호 역, 흥부네박, 1999.
372) 《진혼의 통곡소리》, 江浩, 최명희 옮김, 문원북, 1997.
373) 《징기스칸 일족》 전4권, 진무신 지음, 서석연 역, 한국경제신문사, 1997.
374) 《짝사랑 苦戀》, 권덕주 역, 문조사, 1987.
375) 《참말로 그리운 사람에게》, 경요瓊瑤 저, 왕화원 역, 문원북, 1992.

376) 《참말로 그리운 사람에게》, 경요瓊瑤 저, 왕화원 역, 참빛출판사, 1992.

377) 《창밖의 미소》, 경요瓊瑤, 청목사, 1988.

378) 《천노 天怒》 전3권, 천팡陳放 지음, 박승준 옮김, 조선일보사, 1997.

379) 《천사는 죽지 않는다 苦界》, 홍릉 저, 김택원 옮김, 크리, 1994.

380) 《천안문광장 天安門廣場》, 유아주劉亞洲 지음, 박재연 역, 동아일보사, 1990.

381) 《천재몽 天才夢》, 張愛玲 지음, 최장학 옮김, 문진문화사, 1949.

382) 《첫사랑의 느낌》, 호홍, 나라원, 1994.

383) 《청일전쟁》 상 · 중 · 하, 진무신 지음, 조약욱 역, 우석, 1995.

384) 《초승달 외 月牙兒》, 노사老舍 외 저, 허세욱 외 옮김, 삼성미술문화재단, 1987.

385) 《추운 밤/동터오는 강변 외 寒夜/黎明的河邊》 바진巴金/쥔칭峻青 지음, 김하림 옮김, 중앙일보사, 중국현대문학전집 7, 1989.

386) 《칠흙 같이 어두운 밤도 子夜》, 마오둔茅盾 지음, 김하림 옮김, 한울, 1986.

387) 《침륜 沉淪》, 욱달부郁達夫 저, 교육문화사, 1989.

388) 《칭기즈칸》 1 · 2, 張鳳洪 저, 정충제 역, 중앙M&B, 1995.

389) 《칭기스칸》 1 · 2, 張鳳洪 저, 정충제 역, 태광문화사, 1996.

390) 《칸의 제국》, 엽동 저, 김형기/오성기 역, 문원북, 1998.

391) 《타락 沉淪》, 위다푸郁達夫 저, 한국외대출판부, 1999.

392) 《태양은 상건하에 비친다 太陽照在桑幹河上》 딩링丁玲 지음, 노경희 옮김, 중앙일보사, 중국현대문학전집 8, 1989.

393) 《텐진의 아이들 天津的孩子》, 커옌柯岩 저, 김용표 역, 장원출판사, 1989.

394) 《파라독스 중국우화》, 루쉰魯迅 외 지음, 이효림 역, 정신세계사, 1992.

395) 《팔월의 향촌/삶과 죽음의 자리 八月的鄕村/生死場》 샤오쥔蕭軍/샤오홍蕭紅 지음, 서의영/원종례 옮김, 중앙일보사, 중국현대문학전집 4, 1989.

396) 《팔월의 향촌 八月的鄕村》, 소군蕭軍 지음, 박재연 옮김, 백산서당, 1987.6.

397) 《폐도 廢都》 상 · 중 · 하, 賈平凹 지음, 박하정 옮김, 일요신문사, 1994.

398) 《포위된 성 圍城》, 전종서錢鍾書 저, 오윤숙 역, 실록, 1994.

399) 《폭풍취우 暴風驟雨》 상 · 하, 주립파周立波, 이욱연 책임감역, 논장, 1991.

400) 《풍경 외》, 욱달부郁達夫 외 저, 박수인 외 옮김, 삼성미술문화재단, 1987.

401) 《풍루안 風淚眼》, 충위이시從維熙 저, 김월성 역, 강천, 1993.

402) 《피어라 들꽃 青春之歌》 상 · 하, 양말楊沫 지음, 박재연 옮김, 지양사, 1987~88.

403) 《피의 제국》 1 · 2, 섭동, 김형기 오승원 옮김, 문원복, 1996.

404)《핏빛 노을 血色黃昏》 전3권, 노귀老鬼 저, 전성자 외 역, 금강서원, 1993.
405)《하늘의 발자국 소리 空中的足音》, 다이호우잉戴厚英 저, 오세경/김경림 역, 풀빛, 1992.
406)《하변초》, 경요瓊瑤, 가람문학사, 1992.
407)《하얀 면사포》, 경요瓊瑤 저, 조희경 역, 도서출판 쉼, 1993.
408)《하얀 민들레》 1 · 2, 경요瓊瑤, 유전귀 역, 다솜미디어, 1992.
409)《한 줄기 사랑의 빛을 찾아서 女强人》, 주수연朱秀娟 지음, 박하정 옮김, 문조사, 1989.
410)《햇빛 우정 달빛 사랑》 상 · 하, 장지로 저, 김찬년 역, 글나루, 1995.
411)《행운초 幸運草》, 경요瓊瑤 저, 김은신 역, 홍익출판사, 1992.
412)《허공의 발자국 소리 空中的足音》, 다이호우잉戴厚英 저, 조영현 역, 창, 1992.
413)《허무와 그의 딸들 許茂與他的女兒們》 조우커친周克芹 지음, 김광영 옮김, 중앙일보사, 중국현대문학전집 14, 1989.
414)《허삼관 매혈기》, 위화余華 지음, 최용만 옮김, 푸른숲, 1999.
415)《혁명가의 생애》, 巴金 저, 이하유 역, 애미사, 1949.
416)《현대중국작가 단편 모음》, 김종태 역, 한국소설가협회 편, 행림출판사, 1982.
417)《호루라기를 부는 장자 故事新編》, 魯迅 지음, 유세종 옮김, 우리교육, 1995.
418)《호설암 胡雪巖》, 고양高陽 지음, 김태성 옮김, 오리진,

1995.

419) 《홍등/1934년의 도망 妻妾成群/1934年的逃亡》, 소동蘇童 저, 최현 조지운 역, 박우사, 1993.

420) 《홍등 妻妾成群》, 소동蘇童 저, 윤정삼 역, 오늘, 1992.

421) 《홍암 紅岩》 뤄꽝빈羅廣斌/양이엔楊益言 지음, 박운석 옮김, 중앙일보사, 중국현대문학전집 9, 1989.

422) 《화산논검》, 김용 저, 동광출판사, 1994.

423) 《화선 火船/貞女/小城之戀》, 위세상魏世祥/고화古華/왕안억王安憶 지음, 이영구/이등연 옮김, 우아당, 1990.

424) 《환상속에 피는 꽃》, 경요瓊瑤, 이광일 옮김, 서원, 1989.

425) 《황금시대 黃金時代》 왕샤오뽀王小波 저, 손인숙 역, 한국문원, 2000.

426) 《황청건 사람들》 상 · 하, 趙大年 陳建功, 홍광훈 역, 동아출판사, 1994.

427) 《황하는 동쪽으로 흐른다 穆斯林的葬禮》 상 · 하, 곽달霍達 저, 김주영 역, 전예원, 1992.

428) 《황하의 노을 圍城》, 전종서錢鍾書 저, 이혜란 역, 황제출판사, 1993.

429) 《황하의 아들 河的子孫》, 장현량張賢亮 지, 박재연 옮김,

---

3) 중국현대소설의 한역본 목록은 김회준교수의 〈중국현대문학과 우리 밀 번역〉(《中國語文論譯叢刊》 제6집, 2000년 12월)의 부록 〈한글번역판 중국현대문학 관련서적〉 중에서 〈한글번역판 중국현대소설 작품〉, 78~97쪽에서 인용하여 부분 보충한 것이며, 중국현대소설의 한역상황에 대한 분석도 김교수의 상기논문 〈한글번역 중국현대문학 관련서적 상황〉의 논점을 참조하여 작성하였다. 김교수의 한역본 목록은 모두 401권인데, 2001년 이전 목록 중에서 누락된 것과 그 이후에 출간된 작품, 그리고 출처를 밝힌 무협소설을 합쳐서 모두 33권을 첨가하고 2권을 고전소설로 이동하여 전체 목록은 432권이다. 하지만 무협소설은 유통과정이 특이하고 출처를 밝히지 않아 다음 기회에 진일보한 조사를 통해 보충하기로 한다.

들꽃세상, 1990.
430) 《황화 黃禍》전4권, 바오미保密 저, 유전귀 역, 영웅, 1992.
431) 《회의》, 백원柏原 지음, 장지민 역, 문학과사상사, 1990.
432) 《흑설 黑的雪》, 리우헝劉恒 저, 청맥, 1994.[3)]

제2절 중국현대소설 한역본의 번역양상과 문제점

중국현대문학의 한역본 출판에 있어서 가장 확연하게 눈에 뜨이는 것은 소설 번역의 절대적인 우세이다. 김회준교수의 번역본목록에 따르면, 무협소설류를 제외한 중국현대소설은 동일 작품의 중복 출판을 포함하여 약 400부 이상이 출판되었는데, 이는 약 150부 가량의 산문, 25권 가량의 시, 겨우 대여섯 권에 불과한 극본에 비교하면 단연 압도적인 양이다. 이러한 현상이 나타나게 된 연유를 살펴보면, 우선 문학의 여러 장르 중에서 소설이 수적 우위에 있다는 점, 번역이 갖는 특성 때문에 시보다는 소설이 독자에게 어필하기 쉽다는 점, 중국인과 중국사회에 대한 지적 호기심을 만족시켜주기가 쉽다는 점 등 아무래도 다른 장르보다는 소설이 독자들에게 쉽게 접근할 수 있다는 특성이 가장 큰 이유일 것이다. 다시 말해서 역자나 독자는 물론 출판사의 입장에서 봤을 때 소설은 번역의 우선대상이 되었던 것이다.

이와 같은 소설의 연도별 번역 추세를 살펴보면, 1970년 이전까지와 1970년대에는 각각 10권 남짓에 불과했던 것이 1980년대에 들어서면 점차 그 숫자가 늘기 시작해서 1980년대 후반부터는 매년 열 몇 권씩 번역되었고, 특히 한중 수교가 이루어진 1992년 이후부터는 비약적으로 증가하여 몇 년 동안 해마다 30권 이상이 번역되었는데, 이른바 IMF사태를 전후하여 잠시 주춤하더니 2000년부터 다시 증가세로 돌아섰다. 이러한 양적인 면에서의 소설 번역 증가 추세는, 특별한 설명을 덧붙이지 않더라도 우리나라와 중국과의 관계 호전이 문학 방면에도 얼마나 큰 영향을 주었는지를 분명히 나타내준다.

그런데 좀 더 자세히 살펴보면 여기에는 몇 가지 주목할 만한 점이 있다. 첫째는 1989년 중앙일보사에서 우리나라의 중국현대문학 전공자들과 협력하여 중국현대문학전집을 출판했던 것이다. 이 전집은 소설 16권, 산문 1권, 시 1권, 극본 1권, 평론 1권 등 모두 20권으로 이루어져 있는데, 번역자 대부분이 중국현대문학에 전문적 소양을 갖춘 분들이고, 중국현대문학 전 시기를 관통하여 각 장르별로 대표적인 작품을 엄선하고 있을 뿐만 아니라, 자칫 소홀하기 쉬운 臺灣의 작품에도 일정한 배려를 하고 있다는 점에서 종래에 볼 수 없었던 획기적인 작업이었다. 즉 그 동안 중국현대문학 작품에 대해 산발적으로 이루어지고 있던 소개가 이 전집의 출간을 계기로 체계화되었던 것이다. 그리고 이 점은 신뢰할 수 있는 번역자와 공신력 있는 출판사라는 조건과 맞물려 우리나라의 일반 독자들에게도 상당히 커다란 영향을 주었을 것으로 보인다.

다음으로는 瓊瑤 소설의 대량 출판을 꼽지 않을 수 없다. 瓊瑤는 臺灣의 여류 소설작가로, 16세에 〈雲影〉으로 등단한 이후 한동안 3,4개월에 장편소설 한 편씩을 써서 지금까지 40여 편의 소설을 발표할 정도로 다작하는 작가이다. 출세작 〈窓外〉가 수록된 단편소설집 《窓外》(1963년)는 40여 차례나 재판을 거듭했으며 그외 다른 작품들 역시 대개 10차례 이상 재판되었을 뿐만 아니라, 영화나 드라마로 만들어진 작품도 40여 편이 넘을 만큼 그녀의 소설은 엄청난 대중적 인기를 끌고 있다. 그녀의 소설 속 주인공은 대개 아름답고 부드러우면서도 분방하고 자존심이 강한 여성들로 신비롭고도 평범하지 않은 삶을 살아가는 인물들인데 이런 점들이 젊은이들에게 사랑 받는 이유로 여겨진다. 하지만 다소간 비현실적이고 비정상적인 여주인공들의 사랑 놀음이 비슷비슷한 스토리와 구성으로 펼쳐진다는 비판을 받기도 한다. 이런 瓊瑤의 소설은 1980년대 중반 이후 매년 2,3권씩 번역되었지만 처음에는 우리 독자들에게 그다지 크게 주목받지는 못했다. 그러다가 1992년 SBS에서 그녀의 소설 〈금잔화〉를 각색하여 드라마로 방영하여 크게 인기를 끌면서 그때부터 1992년 한 해에만 무려 24권의 번역본이 나오는 등 해마다 몇 권씩 끊임없이 번역되어 지금까지 약 75권 이상이 출판되었다. 필자의 짐작으로는 아마도 그녀의 소설은 전편이 모두 번역이 된 듯한데, 나중에 이의 영향으로 비슷한 유형의 대중작가인 朱秀娟·李碧華 등의 소설도 상당수 번역되었다.[4)]

또 한 가지는 중국 현대소설 번역에서 오랜 기간에 걸쳐 한결같이 이어지고 있는 현상으로, 魯迅 소설이 계속해서 되풀이 출판되고 있다는 점이다. 사실 魯迅의 소설 작품은 《吶喊》, 《彷徨》, 《故事新編》에 실린 것을 다 합쳐서 모두 33편으로, 이를 모두 묶어서

4) 대중소설의 대량 번역과 관련하여 金庸의 《英雄門》을 비롯한 무협소설의 대량 출판도 주목할 만한 현상이지만 조사를 하면서 흔히 볼 수 있는 현상은 역자를 명기하지 않거나 혹은 저자를 표기하지 않은 경우, 역자를 가명으로 쓰거나 아예 표기하지 않은 등 원전과 역자를 명확히 파악할 수 없는 경우가 많아 일부만 수록하였다. 이러한 무책임한 번역 때문에 무협소설의 번역양상을 전면적이고 명확하게 조사하려면 상당한 시간이 필요할 것 같다. 1990년대 이전의 중국 무협소설의 번역에 관해서는 이치수 저, 〈중국 무협소설의 번역 소개와 영향〉, 《중국소설연구회보》 제12호, 중국소설연구회, 1992년 11월, 1~19쪽을 참고할 것.

한 권으로 출판해도 될 분량이다. 그럼에도 불구하고 그의 소설이 지금껏 60권 이상 출판된 것은 우리에게 몇 가지 점을 생각하게 만든다. 우선은 그의 작품이 중국현대문학에서도 대표적인 지위를 차지할 만큼 깊이가 있을 뿐만 아니라 지명도도 높기 때문일 것이다. 다시 말해서 중국현대문학의 출발점이자 대표적인 작품을 읽고 싶어하는 독자나 그러한 수요를 고려한 출판사는 물론이고, 역자의 입장에서도 끊임없이 새로운 번역에 대한 충동을 가지게 되는 것이 그 주요 원인일 것이다. 하지만 다른 측면에서 보자면, 중국현대문학사상 훌륭한 작품이 대단히 많은 데도 불구하고 특정 작가에 지나치게 집중되는 것은 과연 바람직한 일인가 하는 생각이 들지 않을 수 없다. 이는 魯迅과 瓊瑤의 소설 번역을 합친다면 135권 가량으로 전체 소설 번역 수 약 400권의 3분의 1 이상을 차지한다는 점을 생각해보면 더욱 분명해진다.

앞에서 말한 것처럼 다른 장르보다도 소설 장르가 월등히 많이 번역된다든가, 소설 중에서도 魯迅과 瓊瑤의 작품이 집중적으로 번역된다든가 하는 것은 일종의 편중 현상이라고 부를 수 있겠는데, 이와 같은 편중 현상은 다른 측면에서도 나타나고 있다. 그 중 한 가지는 순수문학 작품은 거의 중국 대륙의 것에 국한되고 대중문학 작품은 주로 臺灣과 홍콩의 것이라는 점이다. 달리 말하자면 대중문학을 제외하면 臺灣과 홍콩의 순수문학 작품은 별로 소개되지 않았고 특히 홍콩의 경우에는 거의 찾아볼 수가 없다. 또 한 가지는 그 동안 1949년 이전의 작품에 집중되어 있다가 최근에 1976년 이후의 작품이 많이 번역되고 있는데 1949~1976년 사이의 작품은 상대적으로 별로 많지 않다는 점이다.

이상에서 살펴본 것처럼 현재 필자가 조사한 바로는 중국현대문학과 관련한 한글 번역서는 대체로 이론서가 60권, 소설이 400

권, 산문이 150권, 시가 25권, 극본이 10권 가량으로 모두 합쳐서 650권이 조금 못 미치는 숫자다. 언뜻 이 숫자만 보면 그래도 상당한 수준이라고 생각할지 모르겠지만, 실제로 중국현대문학사나 중국현대문학번역사의 측면에서 미루어 본다면, 그리 많은 숫자가 아닐 뿐더러 魯迅 · 瓊瑤 · 林語堂 등처럼 중복되거나 또는 일부 완전히 대중의 기호에만 맞춘 저급한 대중소설과 같이 상대적으로 번역의 필요성이 낮은 것들을 제외한다면 사실상 상당히 부진한 숫자라고 아니할 수 없겠다.

또 이런 중국현대문학 관련 번역은 중앙일보사의 전집을 제외하고는 거의 체계 없이 산발적으로 이루어졌다는 것도 유의해야 할 대목이다. 그것은 무엇보다도 출판사나 또는 중국현대문학 관계자에 의한 기획번역이 없었다는 점에서도 입증된다. 즉 중국현대문학 관련 서적을 비교적 많이 출판한 곳이라고 해도 각각 홍익출판사 15권, 범우사 8권, 청년사 8권, 일월서각 8권, 다섯수레 6권, 고려원 6권, 명문당 6권, 혜원출판사 5권, 백산서당 5권 가량에 불과하다. 그 중 홍익출판사에서 瓊瑤의 소설을 위주로 대중소설을 집중적으로 출판한 것을 제외하면 그 몇 권들 사이에 뚜렷한 공통점을 찾을 수가 없다.

이런 상황을 고려해 본다면, 그간 중국현대문학 번역에 힘써온 몇몇 열성적인 번역자들의 노력은 마땅히 높이 평가해야 할 것이다. 예를 들면, 초창기의 양백화나 해방 직후의 김광주와 김구용 같은 분들은 중국소설을 번역 소개하는데 지속적인 노력을 기울여 기초를 닦아 놓았다. 1970년대 이후로는 중국문학을 전공하는 김시준 · 이영구 · 김하림 · 박재연교수가 상당수의 소설작품을 출간하였고, 번역전문가 박하정 등이 이 분야에서 꾸준히 現 · 當代作品을 번역하여 번역분야의 전문성을 유지하고 있다. 하지만 현대문학 전반에 걸친 번역의 문제는 아직도 열악한 출판조건에서 대부분 대학원 연구생들이 작업을 진행하여 출판조건의 개선과 아울러 전문성을 고려한 양질의 번역작가를 양성할 수 있도록 교육과정을 바꾸어 나가야 하겠다.

제8장 20세기 중한소설 쌍방향 번역의 문제점과 향후 전망

제1절 20세기 이전 한국소설의 中譯 상황

조선 초 세종(1419~1450년 재위)에 의해 훈민정음이 창제되어 문자생활에 혁명적인 전기가 마련되었지만, 사회의 지배층인 사대부 문인들은 한글의 사용을 기꺼워하지 않았다. 19세기 말, 심지어 20세기 초까지 사대부 문인들의 보편적인 표현수단은 漢文이었고, 그들의 문학은 한문학이었다. 사대부 문인들에 의해 향유되어 온 한문문학의 위세는 가히 위력적인 것이어서 양적으로 따져 볼 때, 국문문학의 존재는 참으로 미약하다고 하겠다. 시조 작품의 총량이 3,000여 수일진대, 한 문인의 漢詩 작품이 3,000수를 넘기는 작가는 셀 수 없이 많은 것이 한국문학사의 실상이다. 사대부 문인에 의해 향유되어온 지배계층의 전유물이었던 한문학의 유산은 방대하였고, 그 중심장르는 詩와 文이었다.

한국 漢文小說은 15세기부터 시작해서 17세기 전반까지 뚜렷한 발전을 보였는데, 본격적인 소설은 조선 초 김시습의 《金鰲新話》에서 비롯되었다고 할 수 있다. 다섯 편의 단편소설이 수록된 《금오신화》의 출현 이후, 16세기에는 蔡壽의 〈薛公瓚傳〉과 沈義의 〈大觀齋記夢〉을 위시하여 申光漢의 단편소설집 《企齋紀異》, 林悌의 〈元生夢遊錄〉·〈花史〉·〈愁城誌〉, 崔晛의 《琴生異聞錄》 등의 漢文短篇小說이 쓰여져 漢文小說은 문학사에서 하나의 장르로 자리를 잡게 되었다. 소설의 성장기라 할 15~17세기의 漢文小說 가운데 일부 작품이 국문으로 번역되어 유통되기 시작했는데, 그 첫 번째 작품은 〈薛公瓚傳〉이다. 《金鰲新話》가 지어진지 수십 년 뒤에 쓰여진 〈설공찬전〉은 당대에 輪回禍福을 담은 妖書로 인식되어 격렬한 논쟁을 불러 일으켰으며, 국문으로도 번역되어 급속히 시중에 전파되었다.

16세기에 지어진 국문소설 〈五倫全傳〉은 당대에 국문소설이 지니는 효용을 인식하기 시작했음을 알게 해 주는 작품이다. 이는 明의 丘濬이 지은 南戲 〈五倫全備記〉를 토대로 하여 만들어져 세간에 유통된 소설본을 1531년 洛西居士가 윤색하여 새롭게 지은 것이다.[1] 〈五倫全傳〉의 서문에 따르면 五倫傳 이야기가 세간에 전파되어 집집마다 소설본으로 읽혀지고 있지만 어휘 사용과 서술이 잘못된 부분이 많아 낙서거사가 윤색하여 한문본을 만들고 다시 국문본으로도 번역하여 유포하게 되었다는 것이다.

17세기에 들어와 權伐(1599-1667)이 1630년에 지은 한문소설 〈姜虜傳〉이 바로 국문으로 번역되어 유통되었다. 李健(1614-1662)의 《葵窓遺稿》에 실려있는 〈姜虜傳〉은 이를 다시 漢譯한 것이다. 16 · 17세기에 나타난 한문소설 申光漢의 〈安憑夢遊錄〉, 작자미상의 〈崔孤雲傳〉, 權韠의 〈周生傳〉, 趙緯韓의 〈崔陟傳〉, 작자미상의 〈雲英傳〉 등도 얼마 후에 국문으로 번역되어 유통되었음을 관련기록이나 국문 異本 현황을 통해 확인할 수 있다.[2]

1) 심경호 저, 〈오륜전에 대한 고찰〉(《애산학보》8, 애산학회, 1989년)과 이복규 저, 〈오륜전전서의 재해석〉(한국고소설학회, 2001년 11월)을 참조할 것.

2) 장효현 저, 〈東아시아 漢文小說과 自國語小說의 관계〉, 《東아시아문학 속에서의 韓國漢文小說 硏究》, 고려대학교 민족문화연구원, 도서출판月印, 2002년 5월, 98~103쪽 참조.

17세기 중반에 이르면 《壬辰錄》, 《林慶業傳》, 《朴氏傳》, 《淑香傳》, 《韓康賢傳》, 《九雲夢》, 《謝氏南征記》, 《蘇賢聖錄》 등의 국문 장편소설이 출현하여 소설사에 있어 본격적인 국문소설의 시대를 맞게 된다. 이러한 국문소설은 그 일부가 한문으로 번역되어 유통되었는데, 그 대표적인 경우가 《謝氏南征記》와 《彰善感義錄》이다. 《謝氏南征記》는 金萬重(1637~1692년)이 국문으로 지은 것을 그의 從孫 金春澤이 1709년 제주도 유배시에 漢譯한 작품이다. 金春澤이 漢譯한 《飜諺南征記》는 다시 국문으로 번역되고 이로부터 또 다시 漢譯된 異本이 나타나는 등 異本關係가 매우 복잡한 양상을 띄게 되는데, 《飜諺南征記》의 〈凡例〉에는 김춘택의 번역취지가 잘 드러나 있을 뿐만 아니라 국문소설의 한역과정에서 어떠한 변모가 이루어졌는지를 잘 보여주고 있다.

(1) 諺文과 漢文에는 차이가 있다. 그러므로 번역한 字句나 辭語 가운데에는 간혹 원본과 다른 곳이 많이 있다.
(2) 원작이 언문이기 때문에 완전하게 같게 할 수는 없었다. 그 외에 간혹 繁複한 것은 삭제하고 간혹 빠진 것은 첨가하고 또 간혹 고치거나 潤文한 것이 있다.
(3) 번역문은 대략 史家의 문체를 쓰고자 하였다. 원본에서 '상령의 비파 소리가 희미하고 낙포 선녀의 걸음이 묘연하다' 와 같은 것은 소설적인 어투가 싫어서 삭제해 버렸다.
(4) 원본의 '사씨가 애초 白蘋洲의 위치를 몰랐다' 는 대목은 응당 그렇지 않았을 것이므로 고쳐 놓았다. 또 '謝氏가 강을 건널 사람이 누구인지 모른 채 배를 타고 가서 그를 기다렸다' 는 대목도 혹 경솔히 행한 것인 듯하여 妙喜의 꿈 한 단락을 첨가하였다. 이것이 그 대표적인 경우이다.

(5) 원본에는 단지 〈觀音贊〉과 〈黜謝氏告廟文〉이 있었을 뿐이다. 그런데 이제 〈謝氏答杜夫人書〉, 〈杜夫人與劉翰林書〉, 〈翰林譏嚴嵩詩〉 그리고 〈迎還謝氏告廟文〉, 〈謝氏祭春芳文〉 등을 지어 함께 책 뒤에 붙여 놓았다.

(6) 간략하게 論贊의 글을 지어 책머리에 기록하였다. 또한 文辭가 아름다운 곳에는 圈點을 가하였다.

《彰善感義錄》은 국문소설 《寃感錄》을 토대로 윤색 漢譯한 작품이다. 그리고 金萬重의 《九雲夢》은 그 원작의 문자표기 문제에 있어 학계에 논란이 존재하지만 애초의 국문소설이 老尊B본으로 거칠게 漢譯되었고, 이후 다른 사람에 의해서 보다 완정된 漢譯本으로서 老尊A본이 나왔을 가능성이 있다는 추론을 장효현교수는 제기하고 있다.[3] 李庭綽의 《玉麟夢》도 원작 표기문제에 있어 학계에 이견이 존재한다. 국문소설 漢譯의 또 다른 사례로서 權燮이 《薛姐傳》을 1724년 漢文으로 번역한 《翻薛卿傳》을 들 수 있다. 그는 번역후기에서 번거롭고 자질구레한 것을 싫어하여 漢文으로 간략하게 번역하였다고 언급하고 있다.

17세기 이후 국문소설은 폭발적으로 늘어나 넓게 독자층을 확대하여 문학사의 주류로 자리를 잡았고, 19세기에는 방각본 출판에 힘입어 그 영향력을 더욱 확장시켜 나갔다. 그런데 19세기에 들어서 사대부 문인이 지은 한문장편소설이 여러 편 출현하였는데, 그 가운데 金紹行(1765~1859년)의 《三韓拾遺》와 朴泰錫(1835~?)의 《漢唐遺事》는 국문본이 아직 확인되지 않았으나, 나머지 작품들은

3) 장효현 저, 〈구운몽의 주제와 그 수용사에 관한 연구〉, 《김만중문학연구》, 국학자료원, 1993년, 111~112쪽.

국문본이 존재한다. 특히 국문으로 번역되어 널리 읽힌 작품으로는 南永魯(1810~1857)의 《玉蓮夢》과 그 개작본인 《玉樓夢》 그리고 徐有英(1801~1874?)의 《六美堂記》가 있다.

한국고전소설 가운데 대략 40여 편의 작품이 한문본과 국문본을 함께 갖고 있고, 그 중에는 원본의 표기문자가 무엇인지 아직 명확히 확인되지 않은 작품이 여럿 있으나, 어쨌든 한문본과 국문본 간에는 얼마간의 차이가 존재한다. 그것이 때로는 자구 수정 정도의 미세한 차이에 머물기도 하지만 때로는 상당한 의식상의 차이를 동반하는 작품도 존재한다. 한문소설로 지어진 작품이 국문으로 번역되고, 국문으로 지어진 작품이 한문으로 번역되는 현상은 한문소설과 국문소설을 향유하는 계층이 달랐던 데에 기인하는 것이다. 식자층의 기호에 따라 국문소설이 전아한 문체로 漢譯되어 이른바 격조를 갖추었다면, 한문소설은 국문소설로 번역되면서 난삽함이 사라져 평민이나 여성 독자에게 손쉽게 수용되었다.[4)]

제2절 20세기 중국인의 한국소설 中譯 사례

물론 20세기 이전 조선시대에 진행된 한국소설의 漢譯作業은 역자가 거의 한국 문인이고, 게다가 이들의 漢譯作業은 대부분 한국 독자를 대상으로 번역한 것이다. 물론 이런 한역본이 중국에 전래되어 중국인들이 자신들의 문화유산이라고 주장하면서 국문소설이 이런 한역소설의 번역본이라고 주장하는 사례까지 있기는 하지만, 20세기 이전에 한국인이 아닌 중국인이 번역자로써 한국소설

4) 장효현 著, 〈東아시아 漢文小說과 自國語小說의 관계〉, 114쪽.

을 번역한 사례는 아직 학계에 알려진 것이 없으며, 20세기 이후에도 이런 중국인에 의한 중역사례는 매우 드문 일이라 할 수 있다.

在日 한국인 소설가 張赫宙(1905~?)는 판소리계 소설 《흥부전》을 《흥부와 놀부》라는 제목으로 일본어로 개작하였는데, 중국인 范泉(1916~?)이 이를 다시 중국어로 번역하였으니, 이것이 바로 중국인에 의해서 번역된 한국소설의 첫 번째 중역작품이 아닐까 생각된다. 陳煙橋가 그린 열다섯 폭의 삽화를 곁들여 1946년에 중국 상해 永祥印書館에서 납활자본으로 출간하였고, 현재 북경대학 도서관에 소장되어 있다. 역자 范泉은 이 책의 〈서문〉에서 그 원본을 "福寶和諾羅寶"라고 불렀는데, '福寶'는 '흥부'를, '諾羅寶'는 '놀부'를 음역한 것이다. 이것을 중국독자들이 쉽게 인식하도록 '白寶'와 '黑寶'라는 중국식 人名으로 고쳤고 이들의 이름을 합친 데다 흥부전의 "傳"에 상응하는 "記"를 붙여서 《黑白記》라고 개명하였다.[5)]

역자 范泉(본명 徐煒)은 상해 사람으로 중국 공산당 당원이었고 1939년 상해 復旦大學을 졸업하였다. 《作品》·《文藝春秋》·《語文教學》·《寰星文學叢刊》·《中原文學叢書》 등 문학잡지의 편집장을 역임하였고, 중국 건국 후에는 상해 永祥印書館 편집부 주임, 復旦大學 강사, 新中國藝術院 교수, 上海市 인쇄학교 부교장, 靑海師範大學 교수, 上海書店 편집심의위원 등을 역임하였다. 소설집 《浪花》, 산문집 《綠的北國》, 《創世記》, 《飜身的日子》, 동화전설집 《神燈》 등을 저술하였고, 일문본 《魯迅傳》(田岳夫 지음), 《文章》(川端康成 지음), 《斷片》(島崎藤村 지음) 등을 중국어로 번역하였다.[6)]

---

5) 梁承敏 著, 〈插圖本 黑白記에 대하여〉, 《黑白記》(張赫宙 著, 范泉 譯, 梁承敏 編, 鮮文大學校 中韓飜譯文獻硏究所, 2002년 6월), 1~2쪽.

6) 《中國出版人名詞典》, 北京: 中國書籍出版社, 1989년, 113~114쪽.

日文本《흥보와 놀보》의 작자 장혁주는 본명이 張恩重이고 일본 이름은 野口稔(노구치 미노루)이며 필명은 野口赫宙(노구치 카쿠츄우)이다. 1905년 대구 태생으로 구한국군 장교를 지낸 지주 張斗化의 아들이다. 경주에서 보통학교를 졸업한 뒤, 대구고등보통학교를 졸업했다. 대구에서 소학교 교사로 재직할 당시 소설《餓鬼道》(1932년, 27세)가 《改造》誌에 당선되어 문단에 등단하였다. 이때부터 일어 작품활동을 본격적으로 시작하였으며 1936년에는 아예 일본으로 이주하였고, 중일전쟁 이후 1939년부터는 '펜부대'의 일원으로 여러 차례 만주를 시찰하기도 하였으며 1952년에는 일본인으로 귀화하였다.

장혁주는 한국어와 일어로 매우 왕성한 집필활동을 하였는데, 1930~40년대에는 《무지개》로부터 《안해》에 이르기까지 최소한 12편의 한국어 소설작품을 국내 신문잡지에 연재하였고, 같은 시기에 최소한 61편의 일어소설을 일본과 국내문단에 발표하였다. 해방 이후에도 여러 편의 통속소설을 발표하였다. 1937년에 발표한 희곡 《춘향전》이 일본에서 큰 인기를 얻어 동경 · 오오사카 · 교오토 등지에서 절찬리에 공연되었고 작품은 재판을 거듭하였으며, 그가 쓴 방송극 《심청전》과 《출발》은 각각 1940년과 1943년에 일본에서 방영되었다. 이 같은 문학작품 이외에 1930년부터 1945년 사이에만도 줄잡아 200여 편의 논고를 한일 양국의 신문잡지에 발표하였고, 당시 한일 양국에서 그에 대해 논평한 글이 줄잡아 100여 편이 넘게 쏟아져 나왔다.[7]

장혁주의 일어본 《홍부와 놀부》는 1942년 9월 赤塚書房에서 단행본으로 출간되어 현재 일본에 소장되어 있다. 매회 1폭의 삽화

7) 白川 豊(시라카와 유타카), 《張赫宙 硏究》, 동국대 박사학위논문, 1989년.

가 삽입된 16회본의 童話式 小說로써, 책 말미에 〈독자에게〉라는 장혁주의 발문이 실려 있다.[8] 장혁주는 《춘향전》과 《심청전》 등 판소리계 소설을 저본으로 희곡과 방송극을 쓰기도 하였는데, 《홍부와 놀부》는 비슷한 목적에서 한국의 민속문학작품을 童話式으로 개작하여 일본에 소개한 경우라고 할 수 있다.

중역본 《黑白記》는 일어본 《홍부와 놀부》와 동일하게 총16회로 되어 있으며, 동화식 소설인 일어본을 번역한 것이라 동화적인 내용을 그대로 유지하고 있으며, 아예 표지에 "長篇童話"라는 글귀를 달아 놓았는데, 이것 또한 일어본 원본의 형식을 그대로 따른 것이다.

일문본 《홍부와 놀부》와는 별도로 《黑白記》는 중한번역사에서 아주 중요한 의미를 가지고 있다. 비록 개작의 과정을 거치기는 하였지만, 한국의 고전소설이 중국인에 의해 중국어로 번역소개된 매우 드문 사례에 해당된다. 물증이 확인된 것으로는 《黑白記》가 최초의 중역작품이라 할 수 있겠다. 기본적으로 판소리계 소설 《흥부전》에 기초한 작품이기 때문에 한국의 고전소설이 중국어로 번역되어 중국으로 전파된 확실한 실증적 사례로 꼽을 수 있겠다.

제3절 中韓小說 雙方向 飜譯作業의 향후 과제와 전망

하지만 우리가 중국소설을 번역한 것에 비하면 중국에서의 한국

---

8) 《黑白記》, 〈독자に おねがひ〉, 鮮文大學 中韓飜譯文獻研究所, 242~244쪽. 編者 梁承敏선생은 〈插圖本《黑白記》에 대하여〉에서 일어본 《흥보와 놀보》를 시라카와 유타카교수의 도움으로 복사본을 입수하였다고 밝히고 있다. 4쪽.

소설에 대한 중역작업은 그 100의 1이라도 진행이 되었는가 하는 의문을 갖게 된다. 물론 이 분야에서는 보다 진일보한 연구조사가 진행이 되어 구체적인 자료를 기초로 논의가 진행되어야 할 것이며, 이 점이 바로 우리가 앞으로 해야 할 연구방향이라고 생각한다. 우리는 여태까지 일방적인 소설 수입국의 위치에 서 있었지만 21세기에도 똑같은 위상으로 살아갈 것인지 고민할 필요가 있을 것이다. 현재까지는 우리 소설의 중국어 번역작업은 대단히 미미하며, 겨우 몇몇 대가들이 자신의 작품을 中譯하거나 한국의 유명작가의 대표작 몇 편이 중국에 번역된 것이 전부이지만, 이제부터는 이런 국면을 타개하고 우리 문학을 중국에 알리기 위해 보다 체계적인 연구가 선행되어야 할 것이다.

첫째, 특정 작가나 유형에 편향된 번역에 대한 교정을 시도해야겠다. 《三國演義》·《列國志》·《楚漢志》 등의 역사소설을 집중 번역하는 것과 瓊瑤의 애정소설이나 魯迅 小說에 집중되는 편향적인 번역 현실을 시정해야 할 것이다. 중국소설의 여러 유형에 대한 고찰을 통해 각 유형의 대표작을 선정하고 그 특성과 장점을 부각시켜야 한다. 중국소설의 현재 한역실태를 완전히 파악하여 학술성과 대중성을 감안한 번역대상목록을 작성하여 번역에 관심이 있는 출판사와 번역자에게 제공함으로써 정보의 부재로 인한 번역 편중 현상을 시정해야 할 것이다.

둘째, 기존의 번역본에 대한 실사작업을 통해 중복 번역을 피하고 우리에게 필요하지만 여건이 허락되지 않아 번역되지 못하는 중국소설의 목록을 작성하여 체계적이고 학술적인 번역이 이루어지도록 한다. 이전에 번역된 판본들이 다시 수정되지 않고 단지 상업적인 이유로 중복해서 출판된 사례들은 우리가 20세기 전반기에 유행했던 坊刻本 小說의 再刊行과 해방 이후 고전소설의 경우,

동일한 작품을 출판사를 바꾸어가며 재출판한 사례를 통해 출판문화에 끼친 폐해를 이해할 수 있었다. 질적인 발전이 없이 반복적으로 진행되는 간행작업은 번역시장의 수준 하락과 출판문화 발전에 있어 커다란 장애가 되는 것이니 이런 부정적인 사례들을 조사하고 부단히 연구사례를 발표하여 번역자와 출판계를 각성시켜야 하겠다. 이를 위해 20세기 전반에 걸친 한역실태 분석이 필요하며, 정밀한 검증을 거친 번역목록을 작성할 필요가 있다. 한역작업에 있어서 작품성이 뛰어나고 가치가 있는 중국소설의 번역목록 작성이 선행되어야 하고, 작성된 번역목록을 중심으로 수준 높은 번역진이 공동으로 번역에 착수하는 것이 바람직하겠다.

세 번째, 조선시대에 번역된 한역본 목록과 20세기 전반기 중국고전소설 번역목록을 참고하면 알 수 있듯이 20세기에 진행된 중국고전소설의 한역작업은 아직 조선시대의 수준을 뛰어 넘지 못했으며, 번역본의 양적인 면이나 유형의 다양성에 있어서 답보 내지는 퇴보 상태라고 할 수도 있겠다. 이런 면에서 기존의 번역본을 면밀히 파악하여 이미 수준 높은 번역본이 있는 작품은 제외시키고, 필요한 작품은 우선 선정하여 순차적으로 번역을 진행해야 할 것이다.

네 번째, 한국인의 자기 문화에 대한 자부심이 우선되어야 하며, 이를 바탕으로 고대부터 지속되어온 중국으로부터의 문화수입국의 입장에서 한국소설을 번역하여 중국에 알리는 문화수출국으로 도약할 필요가 있다. 상대적으로 한국문화에 접할 기회가 적은 중국인에게 우리 소설을 통해 한국문화를 소개할 필요성을 절감하게 된다. 이를 위해서는 한국문학 연구자와의 공동연구 작업을 통해서 한국문학 작품의 번역목록을 작성하여야 할 것이며, 우선순위를 정하여 중한 양국언어로 집필할 수 있는 전문가들이 참여하는 번역진을 구성하여 한국문학작품의 중역작업에 착수하고 중국에서 출판하도록 하여야 하겠다.

⑴ 이를 위해서 먼저 중국에서 출판 간행된 한국소설 관련 번역 서적을 조사하여 중역본 전반에 걸친 목록과 한국문학의 중역본 목록을 작성하도록 한다.

⑵ 중역본 목록을 기초로 하여 한국소설 전공자와 공동으로 한국소설의 중역대상 서목을 작성하여 이를 토대로 체계적인 중역작업을 시작해야 할 것이다. 아시아에서 가장 거대한 출판 시장인 중국을 대상으로 우리의 문화를 알릴 수 있는 방법으로 한국소설의 중국어 번역작업에 착수해야 할 것이다.

제9장 20세기 中文小說 100選[1)]

제1절 20세기 中文小說 100選

20세기의 종료를 200일 앞두고 전 세계의 중국인들을 향해 《亞洲週刊》은 〈20세기 中文小說 100選〉을 선정하여 中華文化 最新靈感의 精華를 총 결산함으로써, 중국문학세계의 독자들로 하여금 무관심했던 지난 백년간의 세월을 돌이켜 보게 하여, 일찍이 뭇사람의 심금을 울려주었던 소설들을 다시 읽도록 하였다. 이 작품들은 비록 시대의 커다란 변화를 겪었으나, 하나하나의 四角 글자가

1) 본 문장은 1999년 6월 14일-6월20일자 《亞洲週刊》의 특집 〈20世紀中文小說一百强〉의 관련 기사를 번역한 것으로 첫째 부분은 邱立本 著 〈百年的吶喊、傳奇的世紀〉(32~34쪽)를, 두 번째 부분은 〈十大小說感召新世代〉(40~42쪽)를, 세 번째 부분은 王杏慶 著〈沉重時代中的緊迫感〉(38~39쪽)을 번역한 것이다. 이번 심사에는 《亞洲週刊》 편집부와 국내외 14명의 문학대가들이 참가하여 〈20세기 中文小說 100選〉의 명단을 선정하였다. 이 14명의 문학가들은 각각 중국 兩岸의 세 지역과 싱가포르, 말레이시아, 북미에서 왔으며, 각기 다른 중국인 지역의 문학계를 대표하였다. 심사위원의 대표지역과 명단은 아래와 같다.

중국대륙 – 余秋雨 : 산문가, 문학평론가, 전 上海戲劇學院 院長
王 蒙 : 소설가, 전 中國文化部 장관
王曉明 : 문학평론가, 上海 華東師範大學 중문과 교수
劉再復 : 문학이론가, 전 中國社會科學院 文學研究所 소장
謝 冕 : 문학평론가, 北京大學 중문과 교수

대만 ---- 王杏慶 : 다른 이름은 南方朔. 문화 및 시사 평론가
施 淑 : 문학평론가, 대만 淡江大學 중문과 교수

모두 빗방울처럼 한 방울 한 방울 메마른 역사의 토양 속에 스며들어 더러는 황량한 마음 밭을 적셔 주었고, 더러는 인간과 함께 성장하였으며, 또 더러는 기쁨과 슬픔의 증거가 되었다.

《亞洲週刊》 편집부와 전 세계 각지에서 온 文學大家들이 함께 선정한 〈20세기 中文小說 100選〉에서는, 魯迅의 《吶喊》이 20세기 소설의 영예의 수석을 차지하였다. 이어서, 沈從文의 《邊城》, 老舍의 《駱駝祥子》, 張愛玲의 《傳奇》, 錢鐘書의 《圍城》, 茅盾의 《子夜》, 白先勇의 《臺北人》, 巴金의 《家》, 蕭紅의 《呼蘭河傳》 및 劉鶚의 《老殘遊記》가 선정되었다.

1930~40년대의 작품들이 20세기 文學精華의 주류를 이루었는데, 당시의 작가들은 정치변화가 복잡하고, 나라의 운명이 위태로웠던 시기에 치열한 창작활동을 하였다. 당시에는 작가들이 창작의 자유를 누리면서 작품 속에 시대의 격동하는 변화와 내면세계

북미지구 – 鄭樹森 : 문학평론가, 미국 캘리포니아대학 샌디에이고 분교 비교문학과 교수
王德威 : 문학평론가, 미국 콜롬비아대학교 동아시아어 문학과 교수

홍콩 ---- 劉以鬯 : 소설가, 《홍콩문학》잡지 총편집인
黃繼持 : 문학평론가, 홍콩 中文大學 중문과 교수
黃子平 : 문학평론가, 홍콩 침례교신학대학 중문과 부교수

말레이시아–潘雨桐 : 소설가

싱가포르--黃孟文 : 소설가

심사위원인 王蒙과 劉以鬯은 그들의 작품 《組織部新來的年輕人》과 《酒徒》가 각각 100選에 선정되었으나, 심사 과정 중에서 그들은 자신들의 작품에 투표하지 않았다. 모든 심사 과정은 반년이라는 시간이 걸렸는데, 먼저 편집부가 500여 권에 달하는 參考書目을 선정한 뒤에, 14명의 문학가에게 참고서목에 근거하여 투표한 뒤 최후의 100권을 선정하도록 요청하였다. 앞의 10위를 선정할 때는 수월하게 진행되었으나 뒤로 갈수록 경쟁이 심해졌는데, 이는 대부분의 작품이 얻은 점수가 매우 비슷했기 때문이다.

의 굴곡을 반영하고 애국충정의 주제를 서술하였는데 대부분이 20세기 소설 가운데서 가장 걸출한 작품으로 선정되는 등 괄목할 만한 평가를 받았다.

마치 英語文學이 영국문학이나 혹은 미국문학과 다르듯이 《亞洲週刊》이 선정한 〈20세기 中文小說 100選〉은 중국현대문학사의 주요 부분일 뿐만 아니라, 전 세계 중국인의 창작과 독서경험을 총괄하여 평가한 것이다. 작자나 독자가 어떤 국적인가를 상관치 않고, 단지 中國語를 사용하기만 한다면 모두 함께 이 범주 안에서 美學經驗을 공유할 수 있다.

이런 集體的인 미학경험은 이미 농축되어서 20세기 중국인 독자들의 문학잔치로 바뀌었고, 지역적으로 다른 배경에 살고 있는 독자들도 모두 다원화된 입맛을 누릴 수 있었는데, 이는 100년 동안 문학 작품 속에 세태의 달고, 시고, 쓴 각종 미각들이 어우러져 창작되었고, 시대의 변화된 취향도 묘사되었기 때문이다.

그러나 시대적 문학 정취에 상관없이 심사위원들은 약간의 논쟁도 없이 모두 魯迅을 추앙해서, 그의 작품에 귀중한 표를 던졌으며, 그에게 20세기 中文小說의 제일인자라는 월계관을 씌워주었다. 魯迅은 1881년에 태어나서 1936년까지 활동한 文學 大家인데, 작고한지 63년이 지난 후에 작품이 20세기 중문소설 가운데 수석의 보좌에 올랐다. 사실, 魯迅의 작품은 《吶喊》 외에도 《彷徨》이 12위의 자리에 올라 잇따라 두 작품이 선정되었다. 이것은 과거 蘭登書屋이 발표한 〈20世紀英文小說百選〉과 같은 경우인데, 수석을 차지한 제임스 조이스는 《율리시스》가 1등을 한 것 이외에, 《젊은 예술가의 초상》도 15위에 랭크되었다. 동서양의 두 大家가 서로 눈부시게 빛나 同工異曲의 妙를 드러내었다.

그러나, 魯迅과 제임스 조이스는 모두 이미 고인이 되었고, 10大

작가 중 단지 白先勇과 巴金만이 아직 생존해있다. 巴金은 올해 이미 95세인데, 그의 또 다른 소설 《寒夜》는 11위이다. 白先勇의 《臺北人》은 60년대에 쓰여졌는데, 10大 작품 중에서 가장 '현대' 적이라고 말할 수 있다. 이 작품은 100選 중에서 臺北을 배경으로 한 첫 번째 소설이기도 하다. 물론 이 작품은 臺北의 향토를 서술한 것이 아니라 대륙에서 이주해온 '몰락한 귀족의 衰落해 가는 모습' 을 서술하여, 다른 측면으로 보면 冷戰時期의 兩岸關係를 묘사한 것이다.

지역적으로 보면, 홍콩소설가의 작품은 100권의 소설 가운데 12권이 선정되었는데, 數的으로 10분의 1이 넘는 것으로 저력이 있다고 하겠다. 선정된 순서대로 열거하면, 각각 29위를 한 金庸의 《射鵰英雄傳》과 31위의 《鹿鼎記》, 46위를 한 徐速의 《星星 · 月亮 · 太陽》, 연이어 西西의 《我城》(51위), 施叔青의 《홍콩三部曲》(60위), 徐速의 《風蕭蕭》(67위), 劉以鬯의 《酒徒》(72위), 李碧華의 《覇王別姬》(82위), 古龍의 《楚留香》(84위), 梁羽生의 《白髮魔女傳》(87위), 亦舒의 《喜寶》(91위), 倪匡의 《藍血人》(94위)이 있다.

당연히 '홍콩작가' 라는 정의도 논쟁을 불러일으킬 수 있는데, 《홍콩三部曲》의 施叔青 같은 사람은 홍콩에 거주한지 오래되었지만 그는 대만에서 유명해졌고, 후에는 홍콩에서 이주하였다. 그러나 엄격하게 말하면, 작품이 선정된 홍콩작가 중에서, 적지 않은 사람들의 생활과 문학경험이 모두 홍콩이란 지역을 넘어서고 있는데, 金庸 · 徐叔 · 徐訏 · 劉以鬯 · 亦舒 및 倪匡 같은 작가들은 모두 홍콩 이외의 지역에서 문학적 영감을 쌓았다는 것이다.

1. 대만소설이 4분의 1을 넘게 차지하다.

대만의 소설은 전 세계 중국인의 소설 중에서 중요한 지위를 차지하는데, 100選 가운데 4분의 1이 넘는다. 상위 50위의 소설 중에 대만소설은 모두 14권이나 되는데, 이들은 또한 臺灣省 뿐만 아니라 다른 省과 다른 지역의 문학취향을 반영하고 있으니, 白先勇의 《臺北人》(7위), 陳映眞의 《將軍族》(15위), 王文興의 《家變》(21위), 吳濁流의 《亞細亞的孤兒》(23위), 高陽의 《胡雪巖》(26위), 黃春明의 《兒子的大玩偶》(28위), 賴和의 《惹事》(33위), 王禎和의 《嫁妝一牛車》(34위), 鄧克保(柏楊)의 《異域》(35위), 鍾理和의 《原鄕人》(37위), 李永平의 《吉陵春秋》(40위), 司馬中原의 《狂風沙》(42위), 鍾肇政의 《臺灣人三部曲》(47위), 姜貴의 《旋風》(49위)이 있다.

1937년부터 1945년까지 지속된 抗日戰爭은 중화민족의 생사와 존망을 좌우하는 투쟁이었다. 〈20세기 中文小說 100選〉도 항일전쟁을 배경으로 하는 5권의 소설을 선정하였는데, 老舍의 《四世同堂》(25위), 徐速의 《星星 · 月亮 · 太陽》(46위), 孫犁의 《荷花淀》(50위), 徐訏의 《風蕭蕭》(67위) 등이 바로 그러한 작품이다. 비록 대부분이 애정소설이지만, 더욱 중요한 주제는 작품 내면에 흐르는 뜨거운 우국충정이다.

2. 우국충정의 피 끓는 가슴으로

鄧小平의 재등장과 '4 · 5' 천안문 사건의 복권은 문학의 봄을 다시 가져왔으니, 중국대륙의 문단에 '非政治化'와 '人性回復'이란 특색 속에 용솟음치는 창작의 파도를 불러 일으켰다.

당시의 지식청년인 阿城은 《棋王》(20위)을 발표하여, 사회 하층민 가족과 자녀들의 고난과 역경을 이야기하였고, 劉恒의 단편소설 《沈重的翅膀》(74위)은 중국 공업개혁의 시류를 거슬러 역행하는 어려움을 재현해 냄으로써, 경제 개혁이 정치 개혁과 서로 부합되지 않아 모든 개혁이 순탄치 못했던 현실을 가장 먼저 표현해 내었다.

작가들은 또한 문학창작을 통해 문화혁명 · 反右 · 토지개혁 심지어는 노동개혁제도까지도 반성해 보았는데, 대표작은 戴厚英의 《人啊, 人》(76위), 古華의 《芙蓉鎭》(68위), 張煒의 《古船》(71위), 張賢亮의 《男人的一半是女人》(92위)와 林斤瀾의 《十年十癔》(98위)이 있다. 賈平凹의 《浮躁》(57위)와 楊絳의 《洗澡》(48위)는 사회주의 제도 속에서 人性이 정치압력 아래 심각하게 왜곡되는 실상을 폭로하여 사람들의 눈길을 끌었다. 과장 없이 말한다면, 이 시기에 중국작가들은 좌경적인 과오를 범했던 중국 공산당의 전위대를 비판하여, 전체 사회민중의 지지를 얻어냄으로써, '시대의 良心' 이라는 칭찬을 받았다.

3. 文革 以後가 바로 文學의 豊作期

선정된 중국대륙소설은 1949년 이후 창작된 것이 모두 25권인데, 대만지역의 28권보다 적다. 더욱 주지할만한 것은, 선정된 중국대륙소설 25권이 모두 文革 이후에 창작된 것인데, 사상이 날로 자유로워진 뒤에야 문학작품이 비교적 풍성한 수확을 올릴 수 있게 된다는 사실을 입증하고 있다.

1949년부터 1976년까지, 대륙에서 널리 알려져 사람들의 입에 오르내린 많은 소설들이 선정되지 못했는데, 예를 들면 楊沫의 《青春之歌》 등은 일찍이 500권의 참고서목 안에는 선정되었지만, 모두 등위 안에 들지 못했다. 이것은 이 기간 동안, 사상의 통제로 말미암아 문학의 토양이 메말라 버렸고, 그래서 좋은 작품이 창작될 가능성이 없었다는 사실을 반영하고 있다.

1949년부터 1976년까지의 중국대륙소설은, 단지 浩然의 《艷陽

天》(43위)과 王蒙의 《組織部新來的年輕人》(58위)이 선정되었다. 浩然은 매우 많은 작품들이 文革의 '모델' 소설이지만, 《艷陽天》은 사실 文革 이전에 창작된 것으로 그 후에 나온 《金光大道》의 敎條的인 측면도 없었고 게다가 농촌의 변화를 날카롭게 묘사하여 심사과정 중에 특별한 주목을 받았다.

100選의 작품 중에는 결코 베스트셀러 작품이 배제되지 않았는데, 무협소설 · SF소설 및 연애소설 모두가 일정한 평가를 받았다. 金庸의 작품은 상위 35위 이내에 랭크되었고, 還珠樓主의 《蜀山劍俠傳》(55위), 古龍의 《楚留香》(84위), 梁羽生의 《白髮魔女傳》(87위)이 모두 선정되어, 무협소설이 전 세계 중국인의 愛讀書로서 빼놓을 수 없는 장르가 되었다. SF 및 예언소설은 保密의 《黃禍》(41위), 張系國의 《棋王》(79위) 및 倪匡의 《藍血人》(94위) 등이 모두 문학적인 매력을 드러내었다.

歷史小說도 〈20세기 中文小說 100選〉의 중요 유형이다. 高陽의 《胡雪巖》는 26위에 올랐고, 唐浩明의 《曾國藩》은 36위이며, 중국대륙에서 한 때 유명했던 《雍正皇帝》도 100選 중 마지막에서 두 번째의 작품이다.

마찬가지로, 애정소설도 결코 냉대를 받지 않았는데, 張恨水 이래로, 애정의 전통도 사실 사회 취향을 잘 반영하였는데, 瓊瑤 · 亦舒 및 李碧華 등은 모두 중국어 소설 중의 '사랑의 세계' 에서 가장 심금을 울리는 작품을 쓴 작가들이다.

"문장 속 千古의 이야기는, 그 得失을 한 寸의 작은 가슴만이 알고 있다(文章千古事, 得失寸心知)"고 한다. 한 세기의 대표작을 선정하는 작업은 또한 100년 간의 창작 영감과 지혜를 총평하는 자리이니 백 권의 작품은 바로 100개의 등불이 되어, 세기가 교차하는 창망한 밤하늘에서 전 세계 중국인에게 앞으로 전개될 새 세기의 앞날을 밝혀 주고 있는 것이다.

제2절 20세기 中文小說 100選 순위표

순서	서 명	작 가
1	吶喊	魯迅
2	邊城	沈從文
3	駱駝祥子	老舍
4	傳奇	張愛玲
5	圍城	錢鍾書
6	子夜	茅盾
7	台北人	白先勇
8	家	巴金
9	呼蘭河傳	蕭紅
10	老殘遊記	劉鶚
11	寒夜	巴金
12	彷徨	魯迅
13	官場現形記	李伯元
14	財主底兒女們	路翎
15	將軍族	陳映眞
16	沉淪	郁達夫
17	死水微瀾	李劼人
18	紅高粱	莫言
19	小二黑結婚	趙樹理
20	棋王	阿城
21	家變	王文興
22	馬橋詞典	韓少功
23	亞細亞的孤兒	吳濁流

순 서	서 명	작 가
24	半生緣	張愛玲
25	四世同堂	老舍
26	胡雪巖	高陽
27	啼笑因緣	張恨水
28	兒子的大玩偶	黃春明
29	射鵰英雄傳	金庸
30	莎菲女士的日記	丁玲
31	鹿鼎記	金庸
32	孽海花	曾樸
33	惹事	賴和
34	嫁妝一牛車	王禎和
35	異域	鄧克保, 即柏楊
36	曾國藩	唐浩明
37	原鄕人	鍾理和
38	白鹿原	陳忠實
39	長恨歌	王安憶
40	吉陵春秋	李永平
41	黃禍	保密, 即王力雄
42	狂風沙	司馬中原
43	艷陽天	浩然
44	公墓	穆時英
45	舊址	李銳
46	星星·月亮·太陽	徐速
47	台灣人三部曲	鍾肇政
48	洗澡	楊絳
49	旋風	姜貴
50	荷花淀	孫犁
51	我城	西西

순서	서　명	작　가
52	受戒	汪曾祺
53	鐵漿	朱西寧
54	世紀末的華麗	朱天文
55	蜀山劍俠傳	還珠樓主
56	又見棕櫚, 又見棕櫚	於梨華
57	浮躁	賈平凹
58	組織部新來的 年輕人	王蒙
59	玉梨魂	徐枕亞
60	香港三部曲	施叔青
61	京華煙雲	林語堂
62	倪煥之	葉聖陶
63	春桃	許地山
64	桑青與桃紅	聶華苓
65	藍與黑	王藍
66	二月	柔石
67	風蕭蕭	徐訏
68	芙蓉鎭	古華
69	地之子	臺靜農
70	城南舊事	林海音
71	古船	張煒
72	酒徒	劉以鬯
73	未央歌	鹿橋
74	沉重的翅膀	張潔
75	果園城記	師陀
76	人啊, 人!	戴厚英
77	黃金時代	王小波
78	狗日的糧食	劉恒
79	棋王	張系國

순서	서 명	작 가
80	賴索	黃凡
81	妻妾成群	蘇童
82	霸王別姬	李碧華
83	殺夫	李昂
84	楚留香	古龍
85	窗外	瓊瑤
86	沈默之島	蘇偉貞
87	白髮魔女傳	梁羽生
88	古都	朱天心
89	尹縣長	陳若曦
90	四喜憂國	張大春
91	喜寶	亦舒
92	男人的一半是女人	張賢亮
93	將軍底頭	施蟄存
94	藍血人	倪匡
95	二十年目睹之怪現狀	吳趼人
96	活着	余華
97	岡底斯的誘惑	馬原
98	十年十癔	林斤瀾
99	北極風情畫	無名氏
100	雍正皇帝	二月河

제3절 신세대에 감명을 주는 10大 中文小說

中文小說 100選 중 열 명의 최고 작가들은 독립적인 정신으로 시대의 주제를 꿰뚫고 인류의 공동가치관을 충분히 반영한 훌륭한 작품을 써냈으며 눈부신 예술적 필치로 신세대 작가들에게 감동을 주었다.

1. 魯迅의 《吶喊》

魯迅의 두 권의 소설집 《吶喊》과 《彷徨》은 중국 현대문학에 있어 특출하고도 눈부신 작품인데, 그 중 《狂人日記》는 피해망상에 사로잡힌 狂人의 自述을 통하여 중국은 몇 천 년 동안 '사람을 잡아먹는 역사'를 가진 잔인한 나라였음을 폭로함으로써 강력하게 封建制度를 비판하였다. 주인공 광인은 중국역사와 현실 중의 "人肉宴會"의 진상을 직설적으로 비판하면서 "아이들을 구하자"고 고통스럽게 호소한다. 그러나 독자들에게 가장 깊은 인상을 남긴 노신의 소설은 《阿Q正傳》을 꼽을 수 있겠다. 주인공 阿Q는 농민으로 사회지위가 비천하고 도박을 좋아하지만 賭博運이 아주 나빠서 번번이 돈을 잃었고 타인에게 싸움걸기를 좋아하지만 성격은 도리어 유약하였다. 그는 항상 매를 맞고 조롱을 당했으나 도리어 자신보다 약한 사람을 업신여기기 일쑤였다. 언젠가 阿Q는 趙擧人 집의 하녀 吳媽를 희롱하다가 호된 징벌을 받았을 뿐 아니라 일자리도 잃어 버렸다. 阿Q는 돈벌이를 하러 도시에 나갔는데 곧바로 고향으로 돌아와 많은 돈을 벌었다고 자랑하여 고향 친척들의 부러움을 샀다. 그러나 그가 도둑떼의 일원이었음이 드러나 위신이 땅에 떨어졌다. 갈 곳이 없어진 阿Q는 신해혁명에 가담하고자 했으나 단지 자신의 환상에 불과했을 뿐이며 사람들에게서 '혁명을 하면 안 된다'는 힐난까지 받았다. 얼마 후, 趙擧人의 저택에 강도가 침입하여 도난을 당했는데 阿Q가 강도로 오인되어 官家에 붙잡혀 가서 이 사건의 속죄양으로 사형을 당하고 만다.

《阿Q正傳》은 복잡한 이야기가 아니다. 하지만 사람의 마음을 졸

이게 만들어 독자들은 阿Q의 개성에 깊이 끌리게 되었고 자신도 모르게 그의 종말에 관심을 갖게 된다. 게다가 이성을 가진 독자들마다 책을 덮고 깊은 생각에 빠져들며 모두 뼈 속까지 스며드는 비감에 사로잡히게 된다. 왜냐하면 겨우 먹고사는 阿Q가 일단 사건에 말려 들어가서 의식 없이 처신하다 결국 자멸하는 스토리는 바로 중국 국민성의 암울한 측면을 가장 생동감 있게 묘사한 것이기 때문이다. 淸末의 義和團 사건과 1966년 文化大革命, 심지어 오늘에 이르기까지 중국 各地에서는 수 천 수 만 명의 阿Q식 인물이 출현하였고 계속하여 출현하고 있는데 그들은 줄곧 반성할 줄 모르며 도리어 '즐겁게' 구차한 목숨을 연명해 가고 있다.

2. 沈從文의《邊城》

沈從文의 중편소설《邊城》은 四川 · 湖南 · 貴州의 세 省이 만나는 변방 도시 茶山同의 2 · 30년대 한적한 전원을 배경으로 삼아 한 편의 비극적인 이야기를 서술하였다. 세상과 부대끼지 않고 유유자적하게 살아가는 일흔 살의 뱃사공 노인과 열 다섯 살 난 외손녀 翠翠는 서로 의지하며 살아가고 있었다. 城안의 수도 관리 총책인 順順의 장남 天保와 차남 儺送은 모두 翠翠를 좋아하는데 天保가 먼저 구혼을 하여 노인은 허락하였는데, 翠翠는 도리어 마을에서 제일 잘생긴 儺送을 남몰래 좋아하여 天保의 구혼을 끝내 응락하지 않았다. 형제는 늦은 밤 산에 올라가 노래를 불러 翠翠의 회답을 얻는 사람이 결혼하기로 결정하였다. 天保는 노래로 동생을 능가하지 못함을 스스로 알고는 배를 타고 집을 떠나다 결국 실족하여 익사하고 만다. 順順은 天保의 익사사고에 늙은 뱃사공이 연루되었다고 의심하였는데, 노인은 천둥이 치고 비가 오는 밤에 갑자기 숨을 거둔다. 儺送은 부친이 자신의 의사와 상관없이 결혼을 완전히 독단하여 진행하는데 반대하여 집을 나간다. 이 때부터 翠翠는 매일같이 외로이 나룻터를 지키며 儺送이 돌아오기만을 학수고대한다. 중국의 걸출한 소설가인 沈從文은《邊城》이라는 애정비극을 통하여 人間 運命의 神秘함을 드러내 보였고, 변경지대 주민의 순박하고 선량한 心性을 찬미하였다. 작품 중의 인물 형상은 섬세하고 생동감 있게 묘사되었고, 山水自然은 詩畵와 같이 아름답게 묘사되었다. 저명한 평론가 李健吾는 沈從文의《邊城》을 '한 편의 田園牧歌式 傑作', '천고에 불멸하는 한 알의 珠玉'이라고 평하였다.

3. 老舍의《駱駝祥子》

老舍의《駱駝祥子》는 중국 현대 문학의 명작이며 老舍는 발표한 작품이 매우 많아 '중국의 디킨즈'라는 찬사를 받는다.《駱駝祥子》는 농촌 청년 祥子가 북경에 와서 생계를 꾸려가기 위해 고난을 두루 경험하다 결국에는 거지로 전락하는 것을 묘사하였다. 祥子는 왜 이와 같은 비참한 결말을 맞아야만 하는가? 그는 신체 건강하고 원기 왕성하며 고생을 감내하면서 열심히 노력했으며 또한 나쁜 취미나 습관도 없었다. 그는 다만 자기 소유의 인력거를 한 대 가질 수 있기를 바랄 뿐이며 노력을 하기만 하면 반드시 자신의 이상이 실현될 수 있으리라고 굳게 믿었다. 삼 년 동안 모진 고생을 견디고 피땀을 흘려서 祥子는 결국 한 대의 새로운 인력거를 구입하였다. 하지만 얼마 되지 않아 祥子는 강제로 인부를 징벌하는 군벌의 차출에 걸려 인력거와 자신이 모두 징벌되어 끌려갔다. 祥子는 후에 맨몸으로 도주하여 계속해서 "인력거를 사는 꿈"을 실현하기 위해 필사적으로 일을 하였다. 그렇지만 도리어 정탐꾼에게 약탈을 당해 인력거를 사는 희망은 또 한 번 파괴된다. 최후에 祥子는 아내 虎妞가 몰래 모아놓은 돈으로 결국에는 오래된 인력거 한 대를 사지만 뒤이어 아내가 난산으로 숨을 거두었고 장례를 치른 뒤에는 어쩔 수 없이 그 인력거도 팔아 치워 버린다. 祥子는 이때부터 자포자기하여 가난과 시름에 찌든 생활을 꾸려간다.

이런 침통하고 슬픈 이야기를 통해서 작자는 마치 독자들에게 운명의 신은 이렇게까지도 잔혹할 수 있으며 제멋대로 수많은 중생들을 괴롭힐 수 있어서 인간이 아무리 발버둥 치며 위로 올라가려 해도 자신의 이상을 펼 날이 올 수 없다는 사실을 알려주려 하는 것 같다.

4. 張愛玲의《傳奇》

張愛玲의《傳奇》는 1940년대 반식민지 · 반봉건시대의 '十里洋場' 上海를 時空背景으로 하여 처량한 기조, 퇴색한 색채, 복잡한 意象으로 구시대 淸朝에서 벼슬했던 노인과 그들의 후예, 亂世에 처한 남녀들의 황량한 생활과 퇴폐적인 정신세태를 묘사하였다. 작중인물은 크게 간사하거나 아주 악하지 않고 태도가 분명치 않고 옹졸하며, 보기 싫고, 염치없이 굴복하고 마는 그런 인물들이지만 결국은 처량한 색조를 띤 작품으로 중국과 서양의 장점을 고루 갖추었는데, 중국고전소설의 서사구조와 서구의 심리 분석적인 세밀한 묘사가 결합되어 독특한 '張愛玲式 文體'를 구성하여 후인들에게 상당한 영향을 주었다.

풍부한 비유와 상징은 작품의 중요한 風格을 구성하여 詩의 일반적인 매력을 발산하게 하였다. 張愛玲이 자신의 작품에서 항상 사용하는 글자는 '荒涼'이며 日月의 意象 역시 그녀가 즐겨 사용하던 것이었고 명암이 자주 바뀌는 달밤은 이 시대에 대해 더욱 황량한 의미를 갖게 한다. 張愛玲은 1955년 미국으로 이민 가서 은

둔 생활을 하다가 1995년 추석 전날 달빛이 아름다운 밤에 캘리포니아 주의 한 여관에서 고독하게 세상을 떠났다. 張愛玲은 황량한 《傳奇》로 문단에서 인정을 받았고 또한 적막함으로 그녀의 《傳奇》적인 일생을 마쳤으니 "그렇게 좋아하던 달빛 또한 그녀의 임종에 처량함을 더해주고 말았다"는 문구는 마치 그녀가 자신을 위해 일생의 주석을 단 것 같았다.

5. 錢鍾書의 《圍城》

錢鍾書가 창작한 《圍城》은 '新儒林外史' 라는 예찬을 받은 抗日戰爭 초기 지식인의 群像을 묘사한 작품이다. 주인공 方鴻漸은 강남지방 유력자의 아들로 유럽으로 4년 간 유학을 갔다가 미국 대학에서 몰래 가짜 박사학위 졸업장을 사가지고 그 사실을 숨긴 채, 상해로 돌아온다. 나라는 비록 국난에 직면해 있었지만 유학을 갔다가 귀국한 일단의 젊은이들은 신나게 놀며 애정행각을 벌인다. 趙辛楣는 蘇文紈을 사랑하였는데 蘇는 공교롭게도 方鴻漸에게 마음이 기울어진다. 그리고 方은 또한 蘇의 사촌누이 동생 唐曉芙에게 애정을 느낀다. 그래서 蘇는 方이 여자들을 유혹했다는 추문을 퍼뜨려 결혼을 방해하니 方은 어쩔 수 없이 湖南의 三閭大學에 가서 교편을 잡는다. 三閭大學은 학내의 파벌간에 서로 알력이 있었는데 方鴻漸은 잠시 조교 孫柔嘉의 영어 수업을 代講하다가 학과 주임 韓學愈를 불쾌하게 만들어 그로부터 모해를 당한다. 韓은 내심 영문과 교수직을 아내에게 주려고 마음먹었는데 방의 출현으로 위기를 느꼈던 것이다. 趙辛楣는 중문과 주임 汪處厚의 아내와 밀회한 것이 들통이 나서 야간 도주하였다. 方鴻漸은 上海에 돌아오는 길에 홍콩에서 孫柔嘉와 결혼한다. 그들은 상해로 돌아와 직업을 얻지만 자질구레한 일상생활 때문에 사이가 멀어진다. 方鴻漸

등은 도시와 학교, 가정의 한 겹 한 겹의 '포위된 성' 사이를 뛰어다니다가 넘어진다. 이 작품의 언어는 날카롭고 예리하며 작품의 전개는 중국과 외국의 典故로 가득차 있고 스토리는 유우머가 넘치며 풍자는 강력하다. 작자는 지식인 사회의 문제점을 심도 있게 묘사하였는데 書名은 바로 곤고한 곳에서 생활한다는 愁城을 비유한 것이다.

6. 茅盾의 《子夜》

茅盾의 대표작 《子夜》는 1930년의 상해를 시대배경으로 하여 민족 자본가와 매판 금융자본가의 투쟁을 묘사하였다. 吳蓀甫는 패기 있는 기업가로 상해의 商業界에서 활약하는데 수단과 방법을 가리지 않고 같은 업종의 다른 회사를 겸병하고 싼 값으로 많은 공장을 손에 넣었다. 그는 거기다 매수와 분열, 당국에 군경의 파견을 요청하여 노동자를 진압하는 등의 갖가지 수단으로 공장 근로자의 파업시위를 와해시켜 버린다. 吳는 어렵사리 경영하여 결국 공업계의 대표적 인물이 된다. 그러나 그는 금융 자본가 趙伯韜의 배척과 공격을 당한다. 군벌 간의 混戰으로 인해 회사 상품의 판로가 결정적인 영향을 받아 자금회전이 원활치 못하게 되었다. 趙伯韜는 좋은 기회라고 생각하여 그에게 삼백 만원을 대출해줄 은행을 소개해주는데 조건은 그가 소유한 益中公司의 전체 재산을 전부 저당 잡히는 것이었다. 吳는 그가 다른 속셈이 있다고 여겨서 그의 제의를 딱 잘라 거절했다. 吳는 자금 전부를 공채시장에 투자하였지만 공채 시장이 趙伯韜에 의해 조정을 당하는 바람에 吳는 완전히 파산하게 된다.

소설의 구조는 장대하고 등장인물이 많으며 언어가 생동감이 넘치고 묘사도 생생하다. 작자는 역사의 심판자적 안목으로 30년대 도시 속에 살고 있는 수 많은 대중을 내려다보고 있다.

7. 白先勇의《台北人》

白先勇의《台北人》은 14편의 단편으로 이루어져 있는데 주인공들은 모두 국민당 정부를 따라서 대만으로 온 大陸사람으로 그들은 '대륙을 수복하자'는 구호 속에서 한 해 한 해를 임시수도인 臺北에서 '유랑생활'을 한다. 많은 사람들이 시종일관 과거에서 벗어날 수 없거나 혹은 벗어나려 하지 않는다. 비록 작품 중의 주인공은 대부분 이미 중년이거나 노인이지만 의식과 마음 속에 오랫동안 그려온 것은 여전히 젊은 시절을 보냈던 대륙의 그 때 풍경이었다. 그들은 臺北에서 20여 년 간 각각 다양한 직업을 가지고 생활해온 大陸人으로 사교계의 여왕 이야기 〈永遠的尹雪艷〉·〈金大班的最後一夜〉, 공군의 과부 이야기 〈一把靑〉, 소년의 연정에 빠져 스스로 헤어 나오지 못하는 초등학교 교사 이야기 〈花橋榮記〉와 남자 고용인이 주인공인 〈那片血一般紅的杜鵑花〉, 台兒莊 전투의 퇴역군인 이야기 〈歲除〉, 퇴직한 하녀 이야기 〈思舊賦〉, 선비의 풍모를 지닌 장군 이야기 〈梁父吟〉, 술집 여자 이야기 〈孤戀花〉, 만년의 귀부인 이야기 〈秋思〉, 남자를 연모하는 무성영화 시대의 남자스타가 주인공인 〈滿天裏亮晶晶的星星〉, 官吏들 이야기 〈遊園驚夢〉, 정감을 잃어버린 교수의 이야기 〈冬夜〉 등의 인물형상은 사람으로 하여금 잊을 수 없게 한다.

8. 巴金의《家》

巴金은 중국대륙 문단에서 "世紀의 동갑내기"(일백세의 별칭)라고 불리워진다. 그의 대표작인《家》는 한 세대가 바뀌어도 젊은 독자들에게 널리 사랑을 받고 있다. 작품 주인공 高覺新은 사촌누이 동생 梅芬과 서로 사랑하지만 봉건적인 家長과 禮教의 반대로 마음에도 없는 瑞珏과 결혼하여 가정을 이룬다. 梅芬은 부부관계가 여의치 않아 울적하고 슬프게 지내며 종일 마음과 얼굴을 찌푸린 채 지내다 결국은 비참하게 세상을 뜬다. 한 편, 결혼 후에 남편의 사랑을 받던 瑞珏은 난산으로 죽는다. 高覺新의 둘째 동생 覺民과 셋째 동생 覺慧도 똑같이 사랑이 반대에 부딪히는 고통을 당한다. 그러나 그들은 대담하게 자신의 행복을 쟁취하기 위해 셋째 동생 覺慧는 집을 나와 도망친다.

巴金은 일련의 사랑스러운 젊은이들이 부당하게 유린당하는 것을 목도하고는 이렇게 말하였다. "나는 항상 끊임없이 마음속으로 맹세하였다. '나는 절대로 봉건가정의 노예가 되지 않겠다. 나는 이런 죽어 가는 제도의 죄악을 고발하려고 한다.' "魔手"는 나를 상하게 한 적은 없으며 나는 마치 무서운 악몽에서 벗어나는 것과 같이 봉건가정에서 벗어나 버렸다. 그러나 나의 동년배 중에는 적지 않은 사람이 舊禮教의 殉葬品이 되어버렸다. 나는《家》를 쓸 때 마치 내 기억의 무덤을 파헤치는 것과 같아서 나의 심령으로 하여금 과거의 격정을 불러일으켰던 모든 것을 보았던 것이다."

《家》는 三部曲 중에 一部이며, 그 외의 二部는《春》과《秋》이다. 巴金은 또한 러시아의 푸시킨과 허얼친, 고골리의 작품을 번역한 적이 있다.

9. 蕭紅의《呼蘭河傳》

蕭紅의《呼蘭河傳》은 1943년에 출판되었다. 散文詩體의 흥미진진한 필체로 동북 지방의 어느 작은 마을의 생활을 서술하고 있다. 이 마을은 비록 궁벽한 벽촌이지만 주민들은 성품이 낙관적이었고 생활도 결코 적막하지 않았다. 여주인공의 조부는 자상한 노인으로 손녀가 부친의 냉담함과 모친의 괴롭힘을 당했던 아픔을 잊도록 감싸주었다. 여주인공 또한 조부를 사랑해서 할머니를 먼저 보낸 비통함을 위로해주기 위해서 조부에게 열심히 《千家詩》를 배웠다. 여주인공의 많은 이웃들은 문화가 없는 우매한 생활을 하면서 어떤 이는 비참하게 죽어갔고 어떤 사람은 도리어 강인하게 살아갔다. 십여 년이 지난 후, 고향을 떠나온 여주인공은 유년기를 보낸 고향마을을 그리워한다.

《呼蘭河傳》은 동북 지역 작은 마을의 사소하고 평범한 생활과 그날그날 살아가는 민초들의 정신 상태를 재현하였다. 바로 蕭紅의 작품 말미에서 "앞에서 내가 쓴 것은 결코 우아하고 아름다운 이야기는 없으며 단지 그들로 인해서 나의 유년기억이 충만해졌기 때문에 잊어버릴 수 없고 잊어버리기도 어려워서 여기에 기록한 것이다."라고 말한 것과 같이 시간과 거리는 작자에게 거대한 情感의 힘을 부여하였다.

1930년대에 중국문단에는 蕭紅과 지위가 비슷한 一群의 作家들이 활약하고 있었지만 세월이 흘러가면서 사람들이 기억하는 작가는 창작이 아주 들쑥날쑥한 이 여류작자뿐이었다. 왜냐하면 그녀의 창작은 "鄕土色이 있는 것이 도리어 쉽게 세계적인 것이 되며 바로 외국에서 주목하게 된다."는 魯迅의 관점과 부합되기 때문이다. 진정으로 심미가치와 인식가치를 구비한 '향토색'은 분명 민족문화의 배경과 뿌리를 드러내는 토속적인 문화인 것이다.

蕭紅은 黑龍江 呼蘭縣 사람으로 1911년에 태어나서 어릴 적에 어머니를 여의고 조부와 함께 생활하였다. 20세에 아버지가 독단적으로 정한 결혼에 저항하여 집을 가출하여 곤경 속에서 글쓰기를 시작하였다. 오래지 않아 작가 蕭軍과 동거하였으며 후에 함께 상해로 가서 魯迅과 알게 되어 매우 가깝게 지냈다.

1935년 蕭紅의 중편소설《生死場》이 출판되었는데 이는 당시 문단에 최초로 동북 인민의 항일 투쟁을 묘사한 작품으로 당시의 문단을 뒤흔들어 놓았으며 그녀의 문학창작 생애의 기초를 공고하게 만들었다.

10. 劉鶚의《老殘遊記》

劉鶚이 창작한《老殘遊記》는 1903년에 발표되었다. 이 소설은 떠돌이 의사 老殘의 경력을 골간으로 삼아 청말의 曹州 知府 玉賢과 酷吏 剛弼의 嚴刑으로 도둑을 다스리는 '淸官' '能吏'의 실상을 묘사하였다. 그러나 그들이 잡아서 처벌한 '도둑'은 열 명 중 아홉 이상은 죄가 없는 무고한 백성이었다. 作中에서는 또한 山東 총독 張宮保와 知府 白子壽라는 거울과 같이 청렴하여 백성을 위해 억울함을 풀어주는 '靑天大監'이 등장하는데 이는 청말 부패한 사회의 쓰러져 가는 형국을 補修하려는 작자의 의도를 표현한 것이다. 주인공 老殘은 山東 총독에게 黃河의 治水策을 올리고 城中 武知縣을 내신해서 도둑을 다스리는 良策을 만들었으며 玉賢과 强弼의 殘酷함을 폭로하여 친족살인죄로 고통을 당하는 무고한 賈魏氏의 억울함을 풀어줌으로써 부패한 사회의 주요 원인이 몇 명의 '瘟疫같이 못된 관리' 때문임을 증명하고자 하였다.

劉鶚은 1857년에 태어나서 1909년에 죽었다. 江蘇 丹徒 사람으로 관료가정 출신이다. '西學'을 숭상하였으며 수학 · 의학 · 수리학을 연구하였고 의사와 상인을 하기도 하였다. 아울러 최초로 한약재 거북이 껍질 조각 중에서 甲骨文을 발견하였다. 20세기 초 八個國 연합군이 북경을 점령했을 때 그는 러시아 군대로부터 조정 창고인 太倉에 있는 곡식을 헐값에 사들여서 굶주린 백성에게 팔았다. 1908년 '개인이 국고의 곡식을 팔았다'는 죄명으로 新疆으로 유배되어 다음해 病死하였다. 작중의 老殘이 의술을 베풀며 세상을 구제하고 또한 治水方法을 아는 것은 분명히 당시 기울어져 가는 국가를 구제하려는 작가 자신을 형상화한 理想의 化身이라는 것을 보여준다. 劉鶚은 《老殘遊記》를 발표할 때에 저명한 "洪都百煉生"이라는 필명을 썼으며 당시에 유명한 문학잡지인 半月刊紙 《繡像小說》에 게재되었다가 1906년 단행본으로 출판하였다. 학계에서는 《老殘遊記》를 20世紀 초 고전소설과 현대소설의 사이에서 '前代를 계승하고 後代를 열어 놓은' 과도기적 작품으로 평가하고 있다. 당시에 孫中山이 이끄는 혁명당은 南方에서 反淸活動을 벌였고, 北方에서는 義和團 사건이 일어나 八個國 연합국이 북경에 進軍하여 淸나라 조정은 사직이 위태로워졌는데 民衆들은 여전히 시국의 위기를 깨닫지 못하고 있었지만 새로운 시대는 이미 가까이 다가오고 있었다.

제4절 암울한 時代의 緊迫感

구질서의 해체와 열강의 침략으로 시작된 20세기의 小說 중에는 침중한 역사의 각인이 찍히지 않은 것이 없다. 백년의 滄桑에는 살아 움직이며 색깔이 빛나는 역사의 倒影이 선명하게 드리워져 있어 지식인들의 시대와 국가에 대한 우국충정과 암울한 시대 속의 격분과 緊迫感이 드러나 있다.

淸 光緖 26년 庚子年, 즉 서기 1900년의 義和團사건과 8개국 연합국의 侵攻이 20세기 중국 역사의 서막을 열었고 문학에 있어서는 애국충정으로 가득한 중문소설 전통이 또한 이로부터 탄생되었다.

때문에 20세기 중문소설과 20세기의 역사는 공존 공생하였고 역사의 困苦함은 결국 소설 작품 속에 암울함을 표출해 내었다. 庚子年 의화단사건 이후, 李寶嘉(伯元)의 《官場現形記》, 吳趼人의 《二十年目睹之怪現狀》, 劉鶚의 《老殘遊記》 및 曾樸(孟樸)의 《孽海花》라는 4대 풍자소설이 연이어 출현하였고, 이로부터 애국충정의 긴박감과 암울함이 마치 20世紀 中文小說 작자들의 최대 숙명이 된 것 같았다.

1. 國家民族의 寓意를 기탁시킨 內憂外患

20세기 소설과 한 세기 동안의 암울함은, 비단 중문소설의 특징일 뿐만 아니라 또한 제3세계 문학의 공통적인 추세이다. 식민지 내지는 반식민지의 운명은 내우외환과 서로 맞물려 밀려왔고, 시대는 문인 · 인텔리의 초조한 생각을 재촉하고 다그쳐서 시대를 救援하거나 代贖하려는 소설 작자들의 갈망을 불태우게 하였다. 20세기 중문소설은 설사 유형의 변화가 기복이 있어 마치 만화경과도 같지만 그러나 작품이 사회현실의 비판을 표현하거나 對比 · 嘲笑하든지 혹은 家族의 傳記까지도 확실하게 국가민족의 寓意를 담지 않은 것이 없었다. 비록 몇몇 걸출한 작자들은 역사의 波高에 대해 안전한 거리를 유지하려고 시도하기도 하지만 그러나 달아날 수 없는 歷史의 張力은 여전히 작품 속에서 일종의 굴절 방식으로 반영되어 있었다. 郁達夫의 퇴폐 속에 감추어져 있는 것은 弱小國國民의 悲哀이고, 錢鍾書의 諷刺 속에는 다른 종류의 비판이 담겨 있으며, 張愛玲의 영롱한 광채 속에 드러나는 처량함은 사그러지는 경관과 凋落한 시간을 더욱 선명하게 나타내면서 시간이 다 지나가 버렸다는 막막한 감정을 드러낼 뿐이다. 張恨水를 鴛鴦胡蝶派라고 칭하는 것은 과연 걸맞는 것일까? 왜냐하면 그의 《啼笑因

緣》은 여전히 군벌 통치에 대해 경고하는 바가 있기 때문이다. 金庸의 武俠小說은 아마도 대단히 대중화되고 상업화되었다고 할 수 있는데, 사람들은 여전히 대량의 反主流的 가치의 이야기를 즐겨 읽는다.

이 때문에 20세기 中文小說은 사실 백년 역사의 간단한 縮約本이며, 그것은 더 이상 古代의 稗官野史나 혹은 街談巷語의 "小"說이 아니고, 바로 中文小說 作者의 "大(큰)" 談論의 일부분이다. 20세기 中文小說의 보편적인 "文以載道" 현상은 일종의 대단히 암울한 "道"인데, 그 출발점은 여전히 정치에 대한 愛國衷情에 있다. 당대의 이탈리아 작가 카알 외이루오는 이렇게 말하였다. "문학은 바로 소리가 없는 자에게 소리를 주고 이름이 없는 자에게 이름을 주는데, 특별히 배척당하거나 혹은 의도적으로 배척되는 정치언어에 대해서이다. 때문에 문학은 정치에 대해서는 여전히 必然에 속한다."

20세기 中文小說은 淸朝 光緖 년간 後期에 시작되어 국가가 나날이 쇠퇴하고 改革이 무위로 끝남에 따라 문인 인텔리들의 애국충정은 마침내 고도의 嘲笑 · 批判的인 譴責小說로 탈바꿈하게 되었고, 소설작가의 정치 · 사회에 대한 초조한 염려는 처음으로 역사의 전면으로 등장하였다. 中華民國 시기에 들어와 憂患은 더욱 깊어져서 마침내 '5 · 4' 운동과 서로 맞물려 '新文學運動' 이 일어났다. 당시 사회는 퇴폐적이었고 군벌이 기세를 떨치고 있었으며 外患이 나날이 심해가고 있었는데, 魯迅을 필두로 하는 白話體 新小說은, 거의 예외 없이 강렬한 현실 비판적 성격을 띠고 있었다. '新文學運動' 의 가장 근본적인 변화는 바로 문학을 일종의 전달도구, 일종의 批判과 動員의 記號로 삼아서 自然主義와 寫實主義의 이야기 서술을 통해 문자에 활력을 불어넣게 하였고 또한 소설작가의 애국충정을 실천으로 바꾸어 놓았다. 문학은 일종의 다기능 전달도구로써 마치 언어가 천 가지 만 가지의 다른 이야기를 말할 수 있는 것과 같았다. 제1대 중문소설을 회고해 보면, 그것은 붕괴되는 大激變期에 비판적인 개입에 의존하여 기본적인 단결과 개혁 열정을 유지·연결하는 작용을 발휘했다고 분명히 말할 수 있겠다.

抗日과 內戰時期에 이르러 左翼 文化勢力은 날로 왕성해져서 소설의 주제와 서사방식도 더욱 그 목적성이 강화되었다. 이는 문학이 政治라는 방향으로 한 걸음 더 이동하게 만들었다. 1930~40년대 소설은 바로 이러한 위급한 시기에 창작된 작품이다. 內憂外患으로 말미암아 총칼을 들고 대결하는 시대로 발전했던 그 때에, 소설·시·희극은 모두 최대한의 작용을 발휘하였다. 소설사의 각도에서 보면 좋든 싫든 간에 이런 시대상황을 완전히 무시할 수는 없겠다. 20세기 中文小說에서는 또한 이 시기가 가장 큰 비중을 차지한다.

2. 美學의 政治化와 政治의 美學化

그러나 부인할 수 없는 것은 현실의 역사가 소설로 하여금 어떤 類型의 極端을 추구하게 만들어 小說의 空間을 축소시켜 버렸다는 사실이다. 1930~40년대의 다그치고 재촉하는 시대상황 속에서 소설은 바로 社會主義的이고 寫實主義的인 방향으로 나아갔다. 이런 경향은 일부소설로 하여금 과도적인 의식의 形態化를 초래하였는데, 이러한 것은 모두 단지 동정적인 이해를 통해서 만이 평가 될 수 있으며 標識化된 '左翼文學'이란 가장 간단한 용어로 때려 엎는 것은 타당치 못하다. 더욱 주의할 만한 것은 1949년 이후 중문소설의 변모이다. 독일의 사상가 벤자민은 근대를 "美學의 政治化" 및

"政治의 美學化"라는 두 가지의 극단현상이라고 지적하였다.

소설의 정치화는 냉전시대에 상당히 주류를 이룬 현상이다. 중국대륙은 1949년 후에 고도의 文學 一元化를 이루었고, 홍콩과 대만은 50년대에 그리고 심지어는 60년대에 이르기까지도 反共文學이 주축을 이루었다. 그 때는 소설의 환경이 惡化된 시대였고, 시대의 압력은 소설의 공간을 最小로 축소시켜 버렸다. 그것은 오늘의 우리들이 20세기 소설이라는 課題를 앞에 두고 논의할 때, 이 시기에 나온 걸출한 소설이 아주 드물다는 것을 발견하게 만들었다. 소설은 기타 문학예술과 마찬가지로 반드시 自由를 선결조건으로 삼아야만 하는데, 自由의 空間이 축소 당하게 됨으로 말미암아 일체의 熱情도 시들어 버렸으니, 이것은 戰後 중문소설의 再出發이 臺灣은 대략 70년대에 이르러서야, 중국대륙은 더욱 늦어져서 80년대의 개혁 개방에 이르러서야 비로소 시작되었다는 것이다. 이들 소설은 서방과 제3세계 문학의 영향을 받았기 때문에 多元化 되었고 다양하게 되어서, 이들이 설사 격정적인 애국충정을 표현한 이전 작품과 같지는 않지만 그러나 작품 속에는 傷痕·동질성 傳奇故事는 물론이고 심지어 性을 서술하였고, 여전히 허다한 방황·비판·반성을 토로해 내었다. 바로 이들 작품의 애국충정은 더욱 섬세하고도 심각하게 바뀌었다.

백년소설의 滄桑은 백년의 역사를 따라 변화하였다. 소설의 유형은 증가하고 진보하여 더 많은 것을 포용하게 되었고 게다가 鴛鴦蝴蝶派小說·武俠小說·新愛情小說과 같은 대중소설로 하여금 새로운 正當性을 갖도록 만들었다. 시대가 비교적 悲痛하지 않게 변하자, 소설작가가 선봉에 서서 애국충정의 일념으로 군중을 각성시키려는 그러한 창작 격정도 즉시 약화되었다. 만일 행운에 노력까지 더한다면 다음 세기에는 혹시 더욱 視野를 갖춘 작품이 출현할 수 있을 것이다. 20세기 중문소설로 선정된 100권의 명단을 보면서 그들이 걸어온 시대를 다시 회고해 보고, 탄식하고 감회에 젖게 되는데, 아마도 21세기의 중문소설이 마땅히 자신들을 위해서나 혹은 전 세계를 위하여 어떠한 공헌을 해야 하는가 하는 문제를 생각해 보아야 할 것이다.

제10장 西方의 中國現代小說 研究[1)]

제1절 夏志淸과 푸르섹의 중국현대소설 연구

본장에서는 西方의 중국현대소설에 관한 연구방향과 연구방법의 변천을 소개하고자 한다. 西方에서의 중국현대문학 연구는 주로 1950년대 말부터 시작되었다. 이전에도 물론 이미 중국현대문학에 대해서 학자들의 산발적인 연구와 번역이 진행되긴 하였지만 결코 유행할 정도가 되지는 못했다. 1960년대 초 예일대학에서 夏志淸 교수의 《中國現代小說史》가 출판되고 체코학자 푸르섹(Průšěk)이 제자들을 거느리고 책을 저술하여 학설을 세움으로써 비로소 이론적인 기초가 다져진 셈이며, 문학사 측면의 고찰 속에서도 또한 새로운 맥락이 드러나게 되었다.

《中國現代小說史》의 토론 범위는 1917년에서 1949년 사이로 魯

1) 본장은 王德威(David Wang) 著, 〈現代中國小說研究在西方〉(《小說中國》, 麥田出版有限公司, 1993년 6월, 389~407쪽 수록)을 吳淳邦 · 具文奎 · 朴春迎이 共譯하여 《中國語文論譯叢刊》 제2輯(中國語文論譯學會, 1998년 12월)에 수록하였다. 著者 王德威先生은 국립대만대학교 외국문학과를 졸업하고 미국 메디슨의 위스콘신대학에서 비교문학으로 박사학위를 받았으며 대만대학과 하버드대학 및 뉴욕 콜롬비아대학교 동아시아학과의 학과장을 역임하였으며 현재 하버드대학 동아시아학과의 학과장으로 재직하고 있다. 주요저서로는 《從劉鶚到王禎和: 中國現代寫實主義散論》(中國時報出版社), 《衆聲喧嘩: 30與80年代的中國小說》(遠流出版社) 《Fictional Realism in 20th Century China: Mao Dun, Lao She, Shen Congwen》(Columbia U.P.)이 있다.

迅에서 張愛玲에 이르기까지의 소설 발전을 취급하고 있다. 이 기간은 또한 현대문학의 시기구분에 대해 갖고 있는 우리들의 생각과도 부합된다. 夏志淸은 이 책에서 西方의 新批評(New Criticism) 및 리비스(Leavis)의 이론적 시각을 광범위하게 응용하여 텍스트 강독과 문학과 인생의 대응관계를 강조하였다. 이 책은 때로는 비교문학의 방법을 사용하여 현대문학의 발전을 새롭게 평가하곤 하였다. 그 중 가장 주의할 만한 것은 魯迅에 대한 새로운 평가를 포괄하고 있다는 것이다. 1930년 이래로 魯迅은 中共의 神話的인 형상화를 거쳐 확실하게 중국 현대문학에서 가장 중요한 이론가와 작가가 되었으며, 의식형태상에 있어서 魯迅을 대표로 한 左派思想 또한 정통으로 받들어져 왔다. 夏志淸의 책은 衆論을 배제하고 더 이상 魯迅만을 받들지 않고, 그를 이 시기 신문학 운동의 여러 목소리 중 하나로 간주하였다. 정치적 관점에서 말하자면, 이 책의 주장은 물론 보수적이지만 魯迅에 대한 夏志淸의 남다른 견해는 도리어 우리들에게 문학사적 맥락을 再考케 한 것이니, 부화뇌동할 필요가 없겠다. 그 외에 1960년대에 비평가들에게서 잊혀졌거나 혹은 이삼류 작가로만 치부되었던 沈從文이나 錢鍾書와 같은 작가들이 夏志淸의 책에서 모두 새로운 평가를 받았다. 夏志淸은 특별히 한 章을 할애해서 張愛玲의 업적을 토론하여 지금까지도 유행하는 張愛玲 연구의 熱氣를 촉발시켰는데, 이는 특히 그의 공로로 기록되어야 하겠다. 오늘날 沈從文 · 張愛玲 · 錢鍾書 등에 대한 우리의 연구는 모두 夏志淸이 저술한 이 책까지 거슬러 올라가야 할 것이니, 바로 이 책이 남다른 慧眼을 가졌다고 하겠다.

夏志淸 책의 두 번째 특징은 “(시대와 국가에 대한) 憂國衷情(Obsession with China)” 관념의 발휘에 있다. 夏志淸은 현대 중국의 작가, 특히 1930년대 작가들의 중국에 대한 관심과 묘사가

이미 일종의 집착에 빠진 상황이라고 말할 수 있다고 지적하였다. 작가 스스로가 인간이 감당하기 어려운 무거운 짐을 지고서 문학을 빌어 암흑을 폭로하고 불의를 공격함으로써 민심을 개혁할 수 있기를 갈구하였다. 이러한 창작관념은 확실히 중국현대문학의 일종의 강렬한 도덕적 집착을 부각시켰다. 그러나 중국에 대한 이러한 과도기적인 관심은 은연중에 작가의 상상력을 제한하여 인생의 다른 측면을 탐구 토론하는데 하나의 커다란 장애를 조성하였다. 그보다 못한 것은 문학을 더욱 도덕적인 선언의 예속품이나 혹은 의식형태의 선전품으로 전락시켜 버린 것이다. 이러한 현상은 1942년 毛澤東의 延安講話 후에 左派 및 中共文學의 주류를 형성하였으며 1970년대 말에 이르러서야 비로소 변화가 있었다.

《中國現代小說史》의 세 번째 공헌은 방법론의 운용에 있다. 夏志淸은 예일대학 영문과를 졸업한 후 중국문학의 연구를 시작하기 전에는 英美문학에 대한 조예가 사실 중국문학에 대한 인식보다 훨씬 뛰어났다. 그러나 순전히 방법론적 관점에서 보면 이러한 훈련은 의심할 바 없이 많은 새로운 참고를 제공하였다. 예를 들면 1950년대 西方에서 한때 성행했던 新批評 방법은 텍스트 강독과 작품구조·인물·줄거리에 대한 세밀한 연구를 상조하였는데, 이는 《中國現代小說史》에서 모두 찾아볼 수 있다. 또 하나로 歐美문학비평의 重鎭 리비스가 제창한 '大傳統'의 관념 역시 夏志淸의 책에서 중국문학 연구로 끌어 들여졌다. 리비스는 1930년대부터 英國文學의 거장으로 간주되었다. 그가 강조한 문학과 인생의 직접적인 관계와 문학작품은 인생의 각종 현상에 대한 구체적인 징표라는 등의 관념은 夏志淸의 문학사관에 대해 深遠한 영향을 미쳤다. 《中國現代小說史》의 결론에서 夏志淸은 특별히 章을 나누어 문학은 인간의 삶과 분리될 수 없다는 것, 즉 '좋은' 문학은 바로 인생의 각종 상황에 대한 가장 세밀하고 구체적인 표현이라는 점을 논술하고 있다. 夏志淸은 5·4작가로는 오직 沈從文·張愛玲·張天翼·錢鍾書 만이 독특한 문학풍격을 가지고 중국에 대한 그들의 견해를 표현하였다고 지적하였다. 혹은 해학적이거나 혹은 풍자, 혹은 서정적으로, 이러한 작가들은 강렬한 풍격과 강렬한 도덕시야가 긴밀하게 서로 연결되어 있다고 하였다.

우리가 오늘날 포스트 모더니즘이나 혹은 구조주의의 시각으로 보았을 때 이처럼 문학과 인생이 관련된 문학 비평이론을 강조하는 것은 아마도 이미 시대에 뒤떨어졌다고 느낄지도 모른다. 이른바 인생이란 도대체 인생의 어떤 측면을 가리키는 것인가? 소위 인생을 묘사하는 것이란 마땅히 어떻게 묘사를 해야 하는가? 혹은 어떤 각도에서 묘사해야 하는가? 그 중에는 또한 어떠한 역사나 혹은 정치문제와 연관이 있는가 등등이다. 이러한 의문은 모두 과거 몇십년 사이에 점차적으로 일어났다. 이 일파의 문학연구방식은 이후 적지 않은 미국학자의 호응을 얻었는데, 그 중 가장 유명한 학자는 劉紹銘 교수이다. 그들은 문학과 인생간의 긴밀한 관련성을 강조하여 문학 자체를 사회 중의 상징적인 하나의 활동으로 간주하였는데, 그것은 사상과 의식형태상의 문제와 관계가 있으며 그리고 언어 자체가 문화나 혹은 문학 전파의 중간매체라는 문제로까지 파급되는 바 이 문제는 잠시 보류하고 논하지 않겠다.

1960년대에는 또한 푸르섹(Průsěk)이라는 매우 중요한 유럽의 漢學家가 있었는데, 그의 공헌은 夏志淸과 並論할 만하다. 푸르섹은 체코 국적을 가졌으며 그의 문하생으로는 이후에 많은 활약을 한 갈릭(Gálik)과 캐나다 교수인 돌레제로바 웨링게로바(Doleželova Valingerová)가 포함되어 있다. 이 체코 학파는 한편으로는 마르크스 美學의 영향을, 다른 한편으로는 1930년대 러시아와 체코의 형식주의 영향을 받았는데, 전술한 新批評美學과는 서로 다른 측면이 있다. 그들은 소설을 분석할 때 특히 소설형식의 부침 변화와 사회 현상의 새로운 발전을 특별히 중시하였다. 이 연구 방법은 1980년대 초에 웨링게로바가 편찬한 《20세기 초의 중국소설 Chinese Novel at the turn of the Century》에 와서 최고조를 이룬다. 그리고 푸르섹 본인의 중국소설 연구에 대한 공헌은 적어도 두 가지 주의할 만한 것이 있다.

첫 번째, 5 · 4 이래로 학자들은 일반적으로 현대문학을 전통문학과 대조가 되는 하나의 완전히 새로운 언어나 혹은 문화의 변화를 진술한 것으로 간주하였다. 푸르섹은 이러한 견해가 물론 근거가 있기는 하지만 약간의 중국고전문학으로부터 받은 영향도 여전히 매우 중시할 만하다고 여겼다. 그는 중국고전문학의 현대문학에 대한 영향은 주로 抒情的 情境의 발휘라고 보았다. 이 抒情的 情境, 특히 詩的 情境의 발휘는 결코 中國現代詩의 창작에 매우 간단하게 표현된 것이 아니고 소설의 발전 가운데 표현된 것이다. 그는 몇 편의 상당히 유명하고 논쟁할 가치가 있는 문장에서 중국현대소설의 主體性이 결코 완전히 西方으로부터 영향을 받았다고 보기는 어려우며, 오히려 아마도 중국 古典詩 중의 主體性 표현이 디시금 중국현대문학 중에서 새로운 발전 매체를 찾아낸 것이라고 강조하였다.

두 번째, 푸르섹은 문학 주체성의 경향, 즉 서정석 경향은 반드시 敍事詩(Epic)적 경향과 한차례 새로운 결합을 해야 한다고 강조하였다. 이 점에서, 우리는 푸르섹이 동유럽 마르크스 이론의 영향을 받았음을 알 수 있다. 敍事詩性 연구는 매우 중요한 것으로, 작가는 반드시 일종의 敍事詩性 감회를 가져야만 비로소 진정으로 역사와 사회 중의 각종 변화와 서로 결합되어 하나의 새로운 출발점을 얻을 수 있게 된다. 이른바 敍事詩性이라는 것은, 즉 문학의 역사와 사회 情境의 발휘인 것이다. 비록 5·4 작가들이 主體를 위해 다시 새로운 위치를 찾았지만 서정적 情境은 결국 반드시 敍事詩的 情境과 辨證의 관계를 맺어야 만이 비로소 위대한 문학을 만들어 낼 수 있다. 바꿔 말하면 '小我'가 반드시 '大我'와 서로 융합되는 것이 바로 작가 자신이 발전하는 유일한 방법이며, 그 아래 감춰진 社會革命意識은 자연히 드러나게 된다. 1960년대 말 푸르섹이 하버드대학 교수로 재직할 때에 李歐梵이란 中國學生이 있었는데, 그는 후에 푸르섹을 위해 《抒情과 敍事 The Lyrical and the Epic》란 책을 편찬하였는데, 매우 적절하게 이상의 문제점을 지적하였다.

푸르섹의 공헌은 마르크스주의 관점을 비교적 적절한 방식으로 중국현대문학의 토론에 응용하였다는 데 있다. 그러나 이에 대해 푸르섹과 夏志淸 두 사람은 1960년대 말에 대단히 중요한 論戰을 벌인 적이 있다. 쌍방은 서로 상대방이 과학적인 생각이 없고 모르면서 억지로 아는 척하며 중국현대문학을 상당한 정도로 왜곡하고 있다고 지적하였는데, 쌍방은 모두 각각 연구의 객관적 과학성을 표방하고 있다. 이 한 차례의 문학논쟁사건은 동유럽과 英美學界의 중국문학 연구측면에 있어서 상호의 對陣을 대표하며, 또한 각각 방법론에 있어서 쌍방의 탁견과 별 볼 일없는 견해를 폭로했다는 점이다.

제2절 1960년대에서 1970년대의 중국현대소설 연구

夏志淸과 푸르섹 이후 1960년대 말과 1970년대의 중국현대문학

연구는 새로운 단계로 진입하였다. 세 권의 저작이 이 단계의 연구와 토론의 참고가 될 수 있겠다.

첫 번째 저작은 夏濟安의 《암흑의 閘門 The Gate of the Darkness》인데, 夏濟安이 캘리포니아 버클리(Berkely)대학에 재직했을 때의 성과이다. 이 책은 1920년대에서 1950년대에 이르는 左派作家의 중요한 문예 및 정치활동을 서술하고 있다. 夏濟安은 매우 강력한 입장을 가지고 있었는데, 이러한 작가들의 '성취'는 대부분 이야기할 만한 것이 없다고 여겼다. 그러나 대단히 귀중하게도 그는 확실하게 교묘한 이론을 세워서 매우 흥미 없는 자료를 가지고 흥미로운 논문을 만들어 내었다. 그의 《암흑의 閘門》은 魯迅의 작품과 사상의 어두운 측면을 서술한 것으로 심리학과 신화 연구의 방법을 한 곳에 집중시켰으며, 魯迅을 "非神格化"한 개척 작품이며 오늘날에 이르기까지 여전히 매우 참고할 만한 가치가 있다. 그는 1930년대 左派작가들의 이른바 '五烈士'라는 수수께끼를 토론하면서 문학의 정치와 정치의 문학 사이에 존재하는 변화무쌍한 관계를 가차없이 폭로하였다. 심지어 그는 1950년대 中共小說의 천편일률석인 英雄體를 담론하면서 그 가운데 언제나 흥미롭고 미묘한 변화(혹은 상투적이고 문화적인 언어로, '自我解體'의 伏線)를 찾아낼 수 있다고 하였다. 필자는 이 저작이 中共文學史를 연구하는 데 있어 상당한 정도의 典型的인 意義를 가지고 있다고 생각한다.

다른 한 권의 저작은 李歐梵이 저술한 《中國現代文學의 浪漫主義 世代 Romantic Generation of Chinese Literature》이다. 이러한 標題下에 李歐梵은 斷代問題를 위주로 중국현대문학의 새로운 방향을 지적하였다. 夏志淸과 푸르섹의 연구가 기본적으로 강조하는 것은 사실주의 방향이다. 그러나 李歐梵에게 있어서 중국현대문학의 발전은 寫實이나 象徵 혹은 다른 어떤 主義를 막론하고 기본적으로 나타나는 것은 일종의 낭만주의 경향이라는 것이다. 때문에 여기서 'Romantic'은 단지 일종의 創作 風格만을 가리키는 것이 아니라 바로 작가의 이런 창작 태도를 總稱하는 것이다. 李歐梵은 저작 중에서 일련의 작가, 林紓로부터 후대의 郁達夫·徐志摩·蕭紅·蕭軍 등에 이르는 작가들을 소개하면서, 동시에 이른바 모던 '文人'의 형상을 부각시켰다. 이러한 작가들은 문학상의 성취에 있어서 아마도 각각 평가가 다르겠지만 그들은 上海나 혹은 北京의 문단에서 활동했거나, 혹은 특별히 독자적으로 행동했든지 혹은 출판 편집에 종사했거나 혹은 혁명에 참여했는데, 현대문학과 문화의 발전 및 자리매김에 대해 대단히 깊은 영향을 미쳤다. 그들의 각종 활동은 표면적으로 어쩌면 매우 다르겠지만 내면적으로는 도리어 공통된 사고와 창작 특징을 지니고 있는데, 부침과 희비가 교차되는 그들의 활동은 매우 주의할 만한 가치가 있다.

세 번째 저작은《5·4시기의 중국문학 Chinese Literature in the May Fourth Era》을 들 수 있다. 이 책은 본래 1974년 하버드 대학에서 5·4문학을 주제로 하여 개최되었던 회의에 근거한 것이다. 이 회의에서는 사이릴 버치(Cyril Birch)·夏志淸·李歐梵 등과 같이 중요한 학자들이 모두 참가하여 이른바 當代의 最上級이라 할 수 있겠다. 회의에 발표된 정선된 문장은 1977년에 취합 출판되어 현재 현대문학 연구에 종사하는 학자들의 필독서로 자리 잡게 되었다. 이 책이 다루고 있는 범위는 그다지 넓지 않아 주로 魯迅·茅盾·丁玲·郁達夫 등을 토론하고 있지만, 방법론 측면에서는 오히려 매우 示範的인 의의를 지니고 있다. 러시아의 형식주의로부터 新批評에 이르기까지, 傳記 연구에서 정치문헌의 解

讀에 이르기까지, 그리고 영향 연구에서부터 심리학 분석에 이르기까지 모두 대표성을 띤 문장이다. 새로운 세대의 학자들이 은연중에 그 기세가 성장하였기 때문에 이 책은 1960~70년대 미국의 중국문학 연구 발전에 있어서 지침이 될 수 있다.

제3절 1980년대의 중국현대소설 연구

1980년대를 전후해 정치 정세의 전환으로 말미암아 중국현대문학 연구는 순식간에 상당히 인기 있는 학문분야로 바뀌게 되었다. 우선 작가에 대한 전문적인 연구로 그 대상은 丁玲 · 蕭紅 · 沈從文 · 茅盾 · 錢鍾書 · 巴金 · 老舍 등을 포괄하고 있으며 모두 전문저작들이 출판되었다. 丁玲 연구는 포이어베르커(I-Tsi Mei Ferurwerker)로부터 시작되었다. 그녀는 丁玲의 傳奇的 일생과 창작의 風波들을 논하고 있는데 모두 볼만하다. 단점이라면 篇幅이 다소 짧아 자세히 다룰 수 없었다는 점이다. 丁玲의 문학사에서의 공헌은 줄곧 衆論이 분분했다. 이는 아마도 그녀가 '혁명가' 혹은 '여류작가' 라는 두 가지 '꼬리표' 를 체현한다는 의의가 그녀의 문학성취 자체보다 더 중요했기 때문일 것이다. 丁玲은 1980년대 이후로 여성문학 비평가들의 끊임없는 美化를 거쳐서 대단히 큰 인기를 누렸다고 할 수 있다. 그러나 아쉬운 점은 1920~30년대 이래로 그 밖의 대단히 중요한 여류작가인 凌叔華 · 廬隱 · 1940년대의 張愛玲 등은 지금까지도 아직 전문저작이 출판되지 못하고 있으니, 馮元君 · 陳衡哲 · 石評海 · 羅淑 등은 더욱 말할 나위도 없다. 여성주의 학자들이 만약 단지 일련의 유행하는 비평관념만을 다루는 데 급급해 이러한 작가들이 이루어 놓은 전통을 발굴하고 재평가하는 작업을 소홀히 한다면, 취사선택을 잘못했다는 실망스런 비판을 면키는 어려울 것이다.

그밖에 한 번 거론해 볼만한 저작으로 제피 킨클리(Jeffey Kinkley)의 《沈從文傳》을 들 수 있다. 갖가지 정치적인 원인 때문에 沈從文은 1949년 이후로 붓을 꺾고 더 이상 창작을 하지 않았고, 文革 때에는 상당한 박해를 받았다. 하지만 그는 필경 남보다 뛰어난 데가 있었다. 삼십여 년의 침묵 끝에 뜻밖에 그는 中國古代服裝史 전문가로 탈바꿈한 것이다. 1960 · 70년대에 中共의 沈從文에 대한 연구는 거의 전대미문이라 해도 과언이 아니었다. 문혁 종료 후에야 비로소 沈從文의 성취는 다시금 중시를 받게 되었다. 킨클리의 自傳과 文化史 관점으로써 沈從文을 비평한 이 專著는 대단히 치밀하였다. 책 중에는 沈從文의 배경과 1920 · 30년대 그의 문예활동에 대해서 매우 상세하게 소개되었다. 그러나 가장 칭찬할 만한 것은 책 끝의 書目인데, 크고 작음이 모두 빠짐이 없다고 할 만하다. 이 책은 沈從文이 1980년대 서구의 현대문학 연구 중에 새로이 자리매김 되어지는 하나의 매우 중요한 징표가 되었다.

魯迅에 관한 연구 또한 막다른 곳에 새로운 길이 열리는 것과 같은 변화가 생겼다. 1980년대 초기 스탠포드대학교의 라이얼(Lyell)이 쓴 《魯迅의 사실주의 관념 The Vision of Reality》이란 책이 있는데, 그다지 좋다고 할 만한 것은 못된다. 80년대 중반 이후 李歐梵은 《魯迅의 발자취 The Legacy of Luxun》를 편집하였는데, 魯迅의 정치 · 사상활동 · 전통과 현대문학 연구 등 각 방면에 대해서 매우 정밀하면서도 대단히 논쟁적인 논술을 하였다. 이 책에 참여한 학자로는 李歐梵 외에 또한 林毓生이 사상사 방면에서 魯迅의 공헌을 토론한 것과 멀 골드만(Merle Goldman)이 魯迅의 정치적 영향력을 재평가한 것 등이 포함되어 있다. 그 후에 李歐梵은 또

《鐵屋으로부터의 소리 Voices from the Iron House》라는 전문저작을 내놓았는데, 완전히 評傳式으로 처리되었으며 매우 세밀하면서도 뛰어난 필치를 보이고 있다. 魯迅의 배경과 작품에 대한 분석에 있어서 지금까지 서구에서 진행된 魯迅 연구 가운데 가장 주도면밀한 저작이라 할 수 있다(이 책은 中譯本이 출판되었다).

1980년대에는 또한 페리 링크(Perry Link)의 鴛鴦蝴蝶派에 대한 연구 같은 일련의 전문적인 테마 연구가 있었는데, 그는 사회학적인 각도에서 원앙호접파 소설이 1920~30년대에 중국현대문학과 문화에 끼친 영향을 고찰하여 처음으로 통속문학 연구의 문을 열었다. 그밖에 吳茂生의 《중국문학 중의 러시아식 영웅 Russian Hero in Chinese Literature》과 같은 저술을 들 수 있는데 비교문학의 영향 연구에 종사한 것으로 현대의 중국작가들이 어떻게 러시아 작가 고골리 · 도스토예프스키로부터 톨스토이에 이르기까지 영향을 받았는가를 소개하고 있다. 이 책은 러시아의 지식인, 소외자 혹은 혁명영웅 등의 인물들이 중국문학에 轉移된 이후 나타난 각양각색의 변화들을 탐구 토론하고 있어 매우 선도적인 성격을 갖추고 있다. 斷代硏究 분야에서는 코넬(Cornell)대학 교수인 에드워드 건(Edward Gunn)의 《환영받지 못한 뮤즈 The Unwelcome Muse》가 있는데, 주로 上海侵奪期의 문학현상을 다루었으며, 또한 張愛玲 · 錢鍾書 등도 거론하고 있지만 이들에 대해 깊이 천착하지는 않았다. 이 책은 考證上에 있어서는 상당히 상세하지만 비평적 관점이 비교적 결여되어 있다.

제4절 1990년대의 중국현대소설 연구

1990년대 들어 중국현대소설 연구는 더욱 세밀하고 다양해졌다. 1990년 예일대학의 말스턴 앤덜슨(Marston Anderson)은 《寫實主義의 제약 The Limits of Realism》을 내놓았는데 문화 및 의식형태 비평을 출발점으로 중국문학을 소개하였다. 그는 여기서 중국현대문학의 주류는 寫實主義지만 寫實主義의 주류는 또한 批判的 寫實主義라고 강조하였다. 이에 따라 그는 魯迅·葉紹均·茅盾·張天翼의 네 작가에 대해 탐구 토론하였다. 이 작가들은 寫實主義를 배경으로 현실의 인생을 반영하고 개진하고자 하였다. 그러나 창작과정 중에 오히려 그들은 寫實主義가 내포하고 있는 기이함에 대응하기 어려웠다. 그들의 작품이 더욱 '핍진하게' 사회의 암흑을 폭로하면 할수록 改造할 가망이 더욱더 없어져서 문학을 빌어 사회를 재건하고자 했던 당초의 생각을 어그러지게 만들었다. 즉 그들은 도덕적인 두 가지 곤경에 빠졌는데, 만약 '좋은' 寫實主義 작품이 단지 구제할 길 없는 현실만을 전달할 수 있다면 작가들은 구태여 계속 창작할 필요가 있겠는가? 라는 것이다. 毛澤東의 '延安講話'가 일어난 것은 이 때문에 반드시 寫實主義의 宿命으로 보아야 할 것이다. 그러나 이 책 역시 그 자신의 한계를 지니고 있다. 앤덜슨의 토론은 단지 寫實主義의 비판에 집중되어 있으며 또한 이로부터 '寫實主義의 제약'이란 논리로 발전하였다. 이는 은연 중에 중국 寫實主義의 1930년대 諧謔的이고 抒情的이며 都市的인 寫實主義 등과 같은 각양각색의 발전을 제약하였다. 게다가 寫實主義 비판이 없어진 것은 그의 주장과 내부적인 논리의 붕괴라고 말하기보다는 차라리 外在的 歷史와 정치적 강압이 그렇게 만들었다고 하는 것이 낫겠다.

필자의 《20세기 중국의 寫實的 虛構: 茅盾 · 老舍 · 沈從文 Fictional Realism in 20th Century China: Mao dun, Lao She, Shen Congwen》에서는 문학의 寫實主義는 하나의 논조나 혹은 방식으로 바뀔 수 없거나 또는 그렇게 되어선 안 된다는 것을 극력 강조하고 있다. 魯迅 자신의 寫實主義作品은 이미 여러 가지 복합적인 의미의 잠재성을 풍부하게 가지고 있다. 魯迅 이후에 茅盾의 歷史政治小說과 老舍의 웃음 속에 눈물을 머금게 하는 희극 및 悲情小說, 그리고 沈從文의 향토 및 서정소설에서는 寫實主義라는 장르의 여러 가지 떠들썩한 현상을 더욱 여실하게 입증해 주고 있다. 필자는 아울러 '사실과 유사한' 관념으로 전통의 '模擬' 관념에 대신할 것을 추천하였다. 후자의 경우 문학 · 문자가 表象世界의 가능을 '再現' 하는 데 급급하다면, 전자는 오히려 이 '再現', '模擬' 觀的 미학과 의식형태 및 역사상황의 국한을 폭로하고 아울러 사실과 허구, 역사와 신화가 항상 서로 소멸되고 흥성하는 면모를 진일보하여 분석하였다.

周蕾의 《여성과 중국의 현대성 Woman and Chinese Modernity》은 지금까지 여성주의를 비평방법으로 한 해외의 저작 가운데 가장 읽을 만하며, 또한 가장 관심을 끄는 저작 중의 하나로 꼽힌다. 이 책은 오랜 연구 기간 동안 남성중심의 기치를 들었던 중국현대문학의 이론 전통에 대해 모두 준엄한 비평을 가하고 있다. 周蕾 본인은 新마르크스주의 · 페미니즘 · 新프로이드 등 이론과 방법에 대해 모두 상당한 정도의 연구가 있어 이를 운용했을 때에 왕왕 神技에 가까운 필치를 보이고 있다. 그러나 그녀는 西學中用者들에게서 항상 나타나는 愛憎이 교차된 감정의 응어리를 벗어나지 못하였다. 이는 결국 이 책 전부를 스스로 원망하고 남도 원망하는(스스로 학대하며 남도 학대하는) 하나의 이론적 교착상태에 빠지게 하였다. 아주 공교롭게도 그녀가 맨 마지막 장에서 담론하고 있는 것은 5·4작가들의 '스스로 학대하고 남도 학대하는' 症候였다. 마치 그녀와 그녀가 비판하는 대상이 여기에서 하나로 합쳐진 듯하다. 全書는 모두 4章으로 나뉘어져 있는데, 영상산업·오리엔탈리즘·남성 쇼비니즘 및 중국현대문학의 장르적 편견(예로 원앙호접파) 등을 비판하는 것에서부터 매우 많은 뛰어난 분석들이 있다.

웬디 라알슨(Wendy Larrson)의《權威와 自傳 Authority and Autobiography》은 魯迅·沈從文·胡適·郭沫若 등과 같은 5·4작가들의 자서전 혹은 자서전식 창작에 대해 토론하였으며, 또한 그 속에서 중국현대소설의 역사적 명제와 국한성을 찾아냈다. 라알슨은 1905년 과거제도의 폐지가 한 시대 지식인들의 功名心을 실추시켰을 뿐만 아니라 문인·문학과 정치간의 논리적 연쇄관계까지 위협하였다고 생각했다. 5·4문인들에게는 비록 시국을 통탄하고 나라를 걱정하는 근심이 충만했지만 문장에서 표현된 것은 救國하고자 하나 방법이 없다는 울분과 근심의 부각뿐이었다. 그리하여 창작활동은 내외적으로 칭찬받지 못하는 직업이었기 때문에, 일종의 無力하면서도 대가없는 정치적 姿態를 견지하게 되었다. 라알슨의 논점은 앤덜슨과 부합되는 점이 매우 많지만, 논증의 수집 및 의론 면에서는 앤덜슨만큼 심원하지 못하다.

當代 대륙문학에 관한 미국의 연구는 마치 벌집을 쑤신 것 같은 소란이라고 말할 수 있다. 원인은 다른 게 아니라 대륙의 개방 이후 학자들의 새로운 접촉이 있었고 게다가 1980년대의 문학은 확실하게 참고할 만한 점이 많았기 때문이다. 일반 選集 외에도 언급

할만한 책은 《鳴放 Blooming and Contending》)인데 작자는 마이클 듀크(Michael Duke)이다. 듀크는 주로 1979년 이후의 傷痕文學부터 1983·1984년도 反思時期까지의 중요한 작가들을 토론했으며 그 중에는 戴厚英·劉賓雁도 포함되었다. 全書는 참고할 만한 가치는 있지만 사료고증 방면에서 적잖은 맹점이 있기 때문에 많은 비평을 야기하였는데 단지 대륙문학을 연구하는 하나의 시발점이라고만 말할 수 있겠다. 최근에 아직 편집 출판되지 못한 大陸史學의 논술이 많고 운용된 방법 또한 천태만상이니, 신마르크스주의·프로이드로부터 기타 각종 매체방식, 예를 들어 영화·문화 비평에서 구조주의·탈구조주의 등의 비평방법까지 망라되어 있는데, 이들은 중국소설의 연구를 또 하나의 최고조로 끌어 올려 놓았다. 現當代의 臺灣小說에 대해서 체계적인 연구를 한 사람은 많지 않은데, 그 중 張頌聖은 아마 전문서적의 형식으로 이를 토론한 첫 번째 인물일 것이다.

1980년대에서 1990년대 초기까지 다섯 차례의 매우 중요한 회의가 있었는데 소개할 만하다. 첫 번째 회의는 1986년 독일 고스바흐(Gosback 역자주: 독어 원문이 표기되지 않아 전공자에게 문의하여 독일음에 가까운 지명을 표기하였다.)에서 열렸고 위스콘신 대학 교수인 劉紹銘과 보쿰대학 교수인 헬무트 마틴(Hulmut Martin)의 공동주관으로 歐美·大陸·臺灣 등지의 학자들이 한자리에 운집하였다. 이 회의에서 〈중국현대문학의 대동세계 The Commonwealth of Modern Chinese Literature〉라는 감동적인 논문이 발표되었다. 아이러니컬한 것은 회의가 끝난 후 오히려 참석자들로 하여금 〈대동세계〉와 같은 문학 유토피아의 도래는 아직 시기상조라는 것을 알게 하였다는 점이다. 이 회의의 論文選集 제목은 《분리된 중국현대문학 Worlds Apart》인데, 아마도 독자들로 하여금 회심의 미소를 짓게 할 것이다. 이 회의의 의의는 처음으로 뜻있는 사람들이 국내외의 학자작가(예컨대 臺灣의 李昴·대륙의 張幸欣·楊煉)들을 한 곳에 모아놓고 비교적 객관적인 태도로 중국현대문학의 방향을 탐구했다는 데 있다. 비록 순수학술적인 입장에서 볼 때 결론은 한계가 있지만 회의 자체의 儀式的인 意義는 직시할 만 하다.

1988년에 체코에서는 푸르섹의 학생인 갈릭이 또 한 번 대형 회의를 개최하여 중국현대문학을 토론하였다. 다만 주요 참가자들 대부분은 방법론상에서 비교적 보수적인 학자들로 토론내용도 푸르섹·갈릭의 의식형태 및 조기 형식주의 비평이 약간 곁들어 있는 문제에 편향된데다 토론의 대상마저도 모두 과거에 이미 인정받은 주요 작가에 국한되어 있었기 때문에, 그다지 큰 독창성을 띠지는 못했다. 이 회의의 주요 의의는 동유럽의 중국현대문학 연구가 여전히 활기를 띠고 있다는 것을 알게했다는 데에 있다.

1990년 봄 하버드대학에서 학술회의가 개최되었는데, 이는 필자와 웨슬리언(Weslyean)대학의 엘렌 위드머(Ellen Widmer) 교수가 주최한 것이다. 이 회의의 主題는 1980년대의 중국문학과 5·4 전통을 연관성이 있는 연구로 삼으려고 시도한 것이다. 즉 계승과 창립이 바로 이 회의의 중점이었다. 회의의 규모는 매우 커서 모두 40여명의 학자가 참석하였는데, 그들은 다른 지역에서 왔으며 토론 방법 또한 다채로웠다. 유감스러운 것은 해외학자들이 현재 비록 여러 가지 방식으로 기초자료를 얻을 수 있으며 적지 않은 大陸과 臺灣의 작가들과 접촉할 수 있음에도 불구하고 연구에 대해 논할 때에는 마치 劉紹銘 교수가 지적한 바와 같이 여전히 '觀光主義' 적인 자세에서 벗어날 수 없다는 점이다. 예를 들어 몇 년 전 대륙의 王安憶이 한창 인기가 있을 때, 미국학자들은 페미니즘 작가를 거론하기만 하면 王安憶 이외에는 마치 토론할 만한 작가가 없는 것 같이 여겼는데 이는 매우 아쉬운 현상이다.

이밖에 매우 많은 연구자들은 여전히 '大中國'이란 사고를 지니고 있어 의식적으로 臺灣을 압박하려 하니, 실로 자승자박이 된다는 우려를 갖게 한다. 예를 들면, 대륙의 1960 · 70년대 문학은 완전히 공백기였지만, 그 시기의 臺灣은 오히려 작품활동이 왕성하여 뛰어난 작품들이 배출되었다. 만약 학자들이 이런 현상을 보고도 못본 체한다면 자신의 문학사관의 편협하고 얄팍한 경향을 드러내는 것을 면키 어렵다. 그밖에 우리는 5 · 4시대의 비판성에 관한 반성에 대해서 아직 부족하다고 느낄 지도 모른다. 아마도 많은 학자들은 5 · 4작가들이 창작할 때 견지했던 태도보다 훨씬 보수적일 것이다. 비판적 사실주의 전통은 여전히 모든 것을 주도하고 있으며, 魯迅은 여전히 많은 사람들이 동경하는 대상이다. 기뻐할 만한 것은 沈從文의 업적이 다시 인정을 받은 것처럼, 문학과 영화, 문학과 도시 · 농촌풍경과 같이 매체를 뛰어넘는 연구가 이미 진행되고 있다는 점이다. 이는 미래의 더욱 다원적인 연구를 위해 하나의 가능성을 제공해 주었다.

1990년 가을 듀크(Duke)대학에서도 한 차례의 성대한 회의가 열려서 중국현대문학 중의 정치와 의식형태에 대해 토론하였다. 회의는 미국에 머물고 있는 대륙의 비교문학 학자들이 주관하였는네, 방법론이나 토론내용을 막론하고 상당히 살벌한 분위기라서 하버드의 회의와는 차이가 있지만 재미도 있었다. 이른바 '노련함(老幹)' 對 '새로운 기법(新枝)'은 각자의 장점이 있다. 필자의 개인적인 소견으로는 이번 회의가 생기가 넘쳐서 사실 전자보다 더 나은 것 같다. 그러나 회의 논문에 나타난 文學典範에 대한 우려, 유행하고 있는 신마르크스주의와 포스트모더니즘 이론에 대한 숭배 그리고 중국대륙 밖에서 전개되는 문학발전에 대한 홀시는 이미 은연중에 일단의 젊은 在美 대륙학자들의 한계를 드러내게 만들었다. 특히 하버드회의에서 줄곧 논의되었던 역사계승문제와 비교할 때, 듀크회의의 역사·정치관념은 지나치게 당대현상에만 집중되었다.

1991년 말 鄭樹森·劉紹銘·葛浩文 등의 학자들이 콜로라도(Colorado)대학에서 또 한 차례 臺灣 當代文學 회의를 열었다. 이 회의에서 특별히 과거 60년 동안 臺灣文學의 발전과 공헌에 대해서 새로운 평가를 내렸다. 1970년대 말 텍사스(Texas)주 오스틴(Austin)에서 있었던 臺灣文學會議와는 상대적으로 이미 십수년이란 세월이 총총히 지나가 버렸고, 臺灣의 문학환경 또한 놀라운 변화가 있었다. 그 시절의 陳映眞·黃春明·王禎和 등은 더 이상 문단을 주도하지 못했고, 張大春·朱天文 등과 같은 신예들이 무대의 주역이 되어버렸다. 臺灣의 객관적인 문학생태도 변화가 있어, 페미니즘소설·역사소설·정치소설 등의 장르가 중시를 받고 있다. 이 회의는 또한 張系國·白先勇 같은 작가들이 참석하여 토론에 적지 않은 열기를 더했다.

연구에 있어서 아래 몇 가지 방향에 노력이 요구된다. 우선은 대륙·홍콩·臺灣 및 해외 중국문학 사이의 상호교류의 문제이다. 지금까지 구미 학자들이 진행해 온 연구는 모두 대륙에 편중되어 있는 데다 대부분 부분적인 연구여서, 종합성이 부족하며 문학사관도 결핍되었는데 이것은 바로 우리가 보완할 수 있는 부분이다. 특히 화교학자들은 언어의 편리성을 빌어 공인된 작품을 볼 수 있고, 동시에 여유가 있어 그다지 좋지 않은 작품도 검토할 시간이 있으며 문학사적 각도에서 다시 여과할 수 있다. 대륙과 대만은 40년 동안 문학의 변천을 거쳐 비슷하면서도 또 그다지 유사하지 않은 작품들이 허다한데 특별히 토론할 가치가 있다. 前述한 향토

소설 이외에도 예를 들면 1950년대의 정치소설은 대륙과 대만에서 모두 많이 출판되었는데, 보기에는 아마도 教條的인 八股文 같지만 모두가 다 그렇지는 않다. 그들 사이에는 형식과 의식형태면에 있어서 재미있고도 서로 호응하는 점도 아주 많고 또한 일련의 상이한 점도 있어, 모두 특별히 요즘과 같이 이렇게 정치적 광풍이 몰아치는 시대에는 다시금 사색할 만한 가치가 있다.

두 번째는 현대와 고전문학의 계승 문제이다. 이것은 푸르섹이 단초를 마련했지만 아직 미흡하다고 생각된다. 학자들은 늘 현대와 고전문학은 두 개의 다른 전통이어서 서로 연결될 가능성이 없는 것 같다고 생각하는데, 이런 관점은 시급한 수정이 요구된다. 이른바 문학의 영향이란 반드시 말로 전하고 마음으로 가르치거나 귀를 잡아 당겨 얼굴을 맞대고 명령하는 방식의 영향이라고는 볼 수 없다. 그 당시 5·4 작가들이 그토록 강렬하게 전통을 반대했는데, 이는 바로 전통에 대한 일종의 '마이너스적인' 호응을 설명한 것이 아닐까? 많은 이러한 부정적이고 찢기고 나뉘어진 계승관계는 흔히 더 세밀한 분석을 이끌어 낼 수 있겠다. 풍자소설의 부침이나 혹은 푸르섹이 제기한 抒情詩가 어떻게 중국현대소설의 주체적인 표현으로 轉化되었는가 등의 문제와 같이 이미 보편적으로 주의할 수 있는 일련의 문제는 더 제기할 필요도 없겠다.

세 번째는 5·4 이래의 문학전통에 대해서 새롭게 자리매김하는 문제와 문학작가나 혹은 작품에 대해 다시 평가하는 문제이다. 이 방면의 비평은 줄곧 매우 보수적이었다. 우리가 인정하는 1930~40년대의 이미 인정받는 大家를 제외하고 매우 많은 이류작가들에 대해 여전히 좀더 진일보한 연구가 있어야겠다. 많은 작품들이 반드시 藝術情境에 있어 대단히 완벽한 것이라고는 할 수 없지만, 그들이 제기했던 많은 문제들은 오늘에 와서 오히려 더 주의할 만하다. 통속문학과 해외문학에 대한 재평가 또한 지금이 바로 그 시기다. 오로지 넓고도 개방적이고 끊임없이 자신에게 문제를 제기하는 문학사관을 견지해야 만이 비로소 우리가 중국현대문학의 복잡하고 다양한 면모를 인식하는데 도움이 될 것이다.

參考文獻

제1부 중국 근대의 소설 번역과 번역소설

〈一〉

管林 · 鍾賢培 主編 中國近代文學發展史 上 · 下
中國文聯出版公司 1991.6

葉易 著 中國近代文藝思潮史
高等教育出版社 1990.11

阿英 著 晩淸小說史 人民文學出版社 1980.8

歐陽健 著 晩淸小說簡史 遼寧教育出版社 1992.10

陳平原 著 二十世紀中國小說史 第一卷
北京大學出版社 1989.12

王繼權 · 周榕芳 編選 臺灣 · 香港 · 海外學者論中國近代小說
百花洲文藝出版社 1991.10

吳淳邦 著 晩淸諷刺小說的諷刺藝術
復旦大學出版社 1994.7

陳平原 著 中國小說敍事模式的轉變
上海人民出版社 1988.3

吳淳邦 著 淸代長篇諷刺小說硏究
北京大學出版社 1995.12

復旦大學中文系近代文學硏究室 編 中國近代文學硏究
百花洲文藝出版社 1991.10

華南師範大學中文系 中國近代文學硏究室 編 中國近代文學評林 第4輯
廣東高等教育出版社 1991.7

王立興 著 中國近代文學考論
南京大學出版社 1992
阿英 著 晩淸文學期刊述略
上海中華書局 1959.8

阿英 編 晩淸戲曲小說目 中華書局 1959.5
日本 淸末小說研究會 編 淸末民初小說目錄
中國文藝研究會刊 1988.3
北京圖書館 編 民國時期總書目(1911-1949) 外國文學
書目文獻出版社 1987
施蟄存 主編 中國近代文學大系 제26권 翻譯文學 卷1
上海書店 1990.10
施蟄存 主編 中國近代文學大系 제27권 翻譯文學 卷2
上海書店 1991.4
施蟄存 主編 中國近代文學大系 제28권 翻譯文學 卷3
上海書店 1991.4
中國近代期刊彙刊委員會 强學報・時務報 中華書局 1991.9

中村忠行 著 淸末偵探小說史稿(一) 淸末小說 第2號 1978.10
陳業東 著 近代小說理論起點之我見
明淸小說研究 第31期 1994.1
王立興 著 一部首倡改革開放的小說
明淸小說研究 第31期 1994.1
孔慧怡 著 以通俗小說爲敎化工具
淸末小說 第19號 1996.12
武禧 著 1871년~1880年小說略說
淸末小說から 第41號 1996.4
武禧 著 1881년~1889年小說略說
淸末小說から 第42號 1996.7
武禧 著 1890년~1894年小說略說
淸末小說から 第43號 1996.10

武禧 著　1895년~1896年小說略說
清末小説から 第44號　1997.1

武禧 著　1897年小說略說
清末小説から 第45號　1997.4

〈二〉

盧叔度 主編　我佛山人文集 8卷　花城出版社　1988.8

吳趼人 著, 裵效維等 編 吳趼人全集 8卷　北方文藝出版社　1998.6

傅蘭雅 主編　格致彙編 38册
崇實大學校 韓國基督敎博物館 所藏本　1876~1882

傅蘭雅 主編　格致彙編 6册 全帙
南京古舊書店 影印本　1992

中國近代期刊彙刊委員會 刊 强學報 · 時務報　中華書局　1991.9

魏紹昌 編　吳趼人硏究資料
上海古籍出版社　1980.4

阿英 著　晩淸小說史
人民文學出版社　1980.8

歐陽健 著　晩淸小說史　浙江古籍出版社　1997.6

郭延禮 著　中國近代文學發展史 3卷
山東敎育出版社　1990.3

樽本照雄 編　新編淸末民初小說目錄
淸末小說硏究會　1997.10

王繼權等 編　臺灣 · 香港 · 海外學者論中國近代小說
百花洲文藝出版社　1991.10

樽本照雄 著　淸末小說論集　日本法律文化社　1992.2

郭延禮 著　中國近代飜譯文學槪論
湖北敎育出版社　1998.3

王揚宗 著　傅蘭雅與近代中國的科學啓蒙
科學出版社　2000.9

李志剛 著　百年烟雲 滄海一粟
今日中國出版社　1997.7

徐松榮 著　維新派與近代報刊
山西古籍出版社　1998.2
吳淳邦 著　中國小說의 近代化에 影響을 미친 西歐 要因 探究
韓國中國小說學會 中國小說論叢 第6輯 1997.3
吳淳邦 著　20世紀前西方傳教士對晩淸小說的影響硏究
제5회 近代中國學術硏討會論文集
臺灣 中央大學 中文系　1999.3
吳淳邦 著　현대 중국번역의 초석을 다진 선교사 존 프라이어와 한국기독교박물관소장 존프라이어의 漢籍들
숭실대학교 인문과학연구소 논문집 제30집
2000.12
吳淳邦 著　科學啓蒙到小說啓蒙: 晩淸時期傅蘭雅的啓蒙活動
韓國中國小說學會 中國小說論叢 第18輯
2003.9

〈三〉
윌리엄 밀네 저　張遠兩友相論
프랑스 漢學院 IHEC圖書館 所藏本　1836
카알 프리드리히 구츠라프 저　贖罪之道傳
프랑스 漢學院 IHEC圖書館 소장본　1834
티모티 리차드 輯譯　喩道要旨
上海美華書館 刊, 韓國基督教博物館 所藏本 1894
존 그리휘트 저, 올링거 역 인가귀도
정동예수교회당 刊, 韓國基督教博物館 所藏本 1894
사무엘 아우스틴 마펫 역 쟝원량우샹론
정동예수교회당 刊, 韓國基督教博物館 所藏本　1898

Patrick Hanan, *Chinese Fiction of the Nineteenth and Early Twentieth Centuries*, Columbia University Press, December 2004.
韓南(Patrick Hanan) 著 徐俠 譯　中國近代小說的興起
上海教育出版社　2004

陳慶浩 著 新發現的天主教基督教古本漢文小說 傳播與交融— 第二屆中國小說與戲曲學 術研討會論文集 臺灣 嘉義大學中國文學系所 刊 2005.4

江蘇省社會科學院 明淸小說硏究中心 編 中國通俗小說總目提要 中國文聯出版公司 1990

王繼權 · 夏生元 編 中國近代小說目錄 百花洲文藝出版社 1998

郭延禮 著 中國近代翻譯文學槪論 湖北教育出版社 1998.3

숭실대학교 한국기독교박물관 학예과 편, 韓國基督教博物館 所藏 古文獻 目錄 숭실대학교 한국기독교박물관 2005

한국기독교사연구회 편 한국기독교의 역사1 기독교문사 1990

金仁洙 著 韓國基督敎會史 한국장로교출판사 1994

박용규 저 한국기독교회사 생명의 말씀사 2004

金良善 著 韓國基督敎 初期刊行物에 關하여《史叢》12 · 13 합집 고려대학교 사학회 1968

顧長聲 著 傳教士與近代中國 上海人民出版社 1995

〈四〉

林樂知 編 文學興國策 2卷 1冊 廣學會 上海圖書館 所藏本, 韓國 中央圖書館 所藏本 1896.6

林樂知 譯撰 · 蔡爾康 筆述 中東戰記本末 初編 8卷 續編 4卷 廣學會 韓國 中央圖書館 所藏本 1896.4

林樂知 譯撰 · 蔡爾康 筆述 玄采 主譯 中東戰記 上下 2冊 皇城新聞社 1899

林樂知 主編 萬國公報 卷1-卷15(同治7年~光緒8年) 新卷1-卷14(光緒15~26年) 臺北 華文書局 1968

梁啓超 編著 西學書目表 4卷 質學會 質學叢書 初集 第11冊 1896.10

梁元生 著　林樂知在華事業與萬國公報　홍콩 中文大學出版社　1978.2
王樹槐 著　外人與戊戌變法　中央硏究院 近代史硏究所　1980.6
張玉法 著　淸季的立憲團體　中央硏究院 近代史硏究所　1971
顧長聲 著　傳敎士與近代中國　上海人民出版社　1981.4
顧長聲 著　從馬禮遜到司徒雷登　上海人民出版社　1985.8
王立新 著　美國傳敎士與晩淸中國現代化　天津人民出版社　1997.3
周一良 等著　中日甲午戰爭論集　中華書局　1954.8
王先霈 · 周偉民 著　明淸小說理論批評史　花城出版社　1988.10
歐陽健 著　晩淸小說史　浙江古籍出版社　1997.6
佐伯好郎 著　淸朝基督敎の硏究　春秋社　昭和24.3
마루야마 마사오 · 가토 슈이치 저, 임성모 역　번역과 일본의 근대　이산　2000. 8.

제2부 中韓小說의 雙方向 翻譯 硏究

〈一〉

江蘇省社會科學院 明淸小說硏究中心 編, 吳淳邦 外(中國小說學會) 共譯　中國古典小說總目提要 전5권　蔚山大學校 出版部　1993.9~1999.12
朴在淵 編　中國小說繪摸本　江原大學校 出版部　1993.8
고려대학교 민족문화연구원　東아시아문학 속에서의 韓國漢文小說硏究　도서출판月印　2002.5
張赫宙 著, 范泉 譯, 梁承敏 編　黑白記　鮮文大學 中韓翻譯文獻硏究所　2002.6
閔寬東 著　朝鮮時代 中國小說의 出版樣相

	中國小說論叢 第11輯 55~76쪽	2000.2
閔寬東 著	中國古典小說 國內 受容	
	中國小說論叢 第14輯 253~272쪽	2001.8
閔寬東 著	中國古典小說의 國內 翻譯出版研究 狀況	
	中國小說研究會報 第17號 93~111쪽	1994.3
閔寬東 著	國內 中國古典小說 翻譯作品 目錄과 書誌狀況	
	中國小說研究會報 第32號 117~127쪽	1997.11
吳淳邦·尹知渶 共譯	20世紀 中國小說 百選	
	中國語文論譯叢刊 第6輯 305~324쪽	2000.12
金會峻 輯	中國現當代小說 翻譯本 目錄	
	中國小說研究會報 第15號 122~128쪽	1993.9
金會峻 著	中國現代文學과 우리말 번역	
	中國語文論譯叢刊 第6輯 47~108쪽	2000.12

〈二〉

Anderson, Marston. *The Limits of Realism : Chinese Fiction in the Revolutionary Period*. Berkeley : U of California P, 1990.

Chen, Yu-shin. *Realism and Allegory in the Early Fiction of Mao Dun*. Bloomington : Indiana UP, 1986.

Chow, Rey. *Woman and Chinese Modernity : The Politics of Reading between East and West*. Minneapolis : Minnesota UP, 1991.

Doležėlová-Velingerová, Milena, ed. *The Chinese Novel at the Turn of the Century*. Toronto : U of Toronto P, 1980.

Duke, Michael. *Blooming and Contending : Chinese Literature in the Post-Mao Era*. Bloomington : Indiana UP, 1985.

____________. *Modern Chinese Women Writers : Critical Approaches*. New York : M. E. Sharpe, 1989.

Feuerwerker, I-tsi Mei. *Ding Ling's Fiction*. Cambridge : Harvard East Asian Series, 1982.

Galik, Marian. *Mao Dun and Modern Chinese Literary Criticism*. Wiesbaden : Franz Steiner Verlag, 1969.

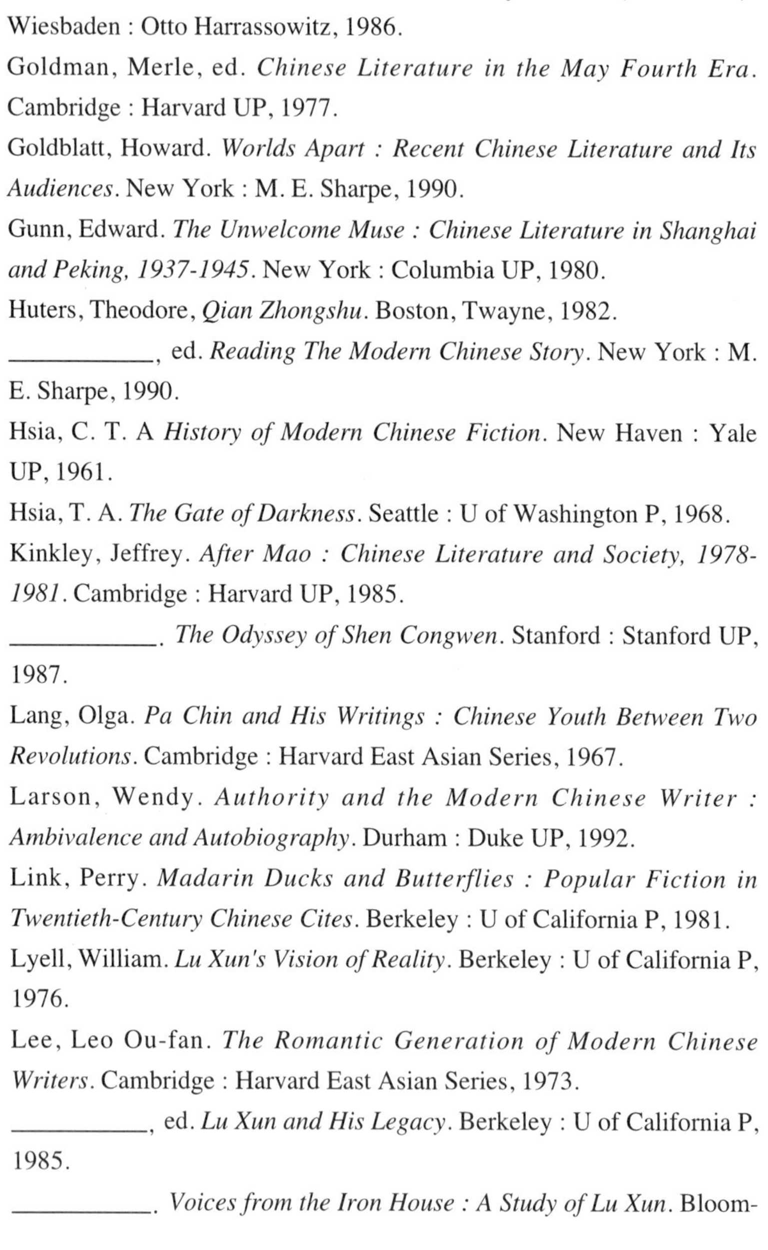

___________. *Milestones in Sino-Western Confrontation (1898-1979)*. Wiesbaden : Otto Harrassowitz, 1986.

Goldman, Merle, ed. *Chinese Literature in the May Fourth Era*. Cambridge : Harvard UP, 1977.

Goldblatt, Howard. *Worlds Apart : Recent Chinese Literature and Its Audiences*. New York : M. E. Sharpe, 1990.

Gunn, Edward. *The Unwelcome Muse : Chinese Literature in Shanghai and Peking, 1937-1945*. New York : Columbia UP, 1980.

Huters, Theodore, *Qian Zhongshu*. Boston, Twayne, 1982.

___________, ed. *Reading The Modern Chinese Story*. New York : M. E. Sharpe, 1990.

Hsia, C. T. A *History of Modern Chinese Fiction*. New Haven : Yale UP, 1961.

Hsia, T. A. *The Gate of Darkness*. Seattle : U of Washington P, 1968.

Kinkley, Jeffrey. *After Mao : Chinese Literature and Society, 1978-1981*. Cambridge : Harvard UP, 1985.

___________. *The Odyssey of Shen Congwen*. Stanford : Stanford UP, 1987.

Lang, Olga. *Pa Chin and His Writings : Chinese Youth Between Two Revolutions*. Cambridge : Harvard East Asian Series, 1967.

Larson, Wendy. *Authority and the Modern Chinese Writer : Ambivalence and Autobiography*. Durham : Duke UP, 1992.

Link, Perry. *Madarin Ducks and Butterflies : Popular Fiction in Twentieth-Century Chinese Cites*. Berkeley : U of California P, 1981.

Lyell, William. *Lu Xun's Vision of Reality*. Berkeley : U of California P, 1976.

Lee, Leo Ou-fan. *The Romantic Generation of Modern Chinese Writers*. Cambridge : Harvard East Asian Series, 1973.

___________, ed. *Lu Xun and His Legacy*. Berkeley : U of California P, 1985.

___________. *Voices from the Iron House : A Study of Lu Xun*. Bloom-

ington : Indiana UP, 1987.
Ng, Mau-sang. *The Russian Hero in Modern Chinese Fiction*. Hong Kong : The Chinese UP ; New York : State U of New York P, 1988.
Průšek, Jaroslav. *The Lyrical and the Epic : Studies of Modern Chinese Literature*. Leo Ou-fan Lee, ed. Bloomington : Indiana UP, 1980.
Wang, David Der-wei. *Fictional Realism in 20th-Century China : Mao Dun, Lao She, Shen Congwen*. New York : Columbia UP, 1992.
Widmer, Ellen and Wang, D. David, eds. *From May Fourth to June Fourth : Fiction and Film in Twentieth-Century China*. Cambridge : Harvard UP, 1993.
Vohra, Ranbir. *Lao She and the Chinese Revolution*. Cambridge : Harvard East Asian Series, 1974.
王德威 著　小說中國　麥田出版有限公司　1993.6

中國 近代의 小說 翻譯과 中韓小說의 雙方向 翻譯 研究

초판인쇄 2008년 9월 16일
초판발행 2008년 9월 20일

지 은 이 오순방

펴 낸 이 이효계

펴 낸 곳 숭실대학교 출판부
서울 동작구 상도동 511

등 록 제14-2호(1982.1.25)
TEL.02-820-0771~2
FAX.02-817-5297
http://press.ssu.ac.kr

찍 은 곳 한컴인쇄정보
TEL.02-2274-3394~5
FAX.02-2274-3397

값 18,000원

ISBN 978-89-7450-231-7 03820